U0555540

青苗法学论丛

QINGMIAOFAXUE LUNCONG

（第 8 卷）

于 冲 / 主编

中国政法大学出版社

2023 · 北京

声　明　　1. 版权所有，侵权必究。

　　　　　2. 如有缺页、倒装问题，由出版社负责退换。

图书在版编目（CIP）数据

青苗法学论丛. 第 8 卷 / 于冲主编. —北京：中国政法大学出版社，2023.8
ISBN 978-7-5764-1121-8

Ⅰ.①青… Ⅱ.①于… Ⅲ.①法学－文集 Ⅳ.①D90-53

中国国家版本馆 CIP 数据核字（2023）第 191347 号

出 版 者	中国政法大学出版社
地　　址	北京市海淀区西土城路 25 号
邮寄地址	北京 100088 信箱 8034 分箱　邮编 100088
网　　址	http://www.cuplpress.com（网络实名：中国政法大学出版社）
电　　话	010-58908586(编辑部) 58908334(邮购部)
编辑邮箱	zhengfadch@126.com
承　　印	固安华明印业有限公司
开　　本	720mm×960mm　1/16
印　　张	26
字　　数	430 千字
版　　次	2023 年 8 月第 1 版
印　　次	2023 年 8 月第 1 次印刷
定　　价	109.00 元

序

《青苗法学论丛》作为中国政法大学培训学院推出的在职研究生教学改革成果，已经连续出版七辑，成为常态化、动态化、全面化展示法学在职研究生培养最新成果、最新思考、最新成长的重要探索，立体化展示了中国政法大学培训学院为贯彻实施依法治国方略、推进新时代中国特色社会主义法治建设进行法治人才培养的浓重业绩。

中国政法大学培训学院是为统筹学校同等学力研修班办学工作而专门成立的学院，学院高度贯彻统一招生、统一教学、统一管理的办学原则及分学院、分学科进行专业化培养的方式，集中学校优势办学资源，全面开展同等学力办学工作。自学院成立以来，为社会培养了大批实践能力强、理论水平高的法学人才，尤其在在职研究生培养中探索出了实践酝酿理论、理论反哺实践、理论与实践互通互动的人才培养模式。《青苗法学论丛》收录了在职研究生关于法学实践、法学热点、法学争议性问题的集中思考，体现了在职研究生浓厚的法学理论研究热情、敏锐的法学问题意识。

《青苗法学论丛》系列文库具有以下三大特色：（1）全面彰显专业理论与司法实践的同步化。传统法学教育大都以基础理论和概念的阐释为基础，过度强调理论体系的同时，忽视了对司法实践的体系化解读。这种教育中专业理论同司法实践的脱节，很大程度上造成了教育体系设计、内容设计上专业知识讲解和实践应用讲解的割裂，也就使得学生无法真实地感受司法实践对于相关知识点的实际应用过程，进而造成学生对于法学专业知识的想象化学习。《青苗法学论丛》切实、真正地发挥在职研究生培养的特色、优势和价值，实现法学教育的实践化、理论化同步，体现了法学在职研究生培养过程中专业理论内容与司法实践内容的同步化。（2）全面体现知识教学与实践教学的全过程同步。习近平总书记在考察中国政法大学时强调，法学学科是实践性很强的学科，法学教育要处理好知识教学和实践教学的关系。《青苗法学论丛》收录文章通过判例分析、判例比较、理论研讨等使知识教学与实践教学紧密结合，将知识学习融汇于实践学习之中。（3）全面实现高校与实务部门在教育建设上的"全过程"合作。法学在职研究生教育自身的特色性，为发挥高校与实务部门合作打下了坚实基础，《青苗法学论丛》充分吸纳实务部门在职学生在法学研究中的作用，让学员能够在教育学习的同时，将实践问题结合理论进行研究，丰富法学研究成果。

《青苗法学论丛》的出版，以增强法科学生的问题意识、实践意识和国情意识为目标，以多媒介、多形态以及多层次的教学资源和多种教学服务为内容，最大限度地实现在职研究生培养中"知识教学与实践教学"的同步、"知识学习与司法实践、法治发展"的同步、"规范学习与规范应用"的同步、"实体法学习与程序法学习"的同步。相信《青苗法学论丛》将在继续展示法学在职研究生最新研究成果的同时，为全面提升法治人才队伍法治素养、法学理论水平、法学问题意识作出更大的贡献。

中国政法大学教授、博士生导师　于　冲
2023年2月15日于军都山下

目 录

新能源汽车电池租赁相关法律风险及规避探讨 / 曹玉丽 …………… 001
论公司瑕疵决议中善意相对人的认定标准 / 陈 凤 ………………… 005
上市公司独立董事注意义务判断标准 / 陈奇鸿 ……………………… 010
论商事委托合同中任意解除权的限制 / 陈展璐 ……………………… 016
对赌协议中初创企业的自我保护 / 邓翰迪 …………………………… 022
论对抽逃出资的界定 / 方 雨 ………………………………………… 027
从破产债权人视角看破产受理程序的完善 / 高 晴 ………………… 032
电子商务平台的安全保障义务与责任承担 / 高 鑫 ………………… 037
以房抵款实务中的法律风险及防范 / 贺 旭 ………………………… 042
关联交易合同效力研究 / 胡子华 ……………………………………… 047
夫妻忠诚协议的定性及效力认定研究 / 姜源源 ……………………… 052
不动产例外登记的效力及对物支配秩序维护 / 金 花 ……………… 058
融资租赁合同性质认定实务分析 / 彭素菊 …………………………… 066
论名股实债的认定 / 荣伟江 …………………………………………… 071
关联企业实质合并破产的认定标准研究 / 苏雨婷 …………………… 076
论委托合同任意解除权行使后损害赔偿的认定 / 王 刚 …………… 081
国有一人有限责任公司法人人格否认研究 / 徐桂红 ………………… 086
论有限公司股东会计账簿查阅权的行使 / 严明慧 …………………… 091
浅析认缴制下董事的出资催缴义务 / 于晓磊 ………………………… 096

论以物抵债协议的效力认定 / 郑云潇 ………………………………… 101
人脸识别技术与个人信息保护 / 周　渝 ………………………………… 107
合同视角下的电子商务消费者权益保护 / 孟倩如 ……………………… 111
贪污罪和职务侵占罪的界限 / 王　粟 …………………………………… 115
标准必要专利的许可费率计算研究 / 付文虹 …………………………… 119
侵犯技术秘密案件审理中证据组合使用：
侵权事实的证明与技术公开状态证明之间的边界 / 李峰波 …………… 124
专利侵权损害赔偿标准研究 / 罗　梅 …………………………………… 129
隐名股东资格认定的裁判规则及合理性探析 / 何倩明 ………………… 134
论影视剧作品中暴力情景对演员人身权利侵害 / 冀瑞利 ……………… 139
"净身出户"效力及裁判问题分析 / 徐建中 …………………………… 144
人工智能医疗损害侵权纠纷法律问题研究 / 代运龙 …………………… 149
信息化背景下消费者个人信息保护模式探析 / 高　俏 ………………… 154
论医疗损害责任之因果关系及司法鉴定 / 李　波 ……………………… 159
大数据时代消费者个人信息的社会法保护路径分析 / 彭晶灿 ………… 165
《野生动物保护法》修订背景下野生动物定义和
异宠市场交易问题探析 / 闫　鹏 ………………………………………… 170
小区超容积率且已取得不动产权证时
土地征收补偿的认定 / 周知艺 …………………………………………… 174
论我国民事诉讼法中法官自由裁量权的制约机制 / 曹瑛娜 …………… 178
基于市场经济的企业劳动人事管理
现状及完善对策 / 袁　浪 ………………………………………………… 183
公司人格否认制度的适用困境与破解思路 / 高　畅 …………………… 188
上市公司关联交易的法律规制路径 / 古艳辉 …………………………… 193
公安机关立案后侦查阶段不作为的
认定及其规制路径研究 / 李肃潇 ………………………………………… 198
公司社会责任的制度构建与实施机制 / 刘舒佩 ………………………… 203
《民法典》夫妻共同债务规则的理解与适用分析 / 潘娟苹 …………… 208

论商业秘密保护中的竞业禁止制度 / 汪静波 …………………………… 213
商业贿赂行为的统合式规制研究 / 王丽娜 …………………………… 218
女性就业待遇平等保护的法律实施方案 / 王天琪 …………………… 222
互联网平台"二选一"行为的法律规制研究 / 吴广泰 ……………… 227
论法定代表人越权担保中相对人善意的认定 / 谢雨娟 ……………… 232
上市公司独立董事的责任范围与归责原则 / 谢园香 ………………… 237
"知假买假"行为的解释论与法律适用分析 / 许英宗 ……………… 242
反不正当竞争公益诉讼机制构造研究 / 朱元恺 ……………………… 247
"严重违反用人单位规章制度"的
司法审查标准研究 / 金钰迪 …………………………………………… 252
募捐平台中权利保护与责任承担 / 曲 琳 …………………………… 257
微信作品肖像权侵权相关问题研究 / 吴若剑 ………………………… 262
公司人格制度研究 / 郭华珍 …………………………………………… 266
快递丢失与毁损的赔偿责任 / 黄秀雯 ………………………………… 271
对我国同性婚姻合法化的思考 / 焦雪飞 ……………………………… 276
论夫妻共同债务认定 / 刘 星 ………………………………………… 281
论夫妻共同债务的认定及立法完善 / 梅 婷 ………………………… 285
离婚诉讼中的股票期权分割问题 / 任天琦 …………………………… 290
消费者网络购物反悔权研究 / 王宝莲 ………………………………… 294
论我国夫妻约定财产制度 / 王 敏 …………………………………… 299
夫妻共同债务研究 / 校甜甜 …………………………………………… 303
房产税征收的立法化研究 / 杨 帆 …………………………………… 308
虚拟财产的法律保护 / 杨 帅 ………………………………………… 312
论后疫情时期公民个人信息的法律保护 / 张蔷蕾 …………………… 317
诉讼时效适用研究
——普通破产债权案 / 张 栖 ……………………………………… 322
电子公证相关问题研究 / 袁 月 ……………………………………… 327
反家庭暴力法律制度研究 / 李灵玉 …………………………………… 332

- 疫情背景下无理由退货制度的再思考 / 石　现 …………………… 337
- 居住权在公证领域的探索 / 蔡一帆 …………………………………… 343
- 中央企业首席合规官制度浅析 / 蔡闻一 ……………………………… 348
- 论民法典视角下的未成年人保护 / 李京林 …………………………… 353
- 经营者刷单行为的竞争法规制 / 吴仕亮 ……………………………… 358
- 破产程序中社保债权清偿问题的探究 / 班潇月 ……………………… 364
- 制造型企业融资担保的类型研究 / 王　赫 …………………………… 369
- 论绿色信贷指引下我国商业银行的社会责任及外部监管 / 李　昕 … 374
- 企业破产原因研究 / 徐　芳 …………………………………………… 378
- 从民法典视角探讨网络虚拟财产保护 / 赵智荣 ……………………… 384
- 商业秘密保护在企业实务中的研究 / 文佳琪 ………………………… 389
- 论连带责任的追偿机制 / 李晓娣 ……………………………………… 394
- 民事欺诈与刑事诈骗的界分 / 韩佳慧 ………………………………… 399
- 人工智能发明专利保护研究 / 周舫群 ………………………………… 403

新能源汽车电池租赁相关法律风险及规避探讨

曹玉丽[*]

（中国政法大学 北京 100088）

摘 要：我国新能源汽车发展以来，在能源供给方面，分为充电和换电两大技术路线，凭借降低购车成本、提高补能效率、补电过程安全等优势，换电生态圈逐步开始建立，电池租赁作为车电分离的一种运营模式应运而生，但因新能源汽车与传统燃油车存在巨大差异，而既有的法律法规多针对传统燃油车特点，这导致车电分离后的电池租赁业务面临诸多法律困境。换电式汽车车身和电池均存在经济价值和使用价值，分离也不损毁或变更其本质，因此，电池具有独立性和特定性，符合物权客体特定原则，构成法律意义上的物可作为租赁物。

关键词：换电式 电池租赁 独立物 车辆登记 抵押担保

电池租赁业务是一种商事行为，不仅具有传统的租赁交易风险，而且因既有法律法规多针对燃油车特性，新能源汽车电池租赁交易还存在一些特有的法律风险。

一、新能源汽车电池能否作为租赁物

组装前的普通电池作为单一物存在，属于民法意义上的物，一般并无争议。但新能源汽车电池能否作为租赁物，则需明确电池之于新能源汽车，能否与车身分离；二者能否分别作为特定的、单个的物设立物权。

根据工业和信息化部于 2020 年 7 月 24 日发布的《新能源汽车生产企业

---

[*] 作者简介：曹玉丽（1989 年－），女，汉族，山东潍坊人，中国政法大学同等学力研修班 2022 级学员，研究方向为民商法学。

及产品准入管理规定》，汽车是指《汽车和挂车类型的术语和定义》国家标准（GB/T 3730.1-2001）第2.1款所规定的汽车整车（完整车辆）及底盘（非完整车辆），不包括整车整备质量超过400千克的三轮车辆；新能源汽车是指采用新型动力系统，完全或者主要依靠新型能源驱动的汽车，包括插电式混合动力（含增程式）汽车、纯电动汽车和燃料电池汽车等。相较于传统燃油车，新能源汽车强调"采用"新型动力系统，又根据《电动汽车术语》（GB/T 19596-2017）的规定，从结构、部件的构成角度看，"电动汽车整车"包括驱动、行驶装置，车身、底盘，电气装置及部件以及指示器、信号装置四大部分。

根据上述规定，传统概念中，整车应包含动力驱动系统，即将汽车整体作为一个独立物，并以整个汽车为主体进行权属登记。然则，新能源电动汽车按技术路线及补能方式划分，可分为换电式（车电分离）和电动式（车电一体），《道路机动车辆生产企业及产品公告》中已明确区分。因此，在法理上，对新能源汽车的车身和电池是否分别是独立的物，以及是否分别具有独立物权等问题，存在着不同的观点。有观点认为，参照德国民法"不能在设立物的所有权之余对物的主要组成部分另行设立所有权"的理论，"发动机之于汽车就不应当再设立所有权"[1]，同理，电池之于电动车也不应当另设所有权。也有观点认为，民法上的物是一个不断发展的概念[2]，新能源汽车作为新兴发展的行业，其在发展过程中产生的新型业态应以更加开放的姿态进行理论探讨与分析，并在符合基本法理的情况下受到法律的保护。凡是存在于人身之外，能够为人力所支配和控制、能够满足人们的某种需要的物，都能够成为物权的客体[3]。新能源汽车在车电分离的模式下，电池宜被认定为单独的物。《德国民法典》第93条规定："凡物的成分，不毁坏或者在本质上改变其中一个成分或者另一个成分就不能相互加以分离者（重要成分），不得为特别权利的客体。"[4]据此，对于车电一体式电动车，电池应属于重要成分，而对于换电式电动车，电池不属于重要成分，应可作为独立物。

---

[1] 尹田：《物权法》（第2版），北京大学出版社2017年版，第239页。
[2] 王利明：《物权法研究》，中国人民大学出版社2002年版，第26页。
[3] 王利明：《物权法研究》，中国人民大学出版社2002年版，第27页。
[4] 李永军："论我国《民法典》物权编规范体系中的客体特定原则"，载《政治与法律》2021年第4期，第9页。

笔者认为，在车电分离的模式下，电池之于发动机，具备技术上、价值上的独立性。同时，其电池基于生产型号、生产编号等的不同，具备特定性，符合物权客体特定原则，因此可以作为电池租赁计划的租赁物。但对于车电一体式电动车而言，电池拆卸后，车辆整体将产生一定程度的损毁，且对物体本身价值产生重大影响，笔者认为该电池并不是民法上的独立物，不具备单独租赁的法理基础。

二、车辆登记管理及物权登记制度亟待完善

在车电分离模式下，新能源汽车电池租赁分为经营性租赁和融资性租赁两种交易模式。租赁期间，车身与电池所有权分离，车身所有权归买受人所有，租赁电池所有权归出租人所有。作为一种新兴业态，其在车辆登记管理及物权登记制度方面，存在一定的法律风险。

根据《道路交通安全法》[1]第 8 条的规定，国家对机动车实行登记制度。公安部发布的《机动车登记规定》明确要求，申请机动车注册登记时，应当提交机动车整车出厂合格证明或者进口机动车进口凭证、车辆购置税、车船税完税证明或者免税凭证等资料。依据目前的法律规定，车辆注册登记以整车作为独立物，登记信息不含电池生产型号或编号等标识，尚无法实现车身与电池的分别独立注册登记。

我国《民法典》第 641 条规定："当事人可以在买卖合同中约定买受人未履行支付价款或者其他义务的，标的物的所有权属于出卖人。出卖人对标的物保留的所有权，未经登记，不得对抗善意第三人。"第 745 条规定："出租人对租赁物享有的所有权，未经登记，不得对抗善意第三人。"第 403 条规定："以动产抵押的，抵押权自抵押合同生效时设立；未经登记，不得对抗善意第三人。"2020 年 12 月，国务院发布《关于实施动产和权利担保统一登记的决定》，明确了我国动产和权利担保登记机构和登记系统，以及动产和权利担保统一登记范围。根据该决定，纳入动产和权利担保统一登记范围的有：生产设备、原材料、半成品、产品抵押，应收账款质押，存款单、仓单、提单质押，融资租赁，保理，所有权保留，其他可以登记的动产和权利担保。

---

[1]《道路交通安全法》，即《中华人民共和国道路交通安全法》。为表述方便，本书中涉及我国法律文件直接使用简称，省去"中华人民共和国"字样，全书统一，后不赘述。

《机动车登记规定》第 31 条规定："机动车作为抵押物抵押的,机动车所有人和抵押权人应当向登记地车辆管理所申请抵押登记;抵押权消灭的,应当向登记地车辆管理所申请解除抵押登记。"

在电池租赁期间,如车辆持有人私自转让整车(含动力驱动系统),或在其上设立他物权等行为,出租人主张权利过程中,经常会遇到买受人或抵押权人以"善意取得"为由进行抗辩,从而导致第三人的物权与出租人的所有权出现冲突。从抵押权人或买受人的角度出发,考虑到实际交易场景,权利人通常也不会一一拆解车辆,分别查询车身或电池所有权归属状态,而是对整车权属是否存在瑕疵进行查询确认。对于换电式新能源汽车而言,物理上、法律上车身与电池均是分离的状态,在当前无法实现车身与电池的独立注册、抵押登记的情况下,该类交易对电池所有权人或他物权人均可能产生权属上的风险,给双方造成损失。

针对动产租赁物,因动产所有权变动以交付为生效要件,是否登记并不影响出租人所有权的取得。但是,为了防止承租人在占有使用租赁物期间处置租赁物,或在租赁物上设立抵押权等,电池出租人应及时办理融资租赁登记或所有权保留登记,当所有权转让后,办理变更登记手续。同时,如交易车辆属于换电式新能源汽车,车辆抵押权人或二手车买受人,除通过登记系统查询权属以外,还应查看抵押人或出卖人购买新车时的买卖合同及租赁相关合同,以尽量避免相关的法律风险,保障各方权利。

另外,笔者建议,针对换电式车型,相关部门应当与时俱进,修订或增补适用于该车型的注册登记标准和程序,以实现车身与电池的独立注册登记,同时有必要尽快完善车辆抵押登记制度,对车电分离模式下的新能源汽车车身、电池是否可以单独抵押,单独抵押的程序,以及单独抵押对抵押人、抵押权人的相关影响进行细化,扫清行政程序障碍,完善相关法律制度,从而推动新能源汽车产业高质量发展。

论公司瑕疵决议中善意相对人的认定标准

陈 凤*

(中国政法大学 北京 100088)

摘 要：公司决议瑕疵情形经由司法解释的完善，涵盖无效、可撤销、不成立三种效力类型。民法典明确了公司依据存在瑕疵的决议与善意相对人形成的民事法律关系效力不受影响，但缺乏对"善意"的认定标准。司法实践中，以相对人审查义务的履行为善意与否的判断标准，而审查义务的范围涉及公司决议、公司章程、上市公司公告，章程虽经备案但仍系公司内部文件，具有不确定性和对内性，不属于审查义务范围，判断相对人善意应以其是否对审查义务范围内的内容履行了合理的形式审查义务为标准，不应随意加重相对人的负担。

关键词：善意相对人 审查义务 标准 信赖利益

一、何为瑕疵决议中善意相对人

《公司法》第22条规定了公司决议无效、可撤销的情形，最高人民法院《关于适用〈中华人民共和国公司法〉若干问题的规定（四）》（以下简称《〈公司法〉司法解释（四）》）第5条补充规定了公司决议不成立的情形，可见在当前法律体系中公司瑕疵决议包括无效、可撤销、不成立三种类型。而《民法典》第85条、《〈公司法〉司法解释（四）》第6条明确规定公司依据存在瑕疵的决议与善意相对人形成的民事法律关系效力不受影响。

尽管法律规定多次提及善意相对人这一概念，但判断相对人善意的标准

---

* 作者简介：陈凤（1994年–），女，汉族，安徽安庆人，中国政法大学同等学力研修班2021级学员，研究方向为民商法学。

究竟是什么，法律中并无具体规定。2019 年发布的《全国法院民商事审判工作会议纪要》（以下简称《九民纪要》）在谈及公司为他人提供担保问题时，以及最高人民法院《关于适用〈中华人民共和国民法典〉有关担保制度的解释》第 7 条，对"善意"作出了解释：善意是指相对人在订立担保合同时不知道且不应当知道法定代表人超越权限。并进一步提到相对人对公司决议或章程负有审查义务。虽然这仅是越权担保的情形里善意相对人的认定标准，但由于现行法律体系对其他瑕疵决议情形里善意相对人的认定并无明确规定，所以目前的司法实践中针对相对人的"善意"认定基本参照了越权担保情形下"善意"的规定。

在谈及相对人的"善意"时，因"善意"是对相对人心理状态的一种描述，是抽象、模糊的，没有一个客观判断标准，通常情况下主要通过相对人是否履行了审查义务进行判断。相对人需要通过举证证明其履行了审查义务来论证其"不知道且不应当知道"，属于善意相对人。

二、审查义务的涵盖范围

《九民纪要》将审查义务限定为形式审查，只要求相对人尽到必要的注意义务，并明确规定了不支持公司以机关决议系法定代表人伪造或者变造、决议程序违法、签章（名）不实、担保金额超过法定限额等作为否定相对人善意的理由。而最高人民法院《关于适用〈中华人民共和国民法典〉有关担保制度的解释》将相对人审查义务定义为合理审查，也并未规定具体情形。

（一）审查公司决议

工行贵港分行与龙升国际大酒店借款合同一案，在认定相对人善意时，以推定相对人善意为原则。该案中，永业木业公司虽主张签订的保证合同未经公司股东会决议，但法院认为，在签订合同时，苏某姬为永业木业公司的法定代表人，工行贵港分行有理由相信永业木业公司同意担保是通过股东会决议的，故永业木业公司不能举证证明工行贵港分行存在恶意的情形下，应当认定工行贵港分行为善意且已经尽到合理的审查义务。[1] 该判决采取了推定善意的认定方式，未要求相对人必须对决议履行审查义务，而是从相对人的信赖利益出发作出"善意"的认定。而司法实践中的其余大部分判决均

---

[1]［2021］最高法民再 296 号判决书。

在相对人未审查董事会决议或股东（大）会决议时即认定相对人不具备善意，如在中超公司与红塔公司申请财产保全损害责任纠纷一案中，法院认为涉案担保属于关联担保，红塔公司没有证据证明中超公司股东大会作出了同意出具涉案《担保函》的决议，黄某光代表中超公司签署《担保函》超越了其作为法定代表人的权限，而《公司法》第 16 条第 2 款属于对法定代表人代表权的法定限制，红塔公司应当知晓，但红塔公司在接受《担保函》时未审查中超公司股东大会决议，不属于善意相对人。〔1〕该类判决均一致认为相对人善意的基本前提是审查公司决议，即形式审查。若形式审查都未进行，那么相对人的"善意"难以被承认。

（二）审查公司章程

有学者认为，仅对决议是否存在进行审查，并不能成为支持相对人善意的理由，相对人还需审查决议是否符合法律、章程的规定。〔2〕具体包括以下三方面：①决议的决策机构是否合法、合乎章程。诸如《公司法》第 16 条规定公司为他人提供担保，依照公司章程的规定来确定决策机构是董事会还是股东（大）会，公司为股东或实际控制人提供担保，决策机构必须为股东（大）会。②决议表决比例是否合法、合乎章程。诸如前述公司为股东或实际控制人提供担保的情形里，《公司法》也明确规定相关股东不得参与表决，需由出席会议的其他股东所持表决权过半数通过。另外《公司法》还存在类似"股东会会议由股东按照出资比例行使表决权；但是，公司章程另有规定的除外"等大量公司自治条款。③决议限额是否合乎章程。诸如《公司法》第 16 条还规定公司章程对投资或者担保的总额及单项投资或者担保的数额是有限额规定的，不得超过规定的限额。

《九民纪要》第 18 条对相对人的审查义务也存在细化的规定："……只要债权人能够证明其在订立担保合同时对董事会决议或者股东（大）会决议进行了审查，同意决议的人数及签字人员符合公司章程的规定，就应当认定其构成善意……"有学者将相对人需审查章程的原因认定为："公司章程登记于工商部门并向社会公示，具有对外公示效力。章程的这种对外公开，使其具

---

〔1〕 [2022] 最高法民终 151 号判决书。
〔2〕 马更新："公司担保中决议形成程序与合同效力认定间牵连关系探析"，载《法学杂志》2020 年第 6 期。

有一定的公示公信力……"〔1〕即相对人在审查决议的决策主体、表决人数、签字人员等内容是否存在瑕疵时可能无法直接作出判断,需要依据法律法规及公司章程来进行审查,而经过公示的章程亦能够轻易为相对人获取。

(三)审查公司公告

司法实践中也有提及相对人应审查上市公司公告的情形,如银河生物公司与卓舶公司借贷纠纷一案中,法院认为银河生物作为上市公司对外提供担保,应履行法律规定的信息披露义务,卓舶公司在接受银河生物提供的担保时,可公开查询银河生物对该担保事项有无进行公告,从而推定卓舶公司应当知道案涉《保证合同》未经上市公司股东大会表决通过。〔2〕该案中法院以相对人未查询上市公司对外公告为由来认定相对人未履行基本的形式审查义务,不属善意相对人。

《九民纪要》第 22 条规定:"债权人根据上市公司公开披露的关于担保事项已经董事会或者股东大会决议通过的信息订立的担保合同,人民法院应当认定有效。"该条规定应理解为相对人可就上市公司公告和决议择一审查,因上市公司本身的特殊性,其公告内容足以使相对人产生信赖,即便相对人未主动审查决议但审查了上市公司公告,也应属于善意相对人。

三、针对国内认定善意相对人标准的探讨

当前司法实践中在认定相对人是否具备善意、具备何种程度的审查义务时,存在标准不一、松严不一的问题。但究其实质,均是围绕着相对人履行了审查义务后是否足以对公司决议产生信赖利益来进行。

首先可以确定的是,相对人为善意的前提是必须审查董事会决议或股东(大)会决议。如果法律明确规定属于必须通过股东(大)会来决议的事项,则相对人应审查股东(大)会决议(此处上市公司公告是一个免除审查决议义务的特殊情形)。

虽章程在工商备案,但章程本身是由公司股东来制定,除章程中可能涉及公司决策权限外,股东间协议亦可能对此存在约定,且章程是用于服务股东的(固定公司治理制度等)。无论是章程抑或是股东协议,均是公司内部或

---

〔1〕 袁碧华:"论法定代表人越权代表中善意相对人的认定",载《社会科学》2019 年第 7 期。

〔2〕 [2020] 最高法民终 935 号判决书。

股东之间的文件,具有不确定性和对内性。如果将审查章程的义务附加在相对人之上,那相对人在交易过程中将无可避免地需要审查大量交易对手的章程,必然加重了相对人的审查义务。

因此,当相对人证明了其在实施法律行为时,已按法律规定审查了公司董事会决议或股东(大)会决议的,且无相反证据证明其明知决议存在瑕疵的,足以说明相关决议已使相对人产生信赖利益,相对人应被认定为善意。

四、结语

已有大量的司法实践确认,决议瑕疵时,相对人通过证明其已履行审查义务从而推定其对瑕疵决议"不知道且不应当知道"。善意相对人的标准众说纷纭,无论是理论界还是司法领域均对此无定论。但如果标准不一就较容易出现同案不同判的情形,笔者认为相对人对决议履行了合理的形式审查能够对公司决议产生信赖利益的,那么应被认定为善意。

上市公司独立董事注意义务判断标准

陈奇鸿*

（中国政法大学 北京 100088）

摘　要：A股集体诉讼第一案康美药业一审宣判引发关于独立董事义务和责任的讨论。实务中独立董事的注意义务存在着判断标准不明、权责不统一、法律规定缺失等情形。独立董事注意义务的判断标准应当包含资格、行为、结果三方面。资格上，独立董事具有独立性、外部性并满足立法上的职务要求；行为上，独立董事应采取过程性的实质性措施，履行善良管理人的责任标准，合理、公平地运用实质措施尽责参与公司事务；结果上，独立董事的判断及意见应满足客观性、专业性、明确性的要求。

关键词：独立董事　注意义务　判断标准

独立董事一职在实务和理论界中一直被诟病为"不独立，不懂事"。上市公司管理层及独立董事对有关独立董事制度的认识不足，对应履行的"注意义务和勤勉义务"并不清晰，部分独立董事为满足监管机构要求而设立，这就导致出现独立董事有职无权、行权障碍以及沦为公司及大股东利益的附庸等问题。如何明确独立董事注意义务的判断标准，使独立董事权责清晰，进而发挥我国独立董事制度的优势，提升现代公司治理水平，正是本文思考之点。

一、独立董事注意义务的来源

---

* 作者简介：陈奇鸿（1996年-），男，汉族，广东揭阳人，中国政法大学同等学力研修班2022级学员，研究方向为经济法学。

（一）注意义务的定义

勤勉义务一词被作为法律术语使用，最早是在英国。在美国，被称为"注意义务"，在大陆法系国家，则被称为"善良管理人的注意义务"，[1] 现代汉语词典解释"注意"二字为把心思、思想放到某一方面。《公司法》中的注意义务则可指独立董事的尽责、尽力义务，对公司事务负有认真、审慎、责任范围内进行管理的义务，这是一种过程性、持续性、全面性义务。

（二）立法上的规定

1993年我国正式颁布《公司法》，规定董事、经理应当遵守公司章程，忠实履行职务，维护公司利益，不得利用在公司的地位和职权为自己谋取私利。证券监督管理委员会2001年8月发布的《关于在上市公司建立独立董事制度的指导意见》正式引入并确立上市公司独立董事制度，2005年《公司法》修订后正式确立董事的忠实义务和勤勉义务。至于"注意义务"与"勤勉义务"指向的是否为同一概念，以及我国立法到底该采用"注意义务"还是"勤勉义务"的表述，我国学界存在着些许不同看法。[2] 但是我国大部分的学者所持的观点还是我国《公司法》所规定的"勤勉义务"与"注意义务"实属同一概念。[3]

朱慈蕴教授认为："独立董事的引入比较适合国内上市公司'一股独大'和'内部人控制'并存的情况，有利于优化董事会结构，强化董事会内部的制衡机构，有利于发挥董事会监督职能，履行职责。"[4] 立法机关和证券监督管理委员会等机构通过修改并完善《公司法》《证券法》和《上市公司治理准则》等法律法规的方式优化并巩固上市公司独立董事制度；司法机关及市场群体（上市公司和独立董事群体）不断通过实践对上市公司独立董事制度提出诸多思考和建议；上市公司协会于2012年发起了"倡导独立董事、监事会最佳实践活动"，后续组织编写了《上市公司独立董事履职指引》《独立董

---

[1] 张婷婷："独立董事勤勉义务的边界与追责标准——基于15件独立董事未尽勤勉义务行政处罚案的分析"，载《法律适用》2020年第2期。

[2] 张民安："董事的注意义务研究"，载《中山大学学报（社会科学版）》1997年第S1期。

[3] 王保树、崔勤之：《中国公司法原理》（最新修订第3版），社会科学文献出版社2006年版，第212页；周友苏：《新公司法论》，法律出版社2006年版，第391页；赵旭东主编：《公司法学》（第2版），高等教育出版社2006年版，第410页。

[4] 朱慈蕴："中国引入独立董事制度的若干问题"，载［日］滨田道代、吴志攀主编：《公司治理与资本市场监管——比较与借鉴》，北京大学出版社2003年版，第248页。

事促进上市公司内部控制工作指引》。有关独立董事制度的各类法律法规和规范性文件的出台，逐步完善了公司的治理监督方式和对市场投资者的保护，促进了公司治理机制现代化。

二、独立董事注意义务判断标准的欠缺问题

（一）独立董事注意义务具体标准的立法缺位

我国《公司法》《证券法》和《上市公司治理准则》《上市公司独立董事履职指引》等法律、部门规范性文件及行业规定虽对独立董事的职责有较为具体规定，但对于"注意义务"只是概括性表述，存在字词含义与勤勉义务冲突、判断标准无法确定、适用范围不清晰等情形，更未对独立董事与执行董事两主体进行差异性"注意义务"的区分。

上位法规定模糊，下位法规定效力欠缺。证券监督管理委员会在《上市公司治理准则》《上市公司章程指引》及《上市公司信息披露管理办法》等部门规章、部门规范性文件对注意义务的内容、判断标准等进行了规定，要求董事对公司负有谨慎勤勉义务，谨慎、认真、勤勉地行使公司赋予的权利、了解公司经营情况、履行签字责任、协助监事会履行职权等，[1]对于上市公司独立董事应如何履行职权起到指引作用。但少量的部门规章、规范性文件并不能形成完整针对独立董事注意义务的法律判断体系，该类规范性文件只适用于上市公司这类特殊主体，因此存在规范性文件的立法层次不高和法律适用主体特殊等问题。

（二）执法、司法领域处罚主体不清、惩罚体系失衡

独立董事注意义务履责不到位，执法和司法阶段多以行政处罚为主，独立董事民事处罚和刑事处罚较少。实际操作中，独立董事被处罚的原因大体是上市公司存在虚假记载、误导性陈述或者在重大遗漏的定期报告上签署了书面确认意见，[2]但各法院判罚标准不一致，有些法院认可证券监督管理委员会作出的警告和罚款，有些法院判决独立董事承担民事连带赔偿责任或补充赔偿责任，甚至刑事责任。董事注意义务判断标准的缺失，造成了监督机构和司法机关在判断独立董事是否履行注意义务时缺乏直接的法律依据和标

---

[1]《上市公司章程指引》第98条。
[2]《上市公司章程指引》第98条。

准，大大提高了监督机构的判断难度和成本。

（三）独立董事履行职能缺乏规范、责任抗辩缺失

标准的设定目的在于规范主体的行为，明确权利与责任的边界。《公司法》《证券法》等法律对独立董事注意义务规定得含糊与抽象，未确定具体行为标准，最终导致独立董事对于自身职责没有明确认识，不知职责的法律边界，无法做到责任抗辩。

立法的缺陷反噬规范主体的行为积极性，使得独立董事出现两种极端。一是消极的"花瓶董事"，受限于知识、精力、薪资、职权等各方面影响，这部分独立董事消极行使职责，沦为上市公司或大股东的利益附庸。在面对违法违规事项和决议时，很难基于自身的专业知识去行使"否决权"或代表中小股东去与大股东抗衡。二是积极的"绊脚石"，面对法律规定在独立董事权责方面的缺失，以规避自身法律风险为出发点，过分谨慎地履行职权，不顾公司发展的客观、实际情形，仅从自身法律风险出发，面对不利情形的事项及决议一律"否决"，最终严重阻碍公司的经营活动，违背了独立董事制度的设立初衷。

三、独立董事注意义务的判断标准

（一）资格上，具有独立性、外部性并满足立法上的职务要求

独立董事又被称作外部董事或非执行董事，由股东大会及公司外部选任，依照其专业能力为公司的中小股东利益和公司整体利益作出独立判断，并不参与公司经营。因此其最核心的特征为独立性，以及外部性和非执行性。保持独立性也是独立董事的职责所在，主要形式表现在法律地位、个体意思表示、公司职务和经济独立四方面。

立法上对担任独立董事的资格进行规定。一是满足法律、规范性文件关于董事全部任职的法定资格条件，特殊职业禁止参与，任职前熟悉法律法规及其自身义务和责任；二是具备担任独立董事的职业技能条件——具有独立董事资格证书，掌握法律、财经、商业管理等方面知识；三是具备任职所必需的工作经验，达到工作年限要求。

（二）行为上，独立董事应采取过程性的实质性措施

1. 履行善良管理人的责任标准

民法学上，注意义务从义务程度上分为三种：普通人之注意、与处理自

己事务为同一注意、善良管理人之注意。[1]笔者认为独立董事应采取"善良管理人之注意"这一标准，该观点在康美药业案、胡某勇案等实务案件中被采纳，主流通说也认可这一标准，其原因有三：一是独立董事制度的设立根源就要求独立董事必须承担较高标准的注意义务；二是我们法律对于独立董事的特殊要求及职责，已经不能等同民事中的普通善良人、管理人责任；三是独立董事履行职责应该以此种标准进行，善意、合理、审慎地履行法律赋予义务。

2. 合理、公平地运用实质措施尽责参与公司事务

注意义务和勤勉义务要求独立董事履行职责必须达到一定行为标准，在职责范围内满足"充分参与"公司经营事务。相关调查表明：大约90%的独立董事平均每年在每家上市公司工作在20天以内，77%的独立董事平均每年在每家上市公司工作时长不超过8天，同时有超过五成的独立董事并不具备财务会计专业背景。司法实践中独立董事主张不知情、不参与、非职权范围、无能力等属于无效抗辩。因此应以"定量"标准来判断独立董事的履职程度：

（1）满足必要的工作时间以完成职务要求。

（2）履行职责的过程中对公司生产经营情况、财务状况和重大事件了解并持续关注，对特殊、敏感性事项进行询问、调查、发表独立意见并保留相应文书证据。

（3）对于公司提供的文件和资料采取谨慎的态度，以自身专业知识发表对于领域内基本、正确、合理的专业判断及独立意见；对于非属自己专业领域的事项，聘请外部中介机构提供专业意见。

（4）对于公司经营问题的异议，应及时采取措施，如发表书面反对意见并投反对票、拒绝签字、向监管部门报告等实质性措施，进行审慎监督并制止有关违法、违规行为，而非仅是程序性质询或口头反对。

（三）结果上，独立董事的判断及意见满足客观性、专业性、明确性

独立董事依据法律法规、规范性文件，借用自身法律、会计、经济管理等专业知识，遵循专业标准和职业道德，运用逻辑判断和监管工作经验，审查运用证据，全面、客观、公正地认定事实，提出客观、专业、明确的意见。[2]

---

[1] 洪秀芬："董事会独立经营权限及董事注意义务"，载《政大法学评论》2006年第94期。
[2] 《信息披露违法行为行政责任认定规则》第4条。

最终对公司决议及信息披露等经营行为的真实性、准确性、完整性、及时性、公平性负责。

独立董事应谨慎履行"签字权",有学者对证监会的相关处罚决定进行分析后认为,证监会"认定独立董事行政责任成立的唯一标尺,即是否在违法决议上签字"。[1]独立董事在公司决议或报告上签字,则需承担行为结果真实、准确、完整的法律责任,以保障公司决议效力的公信力。

四、结论

独立董事制度作为公司法法律体系中重要的一环,推动着我国公司治理体系的完善和治理能力提升。但因其自身存在的立法缺陷,导致在执法、司法、守法领域存在巨大矛盾,成为我国现代公司治理的"副作用"。

面对独立董事制度存在的弊端,本文从独立董事注意义务判断标准缺陷产生的问题出发,结合学术界和实务界的相关理论指导和实践经验,从独立董事的资格、行为、结果三个角度提出判断标准,使评判标准清晰化、条理化,构建合理的独立董事注意义务的评判框架,以期真正发挥该项制度的最大价值,完善我国上市公司的治理方式和提升合规运作水平。

---

[1] 傅穹、曹理:"独立董事勤勉义务边界与免责路径",载《社会科学》2011年第12期。

论商事委托合同中任意解除权的限制

陈展璐*

（中国政法大学 北京 100088）

摘　要：任意解除权是法律赋予委托合同当事人特殊的法定权利，其法理基础是充分尊重双方当事人的意思自治以及选择缔约主体自由的权利，但商事领域任意解除权成为不少商事主体权利滥用的挡箭牌。应当区分民事委托合同与商事委托合同，并尊重商事委托合同中"排除任意解除权适用条款"的效力，限制商事主体任意解除权的行使。

关键词：商事　委托合同　任意解除　限制

委托合同是一种特殊的合同关系。我国法律赋予了合同双方任意解除的权利。但我国并未在立法上严格区分民事领域与商事领域的差异，导致在实务中存在大量的商事委托合同当事人利用任意解除权恶意损害被解除方利益的行为，影响了交易秩序及社会公共利益。因此，区别对待民事委托合同与商事委托合同对任意解除权的行使成为学界关注的问题。

一、委托合同概述

委托合同是指委托人委托受托人处理委托事务，受托人同意，委托人向受托人支付报酬或不支付报酬的合同。以受托人处理委托事务的范围为标准，可将委托类型分为特别委托和概括委托，前者指将一项或者数项事务委托给

---

* 作者简介：陈展璐（1993 年-），女，汉族，广东广州人，中国政法大学同等学力研修班 2021 级学员，研究方向为民商法学。

受托人，后者则指将所有事务一并委托给受托人。[1]

（一）有偿委托合同与无偿委托合同

顾名思义，委托合同有偿还是无偿主要以委托人是否向受托人支付对价为区分要件。无论是过去的《合同法》时代还是现今的《民法典》时代，我国在立法上均肯定了委托合同以有偿为原则，无偿为例外，即一般情况下无论受托人是否完成受托事务，委托人都应当向受托人预付处理委托事务的费用以及向受托人偿还受托人为处理委托事务而垫付的必要费用。

（二）民事委托合同与商事委托合同

我国作为民商合一的国家，在立法上对民事领域与商事领域并没有明显的区别。实务中，区分民事委托合同与商事委托合同的标准在于签署合同的主体类型是民事主体还是商事主体、双方建立信任的基础以及所委托事务是否以营利为动机。

一般而言，民事委托不具有营利的动机，民事主体之间达成委托合意完全系基于对彼此的人身信赖关系，具有较强的主观性。与民事委托不同，商事委托体现为商事主体之间因利益交换或营利目的而缔结的协议，双方建立委托关系的基础在于有利可图，系带着合作意味的委托，为此受托人有可能因委托事务投入更多的成本或牵涉第三人的利益。

二、委托合同中任意解除权的法律规定

1999年《合同法》第410条赋予了委托合同的相对方可以随时解除委托合同的权利，同时规定除不可归责于解除方的事由以外，因解除合同而给对方造成损失的应当承担赔偿责任。该条赋予委托合同当事人任意解除权的立法目的，在于在法律的层面上赋予民事委托合同当事人基于信任破裂而拥有随时退出委托关系的权利。但随着时代的发展以及委托合同逐渐商法化的演变，由于该条规定简单而笼统，没有对合同类型以及损失赔偿范围进行细分，导致人民法院在适用该条规定进行审判时无法根据个案的特殊性精准地适用法律以解决当事人的纠纷。

鉴此，《民法典》吸收了实务当中的部分经验，在第933条中保留了委托

---

[1] 法律出版社法规中心编：《中华人民共和国民法典合同编注释本》，法律出版社2020年版，第353页。

合同当事人原有的任意解除权，并在此基础上区分了无偿委托合同与有偿委托合同任意解除后的不同法律后果，同时明确了有偿委托合同的解除方对被解除方造成损失的赔偿范围包括可得利益损失。

三、我国商事委托合同适用任意解除权的现状与窘境

（一）我国委托合同领域中任意解除权适用现状

在司法实践中，若委托合同一方主张适用任意解除权解除委托合同的，在合同性质属单一的、独立的委托合同且不存在合同无效事由时，人民法院原则上会支持委托合同当事人行使任意解除权的请求。其理由是双方建立委托关系的信任基础已丧失，已无实现合同目的的可能，且任意解除权是法律赋予委托合同当事人基于合同性质而具有的法定解除权，在未有明确的法律、司法解释等限制委托合同当事人行使任意解除权的有关规定时，不应随意剥夺委托合同相对方的法定权利，而不论该合同性质是属于民事委托合同还是商事委托合同。[1] 至于委托合同解除后的赔偿问题，则由法院根据案件实际情况进行判决。

该种做法存在一定弊端，未从根本上考虑商事委托合同的特殊性，对商事领域的交易秩序带来动荡，无疑增加了商事委托合同当事人的维权成本及损失。

首先，《民法典》第565条规定，当事人一方依法主张解除合同的，应当通知对方，合同自通知到达对方时解除。换言之，委托合同当事人行使任意解除权解除委托合同的，只要向对方发出解除合同的通知即可。但是，《民法典》第933条后半段却规定"有偿委托合同的解除方应当赔偿对方的直接损失和合同履行后可以获得的利益"。在合同解除的场合中，委托合同当事人对于被解除方的直接损失以及可得利益的计算往往无法达成共识，需要诉诸法院由法官居中裁判。如此一来，不仅增加了被解除方维权的经济成本及时间成本，还加重了被解除方对于可得利益的举证责任。此外，《民法典》第584条规定合同一方违约的，违约方向守约方赔偿损失的范围包含合同履行后可以获得的利益，即可得利益系合同正常履行后必然可以获得的利益，该利益是客观存在并且可明确计算的；同时可得利益的求偿需以违约为前提，而合

---

[1] 参见最高人民法院〔2020〕最高法民再356号民事判决书。

同相对方一般会在合同中明确约定违约责任的承担以及违约赔偿额的具体计算。但是，任意解除权的行使不同于违约问题。此时，委托合同被解除后的可得利益计算能否等同于违约方向守约方赔偿的可得利益的范围、能否直接参照合同中关于可得利益约定的数额予以赔偿，是有偿委托合同被解除后关于可得利益适用的一大争议焦点。

其次，由于法律规定了委托合同当事人均具有任意解除合同的权利，在实务中有一部分当事人在利益的驱使下滥用该权利，以任意解除为名，行恶意违约之实。[1]委托合同最初的赋权基础系以无偿的民事委托为前提。该种委托关系中，双方主要依赖于对彼此的信任，当信任崩塌时，应当给予委托合同当事人更多选择权，因此以法定的形式赋予当事人任意的权利。与民事委托不同的是，商事委托领域中，商事主体建立委托关系的前提在于利益而非信任。在此基础上，获利的一方就极容易因更大的利益而不惜放弃原有的"合作方"，随意解除委托合同，进而给被解除方造成不可估量的损失，该损失往往都是法定赔偿标准所无法覆盖的。

例外的情况是，有少部分法院在委托合同一方行使任意解除权时，会主动审查案涉合同是民事委托合同还是商事委托合同。若属商事委托合同的，则根据合同性质审查委托合同是否涉及第三人的利益、解除方提出任意解除的理由、被解除方是否履约且无违约以及解除方是否违约在先等情形。若存在委托合同解除后会损害关联第三方的利益、解除方违约在先抑或是被解除方无违约等情形，人民法院会根据公平原则、维护交易秩序、避免权力滥用等理由对委托合同当事人行使任意解除权加以限制。[2]但由于我国现行法律中未有关于任意解除权适用限制的规定，故人民法院此类做法也饱受争议。

（二）约定排除适用任意解除权条款的效力

实践中，委托合同的当事人通常会采用订立"不可撤销的委托合同"或在合同条款中约定"未经对方同意本合同不得任意解除"或"经甲乙双方同意放弃任意解除权的适用"等方式排除对《民法典》第933条的适用。

通过检索现有案例可知，人民法院在判断排除任意解除权条款的效力时，

---

[1] 慎先进、申丰熊："论有偿委托合同任意解除权的法律规制——以我国《民法典》第933条为基础展开"，载《三峡大学学报（人文社会科学版）》2020年第6期。

[2] 参见河南省高级人民法院［2022］豫民申96号民事裁定书。

一般会结合订立合同的主体性质、委托事项、有偿还是无偿以及《民法典》第 933 条加以分析，由于《民法典》第 933 条属效力性强制规定还是任意性规定存在争议，因此各地法院观点不一。

持肯定观点的法院认为，《民法典》第 933 条不属于效力性强制性规定。当事人通过其真实意思表示排除对该条的适用，是双方当事人对合同履行风险所作出的特殊安排，体现了意思自治原则，且也不损害国家利益、社会公共利益以及第三人的合法利益，应当得到尊重。[1]

持否定观点的法院认为，根据委托合同的特殊性，《民法典》赋予委托合同当事人具有法定解除权的规定属于效力性强制性规定，若当事人通过约定排除，则与立法原意相悖，故认定排除适用任意解除权的条款无效。[2]

四、商事委托合同中任意解除权的限制行使

本文认为，根据商事委托合同的性质，在当事人适用任意解除权条款解除委托合同时，应根据案件的具体情况对其"任意"的程度加以限制，以便实现稳定市场交易秩序及公平正义。

第一，针对未在委托合同中约定排除适用任意解除权条款的商事委托合同。首先，对于缔结合同一方或双方为商事主体的委托合同，应区别于由民事主体订立的委托合同，同时考虑商事主体之间的经济实力以及市场影响力。其次，对委托事宜进行实质性审查，审查委托人与受托人之间系基于人身信赖关系而建立的委托关系还是以利益为前提的合作、是否牵涉到第三人的利益、就委托事项的履行是否存在恶意违约情形等。若解除方存在违约行为的同时主张任意解除的，应不允许行使任意解除权，进而考虑违约解除。最后，结合案件的具体情况对解除方行使解除权的"任意性"加以适当的限制，审查解除方对其提出的解除理由是否具有正当性或基于重大事由，委托合同解除后是否会连带损害第三人的合法权益或造成其他重大社会影响。

第二，当事人在商事委托合同中约定排除任意解除权适用条款的，应当肯定其约定的法律效力。虽然《民法典》赋予了委托合同当事人法定解除权，

---

[1] 参见最高人民法院[2013]民申字第 2491 号民事裁定书、江苏省高级人民法院[2016]苏民申 578 号民事裁定书。

[2] 参见江苏省南京市中级人民法院[2018]苏 01 民终 1723 号民事判决书、上海市第二中级人民法院[2014]沪二中民四（商）终字第 1167 号民事判决书。

但其并未禁止合同相对方约定排除该条的适用。根据私法自治的原则,"法无禁止即自由"是民商事领域的经典法谚,民事主体依法享有在法定范围内的行为自由,可以根据自己的意志产生、变更、消灭民事法律关系,只要不逾越法律、行政法规划定的自由行为范围即可。故在法律法规未禁止任意解除权条款可通过当事人意思自治排除时,应当肯定该条款约定的效力,公权力不宜进行过多的干预。

第三,通过当事人约定的方式对法律规定进行细化。[1]《民法典》第933条在1999年《合同法》第410条的基础上加重了有偿委托合同一方行使任意解除权给对方造成损失的赔偿责任,但仍有不少商事主体宁愿承担法定的赔偿标准以坚持行使任意解除权,其根本原因在于法定赔偿标准的惩罚力度远低于其任意解除合同后可获得的利益。因此,应鼓励当事人通过约定的方式细化法定的赔偿标准以填补法律缺位。

---

[1] 林韶、刘影:"论商事代理任意解除权之法律限制",载《哈尔滨学院学报》2022年第3期。

对赌协议中初创企业的自我保护

邓翰迪*

(中国政法大学 北京 100088)

摘 要：随着创新驱动国家战略的指引，初创企业大量涌现，但是由于企业融资渠道有限，通过私募股权投资获得资本是企业常用手段，其中为了有效减少双方由于信息不对称性而带来的法律风险，对赌协议在投融资市场中的应用越来越多。对赌协议作为一个牵涉民法学、公司法学等领域的问题，有一定复杂性，其法律效力需要明晰。此外，初创企业与投资方相比处于经验与法律的劣势地位，企业在签署协议时应当增加相应的自我保护条款。

关键词：对赌协议 法律效力 企业自我保护

签署"对赌协议"是私募股权与风险投资常用的平衡企业与投资方的信息不对称与企业估值分歧的常用手段。由于其是一种新型的合同条款，暂时没有明确的法律条文解释其法律效力，故明晰其法律效力有重要意义。并且通过判例分析，对赌协议中投资方胜诉比例大，处于优势地位，企业在签署条款时需注意自我保护。

一、对赌协议的概念

《全国法院民商事审判工作会议纪要》(以下简称《九民纪要》) 中"对赌协议"的定义是："投资方与融资方在达成股权性融资协议时，为解决交易双方对目标公司未来发展的不确定性、信息不对称以及代理成本而设计的包含了股权回购、金钱补偿等对未来目标公司的估值进行调整的协议。"对赌协

---

* 作者简介：邓翰迪（1995年-），男，汉族，天津人，中国政法大学同等学力研修班2022级学员，研究方向为经济法学。

议本质是估值调整协议，可以有效地解决投融资双方在签订投融资协议时对公司估值的差异。如果公司的价值被高估，目标公司或目标公司的原股东用股权回购或者现金补偿的方式对投资方进行补偿；如果公司的价值被低估，则双方在不确定性、信息不对称所消除的特定时间由投资方对公司或目标公司的原股东进行补偿。对赌协议并不是一种明确的合同样本或者合同类型，而是以具体条款的方式出现在投融资双方签订的投融资协议中，主要形式是投资协议的"补充协议"形式。由于对赌条款直接关系到投融资的具体过程，故对赌条款也是投融资协议的关键，因此，包含对赌条款的投融资协议被称为对赌协议。

二、对赌协议的类型

（一）对赌条目分类

依据对赌协议对初创企业的要求，可分为业绩对赌、上市对赌、再融资对赌、管理层留任对赌、项目技术对赌等，其中前三项较为常见。业绩对赌是投融资双方就公司的业绩展开对赌，一般包括公司的净利润、主营业收入和利润率等。上市对赌是投融资双方就公司是否能上市融资展开对赌，一般是在协议中约定在某个固定日期前完成上市融资。为了避免法律纠纷，应当明确上市板块。再融资对赌，公司从成立到上市一般需要进行两到三轮融资，初创企业在前期签署对赌协议时，投资方有可能并不要求上市，而是要求下轮再融资目标以实现退出获利即可。其他条款着眼于公司顺利可持续运行，主要为管理层留任对赌条款、项目技术对赌条款等，如要求管理层必须留任公司一定时间或者要求在某日之前完成技术难关的攻克。

（二）对赌协议投资方补偿与管理层激励

当目标公司没有实现对赌协议中对企业的要求时，目标公司需要对投资方进行补偿，可分为股权补偿、现金补偿和股权回购。股权补偿为投资方可以无偿或者低价获得更多的股票；现金补偿为目标公司向投资方补偿现金；股权回购为目标公司把投资方的股票赎回。与之相对，为了激发管理层的动力，可以设置管理层激励。当实现业绩目标时，投资方将无偿或以象征性的低廉价格转让一部分股权给企业管理层或者以现金奖励管理层。

三、对赌协议的法律效力

对于对赌协议的效力,最高人民法院持积极态度。2014年,最高人民法院《关于人民法院为企业兼并重组提供司法保障的指导意见》中指出"要坚持促进交易进行,维护交易安全的商事审判理念,审慎认定企业估值调整协议、股份转换协议等新类型合同的效力,避免简单以法律没有规定为由认定合同无效。"2018年,最高人民法院在"山东瀚霖案"的判决中形成了"与股东对赌有效,与目标公司对赌无效,由目标公司担保有效"的效力认定思路。[1] 2019年11月8日,最高人民法院发布的《九民纪要》对"对赌协议"效力进行了相对系统的梳理,明确了当对赌主体为投资方与目标公司时,如不存在其他影响合同效力的事由,应认定二者签订的"对赌协议"有效。认定有效主要有以下原则:①维持平等条件下签署的对赌协议的效力;②强调公司资本维持原则;③在不违反其他法律的情况下,尊重契约自由原则。

如果是投资方与目标公司原股东或者高管签署的对赌协议,只要不违反《民法典》第143条民事法律行为有效规定、第153条合法规定以及第151条公平公正规定,基本就没有法律风险。当争议没有具体法律条文规定时,也可参考第646条的规定,参照适用买卖合同的有关规定进行判断。在投资方与目标公司签署对赌协议时,法律约束相对较多。在协议具体执行的过程中,需要符合《公司法》的相关规定,其中公司资本维持是一个重要基本原则,旨在维持公司的正常经营以及保护债权人的利益。具体而言,投资方通过投资获得了公司股东身份,应当履行股东出资义务,不得违法抽逃出资。故投资方不能直接要求公司进行回购股票或现金补偿。具体实施的层面上,《九民纪要》有一定的阐述。

四、初创企业的自我保护

随着法律的进步发展,对赌协议逐步被法律界认同。初创企业与投资方相比企业经营经验与法律经验相对不足,常处在弱势地位。针对以上情况,企业应当注意自我保护。

---

[1] 章竹红:"科创板中对赌协议的效力及适用",载《北方经贸》2021年第3期。

（一）对企业发展要有清醒的认识

对赌协议的本质是对未来目标公司的估值进行调整，其代表着股东对企业未来发展有着坚定的信心。"签署协议，估值融资"只是手段，通过资本促进企业发展才是根本目的。企业要对自己的商业模式和盈利方式有清醒的认识，否则资本只能促使企业在错误的道路上越走越远。在签署对赌协议、制定对赌目标的时候需要谨慎，充分考虑到如果没有达到预期业绩目标，触发相应条款的后果：实际控制人会丧失控制权，影响企业现金流，影响企业正常经营甚至诱发企业破产。其中经营风险是由目标公司承担的，在2022年最高法民申418号民事裁定书中，法院对企业主提出市场行情影响、股东均摊亏损、投资具有不确定性等理由请求再审给予了驳回。由此可见企业应当对企业谨慎估值，守好实事求是的底线，充分认识到对赌协议是法律承认的合同，明确合同履行后的法律后果。在签署协议时，要积极听取法律、财务等专业从业人员的建议。

（二）把握企业的控制权

投融资双方签订对赌协议的基础为双方相互尊重。初创企业具有专业性强、企业灵活等特点，其经营理念与经营方式与成熟企业略有差别，对于部分投资方有可能会向公司驻派高管、要求董事会席位、插手公司管理等情况，企业在签订对赌协议时应当注意维持企业决策的独立性和公司的控制权。

（三）增设创始人限制条款

"留得青山在，不怕没柴烧"，创业过程中应对创业者给予一定的保护。为了降低创业过程中的风险，实现财产隔离等责任限定目标，在条款设置上，可以通过"以目标公司股权为限""创始人所持目标公司股权的比例和价值，应由投资人实现对赌权利时按创始人所持目标公司股权的现状确定"等限定责任。具体地来说，可以争取"以目标公司作为签订主体""创始人仅以其所持有的目标公司股权为限承担对赌责任，在发生创始人需承担对赌责任的情形时，创始人无需以其名下所有的除目标公司股权之外的其他财产承担前述对赌责任"等条款。[1]除上述条款外，在实际回购触发情形方面，对回购触发情形也可协商设置一定的限制条件或延缓措施，并明确交割时间和回购权

---

[1] 朱欣民、梅裔："风险创业中的对赌机制及其风险识别——基于创业者保护的视角"，载《四川大学学报（哲学社会科学版）》2020年第6期。

利的期限以防投资方权力利过大。

五、结论

随着法律的逐步完善与发展，对赌协议的效力初步得到了法律的承认，在签订细则层面也有了较为细致的说明与规定。不违反法律，不违背公平原则，不损害第三人利益的对赌协议基本被承认。初创企业相比投资方在经营与法律经验上有一定弱势，可以通过谨慎签订协议、保持独立性和增设创始人限定条款来争取自我的保护，使对赌协议真正服务企业，促进企业的发展。

论对抽逃出资的界定

方 雨[*]

(中国政法大学 北京 100088)

摘 要：股东是否构成抽逃出资，不仅在法学理论中，甚至司法实务中，均存在不小的争议，尤其是审判实践中，时常出现各地三级法院作出大相径庭的判决结果的情形，究其根源在于我国法律对于抽逃出资行为的制度确定与政策规定过于原则化和类型化，虽然《公司法》及其司法解释以列举的方式对抽逃出资的具体行为进行了规定，然而经济活动纷繁复杂，经济主体变化万千，相关法律规定实际上不能涵盖实践中出现的各类抽逃出资的形态。本文将借审判实务中出现的抽逃出资行为的多重事实形态，对抽逃出资这一法律概念进行范围界定。

关键词：抽逃出资 资本维持原则 裁判规则

股东抽逃出资行为的界定问题伴随着1993年《公司法》实施以来的五次修改过程，2011年最高人民法院发布《关于适用〈中华人民共和国公司法〉若干问题的规定（三）》（以下简称《公司法解释三》）首次通过列举方式规定了抽逃出资的具体形式。尽管如此，《公司法解释三》仍旧未明确抽逃出资的确切定义和认定标准。2021年12月20日，《公司法》第六次修改草案提请十三届全国人大常委会第三十二次会议初次审议，本次《公司法》修改草案中对抽逃出资股东的返还出资责任、加算银行利息责任、公司损失赔偿责任等作出的新的规定，也预示着新公司法时代，《公司法》将从制度层面进一步保障公司法人资本维持、保护和改善债权人预期利益、限制股东滥用股东

---

[*] 作者简介：方雨（1995年-），女，汉族，安徽芜湖人，中国政法大学同等学力研修班2022级学员，研究方向为经济法学。

权利，并对有抽逃出资行为的股东进行严厉惩处。因此，解决如何界定抽逃出资行为范畴这一命题具有现实紧迫性。

一、抽逃出资的理论根源

资本确定、维持、不变系大陆法系国家公司法体系的核心原则，又称资本三原则。在我国公司法及司法解释共同构成的公司法体系中，资本三原则贯穿始终并作为法人资本管理的基本指引，保证了公司法人人格独立、资本完整，确保了法定资本制得以实现。法定资本制的核心功能是通过资本公示来解决公司与债权人之间的信息不对称问题，即通过资本公示为公司交易对象提供公司基本的偿债能力信息。[1] 法定资本制渐渐演变为公司资本的两大重要制度：出资制度及资本维持制度。出资制度解决了股东按照约定的出资金额、出资方式、出资期限，按期、如实地缴纳出资的问题，资本维持制度则是从防止公司财产流失角度禁止公司将股东已经缴纳的出资支付给股东，避免造成公司资本与公示资本失衡。

资本维持制度的内在基石为公司在任何情况下的交易过程中，向股东支付的财产均不得损害公司资本。交易相对方基于对公司公示资本的信赖进行交易，公司未经法定程序向股东支付财产，不仅减少了公司资本，同时构成了对交易相对方的信赖利益的破坏。我国现行《公司法》在资本维持制度的指引下，设计了一系列维护公司资本的制度，如：通过第35条禁止股东抽逃出资，第91条发起人、认股人除特殊情形不得抽回股本等条款实现对公司股本金回流的限制；通过第142条禁止公司收购本公司股份、禁止用公司股份为公司债务提供担保等条款实现对股份公司持有自身股份的限制；通过第166条对公司分配利润进行条件约束实现对公司利润、法定公积金的分配进行限制；通过第177条设计严格的减资程序实现对恶意减资行为的限制。我国公司法对于资本维持制度的规定较为分散，且对于抽逃出资等损害资本维持原则的情形并没有十分具体详细的规定和定义。在司法实务中，常常因该行为可能违反资本维持原则但立法未予以明文规定而导致无法律规定可适用。在此情形下，《公司法》第35条禁止抽逃出资成为法官常用的裁判依据。

---

[1] John Armour, "Legal Capital: an Outdated Concept", *European Business Organization Law Review*, (2006) 7: 5–27.

二、抽逃出资的认定规则

《公司法解释三》所规定的类型化判断方法在认定是否构成抽逃出资行为时具有重要的指导作用，但法律规定不尽完善及资本维持制度的不健全亦导致司法裁判中对于抽逃出资行为的判断标准有新的理解。《公司法解释三》第12条规定了四种认定抽逃出资行为的情形，分别为：①制作虚假财务会计报表虚增利润进行分配；②通过虚构债权债务关系将其出资转出；③利用关联交易将出资转出；④其他未经法定程序将出资抽回的行为。前三种情形较为明确，只要实务中通过证据予以证明及法庭调查予以确认的事实能够被认定，即可依法判断该事实行为系构成抽逃出资，但第四种情形本身即为兜底条款，难免在司法实践中造成困惑，即股东哪些行为将会被认为系未经法定程序将出资抽回的行为。笔者选取了实践中股东常见的行为，并结合最高人民法院的经典判例，以此总结司法裁判中对于抽逃出资行为的具体认定规则。

（一）股东将出资款转入公司账户验资后又转出的

最高人民法院［2015］民申字第2996号、［2017］最高法民申4576号、［2018］最高法民再328号等裁判文书的裁判要旨，均认为股东将出资款转入公司账户验资后又转出的，属于抽逃出资行为。本文援引［2017］最高法民申4576号裁判文书的说理内容如下："虽然'将出资款项转入公司账户验资后又转出的行为'不再作为明文规定的股东抽逃出资的典型行为，但并不意味着该种行为一律不再认定为抽逃出资之性质。具体到本案，郭某生作为河阳石化公司股东及监事，有义务了解并有能力说明该款项转出的用途，而未能作出合理解释，亦未提供证据证明该行为系基于公司正常经营业务往来所形成，更未证明该行为经过了公司法定程序。上述7000万元进入验资账户一两天后即转出，该行为严重侵蚀了公司资本，减损了公司偿债能力，侵犯了债权人的合法权益。"[1]根据裁判规则，股东在出资款转入公司账户验资后，即便未将该出资款转入该股东个人账户而是转出至其他账户的，倘若股东无法对该笔出资款的转出作出合理解释的，该行为亦属于《公司法解释三》第12条第4款规定的其他未经法定程序将出资抽回的行为。

---

［1］ 参见最高人民法院［2017］最高法民申4576号民事裁定书正文。

（二）公司未经法定程序减资的

最高人民法院在［2017］最高法民申 3185 号民事裁定书中对股东以减资形式取回出资的情形作了明确定义，即"仲圣控股实际取回 2500 万元人民币未经鲁能仲盛董事会决议的事实，在客观上亦违反了本案《合资经营合同》《章程》中关于公司注册资本减少或增加须经董事会半数以上同意并履行相关审批及变更登记手续的规定。由于股东抽逃出资一般是经公司其他股东或者公司认可同意并以所谓合理事由将出资转出而得以实现，因此原审判决认定该协议书（《合作协议书》）不能证明仲圣控股取回 2500 万元人民币未构成抽逃出资，并无不当。"[1]

（三）公司为股东之间的股权转让提供担保的

根据［2017］最高法民申 3671 号民事裁定书，最高人民法院认为，虽然法律法规不禁止公司为股东提供担保，但法律规定该担保需经法定程序。如公司可以为股东之间的股权转让提供担保，则股权转让的受让一方不能支付股权转让款时，公司作为担保方需先行向转让股权一方承担责任，由此导致公司利益及公司其他债权人的利益受到损害，该种情形系属于以股权转让的方式变相抽回出资，违反了《公司法》第 35 条的规定。由此可见，司法裁判禁止公司为股东之间的股权转让提供担保的根本原因在于公司提供担保将损害公司自身利益，将会破坏公司资本确定、维持、不变的三原则。

（四）股东利用公司为其个人债务承担责任的

最高人民法院［2018］最高法民申 4377 号民事裁定书，明确了股东对第三方的个人债务，与公司对该第三方之间的公司债券不能互相抵销，在该案中股东将个人债务与公司对第三方的债权进行债务抵销，实际上是该股东抽逃了其对公司的出资。从资本维持的角度来说，股东的个人债务与公司无关，如公司为股东个人债务承担责任，势必造成公司财产的损失，因此司法裁判中禁止股东利用公司为其个人债务承担责任。

（五）股东从公司不当获利的

实践中股东从公司不当获利的情形可能多种多样，从最高人民法院［2015］民二终字第 435 号中航信托案、［2018］最高法民申 4680 号海南金椰林案等典型案例裁判文书中，可以发现，最高人民法院并不是一刀切地认为

---

［1］ 参见最高人民法院［2017］最高民申 3185 号民事裁定书正文。

凡是股东从公司处不当获得利益的行为都构成抽逃出资,如［2018］最高法民申 4680 号中的"该款项为金椰林公司经营期间的收益,应属于其公司资产。陈某萍转移上述款项的行为固然损害了金椰林公司的财产权,但其行为并未侵蚀到金椰林公司的资本,不构成《公司法解释三》第 12 条规定的抽逃出资行为"。[1]

三、结论

从文义解释的角度出发,抽逃出资的定义常常是同语反复的,如基本的抽逃出资概念即是指股东未经公司合法程序,擅自抽出其向公司出资的财产,上述定义方式有循环定义之嫌。此外,根据这个定义,股东非经合法程序或手续从公司取得任何财产,只要未超过其出资数额,且未减少其持股数的,就都属于抽逃出资。但实践中并非如此宽泛地认定抽逃出资。[2]《公司法解释三》仅规定抽逃行为损害公司利益,但并未明确侵蚀资本、股东主观目的、过错程度、公司损害结果等侵权基本要素,因此在判断某个行为是否构成抽逃出资时表现得较为僵化。司法适用中,结合上述裁判规则可以看出,尽管股东是否构成抽逃出资具有类型化、多样化的形式要件判断标准,但最重要的仍是判断股东抽回资本的行为有无侵蚀公司资本,即在商事外观主义的指引下有无造成公司资本的不真实反映,有无从实体上侵害了公司的资本衡平性,实际是司法裁判规则回归到资本维持制度的基本框架之下,重新对抽逃出资行为的界限进行划分。因此,笔者认为,在重新建立公司法分配制度体系前,仅仅界定抽逃出资行为的确认标准,无法根本解决实践中的适用难题。我国公司法资本分配制度的调整应将公司资本公示原则与资本维持原则有机结合,建立以资本维持为基本内容、以公司资本实际情况为运用标准的统一调配模式。

---

〔1〕 参见最高人民法院［2018］最高法民申 4680 号民事裁定书。
〔2〕 叶龙虎、姜兆策:"公司股东抽资现象及其防范对策",载《中国工商管理研究》2002 年第 5 期。

从破产债权人视角看破产受理程序的完善

高 晴[*]

(中国政法大学 北京 100088)

摘 要：由于我国破产法律规定不尽完善，造成了一些破产申请人恶意申请破产，并给其他破产当事人造成重大损失。就破产受理程序而言，可考虑构建形式审查+实质审查的递进式双重审查标准，并构建破产担保制度和恶意申请破产的损害赔偿制度。

关键词：破产受理 恶意破产 破产审查 破产担保 破产赔偿

受市场规律的影响，企业倒闭、破产是一种常见现象。破产法定申请主体，为了维护其自身权益，想尽各种办法启动破产，其中不乏启动一些恶意的破产，这给其他破产当事人尤其是债权人造成了重大损失。债权人在破产受理程序不完善的情况下，很难行使其合法权益，本文结合司法实践，探讨我国破产受理程序的完善与发展，以期对我国的破产立法和实践有所助益。

一、破产受理及法律后果

破产受理，是指法院在收到破产案件申请后，认为申请符合法定条件而予以接受，并出具受理破产申请裁定。破产受理程序是破产程序的始端，破产受理是破产程序开始的标志，也是破产案件进入实质阶段的标志。[1] 破产程序一旦启动，将对破产当事人产生重大实质性影响。所以在破产程序中，破产当事人最为关心的问题就是申请能否被受理，受理裁定何时出具。

---

[*] 作者简介：高晴（1978年-），女，汉族，山东济宁人，中国政法大学同等学力研修班2022级学员，研究方向为民商法学。

[1] 李志涛："论我国破产受理程序的不足与完善"，载《现代商贸工业》2009年第24期。

根据《企业破产法》第 13 条至第 21 条的规定，破产受理后，债务人的经营和权利将受到极大的限制，管理人将接管债务人的财产和经营，和债务人有关的合同行为、诉讼、仲裁及执行程序将中止，对债务人的保全措施应当解除，有关债务人的民事诉讼，只能向受理破产申请的法院提起。根据《企业破产法》第 46 条的规定，破产受理后，债权人未到期的债权，在破产受理时视为到期，附利息的债权自破产受理时起停止计息。

二、破产受理程序中，债务人恶意申请破产及债权人的权利应对

由于破产受理的后果是法定的，破产受理对破产当事人具有重大意义，所以破产当事人之间对破产受理的博弈意义重大，现从破产债权人的视角，论述债务人恶意申请破产及债权人的权利应对。

（一）债务人恶意申请破产

对于如何遏制恶意破产，我国企业破产法及民事诉讼法均没有明确规定。最高人民法院公布的《关于审理企业破产案件若干问题的规定》第 12 条第 1 项规定，债务人有隐匿、转移财产等行为，为了逃避债务而申请破产的，法院对其破产申请裁定不予受理。但该规定并未明确涵盖债务人以其他形式实施的恶意破产。

实践中，债务人通常利用债权人的名义启动破产，这一方面可以规避以债务人启动恶意破产的法律后果；另一方面，较之以债务人名义申请破产，以债权人名义申请更为便捷。按照《企业破产法》第 8 条的规定，以债权人名义申请准备的材料较少，申请难度较低，时间更快，更容易拿到受理裁定。

当债务人面临大额金融，债权人本金及利息难以偿还时，或当债务人的财产被法院查封将被执行时，债务人为了维护其利益，通常会利用小额债权人、关联债权人或虚构的债权人名义申请破产，快速拿到受理裁定，据此停止债务利息的计算、中止案件的执行、停止对财产的司法处置等，以达到其利用破产程序止损或逃避债务的目的。

（二）在当前破产受理程序下，债权人很难有效应对债务人的恶意破产

我国破产案件的受理程序实行的是双重审查标准，即形式问题与实体问题同时审查，是在不公开、不透明的状态下对表面事实的书面审查，这种庭外书面审查方式，缺乏债权人与债务人的利益对抗机制，法院仅凭申请人一方的材料就作出裁决，所作裁定缺乏公正，亦缺乏充分的事实依据。

在当前破产受理程序下，针对债务人的恶意破产，债权人缺乏对抗及救济途径，很难有效维护其合法权益，主要表现在如下方面：

1. 对债务人及其他法定申请主体提出的破产申请，债权人无权提出异议

根据《企业破产法》第二章申请和受理的规定，在申请环节，对债务人和债权人提出破产申请均有规定，而在受理环节，仅规定了债务人对债权人提出的破产申请有异议的权利，未规定债权人对债务人有相应的异议权利。因此，在破产受理程序中，债权人不可以对债务人及其他法定申请主体提出的破产申请提出异议。

在现行法律对债权人提出异议没有规定的情况下，债权人很难阻止破产受理程序。但是由于债权人一般较为了解债务人的情况，能够比较迅速地得知债务人申请破产，债权人可以积极地向受理申请法院提出书面意见，或者协调债务人做积极应对，完整地阐述对应否受理破产的意见，最大努力争取受理法院的支持。

2. 在破产受理程序中，债权人申请召开听证会、质证会很难被支持

根据最高人民法院《关于适用〈中华人民共和国企业破产法〉若干问题的规定（一）》第7条，法院收到破产申请后应当及时对申请人的主体资格、债务人的主体资格和破产原因，以及有关材料和证据等进行审查，并依据《企业破产法》第10条作出是否受理的裁定。依据该规定，召开听证会、质证会，并非法院决定是否受理破产申请的必经程序。

实践中，当债务人及其他申请主体提出破产申请后，债权人为阻止破产程序，通常会申请法院召开听证会、质证会，但是在现行法律对召开听证会、质证会没有规定，且受理审查仍为庭外书面审查的情况下，法院通常不会接受债权人召开庭前会议的申请，因此债权人很难阻止启动破产程序。

3. 法院受理破产申请后至破产宣告前，债权人可以申请法院重新审查债务人是否符合破产的条件

《企业破产法》第12条第2款规定："人民法院受理破产申请后至破产宣告前，经审查发现债务人不符合本法第二条规定情形的，可以裁定驳回申请……"该规定是对法院裁定受理错误的一种救济途径。

笔者曾代理过江西泰和县法院（以下简称"泰和法院"）的一个案件，代理过程中发现某债权人申请债务人破产时，既未提交发生法律效力的债权凭证，又未提交债务人符合破产条件的证据，显然，泰和法院裁定受理破产

申请不符合法律规定。在代理人和最大债权人的共同努力下，通过泰和法院及上级人民法院等多种途径进行维权，最后，该案在江西省高级人民法院破产督查组的督办下，泰和法院驳回了某债权人的破产申请。事后得知，债务人和某债权人存在虚构债务恶意申请破产的情况。

三、破产受理程序的完善

依据上文论述，笔者认为，我国的破产受理程序应主要从如下方面进行完善。

（一）改进双重受理审查标准

我国破产案件的受理程序实行的是双重审查标准，即形式问题与实体问题同时审查，均采用庭外书面审查的方式，不利于裁定的公平、公正。可考虑构建形式审查+实质审查的递进式双重审查标准，具体为：

1. 立案时采取形式审查标准

我国的民事、刑事和行政诉讼法在案件受理问题上均采用形式审查的标准，我国的企业破产法在案件受理问题上亦可借鉴。形式审查标准是由立案庭对破产申请人提交的破产申请书、资格证明文件等证据材料进行形式审查，不对破产申请的原因进行实质性审查；形式审查后，由立案庭出具《受理案件通知书》。[1]

2. 立案后增设专门的实质审查程序

由双重审查标准转为形式审查标准后，法院应增设专门的实质审查程序。法院在出具《受理案件通知书》后，破产还没有真正开始，无需对破产当事人的权利作出限制，但应该通知相关利害关系人，由法院组成合议庭，开庭审理破产申请的实质原因。利害关系人可以提出异议，并参与到合议庭中去，与申请人展开辩论。法院根据庭审情况，判断是否进入实质破产程序，裁定是否受理破产案件，实现实体公正。

（二）构建破产担保制度

破产申请受理后，受理裁定的效力是由法律直接规定的，而对于在受理后发现不符合受理条件的案件，法院可以依据《企业破产法》第12条第2款的规定裁定驳回申请，但因破产受理给破产当事人造成的损失赔偿未作规定，

---

[1] 王欣新："立案登记制与破产案件受理机制改革"，载《法律适用》2015年第10期。

造成破产"滥申请"现象频繁发生。

为避免"滥申请"以及因错误申请给当事人造成的损失,可考虑构建破产担保制度,即破产申请人申请破产时须提供担保。破产担保制度主要是为了弥补恶意破产案件给其他当事人带来的损失。[1]制定破产担保制度,须结合破产程序的特点,区分不同的法定破产申请主体,设定多种担保措施及担保物等,以保障破产担保制度具有可执行性。

(三) 构建对破产当事人的损失赔偿制度

在构建破产担保制度的同时,应一并考虑构建破产当事人损失赔偿制度,以保障破产担保制度的有效执行。在构建破产当事人损失赔偿制度时,需要考虑恶意破产案件的认定、损失赔偿金额的认定、权利与义务主体责任的划分等。关于责任的划分,可参考《人民法院报》刊发的《如何认定因财产保全申请错误所致损害的赔偿责任》。[2]

---

[1] 李志涛:"论我国破产受理程序的不足与完善",载《现代商贸工业》2009年第24期。

[2] 参见张强、孙自豪、徐笑梅:"如何认定因财产保全申请错误所致损害的赔偿责任",载《人民法院报》2018年4月26日。

电子商务平台的安全保障义务与责任承担

高 鑫*

（中国政法大学 北京 100088）

摘　要：《电子商务法》将经营者的安保义务由实体延伸到了电子商务范围，但对网络交易中的安全性责任没有作出明确的界定。电商平台安全保障义务包括事前风险防范与排查义务、危险排除义务、危险警示义务、事后救助义务，而电子商务平台违反安全保障义务根据《电子商务法》第38条第2款所承担的"相应的责任"，则包含补充责任、连带责任及按份责任三种责任类型。

关键词：电子商务平台　安全保障义务　责任承担

我国电子商务的迅速发展，对国民经济的发展起到了重要作用，电子商务作为新的经济形式，正在不断创造市场，必然对现有的法规产生一定影响，使得有关电子商务的法律制度更为复杂化。根据《电子商务法》第38条第2款的规定，电商平台经营者必须承担安全保障义务，但并未明确其具体的责任。安全保障义务是为了应对当前电商平台事故频发、强化平台的职责而制定的，但是平台内的经营者数量庞大，平台承担何种安全保障义务是适当的，《电子商务法》制定和颁布以后，关于平台的责任问题就有了很大的争论。为了在司法实践中更有效地适用《电子商务法》，需要更深层次对电商平台经营者承担安全保障义务的必要性、具体内容和责任承担等问题进行研究。

---

* 作者简介：高鑫（1992年-），男，汉族，甘肃酒泉人，中国政法大学同等学力研修班2022级学员，研究方向为民商法学。

一、电子商务平台承担安全保障义务的必要性

电子商务改变了人们传统的生活方式，通过大幅简化买家和卖家之间的交易流程，有效降低交易成本，提高商品流通效率，为社会创造了巨大的价值[1]，然而《电子商务法》颁布前，我国并没有成文法律规定电子商务平台经营者的安全保障义务，而是通过《侵权责任法》第36条确定了网络服务提供者的相关责任与义务，《电子商务法》的颁布不仅填补了电子商务行业的法律空白，《电子商务法》第38条第2款更是将安全保障义务从线下实体延伸到线上虚拟平台，扩大了电商平台经营者所承担的责任义务，明确了电商平台经营者的法律地位。

《民法典》第1198条规定了经营场所、公共场所经营者、管理者或者群众性活动的组织者的安全保障义务，而电子商务作为实体经济的延伸，电子商务平台经营者同样为交易双方提供线上虚拟经营场所，该线上经营场所同样存在公共空间或群众性活动。我国电子商务发展至今，网络诈骗、虚假交易、信息泄露等各类侵权案件层出不穷，互联网的虚拟性加大了线上交易的风险，电商平台提供的中间服务为存在于平台的风险提供了可能性条件[2]，并且电商平台经营者从平台所提供的服务中获取相应的利益，就应当承担相应的安全保障义务。因此，电子商务平台承担安全保障义务更具有必要性与经济性。

二、电商平台安全保障义务的具体内容

《电子商务法》从理论上对其承担的责任进行了初步的规定，而在司法实践中对其内容和责任的界定没有清晰的规定。

电子商务平台是通过电子商务交易中的大数据处理和分析等技术为平台内经营者和消费者提供信息交互服务。因此，电商交易平台应当有能力及时防范平台操作人员及平台使用者的违法行为，并根据其违法行为的不同而积极采取相应措施以保护他人合法权益。《电子商务法》在法律规定的基础上建

---

[1] 王奇、牛耕、赵国昌："电子商务发展与乡村振兴：中国经验"，载《世界经济》2021年第12期。

[2] 肖国云："大数据时代电子商务安全问题探讨"，载《商展经济》2022年第4期。

立了安全保障义务的理论核心，但在此基础上，应该结合电子商务平台本身的特殊性构建更具体的保障内容，具体可以分为事前风险防范与排查义务、危险排除义务、危险警示义务、事后救助义务[1]。

（一）事前风险防范与危险排查义务

平台经营者利用大数据技术来处理交易中的不对称关系，从而让用户相信平台经营者可以为双方提供安全保障，并且可以根据交易平台的规定进行买卖，在诚信原则的基础上，平台运营人应当对此负有一定的警惕和防范责任，尽量降低可能危及交易或交易各方权益的可能。事前风险防范义务是电商平台对平台内经营者的主体资格进行身份验证，对使用者的登记资料和使用者的资格进行严格的审核，例如工商注册信息、注册地址、现存法律诉讼信息等。电子商务平台必须登记平台内经营者联络信息和地址，并确保其真实有效，如果消费者因在网上购物或购买服务受到了人身伤害，必须向商家提供其联系人和住址，如果不能提供，则由电商平台负责。当然，事前风险防范义务不必超出平台现有技术的限度，而是在人们普遍认知内进行考量。

危险排查义务是电商平台经营者在发现侵害法益的行为后通过大数据排查相同类型潜在危险或防止当前危险行为进一步恶化，例如平台经营者在审查平台内经营者收到的投诉、法律诉讼信息时，应当主动记录，并提示消费者，预防同类危险行为再次发生。

（二）危险排除义务与警示义务

危险排除义务在排除正在发生的侵害法益行为的同时，也应该对未来可能发生的妨害审查与控制行为进行审查。平台应健全对平台内经营者的投诉举报机制，对已证实的侵害消费者权益的商品与服务予以强制下架并公示，并预防商家采用变换名称或外形等措施变相重新上架该商品与服务或同类商品与服务的行为。

危险警示义务是指在侵权行为发生后，或者在损失尚未形成之前或者损失已形成但尚未扩展的情况下，能够自动发现风险并向其他使用者发出警示的责任。电商平台没有法律上的调查权力，它唯一能起到的风险警示作用就

---

[1] 俞少琦：“涉电商平台安全保障义务规则的实证研究——以电子商务法第38条第2款为视角”，载上海市法学会编：《上海法学研究》（2021年第14卷），《中国学术期刊（光盘版）》电子杂志社有限公司2021年版。

是迅速识别、处理和警告别人。随着网络技术的不断发展，电商平台对信息不实信息的防范与鉴别能力大大提高。总之电商平台应当对平台提供的商品及服务所存在的潜在危险予以明示，例如网约车平台应当提示乘客可以采取哪些行来保障乘车安全等。

（三）事后救助义务

事后救助义务是平台内商品与服务发生侵权行为时，平台对消费者进行及时且最大限度的救助，以减轻或挽救消费者的经济利益。电商平台虽然无法对侵害人身安全的行为直接提供帮助，但应当积极配合消费者或司法机关等部门，提供侵权方的真实信息，协助调查等，在合理范围内为消费者维权提供帮助。电商平台因不履行对消费者的救助义务而造成消费者损失的应当承担赔偿责任。

三、违反电子商务平台安全保障义务的责任承担

在现实生活中，很少会出现电商平台对交易双方的人身和财产造成直接伤害的情况，多数情况下，电商平台没有履行自己的安全保障义务，从而造成了电商平台使用者的损失，因此电商平台应该承担与自己的过失相称的赔偿责任。《电子商务法》第38条第2款提到的"相应的责任"应当包含补充责任、连带责任及按份责任[1]。

电子商务平台可以实际控制保存、删除和修改交易数据，所以电商平台必须证明自己已经履行了交易的安全保障责任。根据《民法典》第1198条第2款的规定，由第三人的过失造成的损失，安全保障义务人应该和第三人共同承担或者补充赔偿，同理，电商平台为其过失而承担补充赔偿责任，除非电商平台为明知或应当知道的。如果侵权行为与平台未尽安保义务的行为没有因果关系，亦不能要求平台承担补充责任，平台承担的补充责任应该根据案情程度进行认定，承担与过错程度大小相匹配的责任。

按照《电子商务法》第38条第1款的规定，如果平台经营者违反安全保障义务的行为与平台内经营者的侵权行为构成共同侵权，平台应当承担连带责任。通常平台经营者违反安全保障义务的行为是消极因素导致的过失行为，

---

〔1〕周婉嘉："电子商务平台的安全保障义务及其民事责任"，载上海市法学会编：《上海法学研究》（2020年第11卷），《中国学术期刊（光盘版）》电子杂志社有限公司2020年版。

此时平台应当承担补充责任，但是当平台经营者的主观过错成为故意放任侵权行为发生时，平台的可责性上升，使补充责任转变为连带责任[1]。

虽然电子商务平台经营者违反安全保障义务的行为并不能直接造成消费者权益受到损害，要求平台经营者承担按份责任有失公平原则的体现，但是，按照《民法典》第1172条规定，在司法实践中情况纷繁复杂，存在共同侵权的情形，当无法确定责任大小时，平均承担责任。

---

[1] 周婉嘉："电子商务平台的安全保障义务及其民事责任"，载上海市法学会编：《上海法学研究》（2020年第11卷），《中国学术期刊（光盘版）》电子杂志社有限公司2020年版。

以房抵款实务中的法律风险及防范

贺 旭*

(中国政法大学 北京 100088)

摘 要：在建设工程领域，由于存在施工周期长、投资金额大、风险较高等因素，当发包人出现资金短缺的情况，一般会采用以房抵款的形式来支付工程款。实务中，以房抵款存在着协议无效、无法履行、违约等风险，需从协议签订前的准备工作、协议的内容条款、协议履行的保障等多方面、多角度加以防范。

关键词：以房抵款 流押 优先受偿权 预告登记

2016年，中央经济工作会议提出"房子是用来住的，不是用来炒的"概念后，2020年8月，住房和城乡建设部、中国人民银行确定了房地产企业融资的"三条红线"，意味着房企融资渠道面临全方位监管，房地产调控政策收紧，房地产企业面临的资金压力也逐渐上升。当发包方资金短缺，无力支付工程款时，以房抵款的现象便应运而生。

一、以房抵款的概念和类型

以房抵款一般是指房地产企业在开发过程中，将所开发的商品房折价给施工企业，以替代履行其支付工程价款的义务。以房抵款协议实质上包含了两个法律关系：一是建设工程施工合同关系，施工方建设房屋，开发商按照施工合同约定履行工程款支付义务；二是商品房买卖合同关系，开发商通过将房屋出售给施工方的方式来代替其工程款支付义务。也就是说，施工方通

---

* 作者简介：贺旭（1985年-），女，汉族，天津人，中国政法大学同等学力研修班2022级学员，研究方向为经济法学。

过让渡工程价款，从而取得开发商名下部分房屋的所有权。

以房抵款协议一般涉及三方主体，即开发商、施工企业及实际购房者，在履行过程中，也存在施工企业与实际购房者重合的情形。无论哪种模式，均涉及多个合同及复杂的法律关系，在实际履行中要尤为注意。

二、以房抵款的相关法律规定

以房抵款本质上属于民法中的以物抵债。之前的法律法规及司法解释对于以物抵债并没有一个明确的定义，且实践中法官的裁判规则也不尽相同。2012年的"成都市国土资源局武侯分局与招商（蛇口）成都房地产开发有限责任公司、成都港招实业开发有限责任公司等债权人代位权纠纷案"中，法院实际上明确了以债务人履行和债权人受领为以物抵债协议的生效要件；2014年的"朱某芳"案中，泰和公司向朱某芳借款1100万元，泰和公司将其开发的14家商铺以签订买卖合同的方式抵押给朱某芳，并且约定如果泰和公司到期不能偿还，则不再履行借款合同，而履行商品房买卖合同。法院认为商品房买卖合同实质为借款合同的担保；2017年的"通州建总集团有限公司与内蒙古兴华房地产有限责任公司建设工程施工合同纠纷案"[1]中，法院认为以物抵债系债务清偿的方式之一，是当事人之间对于如何清偿债务作出的安排，故对以物抵债协议的效力、履行等问题的认定，应以尊重当事人意思自治为基本原则。之所以最高人民法院对以物抵债的认定存在前后不一致的观点，是因为理论界对以物抵债也一直存在多样化的观点：主流观点认为以物抵债等同于代物清偿，需现实完成他种给付，否则是为债务标的之更新。[2]还有的学者认为以物抵债并非契约，而是一种处分行为，以处分权、行为能力、公示为其构成要件，满足方能发生效力。[3]

随着"通州建总集团案"中最高人民法院裁判思路的转变，2019年的《全国法院民商事审判工作会议纪要》（以下简称《九民纪要》）第44条、第45条对以物抵债进行了详细规定，将以物抵债协议分为履行期届满前、履行期届

---

[1] [2016]最高法民终484号民事判决书。
[2] 史尚宽：《债法总论》，中国政法大学出版社2000年版，第814~815页。
[3] 陈永强："以物抵债之处分行为论"，载《法学》2014年第11期。

满后及诉讼中三个阶段。[1]通俗点说，就是债务履行期限届满前达成的以物抵债协议，由于履行期未到，不能约束当事人。如果允许当事人签订"以物抵债"协议还可以约束当事人，就会彻底架空《民法典》第401条的"流押条款"、《民法典》第428条的"流质条款"、《九民纪要》第71条的"流让条款无效的规则"，当事人都会在债务没到期时约定用房屋抵债，此种情形下若债主可以取得房屋所有权，显然也违背了公平原则，不利于市场交易秩序。债务履行期届满后达成的以物抵债协议，要区分抵债物是否交付，交付了则有效，不交付则不一定有效。而在诉讼中达成的以物抵债协议，又分为一审和二审，一审可以撤回起诉，二审应撤回起诉而非撤回上诉。

2022年11月4日，最高人民法院发布的《关于适用〈中华人民共和国民法典〉合同编通则部分的解释（征求意见稿）》第28条规定了清偿型以物抵债的法律适用，即债务人或者第三人与债权人在债务履行期限届满后达成以物抵债协议，如无法定无效或者未生效的情形，人民法院应当认定该协议自当事人意思表示一致时生效。债务人履行以物抵债协议后，人民法院应当认定相应的原债务同时消灭。债务人未按照约定履行以物抵债协议，债权人选择请求债务人履行原债务或者以物抵债协议的，人民法院应予支持，但是法律另有规定或者当事人另有约定的除外。由此可见，以物抵债协议因为实务中比较常用，因此立法也会随之应运而生。

三、以房抵款中存在的法律风险

以房抵款在开发商资金匮乏的情况下不失为一种解决问题的方案，但其中也会存在一些法律风险，现归纳如下：

（一）以房抵款协议是否有效

（1）以房抵款协议属于双方意思自治的范畴，要有效首先要符合《民法典》第143条规定的民事法律行为的生效要件，即双方当事人有民事行为能力、意思表示真实、不违反法律、法规的强制性规定，不违反公序良俗。

（2）开发商作为合同签订的一方主体，对于所抵的房屋要取得商品房预售许可证。

---

[1] 肖俊："以物抵债裁判规则的发展趋势与建构方向——2011-2019年最高人民法院审判经验的考察与分析"，载《南大法学》2020年第1期。

（3）根据《九民纪要》的相关规定，开发商欠付的工程款需履行期限届满，否则可能被认定为流押条款，被认定为无效。[1]

（4）以房抵款协议不存在《民法典》规定的合同无效或者可撤销的情形。

（二）以房抵款协议是否具备可履行性

选择签订以房抵款协议的开发商多数存在资金短缺的情形，也可能会面临房产被其他债权人查封、一房数卖或者进入破产程序的情形，因此施工方在协议签订前需要对开发商的具体情况进行必要的审查。

（三）施工方丧失原合同约定的违约责任

建设工程施工合同范本的通用条款一般都规定了工程款逾期支付的违约责任，即使没有约定，施工方也有权按照中国人民银行同业拆借中心公布的利率主张利息损失。如施工方签订以房抵款协议，意味着放弃了原建设工程施工合同约定的违约责任，且主张利息损失的期间大大缩短。

（四）施工方会丧失工程价款的优先受偿权

根据《民法典》第807条的规定，发包人未按照约定支付价款的，承包人可以催告发包人在合理期限内支付价款。对于施工单位来说，施工方就未支付的工程价款，享有优先受偿权，如签订以房抵款协议，意味着其丧失了建设工程优先受偿权，而转化为普通债权。

四、施工企业的法律风险防范措施

大多数情况下，施工企业选择以房抵款实属无奈之举，目的还是想拿到工程款，因此拿到房屋后多数施工企业会选择将房屋变现来回款，因而在签订协议前要选择好合适的购买人，以减少房屋交易过程中产生的税费，这就需要施工企业在签订协议前做好以下工作：

（1）对协议中所约定的房产进行调查评估，选择没有产权争议且容易变现的房产。

（2）协议的内容应明确办理房屋所有权转移登记手续的时间。根据《民法典》第214条的规定，不动产物权的设立、变更、转让和消灭，依照法律

---

[1] 夏玥、陆惠民："施工企业视角下'以房抵款'实务问题分析及风险防范"，载《建筑经济》2022年第S1期。

规定应当登记的，自记载于不动产登记簿时发生效力。因此只有办理完过户登记，施工企业才能在房屋权属产生争议时得到支持。

（3）在以房抵款协议履行过程中，开发商有时会要求每笔房屋都要走资金的转移支付手续，因此需要的周期也就比较长。此时施工企业可以根据《民法典》第 221 条的规定，向登记机构申请房屋预告登记，预告登记后，未经预告登记权利人同意处分该不动产的，不发生物权效力。

（4）明确房屋具体位置、抵债数额、税费承担等要素，避免在后续执行过程中产生争议。

关联交易合同效力研究

胡子华*

（中国政法大学 北京 100088）

摘　要：关联交易是现代公司实现利益最大化的手段之一，但也是公司实际控制人利用其支配权利谋取私人利益的重要方式。关联交易合同是关联交易重要的表现形式，对判定关联交易合同的效力至关重要。关联交易合同有别于传统商事合同，不能机械套用民法中的合同规则认定其效力。

关键词：关联交易合同　合同效力

一、题目背景

《公司法》自实施以来，虽经历数次修改，但在面对我国入世后市场经济得到长足发展的今天，其仅立足于单一公司、单体公司所形成的公司法理论，在面对复杂社会关系下公司所产生的关联交易的问题时，特别是面对世界范围内存在的公司集团、企业集团时已经捉襟见肘。[1]

通过近几年的司法案例，不难发现绝大部分涉及关联交易的案件，基本离不开对关联交易合同的判定。2019年开始实行的最高人民法院《关于适用〈中华人民共和国公司法〉若干问题的规定（五）》（以下简称《公司法司法解释（五）》）里也规定，已经信息披露或股东大会同意这类程序问题不再是关联交易的免责条款以及关联交易合同存在无效或者可撤销情形时的救济方式。但是，我国现行的《公司法》并没有对关联交易合同的效力进行规制，

---

* 作者简介：胡子华（1993年-），男，汉族，江西九江人，中国政法大学同等学力研修班2022级学员，研究方向为民商法学。

〔1〕冯占省："关联交易：概念确立、规范定位及制度创新"，载《学海》2021年第6期。

对关联交易合同效力的认定标准都是参照民法来进行,这与我国立法者将《公司法》定性为特殊的民法,属于民法的一部分有关。基于这种理解,立法者认为既然民法里有关于合同的认定,那么当民法规范中有适用关联交易合同的效力规范时,公司法自然没有必要再另行作出重复规范。[1]但在司法实践过程中,如果忽略公司的复杂性和关联交易合同自身的特性,机械地将民法关于合同效力的规则套用在关联交易合同上,那可能会造成商业交易的混乱。

二、关联交易合同与传统商事合同的区别

关联交易合同是在公司交易过程中独有的合同类型,它区别于传统的民商事合同,从签订主体地位到合同真实意思表达都有别于传统商事合同。

(一) 关联交易合同的主体区别于传统商事合同

一般来讲,传统商事合同的双方主体平等,合同的签订是依据双方真实意思表示,但关联交易合同中,恰恰因为合同主体的身份问题,导致合同的公平性、合理性让人存疑。目前,常见的关联交易合同双方主体关系大致可以分为以下几类:①双方为母子公司。子公司往往是母公司为分摊经营风险、纯洁自身主营业务而设立的。这些母公司往往对子公司拥有绝对控股,甚至子公司的人事任命、业务合同签署都需要由母公司审批才能通过。②双方为同一母公司控制的两个子公司。母公司通过对双方拥有绝对控制的能力,影响双方合同的签订。③双方公司的股东或高管交叉从而形成关联关系。虽然一方未能达到控股程度,但在实际情况下,因为核心人员交叉,形成的合同是否存在利益输送,这需要依据实际情况来分析。④双方为相互持股的公司,但未达到控股程度。公司互相持股在科技界是常见的一种股权模式,双方因互相持股使得利益一致,从而相互制约相互影响。⑤双方公司的股东或高管有家属关系,因此形成关联关系。[2]

(二) 关联交易合同对比传统商事合同侵犯客体具有隐蔽性

关联交易合同与传统商事合同对比,其因为公司控制者、公司管理方式、利益相关方等原因导致合同的真实意思很难被发现。

---

[1] 施天涛:"公司法应该如何规训关联交易?",载《法律适用》2021年第4期。
[2] 沈澜:"关联交易效力的司法认定",载《人民司法》2010年第2期。

首先，签署关联交易合同的实际推动者，为使得目的实现，往往会隐瞒关联交易合同的真实情况。在损害公司自身利益的时候，会将关联方的重要信息进行隐藏，从而使得关联交易合同表达的意思并非从公司利益出发。其次，在《公司法司法解释（五）》出台以前，公司通过以程序合法的方式来做到实际控制人免责，即以程序合法掩盖实质违法。再次，在股份制有限公司中，公司的中小股东往往是因看好公司前景，就对公司进行投资。但他们对公司实际运营并不知悉，对公司对外签署的合同，往往仅进行形式审查，并未对实际内容进行细致分析。因此，当知晓自身利益受到侵犯的时候，时间已经过去非常久远，在维权时难以举证。最后，前文也提出了关联交易合同关联主体认定涵盖面广，利益受侵害人往往和实际控制人信息不对称且对事实调查困难，致使普通中小股东也很难确认合同属于普通商事合同还是关联交易合同。

三、关联交易合同的效力探讨

一般情况下合同效力的确认，可以直接适用《民法典》合同编及相关司法解释，但关联交易合同因其特殊性，如机械式套用《民法典》及相关司法解释的条款，会致使商业交易出现大量无法解决的问题。

（一）关联交易合同追溯时效问题

《民法典》第188条规定："向人民法院请求保护民事权利的诉讼时效期间为三年。法律另有规定的，依照其规定。诉讼时效期间自权利人知道或者应当知道权利受到损害以及义务人之日起计算。法律另有规定的，依照其规定。但是，自权利受到损害之日起超过二十年的，人民法院不予保护，有特殊情况的，人民法院可以根据权利人的申请决定延长。"常规的民事合同时效根据相关法律法规的规定，是在该合同履行完毕后三年内，权利受侵害方应当在此期间内主张权利。正常来说，普通商事合同也适用这一规则。

但前文分析过，关联交易合同往往都是披着合法交易外衣下的商事交易合同，且该类合同隐蔽性强，如果仅适用这一规则，传统的诉讼时效规定容易导致利益受损方无法及时保护自身权利。如果蓄意促成这个行为发生的责任人无力赔偿因关联交易合同受损人的损失，且利益受损人也无法向关联交易另一方进行索赔，那么保护利益受损人的权利的目的就无法达到，甚至会造成利益受损人因维权而有更大的损失。另外，在股份制有限公司中，因为有严格的披露程序，中小股东在审核关联交易合同时，可能清楚签署的合同是关联合同，但对关联交易侵犯的自身权益的实质并不清楚。但中小股东并非公司的实际控制人，对公司的运作并非完全清楚。因此，如果将合同签订时间认定为中小股东是知悉利益受损害时间，这时认定合同的诉讼时效的话，对中小股东维权是非常不利的。综上，笔者认为对关联交易合同的非实际控人对其关于关联交易合同的诉讼时效，应当单独明确时效问题。

(二) 关联交易合同效力的实质问题讨论

关联交易合同在当下的经济社会里属于常见的商事合同类型。特别针对上市公司和集团类公司，这类公司更容易出现关联交易合同。目前，学者对关联交易合同的效力问题主要有两个观点。一部分学者认为，关联交易合同如果是实际控制人为了谋取利益，侵害第三方利益，属于民法上欺诈的行为，应当认定该合同为无效合同，需要侵权人将损害恢复到合同交易前的状态。另一部分学者认为，关联交易合同应当以实际损害结果来确认，侵权行为人应当对利益受损人进行损害赔偿，目前我国司法实践也是按照这个思想进行司法实操。

笔者认为，针对关联交易合同所涉及的诉讼，整个争议的核心在于如何去维护他人受损的利益。但在现实商业活动中，如果执着于要求违规方去恢复原状，那可能造成更大的资源浪费，这与《民法典》中的绿色原则相违背。确认关联交易合同的效力，核心目的还是保护利益受损人的权利。因此，关联交易合同的内容属于可撤销合同还是无效合同，应当依据利益受损人的具体损害情况而定。对于如何最大化保障利益受损人的权利，也不应当只追究公司实际控制人，还应当追究关联交易方的责任，因受损人的利益通过关联交易被实际控制人转移至关联合同的交易方，故追究关联交易合同的双方，才能更好地保护利益受损人的权利。

四、结语

关联交易是现代公司实现利益最大化的手段之一，但也是公司实际控制人利用其支配权利谋取私人利益的重要方式。[1]关联交易合同是关联交易的直接表现形式，是直接影响关联交易是否能正常进行的关键因子。在司法实

---

〔1〕 冯占省："关联交易：概念确立、规范定位及制度创新"，载《学海》2021年第6期。

践过程中，对关联合同效力的判定，也不应任由法官发挥其自由裁量权，这样必然会出现因为个体的认知导致判决失去公允性，同时也会造成不必要的司法资源浪费。因此对于关联交易合同的效力认定，在立法层面和法律思想上亟须进行完善和补充。

夫妻忠诚协议的定性及效力认定研究

姜源源[*]

(中国政法大学 北京 100088)

摘 要：夫妻忠诚协议基于夫妻忠诚义务设立，兼具道德和法律双重属性，而之前的《婚姻法》《合同法》立法本意的不同，使得夫妻忠诚协议的定性成谜。《民法典》以市场经济秩序与家庭生活实践为规范对象，对体系内的所有法律规范进行体系化整合后，将夫妻忠诚协议定性为身份关系协议，参照适用合同编的相关规定。《民法典》对于忠诚协议合同化的肯定，对婚姻家庭生活有着积极的影响，在司法实践中除了部分无效的情形，原则上应该肯定其效力。

关键词：忠诚义务 身份关系协议 体系化 参照适用 自由量裁 精神赔偿

夫妻忠诚协议是夫妻双方在婚前或婚后自愿制定的约定在婚姻存续期间互相忠实于对方的协议，是《民法典》第 1043 条"夫妻应当相互忠实"义务的体现。随着全民法律意识的增强，夫妻双方在婚姻关系存续期间订立忠诚协议的行为屡见不鲜。而夫妻忠诚协议因其兼有道德与法律双重属性，如何界定其性质与效力在学界及司法界争议已久。本文拟从忠诚协议的定性争议入手，解读《民法典》相关条款变动对定性的意义，以及对忠诚协议的效力认定作出说明。

一、对于夫妻忠诚协议的定性争议

2021 年 1 月 1 日前，《婚姻法》和《合同法》独立存在。《婚姻法》更多

---

[*] 作者简介：姜源源（1987 年-），女，汉族，山东烟台人，中国政法大学同等学力研修班 2022 级学员，研究方向为民商法学。

关注的是婚姻家庭秩序问题，具有较强的传统道德属性；《合同法》更多关注意思自治，具有较强的市场属性。夫妻忠诚协议使用的是合同的形式，内容却是基于夫妻忠诚义务，故对于夫妻忠诚协议的定性有着不同的观点，例如道德协议说[1]和自然之债[2]。但这两种观点都有明显的缺陷，故较为主流的观点为以下两种：

（1）身份（关系）协议说：该说基于《合同法》第2条中的民事权利义务关系，主要是财产关系，有关婚姻、收养等身份关系的协议不适合合同法，认为"夫妻忠诚协议是一种身份协议，不应以合同法的观念来理解"[3]。

（2）财产协议（或"债权合同"）说：该说认为夫妻忠诚协议本质上还是财产协议/债权合同而非身份（关系）协议。合同目的是当一方当事人违反了夫妻忠实义务，另一方当事人必须承担财产关系变动的后果，故为"特定身份关系的人订立的（财产）协议"[4]，应该适用《合同法》；而传统的身份协议的目的是设定、变更、终止某项身份关系，属于《合同法》第2条所述情况，故不适用《合同法》。

本文认为，两者的争议焦点为：在非民法典时代《合同法》《婚姻法》各自为营，特别是《合同法》第2条否定了身份关系协议（主要是婚姻家庭关系相关）与《合同法》适用的关系，使得业内对于夫妻忠诚协议的本质、夫妻忠诚协议与身份关系协议的关系产生了观点分歧。

二、夫妻忠诚协议的新时代

（一）从《合同法》到《民法典》的变迁

2021年1月1日《民法典》的实施，结束了我国民事单行法独立发展的时代，实现了家事法、合同法向民法典的回归。《民法典》以市场经济秩序与家庭生活实践为规范对象，将其中的法条以不同方式相互关联以发生共同作用，形成一个体系化的规范整体。[5]而《民法典》对婚姻家庭法修订，并非

---

[1] 余延满：《亲属法原论》，法律出版社2007年版，第13页。
[2] 韩彧博："自然之债视域下夫妻忠诚协议的效力判断"，载《学习与探索》2017年第6期。
[3] 郭站红："夫妻忠诚协议的法学思考"，载《宁波大学学报（人文科学版）》2010年第2期。
[4] 孙良国、赵梓晴："夫妻忠诚协议的法律分析"，载《社会科学战线》2017年第9期。
[5] 冉克平："'身份关系协议'准用《民法典》合同编的体系化释论"，载《法制与社会发展》2021年第4期。

仅在婚姻家庭编，而是体现在合同编的第464条第2款，这恰恰体现了《民法典》立法的体系化思维。[1]那么在民法典时代，忠诚协议是否可以定性为身份关系协议呢？我们可以从464条第2款的规定进行分析。

（二）《民法典》464条第2款使忠诚协议的定性不再是谜

《民法典》合同编第464条第2款规定："婚姻、收养、监护等有关身份关系的协议，适用于有关该身份关系的法律规定；没有规定的，可以根据其性质参照适用本编规定。"身份关系协议与合同法律关系之间从"不适合"变为了"参照适用"。这个修改，从一定程度上解开了笔者之前对于其定性的迷思：从定义看，夫妻忠诚协议确实为"特定身份关系的人"，不咬文嚼字地讲，应该属于"婚姻、收养、监护等有关身份关系的协议"；从其本质来讲，双方作为民事主体基于"意思自治"原则订立了协议，应该满足合同的定义，但是《合同法》却规定其不适用于本法规定，逻辑上难以自洽。故笔者认为，在民法典时代，忠诚协议可以定性为身份关系协议，适用于第464条第2款的规定。

三、忠诚协议适用合同编对于婚姻家庭生活的积极意义

对于合同编的调整，有人认为这对婚姻家庭关系产生了消极的影响，将夫妻忠诚协议合同化，使得其本质的夫妻忠诚义务由道德伦理的范畴变为市场化调整的范畴，夫妻关系趋于商事化，用赔偿金来支付违反忠诚义务的对价，这从一定程度上灭失了家庭伦理道德，从而影响了夫妻关系，不利于家庭的稳定、和谐和幸福。"这种协议具有非道德性，不仅可能导致婚姻关系的异化，也会形成对人身自由的约束，最终使婚姻自由名存实亡……"[2]

本文认为，该调整对于婚姻家庭生活以及家庭成员个体的积极影响要超出其消极影响。首先，从忠诚协议的产生分析，忠诚协议的普及化，是夫妻双方人格独立意识、法律意识增强的结果，是意思自治原则在婚姻家庭关系中的体现，这是社会发展的必然趋势，这是社会进化的表现而非退化；其次，影响夫妻关系的并非协议本身，而是违反忠诚义务的动机和产生原因；[3]再次，忠

---

[1] 申晨："《民法典》视野下婚内协议的效力认定"，载《法学评论》2021年第6期。

[2] 郭站红："夫妻忠诚协议的法学思考"，载《宁波大学学报（人文科学版）》2010年第2期。

[3] 孙良国、赵梓晴："夫妻忠诚协议的法律分析"，载《社会科学战线》2017年第9期。

诚协议约定的赔偿金并非支付的是违反忠诚义务的对价，而是以看似市场化的方式约束双方不要轻易触碰忠诚义务的底线；最后，法律和道德伦理不应是割裂的，而应该互相促进，忠诚协议适用于合同编，为受伤害的一方提供了除从道德角度同情支持外的法律救济方式（主要是财产方面），既是法律对于道德伦理的一种支持和鼓励，也是弥补了法律对于违反忠诚义务之制裁的不足。[1] 鉴于以上几条原因，本文认为该调整非但不会导致婚姻关系异化，反而一定程度上促进了婚姻关系的稳定。

四、夫妻忠诚协议的效力认定

忠诚协议对于家庭生活的影响具有两面性，故如何认定忠诚协议的效力对于和谐婚姻家庭生活的构建就显得至关重要。基于《民法典》合同编第464条第2款的内容，忠诚协议是否一定生效？使得忠诚协议无效的情形都有哪些？判定夫妻忠诚协议有效的情形下，法官是否具有自由裁量权呢？下面本文将一一进行分析。

（一）原则上应为有效

根据《民法典》合同编第464条第2款，在无法律特别规定时可以根据其性质参照适用合同编的相关规定；根据《民法典》合同编第502条第1款，无法律特别规定和双方特别约定的，依法订立的合同自成立时生效。因此忠诚协议只要符合民事法律行为有效的要求，原则上从订立之日起生效。

（二）无效的情形分析

作为民事法律行为的一种，忠诚协议原则上有效，但在例外情形下也可能无效或者被撤销。

1. 协议内容违法无效的情形

（1）约定违反忠诚协议即解除婚姻关系。根据《民法典》第1079条第3款，法定离婚条件只能是该条明示列举的那些情形，即感情破裂的法定列举情形以及其他导致夫妻感情破裂的情形，此条规定了"离婚事由（条件）的法定性"。而且，在司法实践中，忠诚协议被认定为无效的重要原因是，忠诚协议约定的法律后果为离婚时违约方少分或不分夫妻共同财产，从而被法院认为该约定系离婚财产分割协议，如此定性的协议只能在登记离婚中发生效

---

[1] 李姗萍："民法典时代背景下的忠诚协议"，载《交大法学》2022年第5期。

力,在诉讼离婚中不发生效力。[1]

(2)约定违反忠诚协议即丧失子女抚养或探视权。根据《民法典》第27条、第34条、第1068条、第1084条及第1086条,父母有抚养、教育、探望子女的权利和义务,不因父母离婚而改变;父母离婚时未成年子女由谁抚养,应当遵循相关法律规定或由法院判定,而非父母双方自行约定。因此,忠诚协议中关于一方违反夫妻忠实义务导致离婚则丧失子女抚养权或探望权的约定,系通过协议的方式排除了父母的法定权利和义务,该约定因违反强行法规定而无效。司法实践中法院也通常持相同立场,在"沈某诉杨某某离婚纠纷案"中,法院认为,"该协议内容中关于孩子抚养权的约定违反了法律的强制性规定,因此对该证明目的不予认定"[2]。

(3)协议的订立存在重大误解、欺诈、胁迫或显失公平等情况。根据合同编,该情况下可以要求撤销本协议。但在司法实践中,忠诚协议缔结中当事人意思表示不真实、不自由难以证明。例如在"张甲诉仇甲离婚纠纷案"中,法院认为"仇甲认为保证书系醉酒后被逼迫所写,但对此未提供任何证据证实。仇甲书写的保证书中虽有一处文字遗漏'不'字,但从保证书整体内容来看,意思表达完整清晰。仇甲仅以此处错漏来否定该证据证明理由不足,不予支持"[3]。

2. 忠诚协议内容属于道德层面约束而非法律可控层面而无效的情形

(1)限制"精神层面"的情况。最典型的是约定"精神出轨"属于违反忠诚协议的条款无效。对于是否存在精神出轨行为应严格界定,否则可能导致法律和道德的界限不清;另外对于精神出轨行为的举证和其对于夫妻关系影响的举证很难。除非夫妻一方有证据证明另一方与婚外第三者确立了婚外恋爱关系,严重影响夫妻关系,导致夫妻关系破裂,否则不应认为违反夫妻忠诚协议。

(2)约定过于严苛。最典型的是"净身出户"条款无效。司法实践对于忠诚协议中的"净身出户"约定通常持否定态度。在"陈某诉岑某离婚纠纷案"中,法院认为,"协议约定被告将自己所有财产归原告所有,系完全剥夺

---

[1] 北京市高级人民法院[2015]高民申字第1119号民事裁定书。
[2] 定边县人民法院[2015]定民初字第01028号民事判决书。
[3] 南京市中级人民法院[2013]宁民终字第2967号民事判决书。

其在财产上的权利,有非常严厉的惩罚性质,不应作为确定双方具体民事权利义务的协议,也不应作为夫妻共同财产分割以及原告所主张的精神损害赔偿、经济补偿依据"[1]。

(三) 自由裁量的情形

合同编第464条第2款在肯定身份关系协议适用本编规定的同时,使用了两个限定,一个是"根据其性质",另一个是"参照适用"。这两个限定给予了法官一定的自由裁量权,但这个自由裁量权的空间较小,且需要承担额外的论证负担。[2] 由于法官的自由裁量权并没有固定的范围或标准可依,笔者从司法实践角度分析,一般可能存在于以下两个方面:

(1) 忠诚协议约定赔偿金额过高或赔偿金额超出赔偿方可承受范围的情况下,法官可基于实际情况进行量裁。

(2) 忠诚协议约定精神赔偿或未约定精神赔偿金额的情况下,诉讼当事人提出精神赔偿金的诉求,法官应适当从"精神考量"方面出发,根据实际情况进行量裁。

五、结论

《民法典》合同编第464条第2款完成了合同法律关系与婚姻家庭法律关系的体系贯通,不仅使得忠诚协议的定性明朗化,且对婚姻关系自治及家庭生活稳定起到了积极的作用。

在对忠诚协议效力认定的司法实践中,原则上应认定其有效;以解除婚姻关系或者是涉及子女抚养、探望等强行法定问题的忠诚协议,应当认定为无效;属于法律难以界定情况(如"精神出轨")、条款过于严苛的,应当认定为无效。

《民法典》合同编第464条第2款的"根据其性质""参照适用"的规定,也给司法裁判遗留了重大难题,一定程度上限定了自由量裁的空间。本文建议自由量裁可以主要从赔偿金额以及是否适用精神赔偿等角度进行调整。

---

[1] 上海市杨浦区人民法院 [2013] 杨民一(民)初字第2108号民事判决书。
[2] 申晨:"《民法典》视野下婚内协议的效力认定",载《法学评论》2021年第6期。

不动产例外登记的效力及对物支配秩序维护

金 花[*]

(中国政法大学 北京 100088)

摘 要：不动产登记簿记事/附记登记其他单元物权内容的情况不多见，往往有着特定的现实和历史背景，根据物权正确性理论，这种例外登记当然具有公示效力。当例外登记不影响第三人权利时不会造成人对特定物支配秩序的混乱，登记内容有效；当例外登记与第三人物权相冲突时会导致人对特定物支配秩序的混乱，应按照"登记在先，优先保护"的原则确立物的支配秩序。

关键词：公示原则 物权正确性 不动产登记簿记事/附记

不动产登记以不动产单元为基本单位，[1]一个不动产登记簿对应一个不动产单元，不登记其他单元的物权内容，但是实践中一个不动产登记簿登记其他不动产单元权利事项的情况也偶尔出现，这种例外登记一般出现在不动产登记簿的记事/附记栏，伴随着特定的历史和现实背景，常常引发物权支配秩序的混乱进而导致纠纷发生。面对此类问题，如何平等保护相关当事人的权利并重新确立特定物的支配秩序，是一个值得探讨的问题。

一、物权公示原则和物权正确性

(一) 物权公示原则

物权是人对物享有的直接支配和排他的权利。物权是绝对权，这是物权

---

[*] 作者简介：金花（1992年-），女，汉族，江西上饶人，中国政法大学同等学力研修班2022级学员，研究方向为经济法学。

[1]《不动产登记暂行条例》第8条第1款规定："不动产以不动产单元为基本单位进行登记。不动产单元具有唯一编码。"

与债权的根本区别,债权是相对的,民事主体可以通过承诺或其他债的产生方式为其他人设立内容完全相同的债权。物权则不然,它是一种绝对权,具有排他性,当一特定物上已经成立一类物权,则与之具有相同内容的物权不能再成立,如一间由甲单独所有的房子不能同时由乙单独所有。换言之,当特定物上已经存在在先物权时,与之有相同内容而不能同时成立的物权无法再成立。

为了实现和保障物权的决定性和排他性,物权的设立和变动必须以一定方式为大众所知,这就是物权公示原则。通过使人们都知悉某一特定物权如何发生和变动,使物权的发生和变动具有说服力和公信力,从而最终确立人们对特定物的支配秩序,在不动产领域通常采用登记公示方法。《民法典》第209条第1款规定:"不动产物权的设立、变更、转让和消灭,经依法登记,发生效力;未经登记,不发生效力,但是法律另有规定的除外。"

(二) 物权正确性

物权正确性指一旦物权的权属得到法律承认和保护,权利人就有正当理由享有和行使物权,其他任何人不能妨碍物权人行使权利。[1] 其含义包含了以下两个方面:其一,按照物权法定主义,物权必须符合法律规定的类型和内容,不符合物权法规定的"物权"不是物权也就不存在物权正确性问题。其二,物权归属具有正当性,即物权人有资格支配标的物、获得其中的利益并排斥他人的侵害,而且权利人所取得的这种资格符合社会中的公平、正义观念和社会整体秩序。[2]

我国实行不动产登记制度,国家通过对不动产进行统一登记并颁发证书,将权利主体享有不动产权的具体内容登记到不动产登记簿上,这种国家公权力介入后的不动产登记簿记载的内容被视为最权威的依据,权利主体可以不动产登记簿为依据行使对证载物权排他的支配性权利,其他市场主体也可据不动产登记簿的内容与权利主体进行交易,实现不动产的交易价值。

---

[1] 孙宪忠、常鹏翱:"论法律物权和事实物权的区分",载《法学研究》2001年第5期。
[2] 张弛:"不动产交易中的预告登记制度",载《山西财经大学学报(高等教育版)》2002年第S1期。

二、不动产登记簿及不动产权属证书的内容及效力

（一）不动产登记制度及不动产权属证书、不动产登记簿

我国实行不动产登记制度，经权利人或利害关系人申请，由国家专职部门将有关不动产物权及其变动事项记载于不动产登记簿并发生法律效力，这是物权公示原则在不动产领域的制度安排。我国立法在物权变动理论问题上以登记生效主义为主、登记对抗为辅，权利人的不动产物权在完成登记时依法设立并按照不动产登记簿登记的内容享有不动产物权，登记簿由登记机关统一管理，权利人持有不动产权属证书，不动产权属证书的记载的内容与不动产登记簿一致。

《民法典》第214条规定："不动产物权的设立、变更、转让和消灭，依照法律规定应当登记的，自记载于不动产登记簿时发生效力。"第216条规定："不动产登记簿是物权归属和内容的根据。不动产登记簿由登记机构管理。"第217条规定："不动产权属证书是权利人享有该不动产物权的证明。不动产权属证书记载的事项，应当与不动产登记簿一致；记载不一致的，除有证据证明不动产登记簿确有错误外，以不动产登记簿为准。"

实践中人们接触不动产权属证书比较多，常见的有《集体土地所有证》《国有土地使用证》《集体土地使用证》《房屋所有权证》《房地产权证》《土地承包经营权证》《水域滩涂养殖证》《草原使用证》《林权证》《海域使用权证书》《无居民海岛使用证》《土地他项权利证明书》《房屋他项权证》《房屋预告登记证明》等，[1]权属证明种类多样，记载的内容大致相似，通常登记权利人对物特定的权利，不动产权属证书根据不动产登记簿制作，内容与不动产登记簿一致，由权利人保管。

不动产登记簿是由不动产登记机构设立，具有唯一、合法的介质形式，早先使用纸质形式，现国家要求设立电子介质的登记簿，不动产登记簿承担实现物权公示功能，完整记载不动产权利归属和其他法定事项。以不动产单元为基本单位进行登记，不动产单元具有唯一编码。不动产登记簿应当记载权利归属和限制、提示等完整信息，这些内容根据《不动产登记暂行条例》第8条第3款的规定包括："……（一）不动产的坐落、界址、空间界限、面

---

〔1〕 王伟英："与不动产登记档案有关的几组概念辨析"，载《档案管理》2019年第1期。

积、用途等自然状况；（二）不动产权利的主体、类型、内容、来源、期限、权利变化等权属状况；（三）涉及不动产权利限制、提示的事项；（四）其他相关事项。"

不动产权属证书上记载的权属信息与不动产登记簿一致，不同的是不动产登记簿由不动产登记机关统一管理，不动产权属证书由权利人持有和保管，两个在功能上各有侧重，不动产权属证书是权利人据以享有和行使不动产物权的根据，不动产登记簿更侧重实现不动产登记的公示功能，不动产登记机构通过将不动产权利信息登记于登记簿的方式，确保实现权利主体对不动产物权的合理支配秩序，保障权利人物权的实现，同时也便于国家对不动产物权的统一管理和规划。

（二）不动产登记簿与不动产权属证书的关系及其登记内容组成和效力

不动产登记簿依法登记不动产物权的各项所有法定登记信息（如前所述），不动产权属证书通常只记载权利主体相关的法定信息，如抵押权人取得的《房屋他项权证》与所有权人的《房屋所有权证》在内容上并不完全相同，但是通常设定抵押的房屋，其记事/附记栏会记载已经设立抵押的事实。不动产登记簿是一个大集合，各类不动产权属证书是以不动产物权信息为元素的集合，从两者的关系看，不动产权属证书是不动产登记簿的子集，概言之，不动产权属证明中所有的元素都能在不动产登记簿中找到。

不动产登记是依申请进行，并由不动产登记机关就申请事项进行核实，必要时可以进行调查，查证无误的方可予以登记，并根据不动产登记簿的内容向申请人核发不动产权属证明。

申请不动产登记应当提交不动产物权权属来源证明材料，《不动产登记暂行条例》第16条第1款规定申请不动产登记提交的材料包括："（一）登记申请书；（二）申请人、代理人身份证明材料、授权委托书；（三）相关的不动产权属来源证明材料、登记原因证明文件、不动产权属证书；（四）不动产界址、空间界限、面积等材料；（五）与他人利害关系的说明材料；（六）法律、行政法规以及本条例实施细则规定的其他材料。"

不动产登记机关根据申请人的申请对拟登记的物权信息进行核实，根据《不动产登记暂行条例》第18条的规定，不动产登记机关需要进行以下核实工作："（一）不动产界址、空间界限、面积等材料与申请登记的不动产状况是否一致；（二）有关证明材料、文件与申请登记的内容是否一致；（三）登申请是否违反法律、行政法规规定。"登记机关还有权就申请登记事项进行调查,《不动产登记暂行条例》第 19 条第 2 款、第 3 款规定:"对可能存在权属争议,或者可能涉及他人利害关系的登记申请,不动产登记机构可以向申请人、利害关系人或者有关单位进行调查。不动产登记机构进行实地查看或者调查时,申请人、被调查人应当予以配合。"

对于申请人的登记申请,不动产登记机关经核实和调查无误的,依法将申请事项登记于不动产登记簿,并向权利人核发不动产权属证书。

不动产登记的需要经过不动产登记机关的实体审查,审查无误的申请事项才能登记于不动产登记簿,登记事项已经登记即具有公示效力,在经法定事由和程序变更之前,登记事项合法有限且具有公示效力,这是物权正确性理论的直接体现和保障。

根据《不动产暂行条例》第 8 条第 3 款第 3 项的规定,"涉及不动产权利限制、提示的事项"通常登记于不动产登记簿及不动产权属证明的记事/附记部分。

基于以上原因,不动产登记簿和不动产权属证明记事/附记同其他组成内容一样,具有公示效力。

三、不动产例外登记及对物支配秩序的维护

不动产登记以不动产单元为基本单位,一个不动产登记簿对应一个不动产单元,不登记其他单元的物权内容,但是实践中一个不动产登记簿登记其他不动产单元权利事项的情况也偶尔出现,笔者将其概括为例外登记,这种例外登记一般出现在不动产登记簿的记事/附记栏。

1992 年,一外资企业 A 公司依法登记设立,A 公司主营业务是奶牛养殖及奶制品加工,市政府对外经贸委公文批复将郊区农用地 500 亩给外资 A 公司经营使用,使用期限为 40 年。2005 年,市政府在邻近区域划拨工矿仓储用地 34 亩给 A 公司用作加工车间,A 公司依法申请不动产登记,市不动产登记机关经审核就 34 亩划拨用地进行不动产登记,并向 A 公司核发《国有土地使用证》,附图分别为 34 亩划拨用地的红线图和 1992 年市政府给 A 公司使用 40 年的 500 亩土地的蓝线图。记事部分载明:"本宗地不含蓝线部分,A 公司使用的蓝线范围土地,自 40 年使用期限届满时返还 B 国有企业。"彼时蓝线尚未进行初始登记,2008 年 B 公司通过划拨方式取得 500 亩土地的使用权,不

动产登记机关向其核发权属证书，记事部分载明："本宗土地为历史用地，土地用途为设施农用地。"

以上案例中 A 公司《不动产权证》记事栏记载了本宗土地之外的不动产权利内容，但是究其内容，并不是错误登记，且不损害其他人合法权利，属于不动产例外登记，突破了不动产登记以不动产单元为基本单位的常规，这种情况下 A 公司对蓝线范围土地享有什么权利，这种权利是不是物权，A 公司用地期限届满前与 B 公司的关系如何厘清，值得讨论。

（一）例外登记的成因及对物支配秩序的影响

1. 例外登记发生的原因

例外登记往往有着特定的历史和现实背景，就 A 公司情况来看，其主要原因是特定时期土地登记制度不完善，且因为主体是外资企业，政府对外资企业的用地实行由政府"安排"的政策，政府"安排"的土地使用权也应依法保护，各种因素作用之下产生了这一例外登记。

1990 年《外资企业法实施细则》第 34 条规定："外资企业的用地，由外资企业所在地的县级或者县级以上地方人民政府根据本地区的情况审核后，予以安排。"第 41 条规定："外资企业的土地使用年限，与经批准的该外资企业的经营期限相同。"1989 年时我国尚未有《物权法》，土地制度尚不完善，外资企业用地由政府统一安排。1989 年 A 公司设立是市政府通过批复的方式明确安排 A 公司使用蓝线范围土地这一事项，据此 A 公司系依当时的法律规定及市政府的安排对蓝线范围土地享有合法权利。

2. A 公司对蓝线范围土地享有何种权利

首先可以确定的是 A 公司对蓝线范围土地享有一定权利，这种权利由市政府根据当时的法律规定的"安排"而产生，并通过在 A 公司享有使用权的不动产权属证明中登记予以公示，权利的内容是有权在蓝线范围土地上经营 40 年，使用期限与 A 公司的经营期限相同，同时由于 A 公司取得的土地使用权证虽然公示了 A 公司对蓝线范围土地是一定权利内容，但同时也明确本宗地不包括蓝实线部分，又因为物权登记以单元为单位，所以不能据此认定 A 公司对蓝实线范围的土地享有物权。

此外 2008 年 B 公司已经通过划拨方式取得蓝线部分土地使用权，根据物权的排他性，蓝线范围不可能同时存在两个使用权，进一步证明 A 公司对蓝线范围土地不享有物权。在考虑 A 公司取得蓝线范围土地的原因、取得权利的内容，可以得出 A 公司对蓝线范围土地享有 40 年经营权这一结论。

3. 这种例外登记引发对物支配关系的混乱

A 公司基于市政府的批复安排取得蓝线范围土地 40 年的经营权，并在其就临近单元土地的使用权证记事部分对此进行了公示，至此 A 公司对蓝线范围土地 40 年的经营权合法有效，受法律保护。2008 年 B 公司通过划拨方式取得蓝线部分的土地使用权，根据法律规定，B 公司在完成登记时对蓝线土地享有物权，可以排他性行使，这就与 A 公司对蓝线范围土地享有的经营权发生冲突，导致 AB 两家公司对同一块土地的支配秩序发生混乱。事实上，B 公司一经取得物权登记就想方设法获得对蓝线范围土地的控制，并由此与 A 公司发生争议，双方最终对簿公堂。

（二）例外登记情况下对物支配秩序的维护

上述案例 AB 两家公司的土地之争中双方各执一词，A 公司认为自己根据政府安排合法在蓝线范围土地上从事经营活动，既有事实基础又有法律依据，其剩余经营权利可以对抗任意第三人。B 公司以取得土地使用权证为依据主张对不动产完全的、排他的支配权利，形式上双方的主张均有法律依据。

物权法的目的是建立人对物的支配秩序，保障权利人物权实现并为交易（实现物的价值）提供制度条件，上述案例中 A 公司取得土地权证的例外登记显然与 B 公司取得土地权证存在矛盾，根据物权正确性理论，两本证书的内容都是正确和有效的，这就导致 AB 公司对蓝线范围土地支配秩序的混乱。这种情况下有必要将目光转移到背后不动产登记机关之上。

A 公司取得蓝线范围土地有市政府的批复和依申请由不动产登记机关做的登记公示，在实体和程序上都符合规定，其经营权合法有效，并在不动产登记簿上进行公示和统计。在这种情况下其在受理 B 公司不动产登记申请时理应及时发现蓝线范围权利的占有使用情况，并可以对 A 公司对蓝线范围土地经营权在登记簿上的登记事项进行复核，若经过复核确认 A 公司对蓝线范围土地经营权依法有效的，在 B 公司申请符合法定条件时，A 公司对蓝线范围土地的经营权成立对 B 公司土地使用权的限制，该限制依法应当登记在 B 公司土地使用权证的记事/附记部分，该等信息依法应同步到不动产登记簿中。如此便可解决 AB 两家公司对蓝线范围土地的争议，A 公司继续使用土地至经营期限届满，届时依据市政府批复和不动产登记簿"附记"向 B 公司转交蓝线范围土地的控制权。

四、结论

物权正确性是物权法律制度孜孜以求的结果,以不动产登记为例,登记于不动产登记簿的物权信息被推定为正确的,这样才能发挥不动产登记簿及权属证书的功能,在社会中产生合理信赖,发挥公示效力,保障人对物的支配秩序进而促进物的交易。因此不动产登记机关在处理登记申请时需要严格审查申请事项的合法和合理性,严格依法办理申请事项,在掌握不动产登记簿的情况下,登记机关有条件、有能力也有义务实现统筹规划,避免例外登记情况下不同主体对同一物权主张权利进而造成人对物支配秩序的混乱,不利于社会和谐。对于例外登记,笔者认为当例外登记不影响第三人权利时不会造成人对特定物支配秩序的混乱,登记内容有效;当例外登记与第三人物权相冲突时会导致人对特定物支配秩序的混乱,应按照"登记在先,优先保护"的原则确立物的支配秩序。唯其如此,方可实现公平保护各主体的合法权利。

融资租赁合同性质认定实务分析

彭素菊*

(中国政法大学 北京 100088)

摘　要：融资租赁作为企业开展融资、盘活资产的一个重要手段，越来越广泛地应用在企业融资安排中。融资租赁合同性质系融资租赁合同纠纷中首先需要解决的问题，也是双方争议的主要方面。融资租赁合同性质的认定标准包括租赁物有无、租赁物是否特定化、租赁物性质适格、是否存在严重低值高买、租赁物是否存在瑕疵等，司法实践中应审慎区分融资租赁关系与借贷关系。

关键词：融资租赁　合同性质　实务分析

融资租赁合同具有债权和物权的双重属性，在出现合同纠纷时，比单纯的债权或物权纠纷更为复杂。融资租赁合同性质的认定根据不仅存在于合同文本，更在于合同的执行。确认合同各方之间是否构成融资租赁法律关系，关乎法律适用、风险负担、权利义务分配，意义重大。

一、融资租赁合同基本特征

最高人民法院《关于审理融资租赁合同纠纷案件适用法律问题的解释》第1条规定："人民法院应当根据民法典第七百三十五条的规定，结合标的物的性质、价值、租金的构成以及当事人的合同权利和义务，对是否构成融资租赁法律关系作出认定。对名为融资租赁合同，但实际不构成融资租赁法律关系的，人民法院应按照其实际构成的法律关系处理。"

---

* 作者简介：彭素菊（1982年-），女，汉族，浙江温州人，中国政法大学同等学力研修班2022级学员，研究方向为经济法学。

融资租赁交易包括债权产生以及物权转移，二者同时具备才构成融资租赁法律关系，交易必须同时具备融资和融物、"物"担保"资"的基本特征。

该基本特征具体表现在三个方面。其一，对于出租人，其参与交易主要目的并非参与生产经营，而仅是为承租人提供资金，出租人有固定收益，不承担经营风险，且一般不承担租赁物瑕疵担保及租赁物损毁灭失的风险。其二，对于承租人，其支付租金反映的是用资成本，而非租赁物的使用价值。租金总额是按照融资本金加上一定收益计算而来。无论承租人实际经营情况如何，租金都应确定、无条件支付。其三，对于租赁物，租赁物必须特定化，且所有权归出租人。"所融之物"对"所融之资"必须起到担保作用。[1] 如果起不到担保作用，融物将失去意义，交易将变相成借贷关系。

以上的基本特征如果没有满足，则很容易被定义为名为融资租赁，实为借贷、合作、投资、普通租赁等其他合同。[2] 实务中，从抗辩事由来看，主要是名为融资租赁实为借贷的合同。根据以上融资租赁合同基本特征，结合具体的法院判例，总结实务中融资租赁合同具体常见认定标准。

二、实务中融资租赁合同性质主要认定标准

（一）租赁物有无

没有租赁物自然不能构成融资租赁法律关系，但是在实务中，租赁物的有无并不仅仅是一个直观的事实，更多的是推理认定。直租和售后回租两种模式下，租赁物有无的表现方式不同。

在直租模式下，约定交付日如果供应商不能交付，则就存在没有租赁物的情况。如［2019］津03民初210号案中，承租人委托出租人购买美国日食飞机。根据《民用航空法》第36条第1款之规定，外国制造人生产的任何型号的民用航空器及设备首次进口中国，应向民航主管部门申请领取型号认可证书。而到交付案涉《融资租赁合同》项下该飞机时，供应商并没有获得相关型号认可证书，该租赁物并非确定可以转移所有权的标的物。因此法院认为现有证据仅能证明资金借贷关系，并不存在确定可转移所有权的租赁物。

直租合同都存在建设期，因此，如因供应商等第三方原因导致租赁物无

---

[1] 韩耀斌：《融资租赁司法实务与办案指引》，人民法院出版社2020年版，第23页。
[2] 李阿侠：《融资租赁案件裁判精要》，法律出版社2018年版，第109页。

法交付的，出租人可能面临相关租赁协议被判定为借款合同的法律风险，相关问题值得关注和探讨。[1]

而在售后回租模式下，考虑租赁物有无涉及两方面：一是承租人擅自处分了租赁物，导致案件审理时租赁物不存在；二是合同签订时，租赁物就不存在，双方为了达成交易，虚构租赁物。

法院在审理过程中，一般通过证据链来推定该租赁物是否真实存在。如[2019]津01民初572号案中，法院认为出租人与承租人虽然签订了《融资租赁合同（售后回租）》，有租赁物及租金相关条款并附有设备清单，但租赁物的具体购买价格、折旧折价情况、现存价值等均未体现，特别是出租人未能提供其在所有权交割时对租赁物进行过实物勘察验证、租赁物实时状态等证据。法院认为仅凭设备清单，而没有足以证明租赁物真实存在的更完备证据，无法认定双方当事人之间系融资租赁合同关系。

（二）租赁物是否特定化

售后回租中，如不存在租赁物所有权凭证、购货合同、发票、保险凭证等有效证据证明租赁物真实存在、可特定化的，不构成融资租赁法律关系。[2]典型的是用"一批货物""一批设备"等概括性语言进行描述，而无法对货物进行一一对应的情况。

在案例[2016]最高法民终286号中，协议中有租赁物及租金等条款，且附有《租赁物所有权转移证书》及《租赁物清单》，但法院认为相关文件仅载明租赁物所有权转移而未明确具体的租赁物对应名称及型号，仅凭清单中载明的通用信息，如租赁物的供货商、名称、入账时间及金额等尚不足以使租赁物特定化，最终没有确认融资租赁合同关系确立。

（三）租赁物的性质是否适格

关于租赁物是否适格，《国际融资租赁公约》、监管部门、法院的审判实践具有不同的标准。最高人民法院认为融资租赁交易中适格租赁物必须是能完成所有权变动的物，且不能为无形物。根据监管部门、司法解释规定以及司法实践的总结，提炼出适格租赁物应有以下要求：必须有经济价值，不能是禁止流通物、非消耗物，使用权和所有权能够分离，不能是不可分割物的

---

[1] 郑欢编著：《案解金融租赁公司全流程法律风险管理》，法律出版社2021年版，第80页。

[2] 王毓莹主编：《融资租赁合同案件裁判规则》，法律出版社2021年版，第13页。

一部分，租赁物一般为有体物。[1]

但是，随着知识产权的经济价值属性越来越强，在实践中不少法院也认可了以无形物作为租赁物。如案例［2020］津0116民初27378号，法院认为从租赁物的性质来看，《合同法》并未对租赁物的性质加以限定，亦无法律、行政法规对著作权作为租赁物的适格性进行否定。《融资租赁公司监督管理暂行办法》第7条第1款规定："适用于融资租赁交易的租赁物为固定资产，另有规定的除外。"根据上述规定，租赁物虽然原则上应为固定资产，但并未完全将著作权排除在租赁物范围之外。故本案以真实存在的"某某"电视栏目著作权作为租赁物符合"融资""融物"双重特性，不违反法律、行政法规的强制性规定。

（四）严重低值高买

低值高买作为融资租赁合同性质判断标准的根本逻辑是租赁物是否能真正起到担保租赁物债权实现的作用。严重低值高买的情况下，出租人并不关注租赁物的价值及担保功能，当事人实际上是以融资租赁合同的方式进行变相贷款，违背了融资租赁合同关系的基本特征，不能确定为融资租赁法律关系。《天津法院融资租赁合同纠纷案件审理标准》第4.1.3条规定："售后回租合同的出租人明知租赁物不存在或者租赁物价值严重低值高估的，不认定为融资租赁合同关系。"

（五）租赁物权属瑕疵

租赁物权属瑕疵作为融资租赁合同性质判断标准的根本逻辑是出租人客观上无法取得物的所有权，不可能过户，因此出租人和承租人的真实意思并非融资租赁，应当认定为借贷法律关系。出租人无法取得所有权的物包括设定担保物权的物、违章建筑、在建工程、限购政策下的商品住宅等。

最高人民法院在［2014］民二终字第109号案件中认为，涉案在建百余套商品房，在合同订立前已被有关行政主管部门认定为违章建筑，在租赁期间，亦未取得商品房预售许可进行补正，故租赁物所有权无法从承租人处转移至出租人，双方之间的真实意思应是借贷，而非融资租赁法律关系。

---

［1］ 韩耀斌：《融资租赁司法实务与办案指引》，人民法院出版社2020年版，第40页。

三、融资租赁合同性质变更造成的影响

融资租赁合同被认定为其他性质的合同，会对合同各方的责任承担造成影响，以融资租赁合同转变为借贷合同为例：①在融资租赁合同中，承租人向出租人支付的是租金，租金由融资本金和利润构成，比单纯的还本付息复杂。由于融资租赁交易的风险高于银行借款，故租金一般高于同期银行贷款本息。而借贷利息的计算除合同约定外，还需符合国家规定的利率限制，超出上限部分无效，而融资租赁合同则不存在此限制。②融资租赁合同的起租日一般从租赁物实际交付时开始起算，在租赁物交付之前，双方往往通过租前息的方式来弥补出租人的资金成本。而借款合同中借款期限一般是从借款到位时开始计算。③基于融资租赁法律关系，出租人可以收取其他手续费或服务费，而一旦这一法律关系不存在，出租人就只能收取基于资金出借的利息，而没有其他服务费用。

四、结论

需要注意的是，融资租赁合同转型后双方之间不构成融资租赁法律关系，该法律关系无效，但并不意味着双方签署的"融资租赁合同"所有条款一律无效。融资租赁合同性质变化往往对出租人更加不利，而承租人有更强的动机转变性质，减少义务承担。因此深入研究和理解融资租赁合同性质，在租赁业务操作各个环节做好相应工作，保护好各方权利，在出现冲突时，才能提出有效诉讼请求、提交完备证据。

论名股实债的认定

荣伟江[*]

（中国政法大学 北京 100088）

摘　要：随着实体经济的蓬勃发展，公司融资模式呈现出更多非典型的样态。名股实债目前并没有明确的法律规定，存在被认定为无效的风险，一旦发生纠纷，这对于投资人拿回投资款将存在巨大风险；司法实践中根据各方签订的合同、固定收益情况、股权变更情况、分红情况、是否有实际参与公司管理等情况会作出不同的判决；同时也会考虑商事外观主义，保护债权人的利益等作出综合的认定。

关键词：名股实债　外观主义　股权转让　债权

一、实践中对名股实债观点总结

名股实债是近年来在实务中形成的一种投资模式，这种投资模式兼具了股权与债权的性质。简单而言，投资人是以股权让与、增资入股等方式将资金投入目标公司，协议中附带了股权回购条款，双方约定在达成一定条款后，目标公司或股东以一定的价格回购股权，进而保障投资人的资金安全及收益。名股实债并不是我国商事意义上的法律概念，而是为了方便融资产生的一种融资形式，其性质并没有一个明确的规定。基于股债二分法的观点，司法实践中对名股实债的认定亦有股权投资与债权投资之分。[1]

---

[*] 作者简介：荣伟江（1980年-），男，汉族，江苏昆山人，中国政法大学同等学力研修班2022级学员，研究方向为经济法学。

[1] 郝钰麟："强制执行中的股债区分——以'名股实债'为中心"，载《北方金融》2022年第3期。

实务认定中侧重鼓励交易、尊重意思自治、维护公共利益、保护商事交易。目前主要的观点为：

（1）股权投资协议不因对赌协议而无效，即协议的有效性应当单独认定。但是与目标公司签订的股权回购协议，可能会因损害公司或债权人的利益而被认定为无效。

（2）按照约定在目标公司定期收取一定的红利，这也是可行的，因其符合《公司法》第34条的规定：全体股东约定不按照出资比例分取红利或不按照出资比例优先认缴出资。但公司如出现亏损或破产，则会因损害债权人或其他股东利益而被认定为无效。

（3）股权投资协议被认定为债权需要满足三点：一是投资人享受固定收益并且收益与公司运营关联性很低或无关；二是投资人与融资公司约定达到一定条件就回购，而不是以对赌的方式退出；三是投资人在目标公司不行使股东权利，只是名义上的股东。

二、名股实债的概念及特征

（一）名股实债的概念

名股实债是在企业融资合同中投资人与融资方权利义务关系的约定，是投资人以投入资金受让目标公司股权的一种方式，同时约定投资期限、固定投资收益，达到约定的条件时，由目标公司或股东回购股权的一种方式。[1] 因此名股实债也是一种股权让与担保，保证投资人在达到约定的条件时收回本金及利息。

名股实债的交易方式会受到多种因素的影响。现实中名股实债采用的方式主要有直接型和间接型。所谓的直接型是指，资产管理公司、信托公司等通过资管计划、信托计划等方式直接对投资的目标公司进行形式上的股权让与；间接型是指，私募股权基金通过基金份额的方式进行间接股权让与，或者在优先级份额之上嵌套资管计划等以便更好地满足监管要求。[2]

股权投资一般包含三种操作方式，包括增资入股、股权转让和两种模式

---

[1] 贾杰："明股实债：形式与实质之争——兼论新华信托与湖州港城置业破产债权确认纠纷案"，载《广西政法管理干部学院学报》2017年第3期。

[2] 苏奎武："明股实债类融资工具的交易结构与风险识别"，载《债券》2016年第9期。

的结合。增资入股是指投资人通过出资或向公司增资的形式获得目标公司的股权;股权转让是指目标公司的股东将其股权转让给投资人,投资资金作为受让股权的对价。

投资人通过受让目标公司或股东的股权、收益的分红权或者增资扩股的方式,双方约定在条件出现时回购所持有的股权或股权收益权,同时为了资方的资金安全,资方会要求将股权转让给资方以担保其资金安全。

(二) 名股实债的特征

名股实债从其表现来看具有以下特点:

1. 以受让股权的方式注入资金

名股实债表面上看符合股权投资的特征。在实践中,投资人通过受让目标公司的股权,将资金投入目标公司,这也符合商事外观主义的要求,通常也变更了工商登记。

2. 是否享有经营管理权

在名股实债中,投资人往往受让了股权,也变更了工商登记,但是投资人并不享有股东权益。实践中,投资人也会要求部分的管理权,如担任董事成员、高管等,但其不参与目标公司的日常事务管理,只拥有对重大事项决议的知情权和话语权。

3. 明确的退出方式

投资人能顺利从目标公司退出也是保障其权益的重要环节。一般情况下,到达各方约定的期限,目标公司或目标公司的股东将回购其股权。

4. 固定的投资收益

对于投资人来说,名股实债的交易模式,追求的是固定收益。注入目标公司的资金实际就是投资人的本金,利息、固定收益就是投资人的固定回报。这种收益无论目标公司经营状况如何,都应保证投资人的利益。

三、名股实债的认定

经过对股债融资和名股实债的分析,可以提炼出实践中公司融资合同纠纷的裁判思路和原则。[1]

---

[1] 陈明:"股权融资抑或名股实债:公司融资合同的性质认定——以农发公司诉通联公司股权转让纠纷案为例",载《法律适用》2020年第16期。

(一) 尊重各方意思自治

名股实债的交易协议实际上是一种典型的商事合同，各方的权利义务平等，样态多样，因此保障交易的安全尤为重要。[1]实践中应充分了解这种交易模式，尊重各方协议的约定，并查明实际交易的意思、合同履行的本意等。

名股实债的协议具有不完全合同属性，对合同解释的要求更高，对此类交易的司法裁判应当遵循合同解释优先于法律适用的原则。解释合同是事实问题，而法律适用则是价值判断问题，价值判断应在明确事实的基础上进行。应避免对股权投资合同先入为主，而直接采用某类法律进行判断和认定。

(二) 多角度研判

企业融资问题需要采用轻形式、重实质的态度来研判，按照合同本身、当事人实际意识进行判断。当协议内容存在歧义的时候，双方实际在后续履行合同的意思表示就尤为重要了，此时裁判者要综合考虑合同的意思、双方实际的意思来裁判。[2]这需要法官考虑更多因素，如合同的约定，融资背景、目的、方式以及双方的权利义务、合同履行情况，投资人是否享有股权、是否参与公司的经营管理、是否享有分红权等。

(三) 区分内外部关系

投资人与目标公司受让股权后，投资人会成为目标公司的股东，其他债权人在外观上无法判断其真实本意，故应区分内外部关系的处理。对外应遵循商事外观主义，保护债权人或第三人的可得利益，特别是目标公司对外无法清偿债务时，应优先考虑保护其他债权人的合法利益；对内则应采用实质重于形式原则，探究当事人之间的真实意思表示。

关于股权回购的约定及股权变更登记的情况，对内并非实质的股权转让，而是通过股权让与担保的方式保证投资人收回投资款，案涉交易的本质应为债权融资，即为名股实债，应被认定为债权关系。[3]对外需要综合考虑商事外观主义，保护债权人利益原则，但是不应简单粗暴地认定，也应重点审查融资方承担回购或补偿义务是否会损害债权人利益等因素。

---

[1] [德] C. W. 卡纳里斯：《德国商法》，杨继译，法律出版社2006版，第9页。
[2] [德] 卡尔·拉伦茨：《法学方法论》，陈爱娥译，商务印书馆2003版，第178~179页。
[3] 郝笛、赵思宇："'名股实债'之法律关系"，载《人民司法》2020年第35期。

四、结论

名股实债与股权投资、借贷有所不同，在该种交易模式下，投资人名义上是目标公司的股东，实际却是以一定的期限收回固定收益，与目标公司的经营业绩无关。随着经济的蓬勃发展，公司融资模式呈现出更多非典型的样式，这是我国企业融资的重要手段，对我国的司法裁判提出了更高的要求。司法、监管等部门，应当秉持更多的包容性和更开放的视野。在司法层面，裁判者在处理公司融资争议时，应充分考虑当时的约定、实际履行情况、当事人的真实意思、交易的本质综合认定合同效力，以促进营商环境、保障交易各方利益，为企业的良性发展提供重要的司法保障。

关联企业实质合并破产的认定标准研究

苏雨婷*

（中国政法大学 北京 100088）

摘 要：随着我国经济发展进入新时期，破产制度越发受到重视，破产逐渐成为改变产业结构、再次优化资源配置的有效途径。关联企业实质合并破产作为破产制度中新的尝试，能有效避免关联企业利用公司法人人格独立制度逃避债务，保障债权人或利害关系人的合法权益。法人人格高度混同、区分各关联企业财产成本过高、严重损害债权人公平清偿利益应作为实质合并破产的主要认定标准，三者具有独立性，并不完全互相依存；既可以独立适用，也可以综合适用。

关键词：关联企业 实质合并 认定标准 法人人格否认

我国《企业破产法》并未明文规定关联企业实质合并破产规则。李永军等学者认为关联企业实质合并破产违背了法人独立原则，缺乏实体法和程序法依据，不应该在司法实践中推广。[1] 王欣新等学者认为关联企业实质合并破产规则的引入具有必要性。[2] 最高人民法院在2018年发布的《全国法院破产审判工作会议纪要》，虽明确了关联企业实质合并破产规则的特点，但更多是一种指导性意见而实操性不强。笔者将依据《民法典》《公司法》《企业破

---

* 作者简介：苏雨婷（1990年－），女，汉族，辽宁鞍山人，中国政法大学同等学力研修班2022级学员，研究方向为民商法学。

〔1〕 李永军、李大何：“重整程序开始的条件及司法审查——对'合并重整'的质疑"，载《北京航空航天大学学报（社会科学版）》2013年第6期。

〔2〕 王欣新：“关联企业的实质合并破产程序”，载《人民司法》2016年第28期；王欣新、蔡文斌："论关联企业破产之规制"，载《政治与法律》2008年第9期；王欣新、周薇："论中国关联企业合并破产重整制度之确立"，载《北京航空航天大学学报（社会科学版）》2012年第2期。

产法》及相关司法解释,参照《全国法院破产审判工作会议纪要》、最高人民法院相关指导案例以及先进地区破产审判和管理人工作经验,结合当前司法实践中存在的问题,对关联企业实质合并破产的认定加以准确理解和正确适用。

一、关联企业实质合并破产制度的概念

关联企业是指具有独立法人人格的企业与企业之间,为达到特定经济目的,通过股权、合同、人事、财务或其他方式所形成的企业共同体。当关联企业中各个企业同时或相继破产时,各关联企业的独立法人地位就变成一种虚假的外部形式,此时应当引入实质合并破产制度,还原目标企业在经营过程中形成的利益一体化本质。[1]

实质合并破产是指各关联企业之间出现法人人格高度混同等问题。司法实践中,对滥用公司法人独立地位和股东有限责任的情形,一般界定为人格实质混同或者人格高度混同。[2]实质合并破产就意味着各企业丧失法人独立地位,关联企业之间互负债权债务相抵消,资产负债相合并,关联企业被视为一个单一企业进入破产程序。

二、关联企业实质合并破产制度的意义

(一) 实质合并破产有利于保护债权人

关联企业为了追求利益最大化,通常将拥有优质资产的企业和承担主要债务的企业区分开。如果关联企业分别破产,会使部分债权人在破产财产分配时处于不平等地位,合法利益受到损失。而关联企业实质合并破产,有利于查清所有成员单位的资产负债情况、提高外部债权人的清偿比例,使债权人之间得到公平受偿。

正如江苏省纺织集团及其子公司实质合并破产案件中,六家公司之间存在交叉任职、共用财务及审批人员、大量关联债务及担保等情况,债权债务清理极其困难。在法人人格高度混同的情形下,不仅严重影响了各关联企业债权人的公平受偿,也从根本上违反了企业破产法的实质精神。因此南京中

---

[1] 周伦:"关联企业实质合并破产法律制度研究",载《吉林工商学院学报》2019年第5期。
[2] 冯果:《公司法》,武汉大学出版社2007年版,第128页。

级人民法院将案件进行实质合并审理，对债权债务进行公平清理，保护了外部债权人的合法权益。

（二）实质合并破产有利于缩短审限

法人人格高度混同的情况出现时，各关联企业通常无法独立制作财务报表、资产清单等。法院在审理此类破产案件时，若将关联企业分别作为单一破产案件去梳理案件事实、寻找破产原因、理清债权债务、确定清偿比例，会消耗大量时间，导致审理时限延长。关联企业个案处理的复杂程度不仅仅是各单一案件的简单叠加，案件审理难度和时效都将成倍增长。通过实质合并破产，区分关联企业资产负债所花费的时间和成本会降低，[1]从而降低审理难度、简化审理程序、提高审理效率。

（三）实质合并破产有利于提高重整可能

在关联企业破产重整中，实质合并尤为重要。将关联企业分别出售可能破坏原集团企业经营体系的完整性，无法实现资源的有效整合。[2]实质合并重整，比单一破产再重整更有力度，可以加快清理关联企业的资产负债，提高债权人清偿率，推进重整工作进度，增大重整可能性，保障重整成功率。

三、关联企业实质合并破产的认定标准

（一）法人人格高度混同

法人人格高度混同，是指关联企业成员之间在资产、财务、业务、人员、营业场所、管理等方面发生实质混同，使得企业的法人人格形骸化。

第一，资产混同。主要表现为关联企业之间存在大量、频繁的资金往来，资金无偿使用，且不存在实质性交易关系或不进行账务处理；关联企业之间不按照公允价格交易，随意转移资产、归集利润、承担成本费用；关联企业之间无偿或非市场化定价使用房屋、土地、设备等资产。

第二，财务混同。主要表现为关联企业共用一个或多个银行账户；共用一个财务系统，财务人员为同一班人员，财务负责人为同一人；财务主体不清，财务凭证难以区分；账户管理混乱，存在大量内部调账操作，抑或账务记账刻意隐瞒、篡改真实交易。

---

[1] 肖彬："实质合并破产规则的立法构建"，载《山东社会科学》2021年第4期。
[2] 肖彬："实质合并破产规则的立法构建"，载《山东社会科学》2021年第4期。

第三，业务混同。主要表现为关联企业主营业务相同或相似；登记的经营范围部分重合，均从事相关业务，且作为整体经营布局的一部分，相互之间密切配合。

第四，人员混同。主要表现为董事、监事、高管、财务主管人员或业务骨干等在关联企业内部存在交叉任职的情况；劳动人事关系混同，存在员工劳动合同签订主体、社保缴纳主体、实际工作岗位不一致的情况；关联企业之间随意调动或使用员工，但不进行劳动关系变更；员工同时接受多个关联企业用人单位支配和管理。

第五，营业场所混同。主要表现为关联企业使用同一营业场所开展经营活动。

第六，管理混同。主要表现为关联企业股东或关联企业之间存在交叉持股的情况；同一实际控制人对关联企业重大事项享有决策权，被控制企业在财产和意志上均不独立；关联企业使用同种格式的员工手册、业务或宣传资料或在网上共用招聘信息。

(二) 区分各关联企业财产成本过高

区分各关联企业财产成本过高，是指关联企业之间的财产与债务严重混同，已无法单独厘清关联企业各自的债权债务情况，由管理人通过对债务人关联企业的资产负债等状况进行清查，甚至借助审计等专业手段进行核实，仍无法准确区分关联企业财产；由于记载资料匮乏等原因，在事实上无法区分；即使最终能够区分关联企业的财产，恢复财产的原始、真实状况，也需要取得大量原始证据，耗费大量精力和时间，而且可能因开票缴税而付出较高的成本；因财产确权产生大量的纠纷，以致对上述企业的各自财产作出区分会产生不符合司法程序价值的过高成本。

(三) 严重损害债权人公平清偿利益

严重损害债权人公平清偿利益，是指关联企业之间为了利益而欺骗债权人进行了虚假交易，造成债权人利益受损；关联企业之间通过利益转移恶意逃避债务，违反了公平、公正的交易原则，使债权人基于正常市场交易规则所能获得的信赖利益落空，严重损害了相关债权人的公平受偿利益。具体表现主要包括以下几点：关联企业中的某一家成员单位作为融资主体，将融资资金挪给其他成员单位使用；关联企业内部存在大量债权债务关系；关联企业之间对外部债务提供选择性互保；关联企业之间存在不当交易及利益输送，将主要债务转移至价值较小的成员单位,将次要债务转移至价值较大的成员单位;以关联企业的优质资产或资源成立经营目的相同或类似的公司,逃避原企业债务。

四、结论

实质合并破产是关联企业破产程序中,实现破产立法目标与实质公平的必要手段。[1]法人人格高度混同、区分各关联企业财产成本过高、严重损害债权人公平清偿利益是实质合并破产的主要认定标准,三者具有独立性,并不完全互相依存,可以独立适用,也可以综合适用。[2]实质合并破产制度打破了传统民商法的基本理念,打破了法人人格独立等基本原则,其法律效力及于各关联企业,也及于各关联企业对应的债权人,影响甚远。

---

[1] 王欣新:"关联企业的实质合并破产程序",载《人民司法》2016年第28期;王欣新、蔡文斌:"论关联企业破产之规制",载《政治与法律》2008年第9期;王欣新、周薇:"论中国关联企业合并破产重整制度之确立",载《北京航空航天大学学报(社会科学版)》2012年第2期。

[2] 王华:"关联企业实质合并破产的裁定标准",载《山东法官培训学院学报》2020年第6期。

论委托合同任意解除权行使后损害赔偿的认定

王 刚*

（中国政法大学 北京 100088）

摘 要：《民法典》第 933 条对委托合同的任意解除权进行了规范，并对解除合同后的损害赔偿作了规定，委托合同解除后损害赔偿的性质、责任和范围认定是难点。在行使任意解除权时，应对其使用条件进行部分限制，无偿委托合同和有偿委托合同应予区分，在认定委托合同任意解除权行使后的损害赔偿问题上，则应着重考察解除行为与损害后果之间的因果关系，综合确定赔偿范围。

关键词：委托合同　任意解除权　损害赔偿

随着社会分工越来越细，委托型交易日益发达，学界有观点认为，劳动合同之外的劳务关系通常可以纳入委托合同的范畴[1]，而委托合同中的任意解除权一直是比较受关注的问题。在具体的司法实践中，尽管《民法典》第 933 条指出解除方应当对被解除方进行损害赔偿，但是并未明确阐述损害赔偿的适用范围和赔偿标准等问题。因此，有必要对委托合同任意解除权进行深入研究，希望能为相关纠纷处理提供一定参考。

一、委托合同任意解除权概述

《民法典》第 933 条规定："委托人或者受托人可以随时解除委托合同……"该法条明确委托合同当事人不论受托人还是委托人，均享有任意解除权，即

---

* 作者简介：王刚（1979 年–），男，汉族，江苏滨海人，中国政法大学同等学力研修班 2022 级学员，研究方向为民商法学。

〔1〕 邱聪智：《新订债法各论》（上），中国人民大学出版社 2006 年版，第 8 页。

委托人可以随时撤销对受托人的委托，受托人也可以随时解除委托合同，从而使委托合同归于终止，即委托合同的双方当事人均具有任意解除权。从本质上看，任意解除权属于形成权，权利行使不需要相对方同意，属于单方法律行为，解除的意思表示到达相对方则委托合同解除[1]。

从委托合同的发展来看，人类早期社会，委托合同以无偿为主，建立在当事人之间的信赖关系之上，如信赖关系不存在，应允许当事人提前消灭委托合同，即赋予当事人任意解除权，这在大陆法系的罗马法中就有体现。然而，与早期委托合同相比较，现代委托合同中出现较多的是有偿委托，任意解除权的行使会降低委托合同的效力，《民法典》第933条所规定的损害赔偿也是以无偿委托和有偿委托进行区分的。

二、委托合同任意解除权在运用中存在的难点

（一）损害赔偿性质认定

委托合同的任何一方行使任意解除权时，需赔偿守约方直接损失和间接损失，对于损害赔偿责任的性质认定，存在不同的解释，主要集中在法定责任和违约责任二者之间。

学界主流观点认为损害赔偿的责任为法定责任，从法律逻辑来看，《民法典》第933条明确规定委托合同的委托方与受托方均享有任意解除权，解除方应向被解除方赔偿直接损失、可得利益等，但这并不构成违约，从而损失赔偿责任也不能被定义为违约责任。有一部分学者认为，委托合同，尤其是有偿委托合同，带有一定的附随义务，解除方在行使解除权的同时违反了附随义务，并因此引起损害赔偿责任，在性质上应当被认定为违约责任[2]。

（二）损害赔偿责任认定

损害赔偿责任认定的关键因素在于损害与解除行为之间的因果关系。如存在可归责于解除人的事由，那么解除人需承担损害赔偿，但若解除行为与损害后果无因果关系，则解除人不应承担赔偿责任。比如，民宿房主与旅游服务平台商签订委托合同，房主委托平台商销售客房，平台商投入广告宣传并获取销售差价，委托人如发生不当解除行为，不仅需要赔偿平台商的前期

---

〔1〕 李永军主编：《中国民法学》（第3卷），中国民主法制出版社2022年版，第493页。

〔2〕 武腾："委托合同任意解除与违约责任"，载《现代法学》2020年第2期。

投入，还应赔偿客房销售差价。而对于委托代理诉讼合同，律师行使解除权与委托人在诉讼案中的败诉并无直接关系，委托人预想所获的胜诉利益就无法被归结为损害赔偿。

（三）损害赔偿数额认定

对于委托合同任意解除的损害赔偿的数额认定，一直是裁判难题，主要原因在于委托合同类型的不断发展，有偿委托逐渐成为常态，委托事务展现出较大的社会化属性和商业属性[1]，简单地划定损害赔偿范围不合情理。赔偿数额的认定，应考虑行使解除权与损害之间的因果关系。比如，委托方委托律师处理商事仲裁事务，律师已经完成了文件准备，并参与仲裁委庭审工作，如委托人在仲裁庭未判决前行使任意解除权，但所托律师已提供了大部分的委托事务，委托人应支付相应的报酬。

三、委托合同任意解除权问题完善措施

（一）限制行使任意解除权的条件

委托合同的类别不同，任意解除权的适用范围也存在差异。《民法典》将委托合同分为有偿委托和无偿委托，对于这两种类型的委托合同均须进一步限制任意解除权的行使。

有偿委托合同中，受托方的目的在于追求利润，如果委托方行使解除权，受托方可能无法获取利润或损失利润，特别是对于专业的代理商，为了所托事务投入大量人力、物力，解除权的不当使用会导致代理商的沉没成本巨大，显失公平，从而破坏市场交易秩序。另外，虽然无偿委托合同存在真正意义上的任意解除权，且解除方在解除时间不当时须承担直接损失，即承担相对方没有时间对相关事务另作安排从而带来损失，但并不能完全弥补合同取消引发的损失。

在法律适用时，一方面可以通过限制委托合同任意解除权适用时间，明确解除权行使的条件，有效规范合同双方当事人的行为；另一方面，可以在签订合同时着手，有偿委托合同可明确合同解除的条件，增加"限制任意解除权"条款，如果一方因故意或重大过失导致合同解除，可以参照违约责任要求赔偿，增加委托合同的法律效力。

---

[1] 仲伟珩："有偿委托合同任意解除权的法律适用问题研究"，载《法律适用》2020年第17期。

（二）明确损害赔偿范围

针对委托合同任意解除权的行使，既要保证其合法规范，还应考虑相对方的损失，因此，需明确损害赔偿范围，当事人在行使该项权利时，会考虑由此引起的后果和赔偿责任，避免滥用任意解除权，同时，对于相对方也起到救济作用，从而，委托合同双方的权益都能得到保证。明确赔偿范围，最核心的要素是因果关系，即合同解除与损害后果之间是否存在因果关系。

在无偿委托合同中，双方当事人可以不附理由随时解除合同，但基于诚信原则和合理关照双方利益，在解除时间上进行了一定限制。比如，基于甲、乙双方的信赖及合作关系，甲方无偿委托乙方销售一批货物，乙方就此批货物与丙方签订销售合同，甲方行使任意解除权后乙方无法向丙方供货，丙方要求乙方承担违约责任。上述案件核心点在于违约责任与解除权行使有无因果关系，如果甲方在乙、丙双方签订销售合同之前已通知乙方解除合同，那么甲方行使解除权与乙方的损失没有因果关系，无须承担乙方的损失；如果甲方行使解除权的时间点在乙、丙双方签订合同之后，甲方的行为导致了乙方的损害，则须承担乙方的损失。

在有偿委托合同中，一方面，委托人行使任意解除权时，需赔偿对方因履约所获得利益的损失，同时，还需承担对方为了履约所付出的前期投入，但前期投入存在举证困难这一问题。以房地产委托销售合同为例，某房地产开发商委托某地产销售商销售房屋，受托方组建团队进行宣传推广等营销活动，效果极好，房屋销售行情看好。此时，开发商提出解除委托，只愿意支付已签约房屋的代理费，这对于受托方显失公平。根据《民法典》的规定，受托人可以主张直接损失、报酬请求权和可得利益，即营销费用、已签约房屋的代理费、委托合同完全履行时可获得的报酬，但是，在司法实践中，损害判定仍存在争议。另一方面，受托人行使任意解除权的赔偿范围应等同于委托人行使任意解除权的赔偿范围，从而体现当事人之间对等的权利义务关系，但是，委托人主张可得利益的认定面临较大困难，原因在于可得利益有较强的不确定性，在实践中可以考量所托事务的完成情况。同时，当受托人行使解除权后，委托人应按照减损原则，及时处理委托事务，并有权就增加的费用向解除方求偿。

四、结语

　　针对《民法典》第 933 条规定的委托合同任意解除权的使用，一直存在一些争议性的问题，在具体的法律适用中，应对有偿委托和无偿委托区别对待。同时，对委托人或者受托人行使任意解除权应当有所限制，并从合同解除后的法律后果、损害情况等方面进行综合考量，重点分析损害情况与解除行为之间的因果关系。

国有一人有限责任公司法人人格否认研究

徐桂红[*]

(中国政法大学 北京 100088)

摘 要：公司法人人格否认制度在我国已发展十余年，现行法律及相关理论研究对其适用和构成要件进行了全面系统的分析，但是在国有一人有限责任公司中，因其特殊的发展阶段，对其法人人格混同的情形需要从构成要件和混同情形等方面综合分析判断。

关键词：法人人格否认 国有一人有限责任公司 混同

一、法人人格否认制度的发展

公司法人人格否认制度起源于美国，作为公司独立人格或股东有限责任的例外，是指为阻止股东滥用公司独立人格，就具体法律关系中的特定事实，否认公司的独立人格和股东有限责任，责令公司对公司债权人或者公共利益负责的一种法律制度。[1]

我国 2005 年修订的《公司法》第 20 条第 3 款规定："公司股东滥用公司法人独立地位和股东有限责任，逃避债务，严重损害公司债权人利益的，应当对公司债务承担连带责任。"这也是在我国《公司法》中第一次以成文法的形式对法人人格否认作出的原则性规定。

二、法人人格否认的构成要件

法人人格否认制度因其起源于美国，源于判例法的制度，被我国公司法

---

[*] 作者简介：徐桂红（1981 年-），女，汉族，北京人，中国政法大学同等学力研修班 2022 级学员，研究方向为民商法学。

[1] 赵旭东主编：《公司法学》（第 2 版），高等教育出版社 2006 年版，第 8 页。

引用后,至今仍缺乏清晰的界定,为更好地应用于实务,需对其适用要件加以界定。根据《公司法》第20条和公司法人人格的理论研究,一般将其归纳为主体要件、行为要件、主观要件和结果要件(因果关系)。[1]

主体要件指公司法人人格否认的适用对象必须是具体的双方当事人:一是滥用公司独立人格的股东,二是因股东滥用法人人格独立而受到损害的债权人。

行为要件指股东存在滥用公司人格的行为,一种是股东利用法人人格规避法律义务和契约义务,比如逃避竞业禁止、保密义务,逃避税务责任等新设公司;另一种是公司与股东完全混同,包括财产、业务和组织机构混同。

主观要件,目前有观点认为应采用过错推定的方式,即如果股东没有足够证据证明自己不存在故意,就可以从客观的行为表现推定股东主观过错。

结果要件,即公司法人人格否认必须产生损害事实,即造成了逃避债务,严重损害公司债权人利益的结果。

三、国有一人有限责任公司的法人人格混同

我国一人有限责任公司自《公司法》确认法定地位后,已发展十余年,《公司法》设有专节对一人有限责任公司进行特别规定,其中就包括一人公司法人人格否认制度。

(一) 一人有限责任公司现状

一人公司作为一项从西方引进的制度,最早出现在英美法系中,始于1897年英国的"萨洛蒙诉萨洛蒙有限公司案"。根据我国1993年《公司法》和《外资企业法实施细则》,我国当时只确认了国有独资和外商投资一人公司的存在。2005年《公司法》第58条以法律形式明确了一人公司的概念与地位。

当前,我国的一人公司仅限于有限责任公司,按照其内容,可分为实质上的一人公司和形式上的一人公司。形式上的一人公司是具有股东名义的仅有一人或一家法人主体;实质上的一人公司指虽然有两个或以上的股东,但是仅有一个人为股东或者真正的出资人,即公司的真实股东。

---

[1] 赵旭东:"法人人格否认的构成要件分析",载《人民司法》2011年第17期。

（二）国有一人有限责任公司

自20世纪90年代以来，我国一直在推动国有企业公司制改革，不断提升企业经营管理水平。在国资委的主导和推动下，2017年，在中央企业层面，国资委监管的68家需要改制的集团公司全部完成改制；在地方国企层面，省级国资委监管的一级企业约96%完成公司制改革。[1]截至2022年1月，中央党政机关和直属事业单位所管理企业中公司制企业占比97.7%，地方国有企业中公司制企业占比99.9%。[2]

在上述中央企业和省级国资监管的企业内部，广泛存在管理链条从二级到四级甚至五级的一人公司。一人有限责任公司不设股东会，董事会成员或者执行董事由上一级股东委派，劳动关系和干部人事管理往往也都由上级股东管理，在管理链条延伸至四级公司或者五级公司时，还出现了大量的"一套人马，两块牌子"的现象，极易出现法人人格混同。

（三）国有一人有限责任公司法人人格混同的表现

国有一人有限责任公司出资设立的全资子公司，在法律地位上，具有独立的法人人格，具有独立的财产权，以其出资为限对债务承担有限责任。但是在管理上，由于结构简单，与其母公司存在职能合一的情形。

尤其在管理链条三级以下的一人有限责任公司中，由于存在地方政府投资要求、业务拓展等特殊需求，往往出现下级公司的业务由上级公司代管，或是下级公司与上级公司存在"一套人马，两块牌子"，法人人格混同体现在以下方面。

1. 人员混同

根据《公司法》，法人出资的一人有限责任公司不受设立数量的限制，企业根据其投资需求和国有企业出资及控股权方面的考虑，国有企业及其子公司在投资时往往倾向于设立一人有限责任子公司，新设子公司的董事、监事由上级委派，受限于国有企业人事制度，极易出现上级公司直接管理新设子公司的情况，即"一套人马，两块牌子"。关联公司之间的董事相互兼任，高级管理人员交叉任职，董事长或执行董事劳动关系与股东签署，直接由上级

---

[1]"国企公司制改革打响'收官战'"，载http://www.gov.cn/xinwen/2020-11/27/content_5565517.htm，最后访问日期：2022年12月5日。

[2]"历史性突破！国有企业公司制改革基本完成"，载https://baijiahao.baidu.com/s?id=1722201575801813047&wfr=spider&for=pc，最后访问日期：2022年12月5日。

股东管理。

2. 业务混同

母子公司直接存在相同或者类似的业务，在公司经营过程中彼此不分，在不同时间段还会出现同一客户的相同业务，以母子公司不同名义开展，或者通过一家客户与母公司和子公司同为上下游关联关系。在贸易业务为主的上下游关联公司中，存在进行单据买卖，开展空转、走单等虚假业务或者融资性贸易业务的情形。

3. 财务不独立

子公司财务由母公司财务人员代管，可能存在关联公司之间账户混同的情形，股东通过控制财务的方式实现控制调节子公司实现利润的幅度，从而达到股东利益最大化的目标。

(四) 国有一人有限责任公司法人人格否认的适用

法人人格否认制度作为股东有限责任的例外，我国《公司法》比较系统全面地对股东权利义务作出许可和限制，股东能做什么、不能做什么、应当怎么做，都应以此为准绳。国有一人有限责任公司在经营管理中也应对股东权利滥用提起足够重视。

1. 主观故意过错推定——举证责任倒置

依据现行法律规定，在法人人格否认案件中适用"谁主张，谁举证"的规则，但是在一人有限责任公司中，为更好地保护债权人利益，举证责任倒置，由一人公司股东承担举证责任。由此，国有一人有限责任公司如出现上述混同情况，债权人如提起法人人格否认之诉，国有股东将承担举证责任。举证责任的倒置，会增加国有股东被债权人拖入诉讼程序的风险。

2. 因果关系

《全国法院民商事审判工作会议纪要》（以下简称《九民纪要》）对法人人格否认概括为人格混同、过度支配和控制以及资本显著不足三种类型。但是仅仅股东混同、董事和管理人员混同并不能看出股东行为与债权人损失之间的因果关系，判断法人人格否认，还需要更强有力的理由。[1]

我国有些法院在审理涉及法人人格否认案件的过程中对因果关系很少进

---

[1] 于洪福："法人人格否认之因果关系推定"，载《东南大学学报（哲学社会科学版）》2021年第 S2 期。

行严格判断,只要被告行为构成"人格混同"就要求被告对原告的债权承担连带责任,在说理中对因果关系一笔带过甚至避而不谈。[1]

在法院普遍采用因果关系推定的思路情况下,国有一人有限责任公司由于存在人格混同和过度支配的情形,债权人如提起法人人格否认之诉,股东对债权人的损失将极有可能被推定为具有因果关系,国有一人有限责任公司股东与其子公司对债权人损失承担连带责任。

四、结论

公司法人人格否认制度发展至今,《民法典》总则编、《公司法》和《九民纪要》均对其进行了规定,但是在实务裁判中,仍存在裁判把握尺度不一、个案处理不均衡的情况,也不乏出现滥用法人人格否认之趋势。因此建议从实务裁判和国有一人有限责任公司两个维度持续完善。

一方面在实务裁判中防止法人人格否认的滥用,严格司法适用条件,防止例外变常态。现代公司制度的基础是公司人格独立和股东有限责任原则,在适用法人人格否认制度时,尤其是国有一人公司法人人格否认的情况时,需结合国有企业主观目的要件和因果关系要件综合分析,确认滥用权利的股东主观目的是否为故意侵害债权人利益,以及是否造成严重不能偿债的后果。

另一方面,国有企业目前虽已完成现代企业制度改革,从企业外在形态和组织架构上依据《公司法》建立了股东、董事会和监事会的完整组织架构,但仍存在大量国有一人公司存在"一套人马,两块牌子"的情况。国有企业改革下一步应更加重视公司董事会治理在公司经营管理中的作用,避免股东过度控制造成混同,在适当的情况下,也应引入民营资本,发展国有控股混合所有制公司,利用社会资本,实现共同发展。

---

[1] 最高人民法院[2018]最高法民终 1251 号民事判决书;最高人民法院[2020]最高法民终 1156 号民事判决书;最高人民法院[2016]最高法民终 819 号民事判决书;最高人民法院[2018]最高法民终 267 号民事判决书。

论有限公司股东会计账簿查阅权的行使

严明慧*

(中国政法大学 北京 100088)

摘　要：虽然现代公司制度不断发展，但有时作为公司投资者的股东，尤其是中小股东，往往不直接参与公司的实际管理与经营，难以了解公司的真实状况。《公司法》第33条赋予股东查阅、复制公司经营、管理、财务等相关资料的权利。该制度既关乎公司股东的基本权益，亦需考量公司管理制度、运营效率、商业秘密，兼顾平衡营商环境。因此，我国《公司法》对股东查阅权的行使并非绝对的单一保护，亦规定了不正当目的情形下的拒绝查阅权。最高人民法院《关于适用〈中华人民共和国公司法〉若干问题的规定（四）》（以下简称《公司法司法解释（四）》）第8条对股东"不正当目的"进行了规定，但较为模糊。在大量的司法判例中，股东能否查阅公司会计账簿演变为公司与股东双方利益博弈的平衡。

关键词：股东　查阅权　会计账簿　不正当目的

股东对于会计账簿的查阅权行使并非毫无限制，适度的限制系平衡股东、公司利益的重要方式。司法判例中，对于股东"不正当目的"特殊情形下查阅权的限制，裁量尺度不一。对于股东会计账簿查阅权的限制与司法考量因素是当今学界、实务界关注的重要问题。

一、问题的提出

郭某与"金色集团"之间的股东知情权纠纷一案，"金色集团"以郭某

---

* 作者简介：严明慧（1983年-），女，汉族，江苏南京人，中国政法大学同等学力研修班2022级学员，研究方向为民商法学。

经营同类公司，查询公司账簿存在不正当目的为由，拒绝郭某查阅公司原始凭证等相关资料。南京市中级人民法院在［2017］苏 01 民终 7197 号判决中以营业执照登记的经营范围基本重合，不足以认定股东与金色公司主营业务有实质性竞争关系的业务，不足以证明股东存在不正当目的为由，支持股东依法享有查阅会计账簿等资料的权利。该案关于是否存在不正当目的的采用较为严格的认定标准。司法裁判中，亦存在相反观点。南京市玄武区人民法院在［2022］苏 0102 民初 4657 号判决中以股东自营同类公司，双方存在客户流动为由，判决股东不可查阅公司原始凭证。

两起案件均为股东经营同类公司情形下，判断股东是否存在不正当目的从而能否全面行使查阅权的案例，法院裁量尺度却不相同。股东的基本权利与公司利益如何平衡？认定不正当目的的标准又是什么？本文将对上述问题进行探讨，以期刺破不正当目的认定之神秘面纱。

二、股东会计账簿查阅权行使的司法考量

司法判例中，通常会从以下几个角度综合考量、判断股东查询会计账簿（包含原始凭证）的合法性、正当性、必要性。

（一）行使查阅权之目的正当

《公司法》第 33 条对股东行使查阅权目的之要求，借鉴了英美法系的规定，要求股东行使查阅权目的应正当，公司法应保护善意股东的基本权益。股东行使查阅权目的正当的举证思路通常从以下几个角度考量：①股东身份的合法性、正当性；②股东提出行使查阅权的目的为善意；③股东要求查阅、复制的文件资料范围与目的之间的直接关系。

（二）行使查阅权之程序正当

《公司法》第 33 条规定股东行使查阅权应向公司发送书面请求，说明查阅目的。股东行使查阅权并非只能诉讼取得，还可通过协商的方式要求公司提供。但如采取诉讼途径行使股东查阅权，应履行必要程序向公司发送函件，这是股东知情权之诉的必然前置程序要求。

（三）"正当目的""不正当目的"之举证责任衡量

股东行使查阅权目的是否正当的举证责任通常采用"谁主张，谁举证"的标准。股东应提供初步证据证明其行使查阅权的正当性。众多司法判例都指出，"不正当目的"的举证责任应由公司承担，公司应当提供证据证明。公

司无法提供证据证明"不正当目的",应承担不利后果。这符合我国《民事诉讼法》关于举证规则的规定。

(四)"正当目的""不正当目的"之认定标准

我国法律法规未对"正当目的""不正当目的"的认定标准进行明确的规定,这也是当今司法裁判的难点。对"正当目的"的推定,法院应当从保护股东利益原则出发,采取宽松的政策。股东仅需说明查阅的目的,而不必证明目的是否正当,即应推定其目的正当。

(五)股东基本权利与营商环境的艰难平衡

股东知情权是一项独立的股东权利,主要是一种工具性权利,[1]同时也具有目的性权利的特征。[2]股东知情权还具备固有性、单独性、公益性等特征。股东行使查阅权的目的往往存在多重性,通常情况下,股东利益与公司利益是一致的,但若走到诉讼这一步,意味着股东与公司的矛盾已难以调和。股东知情权与公司经营权之间出现矛盾,更底层的矛盾实为大股东与中小股东之间的矛盾。

司法裁量作为外部判断的权利,出于公司自治考虑,其介入应当适度。对于法院如何审查与平衡,股东知情权诉讼中法官重点审查的应是权利行使的形式要件,只有法律存在明确规定时才能对诸如"正当目的"等要件进行实质审查,至于股东通过诉讼能否达到其知情目的并非司法审查之责。[3]

三、股东会计账簿查阅权行使的相关建议

股东会计账簿查阅权的行使并非单一诉讼即可解决的问题,应将公司治理层面与司法裁量层面结合,最大限度实现对股东会计账簿查阅权的保护。

(一)公司治理层面的建议

1. 建立完善公司信息披露制度

英国法理念中提到信息披露制度为股东知情权制度的重要组成部分。[4]不同体量、类型的公司可根据自身情况制定相关制度,定期向公司股东披露公司的财务、经营信息,并将公司信息划分为强制披露信息与非强制披露信

---

[1] 刘毅:《股东权利保护研究》,北京大学出版社2016年版,第36页。
[2] 李建伟:《股东知情权研究:理论体系与裁判经验》,法律出版社2018年版,第3页。
[3] 宋从文:"股东知情权行使与限制之维",载《法律适用》2009年第7期。
[4] See Carapico v. Philadelphia Stock Exchange.

息。信息披露制度有利于股东对公司监督与信息查阅。

2. 公司章程明确特殊情形下股东行使查阅权的范围

《公司法》第 33 条中所述会计账簿系广义的概念，因公司原始凭证最具真实性，且最能体现公司的真实财务状况。司法实践中，股东与公司争议的焦点往往是股东是否存在不正当目的，能否查阅公司的原始凭证。因此，公司章程可在法律许可的范围内明确约定股东可查阅的范围，同时对可能出现的情况进行约定，比如：对股东自营同类公司后可行使的查阅权范围进行限定。

3. 建立股东行使查阅权的应对及保密方案

在实践中，公司面对股东要求查阅会计账簿时，通常没有成熟的应对方案。如何应对该种情况建立在公司是否存在合法合规的经营、财务管理制度基础上。因此，公司在经营过程中首先应做到合法、合规，并建立健全相应的查阅应对流程，并与股东签署相应的保密方案，明确股东查阅后的保密义务及责任承担，最大限度实现股东利益与公司商业秘密的平衡。

（二）司法层面的建议

1. 建立"正当目的""不正当目的"的精准规制

司法层面应明确目的正当与否的认定标准，避免同案不同判。完善的制度能为裁判者提供裁判尺度支撑。"正当目的"可参考公司出现的以下情况：关联交易、财务状况严重恶化、报表出错、财务作假、管理混乱等。对于"不正当目的"的认定，应根据《公司法司法解释（四）》第 8 条制定更为精细的认定标准，比如：明确主营业务、实质性竞争的认定标准。

2. 找寻利益平衡下的折中方案

江苏省南京市中级人民法院［2017］苏 01 民终 1186 号案件中，法官判决股东可依法行使查阅权，但涉及股东同业竞争的资料除外，该判决最大限度保障了特殊情况下的股东查阅权。在司法案件中，部分股东认为法院不应因股东存在同类经营情形而全面剥夺股东最基本的权利，提出公司可采取隐去核心商业秘密的方式供股东查阅会计账簿。

四、结论

司法的正当性并不来源于所谓的国家强制力，司法必须以其决定的公正、合理性说服当事人以及社会公众，从而获得人民对司法的拥戴，这是司法权威性的最终来源。[1]股东会计账簿查阅权的行使一方面应考虑保护股东的基本权利,另一方面又要充分平衡公司的利益。本文从股东查阅会计账簿的特殊限制情况出发,分析该类情形下的司法考量因素,结合具体化、明确化、合理化的公司治理建议,从利益平衡的角度,为最大限度保护小股东的权益提出了建议,以期实现公司与股东利益的双赢。

---

[1] 何兵:《现代社会的纠纷解决》,法律出版社2003年版,第121页。

浅析认缴制下董事的出资催缴义务

于晓磊[*]

(中国政法大学 北京 100088)

摘 要：2013年修正的《公司法》，取消了公司设立时对股东首次出资的比例要求和缴足出资期限的限制，标志着认缴制的正式确立。认缴制提高了资本运用效率，但也应考虑到公司的正常运营和市场交易安全。董事的出资催缴义务可以作为认缴制的配套制度，必要时股东出资责任应当加速到期，及时充实公司资本，维护小股东的合法权益，保证公司交易的安全，有利于公司的长远发展。

关键词：董事催缴　交易安全　加速到期

2013年修正的《公司法》正式确立了认缴制。认缴制的实施不仅激发了资本活力，而且也促进了市场交易活动。但在我国公司信用体系尚未完全成熟的情况下，司法实践中也出现了因股东出资瑕疵而导致的公司无法正常运营等情况。因此，为了完善我国的《公司法》，应当建立董事出资催缴制度，作为认缴制的配套制度。

一、认缴制下董事履行催缴出资义务的理论依据

董事的催缴义务首先基于公司章程约定的义务，该义务是股东之间的明确约定，其法理基础是公司契约论。[1]公司是按全体股东的"合意"来设立、运营和发展的。注册资本的数量、注册资本实缴的期限以及未实缴资本

---

[*] 作者简介：于晓磊（1983年-），女，汉族，辽宁大连人，中国政法大学同等学力研修班2022级学员，研究方向为民商法学。

[1] 刘迎霜："公司契约理论对公司法的解读"，载《当代法学》2009年第1期。

所产生的责任均可由全体股东自行约定，并体现在公司章程中。但如公司章程没有详尽的约定，董事是否仍有义务在特定的情况下，对未出资的股东进行资本的追缴呢？笔者认为，答案是肯定的。董事是公司日常运营的管理者，受公司之托应作出最有利于公司的决策，此即董事应对公司承担信义义务。通说认为，董事的信义义务包含忠实义务与勤勉义务两个方面。前者意在克服董事的贪婪和自私行为，阻止其将权利为己所用；而后者则要求董事通过认真履行决策和监督职能来实现公司的最大利益，鼓励他们运用权利服务于公司和股东。[1]由此看来，当股东出资瑕疵影响到公司运营时，董事理应履行勤勉义务向出资瑕疵的股东进行催缴资本。

二、认缴制下设立董事催缴出资义务制度的必要性

第一，董事催缴义务制度，是公司正常经营的一种保障。公司的正常运营是以公司资本或资产为运营基础的。缺乏了必要的公司资本和资产，公司将很难合法合规地运行，这将导致"空壳公司"或"皮包公司"等对市场经济发展无积极意义的公司出现。这些公司的存在，不仅会扰乱正常的市场经营秩序，而且，也会导致有人利用这些公司从事非法经营事件的发生。为避免前述负面的事件发生，充实公司资本便具有了经济效用和法律效用的双重效用，而认缴制下董事履行对未出资股东的催缴义务，是充实公司资本的有效路径。

第二，董事催缴义务制度，可以维护交易安全，更好地保护债权人的利益。公司资本制度的本意在于保护债权人利益，[2]认缴制下，如果有股东滥用公司独立人格制度，以认缴期限未到为由，不出资或未完全出资，当公司的实收资本与公司负债产生差额时，将导致在非破产情形下公司的资产不足以清偿债权人的债务，债权人的债权将会无法得到清偿，从而会损害债权人利益。董事催缴义务制度的建立，可以在一定条件下向未出资或瑕疵出资股东进行资本追缴，进而维护了交易安全，保护了债权人的合法权益。

---

[1] 徐晓松、徐东："我国《公司法》中信义义务的制度缺陷"，载《天津师范大学学报（社会科学版）》2015年第1期。

[2] 李建伟、岳万兵："董事对债权人的信义义务——公司资本制度视角的考察"，载《中国政法大学学报》2022年第2期。

第三，董事催缴义务制度，可以提高公司的信誉度。现阶段我国企业的信用体系尚不完备，而市场经济发展所需要的现代法律意义上的契约精神、信用观念并没有及时培育起来。[1]在认缴制下，公司在设立之初及之后的发展壮大过程中，资本是否充实，交易相对方无从获知。但是，如果有了董事催缴义务制度，则与公司的交易本身，就多了一重保障，会提高公司在市场经营中的信誉度。

三、董事履行催缴义务适用的情形及限制

（一）公司经营需要的情形

认缴制下，法律赋予了公司股东享有出资的期限利益。但当公司在经营的过程中，遇到重大项目需要充足资金时或公司出现经营危机、信任危机时，股东的出资责任是否应该加速到期呢？关于股东出资责任加速到期的问题，持肯定观点的学者认为，在公司无力清偿债权人到期债权的情况下，应当赋予债权人对未履行出资义务的股东在其承诺出资范围内的债务清偿的请求权。[2]持否定观点的学者则认为即便公司无力偿还公司到期债务，只要股东出资期限未至，债权人就不能向股东主张请求权。[3]笔者赞成肯定说，资本认缴制，提高了资本的运用效率，赋予了股东更多的"意思自治"权。但社会经济生活所追求的是效率与安全的双重目标。提高资本使用效率的同时，也应关注到市场的秩序和维护交易的安全。当有重大项目需要充足的资金时或者公司出现经营危机、信任时，未出资或出资瑕疵的股东应当及时对公司进行出资，确保公司能够正常运转获得利益。此时，股东出资责任应当加速到期，股东不得以承诺的出资期限未到为由而拒绝履行出资义务。董事是公司实际运营的决策者，那么，法律上就应该要求董事代表公司履行向出资瑕疵的股东进行催缴的义务。

（二）小股东合法权益受损的情形

在认缴制下，如果公司的小股东已按出资比例实缴出资，但大股东未按

---

[1] 李镭："从经济伦理论谈我国企业信用建设中的社会信用环境问题"，载《技术经济与管理研究》2005年第6期。

[2] 李建伟："认缴制下股东出资责任加速到期研究"，载《人民司法》2015年第9期。

[3] 王东敏："公司法资本制度修改对几类民商事案件的影响"，载《人民司法》2014年第5期。

出资比例实缴资本，甚至长期不出资，那么，出资瑕疵的大股东是否还有权按照认缴出资比例来行使股东权利呢？有些学者认为，股东原则上享有同等的股东权，该权利不因实缴或者认缴而区别对待。[1] 如果享有同等的股东权，大股东虽未履行出资义务，但却享有对公司的控制权，某种程度上对于小股东的合法权益是一种损害。鉴于小股东在公司股东会的表决权有限，当小股东无法通过公司章程的内容来约束和监督大股东的出资义务时，法律上应设立资本催缴制度来保护小股东的合法权益，即当小股东有证据表明自己的权益受到损害时，可以要求公司董事代表公司履行催缴大股东实缴资本的义务。

（三）董事履行催缴义务适用的限制

董事的出资催缴义务是对认缴制的一种完善和补充，有其积极的经济意义和法律意义。但是，对于董事履行催缴义务也应设有一定的限制，不得进行滥用。认缴制保护了股东对于公司资本的意思自治，那么，在非必要的情况下，则不应启动董事催缴的义务。法律应充分保证股东出资的期限利益。而且，当董事基于公司的运营需要，已履行了勤勉义务向出资瑕疵的股东进行催缴了资本，该董事则应免于承担其他责任。在现阶段的基本国情下，不应过分扩大董事的催缴义务，董事承担过重的责任易影响董事参与公司经营的积极性，不利于公司的运营和发展。董事履行催缴义务，还应有一个前提，即已充分足额实缴出资的董事才可以去催缴其他出资瑕疵的股东。若允许未实缴的董事去催缴其他的股东，则大股东可以轻易地利用其对公司的控制权，仅要求小股东进行实缴，自己不实缴，使得公司的运营资本仍得不到充实，不仅会侵犯小股东应享有的出资期限利益，而且也会损害公司的发展利益。因此，对于董事履行催缴义务的条件，法律应作出相应的限制。

四、结语

公司资本认缴制的确立扩大了股东出资自由，但同时也弱化了公司法人自治。自 2013 年修正后的《公司法》确立了资本认缴制，在认缴制实施了近十年的时间里，司法实务界也产生了许多问题。为解决这些因公司资本不充足而产生的法律问题，董事催缴出资义务的建立有其必要性及广泛的应用场

---

[1] 万广军："认缴资本制下公司股东权研究——基于法经济学的视角"，载《周口师范学院学报》2011 年第 3 期。

景。建立董事催缴出资义务的制度，既要明确该制度的适用场景，即公司运营确有需要催缴资本以及保护小股东合法权益的情况，又要设定必要的限制条件，保护股东的出资期限利益，防止催缴制度的滥用。

论以物抵债协议的效力认定

郑云潇*

(中国政法大学 北京 100088)

摘 要:"以物抵债"并非规范的法律术语,而是日常经济交流中民众对于"折抵清偿""抵账"或是"流押""新债清偿"涉及债的变更、替代给付、债的更新或者质押等行为的统称。除了容易混淆,近年来法院对其效力的认定亦出现了较大的变化,以物抵债协议属于替代给付,有别于担保协议。

关键词:以物抵债 流押 新债清偿 债的更新

以物抵债协议属无名合同,依据我国民法典的规定应当适用合同编通则,同时参照适用合同编或其他法律最相似合同的规定。对于无名合同的效力,当合同未损害国家利益、社会公共利益或者第三人合法权益时,一般应基于意思自治的基本原则认可其效力,认为双方均受合同条款的约束。如何对类似情形进行区分以及类似合同是否有效?以物抵债协议是否有效?本文将从类似情形及最高人民法院发布的公报、司法解释、审判工作纪要阐述这些问题。

一、以物抵债与流押、新债清偿、债的更新的区分

(一)流押

流押亦称流质或流抵。流押合同是合同当事人签订抵押合同时或约定的债务清算期限届满前,约定若履行期限届满债务人无力清偿债务,则抵押物的所有权从债务人转移到债权人的合同。

区别方面,以物抵债与流押的目的不同,约定以物抵债是为了清偿债务,

---

* 作者简介:郑云潇(1995年-),男,汉族,四川广安人,中国政法大学同等学力研修班2022级学员,研究方向为经济法学。

约定流押是为了担保债务的履行。实践中，履行期限届满前达成的以物抵债协议往往是以买卖合同或是股权转让合同为外在表现。[1]这类以物抵债协议与主合同并存具有担保性质，目的并非消灭原债务，而是担保债务的履行。[2]因合同在本质上属于流押，其效力一方面应依据当事人意思自治，另一方面也应当依据担保的相关规定，债务人可通过清算程序主张优先受偿权。而对于成立在债务履行期限届满之后或合同不具备担保履行的内容仍以清偿债务为目的的以物抵债协议，应当依照对诺成性合同的认定判断其效力。

效力方面，在我国《民法典》出台之前，《物权法》《担保法》都禁止流押，这样的规定是出于多方面的考虑：一方面，若债权人利用其强势的经济地位迫使债务人接受不利条款，则未经过中立第三方评估的担保物，其价值很可能远高于债务人所负债务，流押也就成了变相的高利贷；另一方面，禁止流押可以有效防止债务人恶意减少财产或债务人与他人虚构债务转移财产。但《民法典》对这一限制作出了改变，引入清算程序平衡双方当事人利益的同时保护了其他债权债务人的正当利益，法意也从"不得约定流押条款"变更为"不禁止流押条款"。

（二）新债清偿

新债清偿亦称以新债抵旧债，是债务人为清偿旧债务而与债权人约定新债务，旧债务因新债务的履行而消灭的合同。新债仅仅是清偿的工具，不论约定的新债属于何种债务、如何履行，都不影响原法律关系。在新债清偿中新债务与原债务并存，若债务人未偿还新债务，则债权人有权请求履行原债务。[3]

区别方面，二者的主要区别在于新债与旧债是否可以并存，以物抵债协议的达成属于双方对原合同的履行标的进行了变更，债权人应主张新债而不能重新主张旧债。

效力方面，新债清偿属于合同双方经协商一致后对合同进行了变更，只要不涉及导致合同无效的一般情形，一般应当认可其效力。

---

〔1〕 石冠彬："论民法典对买卖型担保协议的规制路径——以裁判立场的考察为基础"，载《东方法学》2019年第6期。

〔2〕 司伟："债务清偿期届满后的以物抵债纠纷裁判若干疑难问题思考"，载《法律适用》2017年第17期。

〔3〕 房绍坤："论新债清偿"，载《广东社会科学》2014年第5期。

（三）债的更新

债的更新又称债的更改或债的更替，债的更新会成立新的债权债务关系并同时消灭旧的债权债务关系。

区别方面，债的更新是在成立新债的同时消灭旧债，而以物抵债则是对原债权债务合同中债的履行方式作出变更，合同双方原债权债务关系并不当然消灭。

效力方面，债的更新属于双方成立一个新的债权债务合同，在不涉及导致合同无效的一般情形时一般应当认可其效力。

二、以物抵债协议效力的认定变化

中国人民银行和财政部都曾发文规范银行对以物抵债的接受行为，这些规范都未对以物抵债协议的效力作出认定，直至2012年，最高人民法院通过"武侯国土案"的公报对以物抵债协议进行效力认定，认为其属于实践性合同。2014年，最高人民法院通过"朱某芳案"的公报拓展以物抵债协议的担保功能后，2015年的司法解释立即否定了以物抵债协议的担保功能。2017年，最高人民法院通过"通州建总案"的公报认定以物抵债协议属诺成性合同，不仅更能实现要物合同的价值坚守，更能克服要物合同损害合同自由原则与诚信原则的局限性。[1]从当下的发展趋势看，实践性合同越来越少，诺成性合同逐渐成为合同领域的主流。[2]2019年，《全国法院民商事审判工作会议纪要》（以下简称《九民纪要》）通过"履行期届满前""履行期届满后""诉讼中"三个阶段来区分以物抵债协议的类型，结合"是否交付抵债物"和"是否撤诉"来确定协议的效力。最高人民法院对于以物抵债协议的认定经历了多次变化。以物抵债并非大陆法系中的传统概念，对于以物抵债须厘清其内涵特征、明确新旧债履行及清算、规制瑕疵以物抵债及原债回复等，并以此促进其在实践中规范准确地适用。[3]对此本文将详述每次转变下的逻辑和最终《九民纪要》对以物抵债协议的适用。

---

[1] 姚辉、阚梓冰："从逻辑到价值：以物抵债协议性质的探究"，载《学术研究》2020年第8期。

[2] 韩世远：《合同法总论》（第3版），法律出版社2011年版，第59页。

[3] 袁文全、卢亚雄："检视与规范：以物抵债的适用路径"，载《西南大学学报（社会科学版）》2022年第2期。

(一) 2012 年"武侯国土案"

在"武侯国土案"中，法院认为代物清偿协议系实践性合同，以债务人的履行和债权人的受领为生效要件，若债务人未实际履行代物清偿协议，次债人与债务人之间的原金钱债务并未消灭，债权人仍有权代位行使债务人的债权。

(二) 2014 年"朱某芳案"

在"朱某芳案"中，双方在借贷合同的基础上设立了对商铺的买卖合同，两份合同具备紧密的从属性，即只有在借贷合同中债务人违约的情形下，债权人才能主张履行买卖合同通过商铺受偿。最终最高人民法院认为具备从属性的买卖合同实际上是担保合同，但同时也认可了买卖合同的效力，认为债权人在债务人违约后要求履行买卖合同的行为不违反《担保法》和《物权法》的相关规定。通过这一逻辑，最高人民法院将以物抵债协议的功能拓展到了担保领域。

(三) 2015 年的司法解释及审判工作纪要

2015 年，最高人民法院印发的《关于审理民间借贷案件适用法律若干问题的规定》完全否定了 2014 年法院对于"朱某芳案"的立场，认为具备从属性的买卖合同属于担保合同，不产生效力，若债务人到期未履行，债权人只能主张原合同的债权而不能主张新合同的债权。同年最高人民法院印发的《关于当前商事审判工作中的若干具体问题》和《全国民事审判工作会议纪要》进一步提出以"履行期限是否届满"为标准认定以物抵债协议的效力，将履行期限尚未届满时签订的以物抵债协议视为担保协议并附加清算义务。履行期限届满前签订的以物抵债协议可能导致当事人之间利益进一步失衡，而履行期限届满后的以物抵债协议不影响其他法益，应当认可其效力。2015 年的司法解释及审判工作会议纪要主张将以物抵债协议与替代清偿的目的相结合进行综合考量，结合合同目的和新旧债之间的关系判断其效力，排除了以物抵债的担保功能，肯定了以物抵债的替代清偿功能。

(四) 2017 年"通州建总案"

最高人民法院在"通州建总案"的公报摘要中明确以物抵债属于清偿合同，认为以物抵债协议系当事人就债务清偿方式的约定，应尊重当事人意思自治进而明确以物抵债属于诺成性合同；明确以物抵债协议所形成的新旧给付关系，考虑当事人的意思表示，认为债的变更需要当事人之间达成了消灭旧债务的合意，当新债务合法有效且被履行完毕时，旧债务才归于消灭，如果双方不具备这一合意，则双方之间只存在新债关系而不存在以物抵债关系；明确债权人可以直接主张履行新债，改变了2015年的司法解释及审判工作会议纪要所提出的"债权人只能先主张原债，在原债给付不能的情况下才能要求给付新债"的给付顺序；恢复了债权人对旧债的请求权，即当以物抵债协议被认定为无效或债权人被拒绝履行新债时，债权人有权请求债务人履行旧债。最高人民法院通过对"通州建总案"的公报摘要确立了以物抵债的性质，在意思表示、新旧债务结构和关系上都进行了系统的建构。[1]

（五）《九民纪要》

《九民纪要》通过"履行期届满前""履行期届满后""诉讼中"三个时间来区分以物抵债协议的类型，并结合"抵债物是否已经交付"和"是否撤诉"来确定协议的效力。

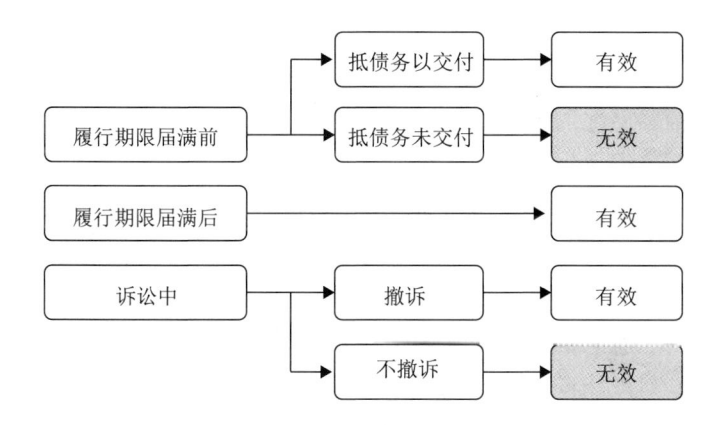

```
                      ┌─ 抵债务以交付 ──→ 有效
履行期限届满前 ───────┤
                      └─ 抵债务未交付 ──→ 无效

履行期限届满后 ──────────────────────────→ 有效

                      ┌─ 撤诉 ──────────→ 有效
诉讼中 ───────────────┤
                      └─ 不撤诉 ────────→ 无效
```

可见，最终《九民纪要》延续了主流的审判经验，认可以物抵债是诺成性合同，将之功能限制于替代给付，否定其担保属性，在诉讼标的上明确债权人可以直接主张新债。

三、以物抵债协议效力认定要件

（一）原债真实有效

以物抵债协议的目的是清偿原债，只有原债真实有效时，以物抵债协议

---

[1] 肖俊："以物抵债裁判规则的发展趋势与建构方向——2011-2019年最高人民法院审判经验的考察与分析"，载《南大法学》2020年第1期。

才存在效力基础。

（二）存在新的替代支付

以物抵债协议所约定的给付物应当与原合同约定的给付物不同，若两份合同约定的给付物相同，那么新合同只是对旧合同进行了变更，依据约定内容属于新债清偿或者债的更新而不属于以物抵债。

（三）协议双方达成替代给付的真实合意

通过2015年的司法解释及审判工作会议纪要和2019年的《九民纪要》，最高人民法院明确以物抵债协议的功能仅限于替代给付，肯定以物抵债协议有效的前提之一亦是意思自治这一民法重要原则。

（四）协议以替代清偿原债务为目的

最高人民法院否定了以物抵债协议的担保功能，当事人签订以物抵债协议的目的应当是替代清偿，而不是提供担保。

四、结语

意思自治系民法的重要原则，一般情况下合同相关的当事人达成合意即可订立合同，法律法规只能在基于维护国家利益、社会公共利益或者第三人合法权益时才能通过强制性规定限制合同的效力；在合同内容未侵害上述利益时，民法应顺应市场交易的需求，尽量减少对当事人意思自治的干预，维护民事主体之间的交易安全、促进社会主义诚实信用体系的建设。我国在司法实践中，基于意思自治原则确定了以物抵债协议属于诺成性合同而非实践性合同，逐渐对以物抵债协议的认定从多元走向统一，最终明确以物抵债协议属于替代给付并与担保协议作出明确区别。对实践中的以物抵债问题，应当实事求是地对比法院类案判例及相关规定并进行综合考虑，在以物抵债协议的履行出现瑕疵时，赋予无过错债权人自由选择"重新主张原债权"或"替代给付的违约责任"的权利。

人脸识别技术与个人信息保护

周 渝[*]

(中国政法大学 北京 100088)

摘 要：随着数字经济的发展和智慧城市的建设，人脸识别技术得到了广泛应用，其已经成为数字经济引领其他行业创新发展的显著动力，但同时个人信息保护也因为人脸识别技术屡现争端。在人脸识别技术应用中如何对个人信息进行保护亟待解决。本文将从技术的应用现状展开，结合目前的法律规范，同时联系公共场所管理者、技术开发者、公众群体共同研究。

关键词：人脸识别技术 个人信息保护 法律规范

人脸识别技术在社会中得到广泛应用的同时伴随着一定程度的个人信息泄露以及隐私权受到侵犯等方面的风险，在人脸识别技术中如何进行个人信息保护日渐成为人们关注的话题。

一、人脸识别技术的应用现状

(一) 公共场所中人脸识别技术的应用现状

人脸识别技术在公共场所中的应用具有一定的多样性和复杂性，一方面是因为人脸识别技术在公共场所中容易造成无感知、强制性识别，另一方面是因为在公共场所中，人脸识别技术容易引发公共场所中的隐私权等问题。因此，在公共场所应用人脸识别技术时如何保护个人信息已成为日益突出的法律争议问题，而其中的重点就在于如何平衡涉及的各方利益。首先，如何在应用人脸识别技术时维护好公共利益。在科技飞速发展的背景下，公共场

---

[*] 作者简介：周渝（1999年-），男，汉族，重庆人，中国政法大学同等学力研修班2022级学员，研究方向为民商法学。

所中的人脸识别技术得到了广泛的应用,从而实现了从传统识别分析向精准识别分析的模式转变,并演变为高效准确识别分析的技术模式。但是在应用过程中,公共利益的保护面临着较大的考验,因此需要明确一定的应用条件和限制要求。其次,如何在应用人脸识别技术时保护好个人利益。在应用过程中,人脸识别技术对个人的便捷生活、安全保障等方面都产生了积极的影响,但是同时也给个人利益保护方面带来了巨大挑战,因为人脸识别技术在应用上具有个人指向性和识别唯一性的特征。因此如果发生信息泄露,则会对个人利益以及人身财产安全等造成难以补救的风险。

(二) 公权力部门人脸识别技术的应用现状

人脸识别技术在公权力部门的应用主要分为三类[1]:一是"一对一对比验证",即通过两张照片比对验证身份;二是"一对多对比验证",即通过目标任务的局部影像特征与数据库中的影像进行比对识别身份;三是"人群分类",即面部分析,是通过描述个人特征信息,对目标人物进行画像从而识别身份。在我国,"天网工程"的建立就是对人脸识别技术的广泛应用,该工程是通过利用图像采集、传输、显示等技术,同时结合计算机技术和大数据,对区域内实施实时监控和信息记录。据了解,在我国目前约有1.7亿台摄像头已经投入使用,一线城市基本实现了全覆盖。

二、人脸识别技术中个人信息保护的法律基础

(一) 国外的法律规范

在美国,不同的城市就人脸识别技术中的相关问题作出了法律规定。比如说,旧金山、萨默维尔、波士顿等城市,以立法形式禁止政府机构使用人脸识别技术;纽约则是通过法律规定,在娱乐场所、零售店等营业场所范围内不得使用人脸识别技术,在一般的商业机构,则是要求在消费者入口处以清晰、显著的标识提醒消费者进入了人脸识别区域。又比如华盛顿则是要求企业收集、使用人脸识别信息时,必须尽到事前告知和当事人知情同意义务。其中,华盛顿在人脸识别技术的立法方面走在了前列。2020年3月,华盛顿通过立法的形式对人脸识别技术的应用进行了部分限制,法律要求,在应用人脸识别技术时必须确保公平性和准确性,同时,如果执法人员需要使用人

---

[1] 卢莹:"刑事侦查中人脸识别技术的应用与规制",载《法治研究》2022年第6期。

脸识别技术，需要获得法院的授权令。此外，还成立了专门的研究小组，就公共场所如何使用人脸识别设施进行研究等。

在欧洲，大多数国家在关于人脸识别技术的法律应用上都采取了严格限制下的例外允许模式。例如英国，2021年6月，其在发布的关于视频监控和人脸识别技术应用指南中指出：人脸识别技术的使用必须合法，信息的控制者必须对处理特殊类别的信息提供合法基础，并确保其处理符合必要原则，与其实现的目的成比例，并要求考虑使用人脸识别技术对当事人所造成的潜在危害。法国早在1978年就建立了个人信息监管机构，就信息立法的有关事项向政府和国会提供咨询意见，并在人脸识别技术的应用上设定了三个条件：一是要划定所应遵守的红线；二是要将对人的尊重和保护置于这一体系的中心地位，特别是要确保对于隐私权的保护；三是在对于人脸识别技术的应用上必须设定时间和空间上的明确限制，并且有明确的可识别的目标和绩效评估模式。

(二) 国内的法律规范

在我国，最高人民法院于2021年7月发布了《关于审理使用人脸识别技术处理个人信息相关民事案件适用法律若干问题的规定》，同年8月，《个人信息保护法》由立法机关通过，11月，国家互联网信息办公室发布《网络数据安全管理条例（征求意见稿）》。上述法律规范构建起我国关于如何应用人脸识别技术的法律框架，明确了人脸识别技术属于个人的生物识别信息。信息处理者要处理人脸识别信息需要遵守有关敏感信息处理的相关规则，并且只有在具有特定的目的和充分的必要性并采取严格保护措施的情况下才可以处理。此外还规定了人脸识别所需要的信息的采集、处理过程必须遵守合法、正当、必要的原则，特别是最小够用原则，并且不得擅自与第三方共享；规定了处理人脸识别的相关信息需要获得个人的单独同意，原则上不应使用人脸识别技术对不满十四周岁的未成年人进行身份识别。如果采取人脸识别技术作为身份识别的方式，则必须同时提供非人脸识别的身份识别方式供使用者选择。

三、人脸识别技术中个人信息保护的未来规划

(一) 要树立公共安全保障与个人信息保护并重的价值目标

风险存在普遍性以及不易感知性等特点，因此加强事前的风险预防与实

时监控成为维护公共安全保障的主要任务,而其中在公共场所大规模地使用人脸识别技术则是保障公共安全、强化社会治理的重要手段。但与此同时,要注意,公共利益不得凌驾于个人利益之上,公共安全保障不具有超越个人信息保护的优越地位。虽然从表面上看,越是大规模地将人脸识别技术应用到公共安全保障和公共秩序管理中,个人信息越容易被泄露和侵犯,但是实际上,两者之间并不存在本质上的冲突。因为在数字经济的大背景下,信息技术一方面通过技术手段可以更好地保障个人信息不易丢失、破坏等;另一方面,人脸信息因为具有人与人之间信息的差异性而具有天然的分享性和流动性。因此,公共安全保障不得牺牲个人利益,个人利益保护也无需让位于公共安全保障,我们要树立公共安全保障与个人信息保护并重的价值目标。

(二)强调"公共场所管理者""技术开发者""公共群体"三合一

由于人脸识别技术的广泛应用给个人信息保护带来了一定的风险,而法律作为事后的处理手段,并不能够完全应对其中可能产生的潜在风险[1]。因此,我们要构建事前、事中的预防手段,同时结合法律手段,一起将人脸识别技术应用中对个人的影响限制在最低程度。具体来说,就是要强化公共场所管控者的"守门人"义务、明确技术开发者基于信息身份保护的设计义务、培养公众的"数据理性"素养,三项措施彼此勾连、环环相扣,每一环节彼此强化形成有效的闭环机制。

四、结论

在"数字全球化"的背景下,人脸识别技术正在与安全保障、社会人文、公共管理等领域高度融合,在治理社会风险、提高社会精准治理水平和政府服务效率、预防和打击违法犯罪等方面发挥了重要作用并得到了普遍认可。虽然,人脸识别技术在得到大规模应用的同时也带来了一些风险和挑战,但是只要做好公共利益和个人利益之间的有效平衡,兼顾公共安全保障和个人信息保护,充分保障公共场所中人脸识别技术应用的合理性和正当性,人脸识别技术终将会向有序共享下的充分利用模式转变,为社会发展保驾护航,为实现中华民族伟大复兴的中国梦助力。

---

[1] 袁泉:"公共空间应用人脸识别的法理逻辑与制度建构",载《北方法学》2022年第1期。

合同视角下的电子商务消费者权益保护

孟倩如[*]

(中国政法大学 北京 100088)

摘 要：随着电子商务、网络营销的不断普及，网络难以实体化所造成的纠纷不断增加，网络购物带来方便的同时也不断增加着网络购物的风险，所以消费者在网络购物中的权利保护则显得尤为重要。本文通过在电子商务的大环境下，分析消费者权利保护的实现方式，利用社会分析等方法，总结了网络合同纠纷中双方当事人所争议的关键点，从而从合同控制的角度分析得出保护消费者权益的路径。

关键词：电子商务 合同控制 消费者权利

作为经济全球化的全新商业模式，电子商务不断地拓宽传统消费市场，提供了更为快捷的消费模式。但是网络的难以触碰的虚拟性以及法律规制不完善，使得消费者在消费过程中的合法权益保护不到位，从而导致一些消费者放弃了电子商务，这种现象可能阻滞电子商务的发展。本文通过对电子商务行业以及消费者在网络中交易出现的问题分析，找寻解决的方式，以期建立消费者在电子商务过程中的权益保护方案，保障电子商务领域和谐稳定地发展。

一、电子商务背景下消费者权益保护所面临的问题

电子商务，又称电子商业，顾名思义可以简单地被认为是利用电子手段

---

[*] 作者简介：孟倩如（1997年-），女，汉族，辽宁本溪人，中国政法大学同等学力研修班2022级学员，研究方向为民商法学。

来进行的商务活动。[1] 本文认为电子商务是建立在开放网络上的一种全新的经济运转模式，是伴随着网络渗透而逐步形成的。本文主要探讨的是商业机构与消费者的电子商务关系，即企业与消费者之间的交易活动，在交易过程中的法律相关问题。

(一) 网络欺诈问题

网络的不确定性与个体的差异性，导致交易双方的不明确，从而导致网络诈骗现象频发。表现方式往往是以提供多种从业机会为理由，不断收取缴纳费用，或者利用广告向消费者推销商品，在支付成功之后却收到与宣传严重不相符的产品。根据2000年7月发布的《中国互联网络发展状况统计报告》显示参与网络消费的用户对经营者提供的信息的可靠性、按时交货等方面的担心分别达到了53%和47%。统计数字表明22%的用户经历了已经订了货并付了款后却未收到货物的情形。目前网上欺诈已经成为电子商务中侵害消费者权益最为严重的现象之一。[2]

(二) 消费者个人信息权的保护

法律规定，消费者在选择使用产品的时候，一定要有个人信息等法律上受到保障的权益。不过就目前情况来说，不少商家为谋求不正当利润，将消费者的个人信息建立数据库。此外甚至出现消费者信息泄露，收到骚扰短信等情况，部分店家甚至通过贩卖信息来获利，导致消费者不断地收到骚扰消息，日常生活受到负面影响。不过究竟在哪一环节出现的个人信息泄露，具体是哪一种情况其实已经无从查证。但是对于这些情况怎么分配责任，以及信息安全是在哪一时间点出现的差错，对于消费者的经济损失又怎么赔偿则需要进一步的明确规定。

二、解决相关问题的建议

(一) 明确并理顺法律关系

合同的成立时间问题在司法实践中，经常会发生商家延迟发货所引发的争议。根据目前法律的相关规定，买家的商品展出是要约邀请，消费者下单的行为属于要约，但是在社会实践中，买家显示有货的现象会被认为是要约，

---

[1] 梁成华、张义刚主编：《电子商务技术》，电子工业出版社2000年版，第1页。
[2] 李晓东："电子商务——21世纪全球商务主导模式"，载《国际贸易问题》2000年第3期。

消费者下单的行为则属于承诺。这两个不同的观点产生了冲突，出现了矛盾点，建议相关部门应明确要约和承诺的时间点，从而明确法律关系，利于更多的司法实践。

（二）商家义务的明确

因为发货而造成的纠纷，可以采用库存实时更新机制。在库存有商品的前提下，明确商家发货的时间，从而约束商家，在缺货的时候，明确反映到前端，显示此时无法下订单，则给买家提供保障。在货物质量方面，建议相关部门严厉审查商品质量，将退换货程序简化，保障消费者的权利。

（三）退换货程序的明确

我国法律规定，在网络消费的过程中，普通商品可以在7天内无理由退换，另外规定了退换货运费由消费者承担，但部分运输成本很昂贵的货物不进行退货。反观瑞典等发达国家的规定，则要求由企业负担无条件退货期限内退货的成本，一旦用户要退货，只需要在商品上粘贴商家预留的地址单，之后直接将货物送到物流企业即可。如此的退货过程，也可以保证交易的安全性。

（四）个人信息的保护

《消费者权益保护法》明确了经营者对消费者个人信息保护的义务，但规定不尽完备。比如，在消费者消费过程中，因为商家原因导致消费者权益受到损害的，此时应当明确经营者承担相应的损害赔偿责任。除此之外，因为商家在交易过程中可以得到消费者的个人隐私信息，这些信息一定程度上私密性较高，所以法律层面上需要明确规定经营者有着对消费者个人信息保护的义务，使得消费者可以更加有保障地完成交易，从而增加消费者通过电商购物的可能性。

（五）技术层面给予保障

消费者在网络过程中的权利保护问题，本质上就是技术和法学相互结合的问题，离开了技术规范、技术创新，网络法律体系也就不存在了。[1]

为了确保网络交易的安全性，首先就要从电子银行支付的角度保证交易的安全环境，所以这就要求银行内部完善管理体制，严格内部授权制度，并且根据网络的发展不断更新自己的技术，定期对交易系统进行维护，保证消

―――――――――
〔1〕 蒋志培主编：《网络与电子商务法》，法律出版社2001年版，第15页。

费者交易的安全性。

近年来,电子商务的快捷与便利,使得电子商业发展更为迅速,快递行业也随之达到一个发展高峰,快递行业与电子商务相互依存协同发展。目前看来,我国快递从运送范围来看可分为同城快递、异地快递和跨境快递,从快递主体来看可分为外资企业、国有企业和民营企业。在电子商务的驱动下,快递行业也在不断地发生变化,相应的快递行业进入激烈的竞争阶段。所以在这个背景下,快递行业也难免出现恶性竞争的现象,往往会造成不好的影响。快递行业存在暴力分拣,遗失和损害等事件。我国规范快递行业的法条已经跟不上快递行业的蓬勃发展了,加强对快递的行业规则的制定从而保障电子商务的蓬勃发展是目前的工作重点。

(六) 商家信誉评价体系的建立

在网络上,客户对于商家的选择往往根据商家的自我描述以及商家自己设定的标签进行筛选。商家描述就有一定的主观色彩,很难给到消费者足够多的客观信息,所以可以建立一个完善的商品评价机制。评价机制的限制一方面可以约束商家的行为,另一方面也可以给未按照合同履行的商家以惩戒。目前,淘宝、京东等各大网站均建立了针对各自平台上卖家或商品的信誉评价机制,但实际操作过程中"刷信誉""删差评"等不良现象的发生使得这种自建信誉评价体系的参考价值大打折扣。于是建立一套跨越各大网站、由中立第三方机构进行评价的信誉评价机制十分必要。由第三方对电子商务中经营者的信誉进行评价,要做到权威和公正,首先要求评价主体具备权威性和中立性。[1]

三、结语

信息化、全球化不断深入使得传统的交易模式也渐渐被电子商务所取代,电子商务的方便快捷是传统交易很难达到的。如何构建消费者正确的消费观念,让广大消费者选择电子商务,确保电子交易的安全?在电子交易中,保障消费者的合法权益直接关系到电子商业能否迅速稳定地发展。因此,构建一个合理的消费者保护法律框架,能为电子商务的发展提供支撑和保障,实现法律服务社会、服务经济的根本目的。

---

[1] 庞敏英:"电子商务中的消费者权益保护问题研究",载《河北法学》2005年第7期。

贪污罪和职务侵占罪的界限

王 粟[*]

(中国政法大学 北京 100088)

摘 要：目前各类经济犯罪的增多，特别是侵犯财产犯罪的增多，给社会和国家造成了严重危害。贪污罪和职务侵占罪系渎职类犯罪，犯罪主体均为公职人员，但在入罪标准、主体、具体行为、刑事责任、罪数等方面有明显的区别。非法取得公私财物是贪污罪的核心内容。侵占国家、集体或其他单位财产是职务侵占罪的核心内容。在实际案件中，贪污罪和职务侵占罪的罪数可能会存在交叉，即贪污金额和侵占财产数额可能会同时存在。在这种情况下，需要进行综合分析和判断，以确定罪名的量刑。

关键词：贪污罪 职务侵占罪 区别 界限

一、引言

经济改革后，我国的经济取得了健康的发展，市场经济体制也在不断完善，这为经济增长和民生改善注入了活力。然而，随之而来的是各类经济犯罪的增多，特别是侵犯财产犯罪。反贪倡廉工作正在有序展开，各地区对贪污贿赂行为的打击力度在不断增强。研究贪污罪和职务侵占罪之间的区别与联系，明确二者的界定规则，对于司法实践中贪污罪的定性，以及保障国家和公民基本权利具有重要意义。

---

[*] 作者简介：王粟（1995年-），男，汉族，辽宁沈阳人，中国政法大学同等学力研修班2022级学员，研究方向为刑法学。

二、贪污罪和职务侵占罪的定义

贪污罪和职务侵占罪是我国刑法中关于公职人员行贿和贪污的两种重要罪名,它们在法律上有着明显的界限。

贪污罪是指公职人员滥用职权,非法取得公共财物的行为。其中,非法取得公共财物是贪污罪的核心内容。公职人员非法取得财物的方式有很多,如收受贿赂、挪用公款、骗取补贴、盗窃等。这些行为都是非法取得财物的行为。此外,贪污罪还包括公职人员利用职权和职务之便,为自己或者他人谋取私利的行为。[1]

职务侵占罪则是指公职人员利用职务之便,侵占国家、集体或者其他单位的财产。侵占国家、集体或其他单位财产是职务侵占罪的核心内容。公职人员利用职务之便侵占国家、集体或其他单位财产的方式有很多,如挪用公款、挪用公物、挪用国有土地、挪用公共财产等。这些行为都是侵占国家、集体或其他单位财产的行为。

三、两者的区分

(一) 入罪标准不同

贪污罪和职务侵占罪在入罪标准上也有明显差别。贪污罪的入罪标准主要有三个方面:①公职人员滥用职权,非法取得公私财物。这是贪污罪最为关键的入罪标准,也是其最明显的特征。在这种情况下,公职人员滥用职权,非法取得公共财物,造成公民的财产损失构成贪污罪。②公职人员利用职权和职务之便,为自己或者他人谋取私利的行为。这是贪污罪的另一个入罪标准。在这种情况下,公职人员利用职权和职务之便,为自己或者他人谋取私利,但并不造成公民的财产损失。③公职人员收受贿赂。这是贪污罪的第三个入罪标准。在这种情况下,公职人员收受贿赂,非法获取财物,但并不一定造成公民财产的损失。

职务侵占罪的入罪标准主要有两个方面:①公职人员利用职务之便,侵占国家、集体或者其他单位的财产。这是职务侵占罪最为关键的入罪标准,也是其最明显的特征。在这种情况下,公职人员利用职务之便,侵占国家、

---

[1] 曹少波:"《行政机关公务员处分条例》解读(九)",载《中国监察》2007年第20期。

集体或其他单位财产，造成国家、集体或其他单位的财产损失。②公职人员挪用公款、挪用公物、挪用国有土地、挪用公共财产等。这些行为都属于侵占国家、集体或其他单位财产的行为，都可以构成职务侵占罪。

总之，贪污罪的入罪标准更加广泛，非法取得公共财物和谋私的行为都可以构成贪污罪，而职务侵占罪的入罪标准更加具体，主要涉及利用职务之便侵占国家、集体或其他单位财产的行为。

(二) 主体不同

贪污罪和职务侵占罪都是特殊类型的犯罪，它们的犯罪主体都是公职人员。然而，两者在构成犯罪的要件上有所差别。贪污罪的主体是国家工作人员，涉及公职人员滥用职权非法取得公共财物或谋私的行为。而职务侵占罪的主体也是公职人员，涉及公职人员利用职务之便侵占国家、集体或其他单位财产的行为。因此，在具体行为上，贪污罪更多关注公职人员为自己或他人谋取私利，而职务侵占罪则关注公职人员侵占国家、集体或其他单位财产的行为。需要注意的是，在定义和界定上，贪污罪和职务侵占罪都有一定的区别，如国家工作人员的定义、受委派人员的身份问题、对于"从事公务"的认定等。因此，在深入了解和分析这两种罪行时，需要对这些问题进行辨别和区分。

(三) 罪数问题

在具体案件中，贪污罪和职务侵占罪的罪数问题非常重要。对于贪污罪，其罪数一般指贪污的金额，根据贪污金额的大小可以分为贪污、滥用职权贪污、大贪污等。其中，贪污金额越大，则罪名越重。贪污罪的罪数一般由检察机关或者法院根据案件具体情况进行评估和判断。对于职务侵占罪，其罪数则一般指侵占的财产数额。侵占的财产数额越大，则罪名越重。同样，职务侵占罪的罪数也由检察机关或者法院根据案件具体情况进行评估和判断。

在实际案件中，贪污罪和职务侵占罪的罪数可能会存在交叉，即贪污金额和侵占财产数额可能会同时存在。在这种情况下，需要进行综合分析和判断，以确定罪名。比如某公职人员利用职务之便非法取得公款，这时候就可能同时存在贪污罪和职务侵占罪。在评估罪数时，需要考虑多种因素，如贪污金额或侵占财产数额的大小、犯罪手段、犯罪动机、犯罪后果等。这些因素都可能会影响罪数。比如，犯罪手段比较邪恶，犯罪动机比较贪婪，犯罪后果比较严重等，这些因素可能会使罪数增加。

总之，贪污罪和职务侵占罪的罪数问题是非常复杂的，需要根据案件具体情况进行综合分析和评估。在此过程中，需要考虑多种因素，以便准确判断罪名及罪数。

四、结论

综上所述，贪污罪和职务侵占罪是特殊类型的犯罪，它们在入罪标准、主体、具体行为、刑事责任、罪数等方面都有明显的区别。贪污罪的入罪标准更加广泛，而职务侵占罪的入罪标准更加具体。在具体行为上，贪污罪更多关注公职人员为自己或他人谋取私利，而职务侵占罪则关注公职人员侵占国家、集体或其他单位财产的行为。贪污罪和职务侵占罪的罪数问题是非常复杂的，需要根据案件具体情况进行综合分析和评估。在此过程中，需要考虑多种因素，以便准确判断罪数及其严重等级。在实际案件中，需要对这些因素进行综合分析，以便准确判断和认定罪名。贪污罪和职务侵占罪都是特殊类型的犯罪，它们的犯罪主体都是公职人员。然而，两者在构成犯罪的要件上有所差别。当前侵犯财产的犯罪尤为突出，对社会和国家造成了严重危害。反贪倡廉工作正在有序展开，各地区对贪污贿赂行为的打击力度在不断增强。研究贪污罪和职务侵占罪之间的区别与联系，明确二者的界定规则，对于司法实践中贪污罪的定性，以及保障国家和公民基本权利具有重要意义。贪污罪和职务侵占罪都是严重危害社会稳定和公共利益的犯罪，应当坚决打击和惩治。

标准必要专利的许可费率计算研究

付文虹[*]

(中国政法大学 北京 100088)

摘　要：在研究标准必要专利时，如何合理地确定只体现专利本身价值的许可费率，而不体现专利附加标准带来的价值增量非常困难。现有诉讼中计算许可费率的方式大多依赖于专利权人提供的声明或许可协议，专利权人具有较强的主导地位，存在"专利劫持"的倾向。在确定标准前采用事前价值均衡的方式确定合理的许可费率，能够在标准制定阶段更好地体现许可费率的合理性，并通过许可费率方式确定专利自身的贡献程度。在基于事前确定出许可费率的基础上，发生许可诉讼时再采用自上而下法，则可以有效降低自上而下法的使用难度，同时提高自上而下法得到的许可费率的可靠性。

关键词：标准必要专利　许可费　合理　事前竞标模型

随着移动通信技术的发展，标准已经成为科技创新的必要条件之一。而标准必要专利是实施者实施标准时无法避开的专利技术，因此，实施者就需要获得标准必要专利权人的许可。也正是基于此，标准必要专利的持有人相应取得了控制市场的优势地位，存在要求过高的许可费的可能性。就目前而言，如何合理地确定标准必要专利的许可费成为学界关注的问题。

一、标准必要专利许可费率的合理原则

FRAND 原则，即"公平、合理、无歧视"原则，是标准化组织为了防止

---

[*] 作者简介：付文虹（1989年-），女，汉族，黑龙江哈尔滨人，中国政法大学同等学力研修班 2022 级学员，研究方向为知识产权法学。

专利权人滥用标准带来的优势地位而制定的许可原则。[1]但实际上，多数标准化组织要求专利权人签署的FRAND声明是广泛承诺性质的。[2]也就是说，在标准必要专利权人虽然需要签署并提交愿意以FRAND原则为条件进行许可的声明，但有关专利的具体事项（例如许可费率等）皆留待有关当事人自行协商。[3]

FRAND原则中的"合理"，本意为标准实施者支付的许可费率不得高于专利进入标准之前、有其他相似技术与之竞争时的许可费率。[4]也就是说，合理的标准必要专利的许可费率应当充分考虑专利被选定为标准之前，与其他能够实现同一技术目的的专利共同处于相同竞争环境下的合理价格，而不是标准制定后，基于多方因素再行确定的"合理"价格。但实际上，目前大多许可费纠纷都是通过诉讼解决的。

二、诉讼中常用的许可费率计算方法

大部分国家或地区的法院，在如何计算出符合FRAND原则的合理的许可费率这一问题上，通常会选择自上而下法和可比许可协议法两种比较典型的计算方法。

（一）自上而下法

自上而下法的首次实践是在Innovatio IP Ventures公司案件中，先是确定涉案产品涉及的所有标准专利的总许可费，然后再考虑这些专利为涉案产品所作的贡献大小，从而确定许可费的合理分配。这种从标准必要专利的总体出发，自上而下地确定专利许可费的方法，能够避免由于多个专利权人分别按照自己的意愿要求许可费，造成许可费堆叠问题，即整个标准对应的许可费总和远超过标准中专利的总价值。但是，自上而下法也存在着明显的缺陷。

---

[1] 吕子乔："论5G标准必要专利FRAND许可费率的计算——以事前价值均衡为中心"，载《科技与法律》2019年第5期。

[2] 杨柏勇、焦彦、苏志甫："标准必要专利诉讼案件法律问题与对策探析——基于通信领域诉讼案件的实证研究"，载 https://baijiahao.baidu.com/s?id=1680583549309013332&wfr=spider&for=pc，最后访问日期：2021年12月21日。

[3] 陈健民："FRAND条款（声明）的效力分析"，载《今日财富（中国知识产权）》2016年第3期。

[4] 罗娇："论标准必要专利诉讼的'公平、合理、无歧视'许可——内涵、费率与适用"，载《法学家》2015年第3期。

1. 总许可费的确定

现有的涉诉案件中,总许可费多是依据专利权人的声明来确定的,例如苹果 VS 三星案、爱立信与 TCL 案以及华为与 UP 案,都是引用了类似的来自专利权人的许可声明。因此,总许可费的确定仍然存在专利权人"劫持"的可能。

2. 专利贡献的比例计算

在某一标准下,例如通信领域中,专利权人通常掌握大量的专利,他们有动机夸大所持有的专利中标准必要专利的数量,此时,则还需要借助第三方的力量进行评估,以获取权利人所拥有专利数量或比例。

在获取专利权人拥有的专利数量或比例后,如何确定标准必要专利的价值比例也是一个问题。在通信领域中,法官通常认为专利价值是一样的,只是区域强度有可能不同,但这也只能是当前较为合理的认定方法。

(二) 可比许可协议法

可比协议法是参照与实施者条件类似的实施者就相同或类似标准必要专利支付许可费的标准,确定当前实施者的许可费。[1]我国也将可比许可协议法作为重要的确定许可费的方法之一。广东省高级人民法院发布的《关于审理标准必要专利纠纷案件的工作指引(试行)》也明确了该方法。但是,可比许可协议法也存在着明显的缺陷。

1. 可采信的许可协议

对于可比许可协议法而言,如何选取用于参考的许可协议是首要解决的问题。即使是专利权人对同一专利的许可,在不同的许可目的(例如交叉许可、专利转让等)下也可能产生不同的许可费率,若作为参考则会对确定的许可费率产生较大的偏差。

2. 对不一致条件的修正

在确定了用于参考的许可协议后,还需要考量与参考的许可协议之间不一致的条件,比如时间,不同的经济环境对许可费率有着明显不同的影响,以及许可主体之间的差异,虽然 FRAND 原则旨在消除不同许可人之间的差

---

[1] 杨柏勇、焦彦、苏志甫:"标准必要专利诉讼案件法律问题与对策探析——基于通信领域诉讼案件的实证研究",载 https://baijiahao.baidu.com/s?id=1680583549309013332&wfr=spider&for=pc,最后访问日期:2021 年 12 月 21 日。

异，但实际上很难做到。

三、事前价值均衡的许可费率方法

为了达到事前的合理，即在制定标准前，根据专利本身的价值和作用，在公平竞争的环境下产生的均衡价值可以视作事前的价值均衡。基于此，斯旺森和鲍莫尔[1]提出了"事前竞标模型"，以探索更为具体的许可费率计算模式。

"事前竞标模型"的核心思想在于通过竞标来确定标准制定前均衡的专利许可费率。具体而言，是将两种不影响产品的质量而只影响产品的成本的两种技术，通过产品价值和许可费率的报价之差，来确定选择纳入标准的专利方案。其中，产品价值和许可费率的报价之差，很好地体现出了该技术对产品带来的利润情况，即在产品价值相同的情况下，许可费率越低，给实施者留存的剩余价值就越高，就能够在竞拍环节得到更多的优势，从而赢得竞拍。这个过程很好地诠释了在标准产生的事前，合理确定许可费率的规则。

但是，由于同期未必会存在能够满足不影响产品的质量，只影响产品的成本的竞争专利，标准组织无法以事前竞标的方式确定合理许可费率。而且，市场本身也存在着不稳定性，即使被纳入标准，也存在着受市场等其他因素的影响，从而使得事前确定的许可费率不适用于实际情况的问题。

四、结论

"事前竞标模型"在标准确立前能够通过充分的市场竞争规则确定标准必要专利的许可费，体现了专利本身技术优越性所带来的价值增量，且不会给专利本身额外附加标准带来的附加价值。[2]在通信领域技术高速发展的当下，有效的规范标准组织对标准技术的确定、竞拍，能够有效避免事后发生标准必要专利的许可费纠纷。

因市场变化等因素造成在先确定的许可费不合理时，由于该专利因在先确定的许可费使得该环境下的可比协议都会或多或少地与在先确定的许可费

---

[1] Swanson D. G., Baumol W. J., "Reasonable and Nondiscriminatory (RAND) Royalties, Standard Selection, and Control of Market Power", *Antitrust Law Journal*, 2005, p.73.

[2] 吕子乔："论5G标准必要专利FRAND许可费率的计算——以事前价值均衡为中心"，载《科技与法律》2019年第5期。

存在关联关系，因此，若再适用可比协议法则可能无法实现争议的有效解决，徒增实施者的诉讼诉累。基于此，建议适用自上而下法确定新的许可费。并且，适用自上而下法确定在先确定的许可费在整个标准必要专利中的比例，可以很好地解决自上而下法确定专利权人持有专利数量以及贡献比例的问题，标准总许可费也可以等比例地与市场价值进行比较确定。

侵犯技术秘密案件审理中证据组合使用：
侵权事实的证明与技术公开状态证明之间的边界

李峰波[*]

（中国政法大学 北京 100088）

摘 要：侵犯技术秘密案件审理中证据组合使用采纳了基于"最接近的现有技术"和"相关的特殊技术特征"两个选择变量的三步基本模式。这种证据组合使用模式能够明确侵权事实的证明与技术公开状态证明之间的边界，进一步弥合事实证据材料与最终稳定结论之间存在的巨大分析间隙。

关键词：技术秘密 侵权行为认定 证据组合

一、导言

商业秘密是一种无形的信息财产，主要借助合同法、侵权法的私法制度给予保护，并未涵盖在知识产权法的保护体系之中。[1] 信息财产的产权化促使形成了以技术信息（技术秘密）和经营信息（经营商业秘密）为对象的商业秘密权，其客体为非公开性的信息产权。商业秘密权的客体都具有非物质性，这一特性容易造成侵权事实认定与法律适用的边界模糊；同时，理解技术秘密的内容需要较强的专业知识，而各类技术之间的标准差异很大，很难有统一的适用标准。由于上述的特殊性，在技术秘密侵权损害赔偿的认定中，

---

[*] 作者简介：李峰波（1978年-），男，汉族，湖北孝感人，中国政法大学同等学力研修班2022级学员，研究方向为知识产权法学。

[1] 吴汉东：《知识产权法》，法律出版社2021年版，第649页。

"举证难"成了问题的核心。[1]

侵权行为的证明从本质上来看属于一个法律问题，但不可避免地涉及科学技术和认识论的问题。科学认知论的观点认为，系列证据材料在特定条件下的组合证明对指向结论的确证程度高于单一证据；但法律观点倾向于证据领域的原子论模式，即针对科学证据的每个部分，须审查相关性和可靠性问题。[2] 由于二者这种差异的存在，证据组合使用需要明确侵权事实的证明与技术公开状态证明之间的边界，从而弥合事实证据材料与最终稳定结论之间存在的巨大分析间隙。侵犯技术秘密案件审理中证据组合使用基于"最接近的现有技术"和"相关的特殊技术特征"两个选择变量选择的三步基本模式。

二、现有民事基本法体系中对侵权证据使用的相关规定

《民法典》中总则编和物权编的一般性规定并不涉及具体的证据规则，合同编与侵权编中也未明确侵犯技术秘密事实的认定标准。最高人民法院《关于知识产权民事诉讼证据的若干规定》对举证责任、证据保全、证据鉴定等证据使用制定了具体规定。《反不正当竞争法》第9条对侵犯商业秘密的行为作出具体的规定，但对于在侵犯商业秘密案件审理中如何使用组合证据进行秘点非公知判断还没有明确和统一规则。[3]

三、复杂技术系统中组合秘点非公知判断的证据的组合使用

专利侵权认定标准相对比较明确，判断过程也有具体规则可循。专利文件记载着权利要求、权利要求的解释、技术特征和具体实施例，通过对这些内容的分解对比可以判断侵权专利是否落入其保护范围之内。但现实的复杂技术秘密侵权比单一的专利文件要复杂很多。[4] 由于现在产品和技术的复杂程度的增加，在进行技术秘密侵权事实认定时，必须面对反映复杂技术体系

---

[1] 参见韩萍、朱琳："全国人大常委会执法检查组分别在青海广东两省检查"，载《法制日报》2017年6月10日。

[2] 具体参见最高人民法院《关于审理侵犯商业秘密民事案件适用法律若干问题的规定》第4条规定。

[3] [英]苏珊·哈克:《证据原理：司法证明科学》，刘静坤、王进喜译，法律出版社2022年版，第291页。

[4] 中伦研究院编：《知识产权：技术颠覆背后的法律智慧》，法律出版社2018年版，第13页。

的组合秘点（如图1所示），其中包括组成技术特征的基本秘点和组成基本秘点的次级秘点，如果经过组合，需要面对复杂的技术系统。如果要认定这些技术秘点是否为公众所知悉，判断的过程必然也要基于对现有技术信息的组合使用。

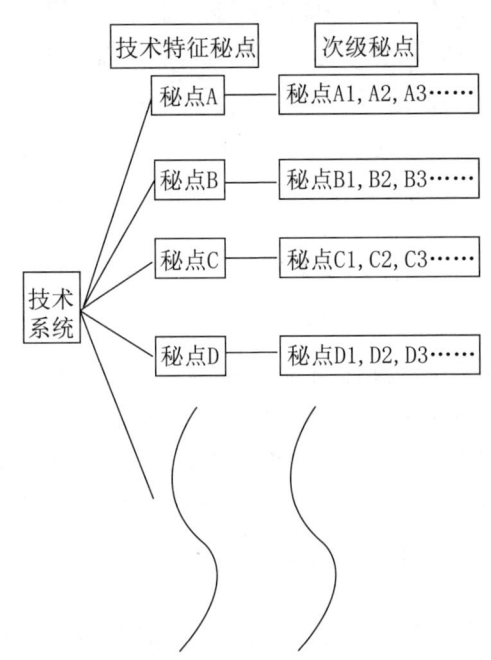

```
            技术特征秘点      次级秘点
              秘点A ——— 秘点A1, A2, A3……
              秘点B ——— 秘点B1, B2, B3……
技术系统
              秘点C ——— 秘点C1, C2, C3……
              秘点D ——— 秘点D1, D2, D3……
```

图1　复杂技术体系的组合秘点

这就不可避免地面对法律与科学认识论上对组合证据使用规则的巨大分歧。单个证明力较弱的证据可能无法得出确定的结论，但如果数量足够大，就可以合乎逻辑地得出合理结论，转化为具有较强证明力的证据，这一方法论在科学上具有可接受性。但在法律上这一观点只是没有意义的"堆谬论"。所以，在进行组合秘点非公知判断时，要尽可能避免这种组合使用，但在实际的操作过程，技术专家在选择对比技术信息时有很大的自由裁量权，为了得出有利于自身的结论，不可避免地存在"堆谬论"的证据使用倾向。

如上所述，法律观点倾向于证据领域的原子论模式，即针对科学证据的每个部分，须审查相关性和可靠性问题。如果采用严格的证据组合的原子论模式，复杂技术体系将面临数量庞大的证据排列组合的相关性和可靠性审查，这将是耗时耗力且效率低下的过程。由于没有明确的证明指向，过于强调单一证据的相关性和可靠性，证据整合起来不一定有利于证明因果关系的存在。对法律判断而言，庭审过程需要快速、有效地得到稳定的结论。但在面对技术秘密侵权中证据的组合使用的困境时，事实证据材料与最终稳定结论之间存在巨大的分析间隙，探究侵权事实的证明与技术公开状态证明之间的边界就是旨在弥合这一"分析间隙"。

四、合理组合模式的探讨及决策可靠性评估

为了解决上述问题，我们需要建立证据合理组合的基本模型。专利文件的创造性审查被长期实践证明是最为简练有效的机制，审查创造性时，将一份或多份现有技术中的不同的技术内容组合在一起对要求保护的发明进行评价。这便是专利创造性的组合审查原则，在这一原则基础上，实际的判断方法按照三个基本步骤进行，即最接近的现有技术—区别特征—判断。侵犯技术秘密案件中的证据审查往往类似于专利文件的创造性审查，因此，专利创造性审查机制为侵犯技术秘密案件的证据合理组合使用提供了方向性启发。以此三步规则为启示，在技术秘密侵权事实认定时，证据的组合使用也可以采用类似三步走的基本模式，但需要对判断标准做一些修正。步骤一，针对需要对比的技术秘点采用"确定最接近的现有技术"的标准来选择现有技术信息；步骤二，组合的现有技术信息应当包含与对比技术秘点相关的特殊技术特征；步骤三，综合组合的现有技术信息，作出对比秘点包含的技术特征是否为公众所知悉的判断。采用以上三步组合判断方法，首先可以避免看似有一定关联性而无实质对比意义的"堆谬论"的证据使用倾向，其次采用"确定最接近的现有技术"的标准来选择现有技术信息赋予证据组合一定的弹性空间。另外，步骤二中强调的"相关的特殊技术特征"有助于强化组合证据之间因果关系链条，也是对证据组合的原子论模式的相关性和可靠性审查的一种缓和解决方案。

由于对技术问题理解的主观性倾向，需要对证据组合的决策可靠性进行初步评估。如果判断能完全基于逻辑和概率论，这在方法论上就具有强大的说服力，但法律问题的判断面临更多人为主观方面的不确定因素，例如理解差异、信息不对称、零和竞争环境等，这些都是在现实判断中必须面对的困难。对于特定的对比技术秘点，组合证据使用的可靠性可以通过决策树分析

作出初步的评估。[1]图2为决策树分析的模型结构,如上所述的三步组合模型,分别存在两个选择变量,即最接近的现有技术和相关的特殊技术特征,其选择和判断决定了决策的可靠性。图2对可能出现的情况的概率和价值进行了赋值,由此可以计算出判断结果的效用值,为公众知悉结论效用值为86,不为公众知悉结论的效用值为72,由此得出的预期值可以作为决策参考。

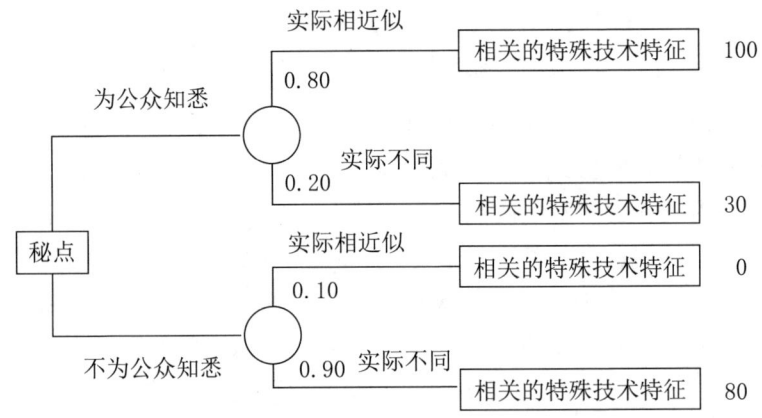

图2 决策树表示知识产权侵权中证据的组合使用程序化决策

五、结论

技术秘密侵权行为认定中证据的组合使用采用三步基本模式,确定两个选择变量:最接近的现有技术和相关的特殊技术特征。三步组合判断方法采用"确定最接近的现有技术"的标准来选择现有技术信息赋予了证据组合一定的弹性空间,同时强调了"相关的特殊技术特征"有助于强化组合证据之间因果关系链条。

---

[1] [美]雷德·海斯蒂、罗宾·道斯:《不确定世界的理性选择——判断与决策心理学》(第2版),谢晓非等译,人民邮电出版社2013年版,第23页。

专利侵权损害赔偿标准研究

罗 梅*

(中国政法法学 北京 100088)

摘 要：我国专利法对于侵犯专利权的赔偿标准问题，目前确定了权利人实际损失或侵权人获利、许可费倍数、法定赔偿、惩罚赔偿四种计算方式。然而，受限于举证能力不足、判断标准不一等因素，我国司法实践中关于专利损害赔偿标准的科学性面临极大考验。只有进一步明确专利侵权损害赔偿的现有计算方式、增加计算方式和优化举证责任、完善在计算专利侵权损害赔偿标准时应当考虑的各方面因素、引入第三方评价，才能使赔偿标准更加趋于科学合理。

关键词：损害赔偿 计算方式 科学合理

随着市场经济的发展和我国知识产权强国战略的不断推进、加强以及深化，我国拥有高质量知识产权的数量大幅增加，[1]国家对知识产权保护的广度、力度和深度等日益成为社会普遍关注的热点。然而，具体到专利损害赔偿的计算标准问题，我国现有的四类计算方式在一定程度上与市场的实际情况及社会的关注度并不契合，司法实务中面临诸多难题。只有更全面地考虑各影响要素并将其纳入赔偿的考虑范围，才能更加科学、合理、充分地计算赔偿数额。

一、专利侵权损害赔偿的立法现状

我国《专利法》确定侵犯专利的赔偿数额有权利人实际损失或侵权人获

---

* 作者简介：罗梅（1989年-），女，汉族，四川绵阳人，中国政法大学同等学力研修班2022级秋季班学员，研究方向为知识产权法学。

[1] 详见《知识产权强国建设纲要（2021-2035年）》。

利、专利许可费倍数、法定赔偿、惩罚赔偿四种计算方式。最高人民法院在《关于审理侵犯专利权纠纷案件应用法律若干问题的解释（二）》第27条对侵权人获利的举证问题作了进一步明确，在权利人实际损失难以确定的情况下，首先由权利人对侵权人的获利提供初步证据，在此情况下，人民法院再责令侵权人提供账簿、资料等材料，否则，人民法院将根据权利人的主张和提供的证据认定侵权人获利情况。可知，专利损害赔偿计算方式的现行有效规定对各计算方式所涉要素的标准问题并不明确，另外，对权利人所需提供的有关损失、获利、许可费等证据的举证责任要求极高。

二、专利侵权损害赔偿计算的实务难题

当专利被侵权时，人民法院在适用前述四种计算方法计算损害赔偿时存在诸多难点，主要表现在以下几个方面。

（一）实际损失举证难

依据最高人民法院《关于审理专利纠纷案件适用法律问题的若干规定》（以下简称《若干规定》）第14条，权利人的实际损失的计算方法为：专利产品因侵权所造成销售量减少的总数×每件专利产品的合理利润。从举证责任角度来说，权利人举证证明销售量减少的这一客观情况尚算容易，但销售量减少到底是因为市场因素还是因为专利产品侵权造成几乎是难以证明的。[1] 通过在裁判文书网以关键词"民事案件""侵犯知识产权""实际损失"进行检索发现，权利人能够举出诸如研发凭证、销售单等证明其研发和销售情况的例子尚且微乎其微，更不要说完成对实际损失的举证要求。在此情况下，以权利人实际损失这一较为客观评价反映其损失的计算方式来确定损害赔偿标准的可能性丧失殆尽。

（二）侵权获利存在不完全举证倾向

依据《若干规定》，侵权获利按照侵权产品销售总数×每件专利产品的合理利润计算，同时规定侵权获利一般按照营业利润计算，但对于完全以侵权为业的侵权人，可以按照销售利润计算。需要特别说明的是，我国《专利法》及其相关解释中载明的有关侵权获利的判断依据主要是侵权人提供的账簿等

---

[1] 丁文杰："专利侵权损害赔偿计算方法——正泰集团股份有限公司诉施耐德电气低压（天津）有限公司等侵犯实用新型专利权纠纷案"，载《中国发明与专利》2019年第4期。

资料，在其不完全举证的情况下，若按照其提供的侵权获利证据则完全不能弥补权利人的损失。[1]从经济角度来说，侵权人因实施侵权行为反而会获利；从社会效果来说，不仅不能制止侵权行为，甚至变相助长了侵权的不正之风。

（三）专利许可费难以确定

依据《专利法》及《若干规定》，在有专利许可费可参考的情况下，人民法院可根据专利类型、侵权行为情况、专利许可的情况等因素，参照许可费的合理倍数确定赔偿额。该标准面临以下几个问题：

1. 专利许可费的实际收取金额与市场价值存在不相符的情况

按照专利法及相关解释的规定，在有专利许可费参考的情况下，人民法院还将结合专利的类型、专利许可情况等因素酌情以许可费的合理倍数确定赔偿额。基于此，许可费这一计算基数本身是否合理依法并不在人民法院的审查范围内。不可忽略的是，现实中大量存在权利人基于商业利益互惠等多方面考量，导致许可费的标准可能与其实际市场价值不符的情况。此时，如果许可费的标准并不在审查范围内，则权利人能够获得的赔偿或者侵权人实际承担的赔偿与客观情况存在偏差，恐难以保护权利人的合法权益或者平衡各方的利益。

2. 不同许可费支付方式情况下，损失赔偿标准如何确定

按照《知识产权法》中的表述，专利使用费大体分为一次总算方式、提成费方式、入门费加提成费方式三种，[2]当然，实际情况中存在更多和更为复杂的计算方式，本文在此暂且不论。对于一次性总算方式中的许可费显而易见，但对于后两者中涉及的提成费较难确定，主要表现在：侵权行为发生时，专利许可费仅以权利人实际已经取得的还是以含将要取得的许可费作为参考。此外，如果后两者支付中还涉及附条件支付情况，当侵权行为实施时，专利许可协议约定的支付专利许可费的条件尚未成就且是否能够成就尚不能确定的情况下，人民法院是直接以已经实际支付的许可费为标准还是以协议约定的许可费为标准，抑或直接适用法定赔偿，这些问题均有待进一步探讨和研究。[3]

---

[1] 党晓林："我国专利侵权损害赔偿数额计算方式之探讨"，载《知识产权》2017年第10期。
[2] 《知识产权法学》编写组编：《知识产权法学》，高等教育出版社2019年版，第145页。
[3] 刘远山、余秀宝、李伟文："我国专利侵权损害赔偿额计算方法适用论要"，载《行政与法》2011年第1期。

（四）法定赔偿标准不尽科学合理

通过案例检索，在权利人无法证明实际损失且侵权人也未举证获利情况，亦无法证明专利许可费的情况下，人民法院在适用法定赔偿时考虑的要素主要有：涉案专利的类型、涉案专利在产品利润中的贡献度大小；侵权人是否具有较高的注意义务；侵权人的经营成本和侵权成本高低；侵权行为人销售侵权产品的地域范围；侵权人生产销售侵权产品的经营规模和生产能力；侵权产品的销售金额；涉案侵权产品的市场售价；被诉侵权行为性质；侵权行为的持续时间。[1]裁判文书关于前述要素的说理是法官结合部分基础资料自由裁量后的结果，几乎完全依赖法官的自由裁量。基础资料与各要素之间、各要素与实际判赔额的关联性及关联程度，以及各要素在实际判赔额中的占比等问题说理不足，在判赔金额的科学合理性方面存在较大问题。

三、专利侵权损害赔偿计算难题的解决路径

正如波斯纳所说，"收益至少可以用一个近似值来表达"，[2]专利侵权损失赔偿也应该有其"近似值"，而如何找到专利侵权损失赔偿的"近似值"是需要我们进一步思考的问题。[3]不可否认的是，人民法院在用法过程中已经尝试尽可能地考虑各项因素以使专利侵权判赔金额趋于科学合理，但结果表明我们所做的努力还不够。笔者认为，欲解决以上实务难题，还需要从以下方面着手。

（一）明确现有损害赔偿标准的计算方式

以专利许可费为例，建议在充分征求市场主体意见并进行科学论证的前提下，以列举加概括的方式明确在不同许可方式下专利许可费的认定标准，例如，在采用提成费作为专利许可费计算标准时，明确提成费总额的估算方式及其贴现比率，从而使得基于该计算方式得出的损害赔偿更加适应市场的实际情况，趋于科学合理，更有利于实现充分保护知识产权的目的。

---

[1] 思拓凡瑞典股份公司等与博格隆（上海）生物技术有限公司侵害发明专利权纠纷民事一审案件民事判决书。

[2] [美]理查德·A.波斯纳：《法律的经济分析》（上），蒋兆康译，中国大百科全书出版社1997年版，第211页。

[3] 边仁君："专利侵权损害赔偿规则的标准、困境与重构"，载《知识产权》2021年第3期。

（二）优化举证责任配置

如前所述，在我国《专利法》既有举证责任的配置下，存在两个难题：权利人难以证明自己的损失从而导致赔偿额偏低；侵权人存在不完全举证可能性而导致权利人合法权益无法得以弥补。日本为了解决赔偿损失难等专利侵权救济不充分问题，将侵权人的销售数量推定为权利人的损失，若侵权人能够举证证明权利人的损失少于侵权人的数量，则赔偿额相应减少。[1]这样一来，一方面，将权利人损失与侵权人获利两种计算方式统一起来，减轻了权利人的举证责任；另一方面，侵权人可以反证自己的所得不会造成权利人的损失，避免赔偿过度。对此，我国可以参考借鉴。

（三）完善确认专利侵权损害赔偿计算标准时应当考虑的因素

除前文提到的实务中已经考虑到的因素，笔者认为还可以将专利人在开放许可声明中记载的许可费标准、有关国际条约中关于强制许可使用费的规定或者专利行政部门的类似裁决金额、相关专利在市场中的贡献率等因素纳入考虑范畴。[2]

（四）引入第三方中立评价机构

鉴于知识产权特别是发明专利涉及的专业性极强，建议适当引入第三方中立机构，[3]利用科学方法对相关知识产权以及侵犯知识产权造成的损失进行客观评价，作为确定损害赔偿标准的参考之一。

四、结论

当前，关于专利损害赔偿标准仍然存在举证难、赔偿标准缺乏合理性等诸多问题，我们应当不断完善损害赔偿的计算方式，优化举证责任，并引进第三方中立评价机构，同时借鉴和吸收国外先进经验，以使我国的专利侵权损害赔偿的标准更加科学合理。

---

[1] 李明德、闫文军：《日本知识产权法》，法律出版社2020年版，第556页。

[2] 张书青："浅议我国专利侵权损害赔偿计算方式的完善"，载国家知识产权局条法司编：《专利法研究2012》，知识产权出版社2013年版。

[3] 周琪："专利侵权损害赔偿额计算的发展趋势及对权利要求撰写的影响"，2011年中华全国专利代理人协会年会暨第二届知识产权论坛。

隐名股东资格认定的裁判规则及合理性探析

何倩明*

(中国政法大学 北京 100088)

摘 要：学界对股东资格认定标准分为实质说、形式说、区别说三种。我国公司法及其司法解释尚不够完善，导致司法实务裁判规则无统一标准，当前法院对此的判定标准主要分为三类：一是存在代持合意且实际出资；二是存在代持合意、实际出资且实际参与公司经营管理；三是存在代持合意、实际出资且公司知情。但司法裁判规则仍需进一步明确合同无效的认定范围、认缴出资的股东资格认定、外观主义的边界等问题。

关键词：隐名股东 名义股东 股东资格 裁判规则

"隐名股东"指代实际出资人以他人名义出资，公司章程、股东名册与商事登记等公示文件中记载他人为公司股东的投资者。司法实务中案件争议焦点主要集中在：隐名股东的股东资格认定标准，隐名股东与名义股东之间的股权代持协议是否有效，隐名股东与名义股东、公司及第三人的法律关系等。我国公司法及司法解释并未作进一步细化，现存的司法裁判规则未形成统一裁判标准，故有必要对相关裁判规则进行系统梳理及总结并进行合理性探析。

一、隐名股东资格认定的学说分类及评价

学界对于隐名股东的股东资格认定标准，以及隐名股东与名义股东、公司及第三人之间的纠纷判断标准主要分为以下三种：

---

* 作者简介：何倩明（1989年-），女，汉族，广东中山人，中国政法大学同等学力研修班2022级学员，研究方向为民商法学。

（一）实质说

该说认为，应当以是否履行出资义务作为认定股东资格标准。基于意思主义原则，隐名股东以出资作为建立股东关系的意思表示，且与名义股东之间应存在代持股权合意。隐名股东与名义股东之间的股权代持协议，若不存在违反法律强制性规定、违反公序良俗的情形应为有效，尊重股权代持协议双方当事人的意思自治，认定实际出资人为公司股东。[1] 该说符合公司法对公司资本的规范要求，但同时加重了公司及第三人的风险责任和注意义务，[2] 使交易行为处于极不稳定的状态，既不符合商事外观主义，也不利于维护市场交易安全。[3]

（二）形式说

该说认为，公司资本制度已从实缴制转为认缴制，是否实际出资不再是认定股东资格的必要条件。公司股东应以公司章程、股东名册、出资证明书、工商登记等文件记载登记为准，否则上述文件将丧失公示公信效用，或导致公司经内部决策机构决议做出的民事行为无效，从而影响市场交易安全。[4] 该说肯定了登记形式要件的重要性，但违反私法自治原则，导致实际出资人丧失股东资格及股东权益。

（三）区分说

该说认为，应当区分"内外关系"，采用双重标准认定股东资格。在股东与名义股东、公司之间，以"实质要件"为主、"形式要件"为辅综合认定；在股东与公司以外的第三人之间，以"形式要件"登记为准。[5] 但该说也面临部分质疑，存在对内外关系的认定并无统一标准，也同时存在导致股东权利与义务分离的情况。

二、隐名股东资格认定的裁判规则

现今我国对隐名股东的资格认定、股权权益投资归属等问题的裁判依据

---

〔1〕 赵万一、吴晓锋：《商事思维下的公司法实务研究》，中国法制出版社2009年版，第33页。

〔2〕 李晓霖：《论股东资格确认：以有限责任公司为视角》，中国社会科学出版社2013版，第162页。

〔3〕 曾祥生、苏沂琦："论隐名股东资格认定法律制度之重构"，载《江西社会科学》2019年第1期。

〔4〕 曾祥生、苏沂琦："论隐名股东资格认定法律制度之重构"，载《江西社会科学》2019年第1期。

〔5〕 李晓春主编：《公司法学》，厦门大学出版社2012年版，第165页。

主要为最高人民法院《关于适用〈中华人民共和国公司法〉若干问题的规定（三）》（以下简称《公司法司法解释三》）与《全国法院民商事审判工作会议纪要》（以下简称《九民纪要》）。《公司法司法解释三》对股权代持协议的效力、实际出资人与名义股东股权投资收益归属、实际出资人的显名要件等问题作出了规范，明确实际出资人显名必须经过公司其他股东过半数同意。而《九民纪要》则进一步明确实际出资人显名的例外情形，强调其他股东知情且不持异议的情形可以认定实际出资人的股东资格。但现有的司法文件规定并不完整甚至存在冲突，无法有效解决现存问题，导致司法裁判出现不同的标准。根据对民事裁判文书的梳理，可以总结出对于隐名股东资格认定的主要争议焦点及裁判思路。

（一）主要争议焦点

人民法院在审理隐名股东资格认定相关案件的主要争议焦点为：一是是否存在股权代持的合意。二是股权代持协议的效力。三是实际出资的认定。四是公司其他股东过半数同意的认定。对于实际出资人认定股东资格的要件，《公司法司法解释三》规定需要经公司其他股东过半数同意，而《九民纪要》则扩展适用"默示同意"原则，即其他股东知情且不持异议。

（二）裁判规则归纳

司法裁判确认隐名股东资格案件的裁判标准主要分为以下三类：一是存在代持合意且实际出资；二是存在代持合意、实际出资且实际参与公司经营管理；三是存在代持合意、实际出资且公司知情。

第一，存在代持合意是首要要件。确认合意意思表示的形式主要以书面的股权代持协议为主，但根据具体案情背景，实际出资人可以通过其他文件（如：转账凭证）证明其存在实际出资、行使股东权利等情况，形成完整的证据链。即使双方并未签订书面股权代持协议，也足以证明双方存在股权代持的合意。在存在合意的前提下再判断股权代持协议的效力，违反我国法律、行政法规强制性规定、违背社会公序良俗的股权代持协议被认定为无效。一些违反证券市场监管秩序，涉及金融风险与金融稳定、投资者利益保护等公共利益的股权代持协议也被认定为无效。

第二，隐名股东对公司进行实际出资是第二要件。在公司注册资本实行认缴制下，虽然取得股东资格不以实缴出资为要件，但对于隐名股东资格的认定却至关重要。《公司法司法解释三》仅确认实际出资人有真实出资表示是认定股东资格的要件之一，对于仅实行认缴的隐名股东资格不予确认。

第三，公司其他股东过半数同意是必要要件。根据《公司法司法解释三》，具备合意与实际出资要件的实际出资人，请求显名需要公司其他股东过半数同意。

第四，是否实际参与公司经营管理是认定隐名股东资格的重要但非必要因素。根据《九民纪要》，实际出资人若可证明其一直参与公司的经营管理，则可作为认定公司其他股东知情且不持异议的依据。

三、裁判规则合理性探析

第一，关于股权代持协议的效力认定。最高人民法院认为违反证券市场监管秩序之类的股权代持行为因损害社会公共利益而无效。学界认为此举属于穿透式监管理念在司法领域中的运用。[1]但此举可能导致司法裁判通过法律原则、公共利益或者法律渊源扩大解释等方式过分泛化合同无效的适用范围，弱化公法与私法的界限，侵害私法自治原则。所以，只有因违反规章、监管政策同时导致损害社会公共利益、违背公序良俗、违反公共秩序的情形中才能认定合同无效。[2]

第二，实际出资是否应作为认定隐名股东股东资格的必要条件。《公司法》采用注册资本认缴制后，确立取得股东资格不以实缴出资为前提，只需认缴出资即可。但从目前对隐名股东资格认定的裁判规则中，实际出资是隐名股东认定股东资格的必要条件。该裁判规则实质上与《公司法》对股东资格认定标准冲突，在认缴制下，应承认隐名股东通过认缴出资方式取得股东资格，故法律、司法解释、裁判指引等亟需明确认定路径。

第三，如何界定外观主义的边界。《公司法司法解释三》采用区分说，对股东内部纠纷采取意思自治原则，对公司以外第三人的外部纠纷采取外观主义原则。但并未对第三人的适用范围进行明确界定，会使实际权利人的利益受损。故应当将第三人的适用范围限定为因信赖股权登记而和名义股东发生交易的债权人，而不包括因信赖公司或债务人整体清偿能力而发生交易的债权人。

---

[1] 陈洁主编：《商法界论集》（第2卷），法律出版社2018版，第170页。

[2] 王毓莹："隐名股东的身份认定及其显名路径——基于最高人民法院76份裁判文书的实证分析"，载《国家检察官学院学报》2021年第2期。

四、结论

隐名股东资格认定的司法裁判规则仍需进一步明确并细化规范与指引：一是对合同无效的认定范围，应限定在只有因违反规章、监管政策同时导致损害社会公共利益、违背公序良俗、违反公共秩序的情形才能认定合同无效，不得扩大适用；二是认缴出资的股东资格认定，应承认隐名股东通过认缴出资方式取得股东资格；三是明确外观主义的边界，对公司以外的第三人的适用范围进行明确界定。

论影视剧作品中暴力情景对演员人身权利侵害

冀瑞利[*]

(中国政法大学 北京 100088)

摘　要：随着影视产业的发展，影视作品主题呈现多元化趋势，影视作品频频出现暴力情景。这些暴力情景对影视作品演员构成侵害。本文认为虽然大多数影视演员是出于自愿来扮演角色，但这些暴力情景中角色的扮演及影视作品的公开上映传播，本身也构成了对演员人身权利的侵害。影视行业乱象较多，权利主体普遍法律意识淡薄，加上整个行业一味地强调演员服务于角色，忽略了演员自身权利的维护。中外法律对影视作品中演员人身权利规范不明确，导致整个行业存在法律空白，其相关权利法律救济迫在眉睫。虽然有些演员出于对自身权利的保护，选择用替身演员来扮演角色，但无法从根本上解决影视演员人身权利受侵害的问题。

关键词：影视作品　暴力情景　演员　人身权利侵害

随着媒体行业快速发展，影视作品中暴力情景的出现频繁，包含暴力情景的影视剧作品接连上映和广泛传播，构成了对演员人身权利的侵害，演员的肖像权、隐私权等人身权利难以得到有效保护。虽然对于演员等公众人物的某些人格权保护比普通公民克减，但是演员的正当权利应当得到法律保护。由于当前演艺行业不甚规范，演员大多概括同意出演角色，并未作出对个别权利的处置、放弃签署书面声明，对于片方后续如何处理其表演内容不甚了解、无权决定，也对于作品上映后对其个人的不利影响预估不足。其人身权利的法律保护亟待完善。

---

[*] 作者简介：冀瑞利（1989年–），女，汉族，陕西西安人，中国政法大学同等学力研修班2022级学员，研究方向为民商法学。

一、侵害人身权利概述

(一) 侵害人身权利之肖像权

肖像权作为人身权利的一种，规定在我国《民法典》第1018条，自然人享有肖像权，并且法律规定肖像权的载体是影像，其特征是可识别的外部形象。作为影视剧再现的视频则是更加形象具体的肖像权载体，其反映自然人可识别的外部形象。《民法典》此条的规定，则说明肖像权的重要特征是被识别的外部形象，即肖像权的可识别性。从《民法典》的规定来探讨，影视剧中的演员和自然人一样享有肖像权，其权利应当得到法律的保护。

(二) 侵害人身权利之隐私权

隐私权作为人身权利的一种，规定在我国《民法典》第1032条，自然人享有隐私权，并且法律规定任何人和组织不能侵害他人的隐私权。

这一权威的法律规定，表明公民享有充分的隐私权。作为公众人物的演员自然也享有隐私权，其隐私权应该得到保护。我国《民法典》第1033条第3项规定，除法律另有规定或者权利人明确同意外，任何组织或者个人不得实施拍摄、窥视他人身体的私密部位。据此，演员也依法享有隐私权。而在现实的娱乐圈行业，众多影片为了服务观众，拍摄众多暴力情景，包括性暴力，这无疑暴露了演员的身体隐私，严重侵犯了演员的隐私权。近年来随着影视剧的泛滥，侵害演员身体隐私已经成为一种常见现象。不少法学学者和实务专家也在密切关注这一现象和问题。韩金磊、尹颖在中国法院网发文对侵犯明星的隐私作了明确而详尽的定义，认为其包括对纯粹的私人信息的侵犯，比如对演员最私密、最敏感的身体部位进行披露，发布演员的裸露照片，这会严重损害明星的名誉和人格尊严。[1]现实中有大量的影视作品中含有暴力情景，不仅包含性暴力，更构成了对演员身体隐私的侵犯。隐私权是自然人享有的，是对与公共利益无关的个人信息、私人生活和私有领域进行支配的权利。[2]作为公众人物的明星，狭义上所讲的演员，也应该享有隐私权这一重要的人身权利。

---

[1] 韩金磊、尹颖：“浅议明星隐私权利的限制和保护”，载 https://www.chinacourt.org/article/detail/2012/12/id/804539.shtml，最后访问日期：2022年12月10日。

[2] 韩金磊、尹颖：“浅议明星隐私权利的限制和保护”，载 https://www.chinacourt.org/article/detail/2012/12/id/804539.shtml，最后访问日期：2022年12月10日。

二、影视剧作品中演员人身权利的法律边界问题探讨

演员的隐私权和肖像权存在着特殊性。受到其特殊身份的影响，演员的隐私权和肖像权不同于一般人的肖像权和隐私权。[1]演员职业的特殊性、高度暴露的个人隐私导致了法律边界模糊的问题。中外法律对影视剧演员的肖像权和隐私权没有细化规定，部分法律之规定使得演员的肖像权和影视作品的著作权存在冲突，认定演员作为大众传播的媒介，其肖像权是导演制片人著作权的再现，代表的不是演员本身。笔者认为这一界定存在片面性，因为以视频为载体的影视剧更加清晰全面地再现了演员本身，体现了肖像权的可识别性，反映在大众传播视野里面的就是演员本身。可以说影视剧中的暴力情景展现的就是演员个人，满足了肖像权侵害的构成要件。部分影视剧的暴力情景，尤其是性暴力构成了对演员隐私权的侵告。中外法律没有明确规定，加上侵权主体的演员法律意识淡薄，影视剧行业一味地强调演员为角色牺牲的行业潜规则，导致司法领域这一类侵权案件只存在于演员对剧照是否享有肖像权的纠纷。演员在影视剧中的肖像权和隐私权的法律边界问题一直未能得到重视。如果这一问题得不到解决，影视行业和娱乐行业的侵权现象就会泛滥，不断涌现出性暴力等更为严重的侵权行为。如果演员的隐私权和肖像权得不到保护，受害人得不到合理的侵权赔偿，随着影视剧行业的不断泛滥，势必会影响影视剧行业的健康发展。

从我国《民法典》及学者观点看，作为公众人物的演员都充分享有人身权利中的肖像权和隐私权。本文从影视剧创作角度出发，以影视剧中的暴力情景为例来探讨影视剧演员的肖像权和隐私权的侵害问题。通过对此问题的充分剖析，来判定作为以视频为载体的影视剧对演员存在肖像权和隐私权的侵害。

（一）对肖像权的侵害

通过文献分析，笔者认为影视剧中的暴力情景存在着对演员肖像权的侵害。然而中外法律的规定往往把演员在作品中的肖像权与作品的著作权的冲突作为判定依据，认为演员在影视作品中的肖像权是导演和制片人著作权的再现，忽略了作为公众人物的演员在影视剧创作过程中也享有肖像权。在近

---

[1] 参见孙佳："论影视作品中公众人物肖像权的法律保护"，江苏师范大学2019年硕士学位论文。

年一些判案中，关于演员肖像权的判定，结果都存在同样问题，过度强调作品的著作权而忽略了演员本身的肖像权。

（二）隐私权侵害

影视剧创作中过度强调演员服务于主题，尤其是在暴力情节中，大尺度地暴露演员的隐私，将演员的形象毫无底线地暴露丑化，这充分体现了对演员隐私权的侵害。因此笔者认为，影视剧以视频为载体更加形象具体地展示了演员的本身，其中暴力情景将演员的形象毫无掩饰地暴露在大众传播的视野中，其隐私暴露，完全吻合了我国《民法典》中对隐私权侵害的体现。因此，影视剧中的暴力情景存在着对演员人身权利的侵害。

三、影视剧作品中演员的人身权利保护对策探究

笔者认为影视作品中存在着侵害演员肖像权和隐私权的行为，关于相关侵权行为的法律边界问题，中外法律没有明确的规定。但是随着影视剧产业的不断迅速发展，如果要规范行业的发展，保护影视剧演员的权利势在必行且迫在眉睫。基于对影视行业的分析，笔者认为保护演员的权利不受侵害，必须健全片酬管理制度，在原有制度的基础上增加演员作为权利主体享有的人身权利经济价值和侵权损害赔偿，通过提升演员的权利保护意识，在权利受侵害时借助法律手段保护演员的人身权利，来规范影视剧行业的发展。同时在影视剧创作中，以法律的形式规范演员、制片人、导演的权利和义务，有利于更多健康主题和非暴力情景影片的出现，提高行业发展的规范性。整个行业乱象严重，有些争议可能没有进入司法程序，与演员权利意识淡薄、行业特点有关，但是法律应该为相关权利救济提供途径。尽管这一探索还停留在理论探讨阶段，但是随着近几年影视剧行业的飞速发展，部分影视剧演员也充分意识到了自己肖像权和隐私权被侵害，逐步培养起作为权利主体的权利维护意识。然而，这类侵权纠纷的案件大多数还处在影视剧剧照侵权维权阶段。对于影视剧中的暴力情景，部分演员拒绝暴露自己的隐私。导演和制片方往往采用替身演员来完成这一创作形式，完成整个影视剧关于主题的创作。虽然这一做法从一定方面维护了主体演员的权利，替身演员的可识别性降低，减少了对主体演员的伤害，但是无法从根本上解决演员人身权利受侵害的问题。

四、结论

随着我国经济社会的高速发展，影视剧产业发展不断壮大，为了满足人们日益增长的物质文化需求，影视剧行业呈现多元化主题形式的发展。但是我国法律对侵害影视剧行业演员的人身权利保护还存在空白。因此，迫切地需要法律为相关权利救济提供途径。本文立足影视剧中的暴力主题，浅显地探讨了演员人身权利中肖像权和隐私权的侵害，从理论上浅析了提升演员的人身权利保护意识和建构了侵权损害赔偿制度，希望能够在未来影视剧行业的发展中对演员人身权利的保护有所贡献。

"净身出户" 效力及裁判问题分析

徐建中*

(中国政法大学 北京 100088)

摘 要："净身出户"是婚姻双方共同约定，对婚姻中一方违反夫妻忠诚义务而产生的事实后果，起到了保护婚姻中无过错一方权益的作用，意在树立正确的婚姻观与价值观，让背叛婚姻的一方受到丧失财产的惩罚。故"净身出户"应当得到法律效力的正确定位，也应防止利用"净身出户"达到不公平争夺财产的目的。在具体离婚案件中应结合案件实际情况，具体分析适用法律，笔者在理论上将"净身出户"各种出现状况进行分析，以期对离婚案件处理相类似状况起到指导作用。

关键词：净身出户 忠诚协议 离婚后财产纠纷

一、"净身出户"的现实基础

婚姻关系是一种特殊的维系人身与财产权利义务的契约关系。夫妻互负法定忠实义务。原《婚姻法》第 4 条规定："夫妻应当互相忠实……"现行《民法典》第 1043 条第 2 款规定："夫妻应当互相忠实，互相尊重，互相关爱……"一旦夫妻一方在婚姻中出现不忠实行为，就可能导致婚姻关系的解除。在解除婚姻关系时，对于在婚姻中的无过错方给予一定的财产赔偿，应该是合法合理的，故有过错方"净身出户"也就有存在的现实意义："净身出户"者不能带走家庭中任何财产，也是对婚姻中无过错一方的赔偿，同时"净身出户"可以帮助婚姻中双方当事人考虑到违反忠实义务的沉重代价而履行夫妻忠实义务。

---

* 作者简介：徐建中（1965 年-），女，汉族，吉林四平人，中国政法大学同等学力研修班 2022 级学员，研究方向为民商法学。

二、"净身出户"的语义解释

"净身出户",是以解除婚姻关系为前提,指在婚姻双方决定离婚时,婚姻的一方要求另一方退出婚姻时不得到任何共同财产。从字面上解释就是离婚时一方要求另一方放弃一切钱财,"只带自己的身体走"。"净身出户"是民间的习惯说法,在法律上并没有具体法律规定,也没有对于"净身出户"的相关司法解释。对于"净身出户"的解释及效力,很多离婚后财产案件的法官按照相近法律规定利用自由裁量权来作出判决。根据现有的一些判例,可以得到在法律层面对"净身出户"的解释应该是:由于一方在婚姻中对另一方违反了互相忠实、互相尊重、互相关爱的义务,双方或者通过"净身出户"协议,或者是口头协商与事实行为形成了"净身出户"的事实,有过错的一方不带走家庭中双方共同财产而退出双方婚姻。

三、"净身出户"协议的效力

"净身出户"协议往往是因为一方做出了对婚姻中另一方感情的背叛,没有履行忠实义务,而被要求或者自己承诺"净身出户"或签订"净身出户"协议。

关于"净身出户"的效力,在司法实务领域存在有效说与无效说,笔者支持有效说。

无效说者认为"净身出户"违反公平原则,也可能给"净身出户"一方离婚后生活造成严重困难,如果普遍存在,会助长一些靠婚姻敛财的行为发生,违背婚姻法双方平等原则,破坏社会公序良俗。

有效说者认为"净身出户"首先不违反现行法律法规,而且根据现行相关法律及司法解释,都可以找到相关的法律规定;同时可充分彰显意思自治原则,尊重当事人自由处分婚姻中人身关系与婚姻财产关系,最大限度维护家庭稳定,也可树立正确的婚姻观与人生观。

笔者赞成有效说的原因有二:第一,有效说可以得到相关法律支持。最高人民法院《关于适用〈中华人民共和国婚姻法〉若干问题的解释(二)(已失效)》第 8 条第 1 款规定:"离婚协议中关于财产分割的条款或者当事人因离婚就财产分割达成的协议,对男女双方具有法律约束力。"最高人民法院《关于适用〈中华人民共和国民法典〉婚姻家庭编的解释(一)》第 70 条规定,夫妻双方协议离婚后就财产分割问题反悔,请求撤销财产分割协的，人民法院应当受理。人民法院审理后，未发现订立财产分割协议时存在欺诈、胁迫等情形的，应当依法驳回当事人的诉讼请求。《民法典》第1087条规定，离婚时夫妻的共同财产由双方协商处理，协议不成的，由人民法院根据财产的具体情况，按照照顾子女、女方和无过错方权益的原则判决。最高人民法院《关于适用〈中华人民共和国民法典〉婚姻家庭编的解释（一）》第83条规定，离婚后，一方以尚有夫妻共同财产未处理为由向人民法院起诉请求分割的，经审查该财产确属离婚时未涉及的夫妻共同财产，人民法院应当依法予以分割。这些法律规定都对"净身出户"提供了法律上的支持与裁判依据。

第二，"净身出户"是当事人处理自身财产的权利，属于私人物权范畴。《民法典》第207条规定：国家、集体、私人的物权和其他权利人的物权受法律平等保护，任何组织和个人不得侵犯。故婚姻中双方有权处理私有物权，应该属于法律保护的范畴。

四、"净身出户"的表现形式

第一，一方以书面承诺书形式表示"净身出户"，且双方离婚事实成立。

第二，双方在离婚时达成书面离婚协议，将净身出户条款写进离婚协议中，并办理离婚手续。

第三，诉讼离婚时，在解除婚姻关系诉讼中双方口头达成一方"净身出户"协议，并在诉讼中只请求解除双方婚姻关系，没有要求法院分配双方共同财产，或者在诉讼中明确双方存在共同财产，也没有就财产部分缴纳诉讼费，放弃判决分配共同财产，判决解除了婚姻关系；离婚后在合理的诉讼时效范围内净身出户一方也没有因反悔当时"净身出户"的财产分配事实而提起诉讼要求法院重新分配婚内财产。

五、"净身出户"的司法裁判分析

"净身出户"司法裁判案件，该类案例大多是发生在婚姻双方解除婚姻关系后，属于离婚后财产纠纷出现的司法裁判怎样认定的案例，[1]大致有两种

---

〔1〕 景春兰、袁善仪："'净身出户'协议的效力探讨及裁判策略"，载《广西民族大学学报（哲学社会科学版）》2018年第5期。

情况：其一，在双方解除婚姻关系后，由于净身出户一方在解除婚姻关系后反悔，提起离婚后财产分割诉讼，意图推翻"净身出户"协议与事实；其二，因为净身出户一方不配合办理离婚财产分割，而由得到财产一方提起诉讼，请求确认"净身出户"协议法律效力，请求"净身出户"一方履行变更财产义务。

［2021］渝03民终××号（案例来源于裁判文书网，均为化名）一审：甲女向一审法院起诉请求确认两套房中小面积房屋归甲女所有。甲女与乙男于2003年3月10日登记结婚，2019年6月28日登记离婚。甲女与乙男签订离婚协议书，约定：①男、女双方自愿离婚。②离婚后女儿抚养权归男方，女方无需支付孩子的抚养费，在不影响孩子的学习和生活的条件下有随时探望孩子的权利。③男女双方共同财产处理：两套房中大面积房屋归男方，女方自愿净身出户。④男女双方债权债务处理：双方确认在婚姻关系存续期间没有发生任何共同债权债务，任何一方如对外负有债务的，由负债方自行承担，与另一方无关。二审法院裁判：离婚协议往往涉及婚姻关系解除、共同财产分割、共同债权债务处分及子女抚养等问题，其条款相互影响，构成了统一的整体。本案中，上诉人甲女与被上诉人乙男在民政部门离婚时自愿达成了离婚协议且经备案登记，系双方的真实意思表示，其中涉及财产分割的条款具有民事合同性质，具有法律效力。甲女上诉认为达成上述协议时存在重大误解的理由，与该协议中"双方承诺对该协议书的字词句义非常清楚，并愿意完全履行本协议书，不存在受到胁迫、欺诈、误解情形"的文义不符，且在诉讼中未提供充分的证据予以证明，故对其要求撤销其中涉及财产分割条款的理由，法院不予支持。[1]

据此分析，在20年前离婚时"净身出户"的一方，实际把房子给了另一方，20年中一直由另一方居住、使用、所有，但是当年没有写进离婚协议中，口头及事实分割了双方共有财产。在离婚诉讼中没有要求法官分割共同财产，在法官审理中要求其就共同共有财产缴纳诉讼费时也放弃缴纳，用行动明示已经分割了双方共同财产。以上情况应认定事实"净身出户"成立，共同共有财产权已经丧失。在诉讼时效过后，"净身出户"一方无权再提起诉讼要求对双方婚姻存续期间的房屋等财产请求分割，依法应当驳回起诉。首先，该

---

〔1〕 参见宋冠瑶："离婚后财产纠纷的司法应对"，黑龙江大学2017年硕士学位论文。

情况依法应该受到诉讼时效的限制,即应受到《民法典》152条时效的约束,其诉讼不应该得到法律支持,提起诉讼应该予以驳回。其次,即使仍在诉讼时效内,其诉讼请求也不应得不到法律支持。否则如果存在"净身出户"协议与事实的人又都提出诉讼,将会造成司法秩序的混乱,也是对已有法律的一贯性造成破坏,是对司法资源的浪费。

根据判例,得出推断,对于"净身出户"反悔者,在没有存在欺诈、胁迫等可撤销的情形,应依法认定"净身出户"是符合法律规定的,"净身出户"一方的撤销诉讼请求不应得到法律支持。

六、"净身出户"应当以离婚为前提

"净身出户"只有在婚姻双方解除婚姻关系成就后,其"净身出户"协议及事实才能成立。否则,如果双方没有解除婚姻关系,则"净身出户"不存在生效的基础。只有在解除婚姻关系的前提下,"净身出户"事实才能成立。

人工智能医疗损害侵权纠纷法律问题研究

代运龙*

(中国政法大学 北京 100088)

摘　要：随着科学技术的发展，人工智能广泛应用于医疗健康领域，但其在助力医疗健康的同时，也引发了诸多侵权纠纷。由于人工智能本身具备的特殊性、复杂性和不确定性，司法实践中存在着诸多适用困境。传统产品责任、医疗技术损害责任和高度危险责任均无法为医疗人工智能侵权责任提供准确的归责模型。当前应当在明确医疗人工智能非主体的前提下，对现行侵权责任法律进一步完善改进，通过完善相关法律法规、标准体系和建立监管体系等方法调整纠纷双方的平衡，为医疗健康人工智能持续发展造福人类提供司法助力。

关键词：人工智能　医疗纠纷　侵权责任

一、问题的提出

人工智能逐渐在医疗信息化、智能诊断和治疗、医疗健康管理、药物研发、医学影像等医疗健康领域被广泛应用，且其应用程度和宽度保持着高速增长态势。当前，医疗人工智能已经深入参与到医疗决策过程中，微妙地改变着医疗决策过程甚至结果，构成了"患者—医疗人工智能—医疗机构"的医患关系。在此背景下，医疗人工智能在为医疗行业赋能、方便生产生活的同时，存在引发各类人身财产损害侵权纠纷现象的问题，而《民法典》侵权责任编所建构的责任体系无法满足当前人工智能医疗健康领域侵权纠纷的实

---

* 作者简介：代运龙（1988 年-），男，满族，吉林长春人，中国政法大学同等学力研修班 2022 级学员，研究方向为民商法学。

际法律适用之需要。如何实现医疗健康人工智能领域创新发展与安全规范的平衡成了一个亟需回答的问题。

二、人工智能医疗健康侵权纠纷之法律适用问题

当前医疗人工智能大致应用于辅助医生进行诊断和治疗、进行 AI 护理和健康管理，其尚不具备自主思维意识和独立行为能力，仍处在弱人工智能阶段，不具有法律主体资格，本质上属于医疗器械。[1]本文对于是否应当赋予医疗人工智能法律主体地位暂不予讨论。由于医疗健康人工智能客观上存在着责任主体的不确定性、算法"黑箱"所导致的因果证明复杂性、侵权损害范围认定的困难性等问题，医疗人工智能侵权纠纷可能涉及的传统侵权责任归责模型，即产品责任、医疗技术损害责任和高度危险责任，在司法实践适用中均存在着无法消弭的困境。

（一）适用产品责任的问题

《民法典》第 1202 条规定了因产品缺陷致人损害的，生产者应当承担侵权责任，并在后续条款中进一步规定了其他第三人的责任及相应的赔偿途径。在责任主体方面，医疗人工智能产品的设计者在系统研发、程序编写、数据投喂、风险测控等方面毫无疑问发挥着关键的作用，然而其侵权责任并未在法律条款中明确规定，显然有失合理性。其次，《产品质量法》第 46 条规定了产品存在缺陷，主要是指产品存在"不合理的危险"，或者不符合国家标准、行业标准。然而，对于负有举证责任的患者来说，对作为产品责任构成要件之一的产品缺陷的举证是十分困难的。人工智能医疗健康的相关产品均属高科技产品，其算法具有不透明性、存在技术黑箱等问题，就算是专业人员也难以说明和解释其工作过程，审判法官更是无从判断其产品是否存在缺陷。并且，我国尚未出台有关医疗人工智能的国家标准、行业标准，受害患者举证困难重重。[2]

（二）医疗损害责任的不足

《民法典》第 1218 条规定了医疗损害的过错责任与替代责任，就算没有

---

〔1〕 刘建利："医疗人工智能临床应用的法律挑战及应对"，载《东方法学》2019 年第 5 期。

〔2〕 王轶晗、王竹："医疗人工智能侵权责任法律问题研究"，载《云南师范大学学报（哲学社会科学版）》2020 年第 3 期。

明确当前医疗人工智能的非主体地位，人工智能医疗最多等同于医务人员，依然要由医疗机构承担用人单位的替代责任，其责任主体只能是医疗机构。按照法条中规定的适用过错责任原则，即只有医疗机构或者其医务人员在诊疗活动中有过错的，才对在该医疗机构就医的患者所受伤害承担医疗损害的赔偿责任。然而在人工智能辅助医疗活动的情况下，由于医疗人工智能具有不同于普通医疗器械的自主性、智能性和极强的专业性，若医务人员在符合法律规范的前提下征得患者同意，履行告知义务并遵守诊疗规范而使用人工智能器械，很难认定其是否存在主观过错，如果依旧让医疗机构承担责任，则可能会加剧医患关系的冲突。[1]

（三）高度危险责任适用的缺陷

因为高度危险责任体系结构的开放性和人工智能医疗健康领域的性质界定不确定性，部分学者对人工智能医疗健康也考虑适用高度危险责任。《民法典》将高度危险责任分为高度危险物致害责任和高度危险活动致害责任，但一般来讲，利用人工智能在医疗健康领域进行辅助诊疗等活动不属于从事高压、高空、地下钻探活动或使用高铁车辆，不是高度危险的活动。另外，高度危险物致害责任的责任主体为其占有人、使用人或活动经营者，在医疗人工智能致人损害事故中医疗机构依然是医疗健康人工智能侵权的最终责任主体，而设计者和生产者等主体则变相逃脱了相关责任，这显然有失合理性。

三、对完善规范医疗健康人工智能侵权纠纷的法律建议

（一）明确医疗健康人工智能侵权责任划分的基本原则

由于医疗人工智能的应用领域关涉人的生命和健康等最基本、最重要的权利，因此应当坚持最合适防范风险的行为者承担侵权责任和原因力规则的基本原则，完善和强化产品的设计者责任，从源头上防范医疗人工智能致人损害的风险。[2]同时，从法经济学的视角来看，医疗人工智能致人损害若采用"从事更安全的活动"范式最有效率，具体而言即由医疗人工智能产品的设计者、生产者承担致人损害责任，并通过合同关系将外部成本转嫁出去，

---

〔1〕 丁璐："人工智能体医疗损害责任分析——以达芬奇手术机器人为例"，载《北京化工大学学报（社会科学版）》2020年第1期。

〔2〕 吉萍等："医疗人工智能产品研发的伦理审查与法律考量"，载《医学与哲学》2020年第5期。

从而产生更有效率的结果。[1]此外,还要坚持保护患者健康权、积极预防医疗人工智能致人损害风险、平衡创新和安全的原则。

（二）进一步完善相关法律法规

医疗健康人工智能侵权责任认定的相关法律规范与法律实践的需求不符,亟待有针对性制订和修订相关法律法规。结合医疗健康人工智能侵权的多种形成原因,科学、合理界分医疗健康人工智能产品主要参与主体的责任,并对现有侵权归责模型进行适当补充完善。比如医疗人工智能致人损害的因果关系若界定为产品缺陷,则应当在产品责任中补充医疗人工智能产品设计者这一责任主体,拓宽对生产者和销售者主体的认定,将原材料和零部件供应商、各环节的经销主体均纳入产品责任主体范畴,[2]并进一步细化和明确产品责任的免责事由。与此同时,由于当前人工智能尚处于弱人工智能阶段,主要承担辅助医务人员进行诊断治疗等工作任务,最终进行专业判断并进行决策和主体操作的仍然以医务人员为主,且其本身危险程度和致害可能性也无法与易燃、易爆、剧毒、高放射性、强腐蚀性、高致病性等高度危险物等同,因此建议暂不参照高度危险物致害责任解决医疗人工智能侵权纠纷。

（三）进一步完善医疗健康人工智能标准规范体系

认定产品责任需要证明产品存在缺陷,而证明产品缺陷需要以相关标准规范为前提,但我国尚缺乏一套完整的医疗人工智能标准规范体系,因此应当尽快完善医疗人工智能标准规范体系。[3]同时,考虑到医疗健康人工智能算法的不透明性、自主性、不可预测性,建议成立专门的必要的医疗人工智能监督管理委员会,并充分利用"黑匣子"等技术通过其内部存储的数据帮助查明出现问题之环节,从而实现医疗健康人工智能故障透明,建立健全追责溯源机制,持续强化对医疗健康人工智能的规范管理。

四、结语

对于医疗健康人工智能领域突飞猛进的技术发展,要积极关注和解决随

---

[1] 吴维锭、张潇剑:"人工智能致第三方损害的责任承担:法经济学的视角",载《广东财经大学学报》2019年第3期。

[2] 卢嘉程:"人工智能体侵权责任承担可行路径研究",载《东南大学学报（哲学社会科学版）》2018年第S2期。

[3] 董星宇、陈敏:"医疗人工智能发展存在的问题及对策",载《医学与社会》2019年第5期。

之而来的法律问题。不能生搬硬套地适用现行法律法规，应当结合其侵权的特殊性，对现行的侵权归责模型进行适度的调整和改造。同时，还要完善相关标准规范及领域监督管理体系，利用"黑匣子"等技术手段，持续健全完善对医疗人工智能事前、事中、事后的规范管理和纠纷处理机制，使得人工智能在现代化法治体系下的医疗健康领域健康有序发展，造福人类。

信息化背景下消费者个人信息保护模式探析

高 俏*

(中国政法大学 北京 100088)

摘 要：随着信息技术的高速发展，社会生活已经高度数字化，个人信息被大规模、自动化地收集、运用的情形无处不在，个人信息被侵害的可能性大幅上升。围绕个人信息的非法获取、非法出售、非法利用，已形成了完整的非法产业链，由此引发的违法犯罪已成为不容忽视的社会问题。为此在研判我国法律对消费者个人信息保护现状的基础上，本文分别从私法与公法路径展开论述，以期完善我国个人信息保护方式，从而在促进数字经济发展的同时，更充分地保护消费者个人信息权益。

关键词：信息技术 消费者权益 个人信息保护

现代企业运用信息技术获取海量数据，精准预测市场需求，制定生产计划和营销策略，使其生产经营得到全面优化，大数据成为现代企业核心竞争力的重要因素。然而随着大数据信息技术的发展，非法获取和买卖个人信息等现象层出不穷，给消费者造成了极大的威胁。如何保护消费者个人信息，值得探讨。

一、消费者个人信息及其重要性

(一) 个人信息的概念

根据《网络安全法》的规定，个人信息是指以电子或者其他方式记录的能够单独或者与其他信息结合识别自然人个人身份的各种信息，包括但不限于自然人的姓名、出生日期、身份证件号码、个人生物识别信息、住址、电

---

* 作者简介：高俏（1988年–），女，汉族，安徽砀山人，中国政法大学同等学力研修班2022级学员，研究方向为民商法学。

话号码等。

(二) 消费者个人信息保护的重要性

个人信息被誉为21世纪最富有价值的资源。消费者的个人信息,虽然可以用于企业的经营分析,但也存在被非法买卖、泄露的可能。垃圾短信、骚扰电话、精准诈骗威胁着消费者的隐私、财产甚至生命安全,危害社会整体的和谐与稳定。因此,保护消费者个人信息安全对于保障消费者权利、维护国家长治久安具有重大意义。当前我国对个人信息的法律保护主要有两种路径:私法路径和公法路径,下文将分别对两种模式展开探讨分析。

二、私法保护路径

私法保护路径为民法典合同编救济和侵权编救济,合同编救济主要涉及网络服务合同与隐私政策,侵权编救济主要着眼于消费者的权利以及个人与经营者之间的关系,在消费者个人信息受到经营者侵害时对其进行保护。

(一) 合同编救济路径

民法典合同编为保护个人信息提供了丰富的救济资源:①先合同义务、后合同义务。违反个人信息保护法定义务时的损害赔偿责任请求权。依据民法典诚信原则,在签订合同前、合同履行中、合同履行完毕后,当事人均不能泄露在合同履行过程中所知悉的对方个人信息。②合同约定义务。约定个人信息保护条款时的合同请求权。合同约定个人信息保护条款时,信息主体可以通过违约损害责任赔偿请求权保护个人信息权益。

我国对于消费者个人信息的合同救济主要通过网络服务合同、隐私政策等方式。近年来经营者违反合同义务滥用消费者个人信息案件频发,网络合同纠纷也逐渐增多。有学者认为应当重视合同编救济在消费者个人信息受侵害时的救济作用,通过合同编调整网络服务合同、买卖合同符合消费者作为个体和经营者作为平等交易主体之间的法律关系。然而由于直接关系消费者信息收集、使用等问题的往往不是合同本身,而是隐私政策,因此将隐私政策定性为合同的一部分有必要性,但隐私政策被认定为合同需要消费者对隐私政策的内容作出同意,而非仅仅阅读或知晓。[1]

---

[1] 王叶刚:"网络隐私政策法律调整与个人信息保护:美国实践及其启示",载《环球法律评论》2020年第2期。

然而，将消费者个体与经营者置于平等地位进行规范是否符合大数据时代的信息收集处理特点存在疑问。首先，大数据时代，网络经营者基于技术等优势，常居于强势地位，而消费者在订立合同或同意隐私政策等方面，其同意常带有"被迫"的色彩，因为一旦消费者不同意隐私政策，其则无法订立合同、享受服务，消费者订立合同的意思自治被限制。[1]其次，隐私政策往往冗长、复杂、专业，消费者个人往往没有能力或没有精力对其进行阅读和理解。最后，即使其能够完整阅读并理解隐私政策，其对隐私政策文字背后蕴含的潜在风险认识往往不足。因此，即使将隐私政策纳入合同编调整对保护消费者个人信息几乎也难见其效。[2]

（二）侵权编救济路径

侵权编救济路径首先要明确个人信息作为何种权利，《民法典》人格权编已经将隐私权和个人信息独立成章，而且将隐私和个人信息作出了区分，且设置了相应的保护路径。实际上将消费者个人信息作为财产权多停留在理论层面，且个人信息作为财产权仍需依附于人格权，单独将其作为财产权进行规制不足以成为原则。

关于将个人信息作为隐私权保护，其内涵和外延远远小于个人信息，当今消费者个人信息受侵害的内容和形式多种多样，隐私权保护的范围不能圆满地救济大数据时代消费者个人信息所受之侵害。[3]将消费者个人信息认定为一般人格权进行保护，在近些年已有司法实践。

然而，通过私法对消费者个人信息保护的路径在大数据时代仍捉襟见肘。首先，"知情+同意"机制不仅给消费者带来了较大负担，也不利于经营者开发数据价值，而且由于该机制过于繁琐和专业，在现实中往往也流于形式，不能成为保护消费者个人信息免受侵害的有效机制。其次，赋予消费者个人以判断风险、知情同意的自由与大数据时代复杂变化的数据获取和信息使用情况不相适应。在密集的信息收集和多环节的信息使用和流转中，消费者个人对其个人信息如何被收集、使用和流转是难以知晓和控制的，对过程中可

---

[1] 孙南翔："论作为消费者的数据主体及其数据保护机制"，载《政治与法律》2018年第7期。

[2] 丁晓东："什么是数据权利？——从欧洲《一般数据保护条例》看数据隐私的保护"，载《华东政法大学学报》2018年第4期。

[3] 鞠晔、凌学东："大数据背景下网络消费者个人信息侵权问题及法律救济"，载《河北法学》2016年第11期。

能存在的风险判断不足。[1]再者通过单个的、分散的消费者提起诉讼难以对普遍性的侵权行为作出整体规制。零散的、轻微的集体损害保护机制难以启动,而且处于弱势地位的消费者对于其个人权利受到侵害往往欠缺意识和能力去积极维护权益。最后,关于群体性的重大信息侵权损害等事故,私法保护机制常常在个人信息受到侵害和泄露之后才启动,使得受害者的利益得不到实际保护。[2]

(三)私法保护路径完善对策

一是加强民事立法,强化对消费者个人信息的保护。针对部分案件消费者举证困难的现实,援引举证责任倒置的诉讼规则,要求网络经营者承担举证责任,降低消费者的维权成本。二是明确权利定位,目前理论界对于个人信息的权利属性争议较大,笔者认为个人信息应属于人格权,理应从人格权属性角度加大对个人信息的保护力度。

三、公法保护路径

公法保护路径主要有刑事责任、行政监管和行政处罚等方式,强调利用公权力对严重侵害个人信息的违法犯罪行为进行处罚和管制。

(一)刑法救济路径

《刑法》第253条之一确立了"侵犯公民个人信息罪",规定违法出售、提供公民个人信息的将被判处刑罚,而且扩大了犯罪主体,放宽了侵犯公民个人信息的认定要件。虽然该信息并非仅指消费者个人信息,但是也为侵害消费者个人信息的行为提供了处以刑罚的可能性。但刑法只处罚严重的犯罪行为,现实中存在的大量在信息数量、后果和情节等方面达不到入刑标准的侵害公民个人信息的行为难以纳入刑法处罚范围。

(二)行政法救济路径

我国《网络安全法》《电子商务法》《个人信息保护法》均对侵犯个人信息的行为设置了行政处罚责任,对经营者行为进行监管。然而通过行政执法保护消费者个人信息也存在缺陷。首先,行政执法存在片面性和不确定性,

---

[1] 范为:"大数据时代个人信息保护的路径重构",载《环球法律评论》2016年第5期。
[2] 赵红梅:《私法与社会法:第三法域之社会法基本理论范式》,中国政法大学出版社2009年版,第250~253页。

行政执法有时具有选择性，对于小额、大量、分散的侵害行为，行政执法的效果往往不够理想。而且，依赖政府执法对消费者个人信息进行保护具有不确定性，存在很多权力寻租、懒政怠政的可能。[1]另外，即使行政执法可以信赖，长期依赖行政执法也容易导致消费者个人信息维权形成路径依赖，致使消费者通过司法途径维权的能力和经验缺失，在司法实践中难以落实对消费者倾斜保护的原则，而且片面关注行政管制和处罚也将消费者和经营者置于对立冲突的两方，忽视了消费者与经营者作为连带主体友好协商、良性互动的可能性。[2]

(三) 公法保护路径完善对策

一是提高经营者违法犯罪成本，行政、公检法等职能部门加大对于侵害消费者个人信息的处罚力度，最高人民法院与最高人民检察院尽快出台关于"情节严重"的司法解释指导司法实践。二是成立第三方监管机构，专门监管运营者在网络交易中获取的个人信息，必要时起诉在经营中侵害消费者个人信息的运营主体。

四、结论

面对日新月异的大数据时代，依靠传统的保护路径越来越难以解决侵害消费者个人信息的问题，因此有必要研究探讨多种保护路径综合机制。在坚持多层面法律保护的同时，多主体共同参与，行业自律、第三方机构监督、政府监管，实现多元主体的良性互动、多种保护机制的有效衔接，在促进数字经济良性发展的同时，实现对消费者个人信息权益的有效保护。

---

[1] 赵红梅：《私法与社会法：第三法域之社会法基本理论范式》，中国政法大学出版社2009年版，第267页。

[2] 陈兵："信息化背景下我国消费者保护法律模式的升级——新《消费者权益保护法》的视角"，载《江西社会科学》2015年第3期。

论医疗损害责任之因果关系及司法鉴定

李 波[*]

(中国政法大学 北京 100088)

摘 要：我国近30年来医疗纠纷案件有增无减，医疗损害诉讼是医疗纠纷诉讼的主要类型，当前我国医疗纠纷可以通过调节、仲裁、诉讼解决。因果关系是医疗损害责任归责的前提，需通过司法鉴定认定因果关系及明确医患各方责任，医疗纠纷司法鉴定意见成为医疗纠纷诉讼的有力证据，本文围绕医疗损害因果关系认定及医疗损害责任鉴定分析应当如何解决当前医疗纠纷。

关键词：因果关系 医疗纠纷 医疗损害 鉴定意见

关于医疗机构的诊疗活动在患方受损害时应当提起违约之诉还是侵权之诉是当前存在争议的问题，对于诸如医学美容、产前筛查等医疗纠纷更适合违约之诉，[1]而对于大多数医疗活动导致的医疗损害责任纠纷，侵权之诉更符合医疗活动这一特殊民事活动。除部分医疗合同双方权利、义务明确外，大多数诊疗活动具有不确定性、复杂性、长期性、多变性之特点。双方权利、义务及标的随时处于一个动态变化的过程。如果医疗纠纷均按照违约之诉处理，由于大多数"诊疗合同"的最终结果很难让患者满意，可能产生更多及医疗纠纷诉讼，增加我国司法审判压力。故笔者认为，医疗纠纷特别是医疗损害发生后提起侵权之诉更有利于解决医疗纠纷、减轻司法审判压力。

---

[*] 作者简介：李波（1984年-），男，汉族，云南江川人，中国政法大学同等学力研修班2021级学员，研究方向为民商法学。

[1] 司法部司法鉴定科学技术研究所、上海市法医学重点实验室编著：《医疗纠纷的鉴定与防范》，科学出版社2015年版，第7~8页。

认定侵权责任需要判断行为人主观上是否存在过错、是否有侵权行为，患者是否受到损害，医疗行为与患者的损害是否存在因果关系。[1]既然要以侵权之诉解决医疗纠纷，认定因果关系是否存在是前提。

一、医疗损害因果关系判定方法

（一）英美法系医疗损害因果关系的主要检验方法

（1）"如果没有"检验。"如果没有"检验适用"必要条件"理论，是因果关系认定的最低要求，当侵权人的行为被认定为受害人损害的"事实原因"时，如果侵权人的行为适当，则受害人的损害将不会发生。在应用"如果没有"检验事实因果关系的时候，应根据一般医学经验，说明"如果没有侵权人的过错行为，损害后果将不会发生"。

（2）实质性因素检验。实质性因素检验适用于"实质要素"理论，多数案件可以通过"如果没有"检验方法认定因果关系，但是一些案件可能存在两个或者两个以上的行为人，比如连锁因果关系、递进因果关系、异步因果关系、助成因果关系，每一个行为人的行为或过错都促成了损害事实的发生，只是责任大小、相当性不同而已。假如此时对于每一个行为人均依据"如果没有"检验将无法认定事实原因。对于此类"多个充分原因"案件，有些法庭应用"实质性因素"替代"如果没有"检验，法庭认为被告的行为是引起原告损害的原因时，则将被告的行为视为原告损害的事实原因。

（3）盖然性学说。在英美法系国家，中毒性民事侵权案件采用了社会流行病学和数理统计方法——概率权衡以证明对发生损害的"可能性"。假如损害发生的可能性超过50%，即"可能性大于不可能性"，就可认定存在因果关系，反之因果关系不存在。

（二）大陆法系国家相当因果关系说

相当因果关系研究损害行为与损害事实之间的客观联系，是目前我国及大多数大陆法系国家认定因果关系是否存在的一种主流学说，在大陆法系中，认定侵权责任的因果关系，以原因说、条件说及相当因果关系说为主。条件说作为因果关系说的主要理论基础，认为侵权人的行为可以被认定为原告损害的"事实原因"，即如果侵权人行为没有介入，则损害将不会发生。原因说

---

[1]《民法典》第1165条。

则将各种参与因素分为原因和条件，明确原因后其他均为条件。自 2022 年《医疗事故处理条例》公布后，相当因果关系说逐渐成为医疗损害纠纷因果关系认定的主流学说，司法实践中对因果关系的确定侧重于探讨各种可能性因素。所谓相当因果关系说系行为人之行为造成客观损害事实，对于该事实，依一般人的社会、知识经验判断，有发生该损害结果的可能，就可以认为该行为人之行为与损害之间存在因果关系。

相当因果关系说存在以下优势：其一，相当因果关系说将"相当性判断"和"条件判断"结合，明确责任范围。实践中首先确定造成该损害的条件，而后借助一般社会经验对该条件判断，进而明确造成该损害的原因，进一步确定损害赔偿的责任范围。其二，相当因果关系说将"可能性"纳入是否存在因果关系，有利于保护患者利益。因为"可能性"判断一般取决于社会一般民众的见识、学识、经验，只需证明该侵权行为依一般社会经验极大地增加了损害的可能性即可。因此减轻患方的举证压力更有利于保护患者。无论人民法院对于医疗损害诉讼进行审理，还是医疗事故技术鉴定判断医疗损害是否构成医疗事故，都需明确院方的过失行为与患者的损害后果之间是否存在因果关系，通过相当因果关系说确定因果关系后，医疗机构或侵权人才承担法律责任。

二、引入医疗纠纷司法鉴定制度

（一）医疗纠纷司法鉴定的意义

目前我国医疗纠纷逐渐增多，恶性事件频发，医患矛盾突出，严重影响社会和谐稳定。医疗资源分布不均、各地技术条件存在差距、经济发展不平衡等因素造成了患方对于诊疗先进性的需求无法得到完全满足。协商、仲裁等妥协补偿的方式虽有利于解决个案纠纷，但很难减少医疗纠纷，达到息诉止争的目的，甚至还为未来更多纠纷埋下隐患。

笔者认为，医疗纠纷司法鉴定是目前解决医疗纠纷最为公平、公正、客观的方式。法官结合司法鉴定意见作出判决，在以下多个方面均有积极意义。

第一，有利于促进医患纠纷的理性解决。理性是争议、矛盾妥善解决的前提，只有为争议双方设计好合理的程序，纠纷和矛盾方可循着法定的程序得到逐步化解。

第二，有利于促进医疗服务水平的提高。司法鉴定可能给医务人员带来暂时的冲击，但从长远来看可以警示医务人员避免类似错误的再次出现。

第三，有利于挤压试图从中渔利者的生存空间。在制度设计严密、鉴定专家公正鉴定与裁判人员依法判决的医疗纠纷处理体系面前，少数抱有不良心态的"挑事者"必然逐渐失去市场，人们将回归和平解决诉求的道路。

第四，有利于患方树立健康思维。与医务人员一样，患者同样需要提高就医水平。在统一的规范面前，在公正的处理之下，同案同判有助于打消少数人通过扩大争议甚至"医闹"获取利益的不健康心态。

第五，有利于改善医疗环境，促进医疗资源的合理分布。据统计，我国目前仍有相当部分医疗纠纷的患者试图通过不合理占用医疗资源争取达到自己的诉求，同时医疗单位为了处置缠诉、缠访患者，也往往设置了"纠纷办""投诉办"等处理机构，占用了医疗机构大量的精力和财力。公正的鉴定有助于促进纠纷的妥善处置，减轻医患双方的压力。

第六，有利于促进医疗责任保险制度的完善。保险制度的建立也依赖于责任的准确认定。建立医疗责任保险制度有利于让医务人员专心于医疗业务、让患者通过专业的解决渠道表达诉求。

第七，有利于普及医疗卫生法律及医学科普知识。通过公布典型案件的鉴定结果和专家释疑，可以使公众明晰客观真相，理解鉴定意见的科学依据和法官的判决理由，减少误解和纠纷。

第八，有利于促进医疗单位与医务人员的队伍建设。通过科学、客观、公正的鉴定，明晰是非、厘清责任，对于一些事故频发且管理落后的医疗单位，和经常制造麻烦且不思进取、毫无责任心的医务人员，建立淘汰机制，净化医疗行业，提高整体水平，让患者享受良好的服务，最终达到从根本上减少医疗纠纷的目的。[1]

（二）医疗纠纷司法鉴定的优势

第一，打破了医疗事故技术鉴定一家独大的局面，提供了多元化的选择。虽然医疗事故技术鉴定有专家鉴定、同行评议的优势，但毕竟是医疗机构及卫生系统内部的鉴定，鉴定结论的公平性、客观性将受到怀疑。司法鉴定机

---

[1] 司法部司法鉴定科学技术研究所、上海市法医学重点实验室编著：《医疗纠纷的鉴定与防范》，科学出版社2015年版，第6~7页。

构及其司法鉴定人相对独立于医疗单位,更符合"第三方鉴定"的法理要求。

第二,医疗损害司法鉴定与医疗事故技术鉴定的制度设计完全不同,更适合异地鉴定,可使鉴定机构远离医患各方当事人的影响,有利于作出公正、客观的鉴定意见。

第三,医疗损害司法鉴定的鉴定意见紧密围绕法律要求与法庭关注,能更好地贴近法官要求,甚至可直接为法官所用。加之鉴定意见书签署真实姓名,必要时参与庭审质证,并由司法鉴定人为鉴定意见承担法律责任,故其形式与程序要件符合《民事诉讼法》与相关证据法律规范的要求。

(三) 当前我国医疗纠纷司法鉴定的实际情况

司法鉴定的目的是解决诉讼中设计的专门性问题,司法鉴定的主体是具有专门知识或专门技能的鉴定人,司法鉴定的结构是由鉴定人提供针对专门性问题所作出的鉴别和判断意见。根据全国人大常委会《关于司法鉴定管理问题的决定》规定,司法行政部门负责全国司法鉴定的管理工作,包括鉴定人和鉴定机构的登记、名册编制,并向社会公告,但实践中我国医疗损害登记注册鉴定机构及鉴定专家较少。法律、法医学、医学的专家比例不平衡,以及在鉴定过程中对过错与损害后果之间因果关系的分析、过错参与度的评定迄今仍缺乏统一的理论指导和操作方法,实践中对鉴定的公信力产生了负面影响,反而易激化矛盾。当前法医学界的鉴定标准与方法不统一,加之医疗纠纷案件中往往涉及患者疾病、自身体质、患者及家属的配合度、医疗过错及当时医疗水平等多方面因素,远比其他人身损害案件复杂,故不同鉴定机构、鉴定人就同一案件给出的参与度判定结果时常大相径庭。少数法官要求鉴定机构对责任程度作出明确判定,甚至简单地将法医在鉴定意见中的参与程度等同于医疗单位应当承担的法律责任程度。由此可见,我国目前医疗纠纷司法鉴定仍处于无序状态。

(四) 完善医疗损害纠纷司法鉴定制度的几点建议

第一,组建医疗纠纷司法鉴定专家库。大多数法官不具备医学专业知识或临床技能,在面对医疗纠纷侵权诉讼时会遇到很多棘手的专业问题,特别是因果关系认定及双方责任的承担依据。此时,医疗侵权司法鉴定意见将成为明晰各方责任的主要证据。建立司法鉴定专家库,让临床经验丰富的专家进行鉴定,同时吸收部分法学、法医学甚至保险业专家成为专家库成员,保障医疗损害司法鉴定的客观性、公正性，提高医疗损害司法鉴定公信力。[1]

第二，统一医疗损害鉴定标准及管理模式。若想提高医疗损害纠纷司法鉴定意见的公信力，根本措施是提高鉴定意见的质量，从鉴定流程、鉴定技术规范入手，努力提高医疗损害鉴定意见的质量，减少同类案件的鉴定差异。制定全国统一的鉴定标准，减少发达地区与欠发达地区的差异，提高落后地区、边疆地区的鉴定水平。统一管理全国的鉴定机构、鉴定人员的资质及任免，使医疗纠纷鉴定机构的鉴定水平更加规范、专业。这样一来，就能保证鉴定意见的质量，同时能帮助法院、法官依据鉴定意见认定责任。

第三，确实落实鉴定人负责制及鉴定人出庭质证制度。医疗事故技术鉴定与医疗纠纷司法鉴定最大的不同就是前者是集体负责制，鉴定人不签名，由医学会或者行政机关盖章，而后者是鉴定人负责制，鉴定人在鉴定意见书上签名，必要时还需履行鉴定人出庭质证的义务。法院在委托司法鉴定机构时还需对鉴定机构的资质和鉴定人的资质进行审查，两项中只要有一项不符合要求，就应当否定鉴定意见的证据能力，不得将其作为鉴定证据。医疗纠纷案件因涉及专业知识，而且往往存在多因一果的复杂问题，仅就书面意见有时难以使其他人深入理解，因此司法鉴定人出庭就鉴定意见参与庭审质证尤为必要。鉴定人应具有与证人同等的法律地位，鉴定人出庭参与法庭质证是其应尽义务，同时鉴定人出庭质证的民事权益受法律保护。

三、结语

医疗纠纷的出现以及医疗纠纷案件不断增加要求大众法律意识和医学素养进一步提高。面对当前我国医疗纠纷案件不断涌现的严峻形势，通过提起侵权诉讼解决医疗纠纷更公平、公正和客观。认定医疗损害的前提需明确是否存在因果关系，相当性因果关系是目前我国和大陆法系国家认定医疗损害因果关系的主流学说。医疗损害司法鉴定意见在侵权纠纷中也可为法官审理医疗纠纷案件提供客观、公正的证据支持，有利于审结医疗纠纷案件，警示医患双方，还案件以真相，明晰各方责任，促进社会和谐稳定。

---

[1] 陈伟等："《民法典》背景下医疗损害鉴定相关问题探究"，载《中国司法鉴定》2022年第2期。

大数据时代消费者个人信息的社会法保护路径分析

彭晶灿*

(中国政法大学 北京 100088)

摘　要：大数据时代海量信息的收集、分析、使用催生了数字经济，优化了经营者生产经营方式。然而，这同时也对消费者个人信息安全形成了严峻挑战。近些年非法收集买卖个人信息、泄露信息等事件频发，引发了消费者普遍担忧和社会广泛关注。我国现行法律制度依赖于传统的私法和公法的保护路径，面对大数据时代，消费者个人信息侵害的新型样态和复杂形势已经逐渐暴露出一定的不适应性和不完善性的问题。因此，本文认为有必要分析消费者权益保护法、竞争法等社会法领域的保护路径，从而在促进数字经济发展的同时，更充分地保护消费者个人信息权益。

关键词：大数据　消费者权益　个人信息保护

正如最早提出"大数据时代到来"的麦肯锡所言，数据已渗透到各行各业。现代企业运用技术和算法获取、挖掘、运用、分析海量数据，在此基础上精准判断消费者需求，准确预测市场需求量、制定生产计划和产品营销策略，生产经营得到了全面改进和优化，大数据也成为现代企业核心竞争力的重要因素。然而不得不关注和警惕的是，随着大数据的发展和应用，近些年非法获取和买卖个人信息、泄露信息等违法犯罪行为层出不穷，给网络交易中消费者的个人信息安全造成了极大的威胁，也引发了一系列的社会和法律

---

* 作者简介：彭晶灿（1988年-），女，汉族，山东济宁人，中国政法大学同等学力研修班2022级学员，研究方向为社会法学。

问题。大数据时代，在追求经济发展的同时，如何更好地实现消费者个人信息的保护，值得研究和探讨。

一、消费者个人信息及其重要性

（一）对个人信息概念的界分

关于"个人信息"的概念，我国《网络安全法》等多部法律文件对之均有明文规定。[1] 总结而言，个人信息的概念主要通过其记录载体和可识别性来界定，强调"以电子或者其他方式记录"以及"可单独或与其他信息结合而识别特定自然人的信息"。然而，在我国以及世界其他国家的理论和立法方面，还有隐私、数据等其他概念用法，比如美国加利福尼亚州颁布的《加利福尼亚消费者隐私法案》和英国颁布的《数据保护条例》。我国《民法典》第1034条第3款中明确："个人信息中的私密信息，适用有关隐私权的规定；没有规定的，适用有关个人信息保护的规定。"由此可见，在我国立法语境下，隐私仅指个人信息中的私密部分，其内涵和外延要远远小于个人信息。此外，数据与个人信息虽有极大的相似性和可转化性，但是二者并不能等同，其区分之处可表现为：数据不具有直接识别特定自然人的属性，需要进行加工和转化才可转变为具有个人识别性的个人信息；个人信息关注信息主体的人格价值，数据关注规模聚合效应的商业价值；我国法律的规制内容大多为具有身份识别功能的个人信息，而非高度数字化、不具有个人识别性的数据。[2] 因此，为全面保护和突出消费者在大数据时代的权利，区别于隐私和数据，本文选用"个人信息"作为研究内容。

（二）消费者个人信息保护的重要性

大数据时代，网络等技术普遍应用在生产生活的方方面面，几乎无孔不入。经营者可通过在线交易、社交娱乐平台、网页浏览、手机APP等各式各样的途径获取消费者的个人信息，获取的海量个人信息不仅用于自身的经营分析而且用于侵害消费者知情权和公平交易权等权益，还可以便利地与其他经营者"共享"，甚至被非法买卖、大量窃取和泄露。如果不加规制，大量消

---

[1] 参见《网络安全法》第76条；最高人民法院、最高人民检察院《关于办理侵犯公民个人信息刑事案件适用法律若干问题的解释》（法释〔2017〕10号）第1条；《互联网个人信息安全保护指南》第3.1条；《个人信息保护法（草案）征求意见》第4条；《民法典》第1034条。

[2] 孙南翔："论作为消费者的数据主体及其数据保护机制"，载《政治与法律》2018年第7期。

费者的隐私、自由、安全等基本权益将受到侵害，其个人生活安宁将受到严重侵扰，市场竞争秩序和环境将遭到破坏，公共信息管理和安全将受到挑战。然而，我国目前关于消费者个人信息的法律保护机制尚不完善，其路径主要有二：私法路径，即通过消费者个人与经营者之间的合同纠纷和侵权纠纷的方式进行保护和救济；公法路径，即通过刑法"侵犯公民个人信息罪"以及行政监管和处罚等方式进行惩罚和管控。面对日益复杂的数据处理和信息侵权形势，传统的私法和公法保护路径往往存在保护难实现、规范不全面等问题。因此，是否可以通过完善消费者保护法、竞争法等社会法的保护路径是值得分析的。

二、消费者个人信息保护的社会法保护路径分析[1]

（一）消费者权益保护法保护路径分析

我国《消费者权益保护法》对消费者个人信息保护作出相关规范，规定消费者享有个人信息受保护的权利，经营者收集使用消费者个人信息应遵循法律规范，经营者侵害消费者个人信息的行为应承担相应的民事责任或行政责任，消费者协会应当履行受理消费者投诉、支持起诉或提起公益诉讼等公益职责。[2]通过消费者保护法赋予消费者集体以倾斜保护，消费者协会等社会组织也可以对消费者权益的保护起到积极作用，其代表消费者提起集体公益诉讼或参与制定有关法律法规和强制性标准，也有利于约束和监督经营者的不当行为，[3]是目前将消费者作为群体对其个人信息权益进行保护的主要法律规范，也是对从社会法路径保护消费者个人信息的有益探索和实践。

其虽然对消费者个人信息权益作出了详尽的规范，设置了较为全面的保护途径，然而也有一定的不完善之处。一方面，从法律规范可见，《消费者权益保护法》针对经营者侵害消费者个人信息的法律责任是民事责任和行政责任的集合，对社会层面消费者协会的积极作用重视程度不够，对经营者不当行为的法律责任形式（如行为禁令、集体损害赔偿金、公益罚金等）应用不足，且权力主体和责任形式有多重性和复杂性，欠缺协调性和统合性，实践

---

[1] 本文"社会法"是指独立于公法、私法之外的第三法域，其外延为开放的体系，大致范围可包括经济法、劳动法、环境法、科教文卫体法、社会保障法及慈善法。

[2] 参见《消费者权益保护法》第14、29、37、50、56条。

[3] 丁晓东："个人信息私法保护的困境与出路"，载《法学研究》2018年第6期。

中可能导致消费者个人信息保护的实际运行存在障碍。另一方面，该法强调了对消费者的保护以及消费者协会作为代表消费者群体的作用，但是忽视了经营者及其行业协会组织的作用，忽视了从行业整体层面制定行业规范来促使经营者守法经营的路径。而往往经营者的行业协会最了解行业特点，对行业中的经营者进行规范也更有针对性和效率。因此，在现行《消费者权益保护法》的框架之下，还应当重视发挥消费者协会和经营者行业协会的积极作用，厘清、理顺相关主体和法定职责，从而更全面、有效地保护消费者个人信息。[1]

（二）竞争法保护路径分析

通过竞争法保护消费者个人信息权益其实并不缺少法律和制度支持，只是缺乏普遍意识。民众往往认为消费者个人信息权益仅可通过《消费者权益保护法》等直接相关的法律进行规制，对竞争法，尤其是反垄断法的消费者的保护机制并不熟悉，而且之前法律对于消费者个人信息的保护路径趋向单一化，保护内容和方式也不够全面，不适应大数据时代经营者数据和信息分析、使用的变化形势。对于经营者收集大量消费者信息，并运用大数据分析对消费者进行差别定价（或称"大数据杀熟"）等行为，法律的规制存在缺漏。市场监督管理总局《关于平台经济领域的反垄断指南（征求意见稿）》首次采用竞争法的思路对经营者利用消费者个人信息进行大数据分析进而侵害消费者权益的行为进行保护，该文件第17条规定，具有市场支配地位的平台经济经营者，滥用市场支配地位，利用消费者的个人信息，基于大数据技术和算法，根据交易相对人的经济能力、消费偏好和习惯等，实行差异性交易价格、标准、规则、算法、付款条件和交易方式等实施差别待遇，可被认定为排除、限制市场竞争，构成垄断行为。这一指南的发布和实施有利于改变传统的消费者保护路径依赖意识，强化消费者、经营者和监管组织对反垄断法保护价值和机制的认识和运用。不过需要注意的是，反垄断法的理论基础在于价格理论，因此将消费者个人信息侵害通过反垄断法保护更多体现为对现实财产权益的侵害，个人信息侵害中带有人身属性的损失并不能通过反垄断法进行救济。[2]

---

[1] 陈兵："信息化背景下我国消费者保护法律模式的升级——新《消费者权益保护法》的视角"，载《江西社会科学》2015年第3期。

[2] 陈兵："信息化背景下我国消费者保护法律模式的升级——新《消费者权益保护法》的视角"，载《江西社会科学》2015年第3期。

三、结论

对消费者个人信息的侵害已成为社会广泛关注的法律问题，我国现行法律对侵害消费者个人信息的行为已进行了消费者权益保护法、反垄断法等保护路径的探索和实践。面对日新月异的大数据时代，依靠单一的或者传统的路径越来越难以解决侵害消费者个人信息的问题。因此有必要及时修改完善消费者权益保护法、反垄断法等法律法规，细化消费者个人信息的保护范围，提升消费者保护协会、行业协会等社会组织的积极作用，实现多元主体的良性互动，从而实现对消费者个人信息权益的有效保护。

《野生动物保护法》修订背景下野生动物定义和异宠市场交易问题探析

闫 鹏*

(中国政法大学 北京 100088)

摘 要：我国《野生动物保护法》对于"野生动物"一词的界定模糊，未对动物实际情况核实就简单地依靠保护名录进行一刀切式地保护，无形中增加了交易负担和违法的风险。本文结合异宠市场交易的现状和问题，对《野生动物保护法》的现行规范进行了反思，并提出相关建议，以期为完善法律制度、规范异宠市场提供有益的参考。

关键词：野生动物保护 《国家重点保护野生动物名录》 完善建议

一、野生动物的定义

"野生动物"一词，在我国法学领域中通常是指《野生动物保护法》中规定的"珍贵、濒危的陆生、水生野生动物和有重要生态、科学、社会价值的陆生野生动物"[1]（以下简称"三有动物"），并通过《国家重点保护野生动物名录》以及"三有动物"名录划定保护范围，并且依靠《濒危野生动植物种国际贸易公约》对于《国家重点保护野生动物名录》进行补充，依照法律规定，野生动物的整体（含卵、蛋）、部分及衍生物也在保护范围之内[2]。

---

* 作者简介：闫鹏（1996年-），男，汉族，北京人，中国政法大学同等学力研修班2022级学员，研究方向为民商法学。

[1]《野生动物保护法》第2条第2款。

[2]《野生动物保护法》第2条第3款。

二、有关异宠的定义

"异宠"一词,顾名思义,通常解释为异于平常的、另类的宠物,具体表现为宠物市场新兴的一类宠物,如玉米蛇、捕鸟蛛、雨林蝎、巨人蜈蚣、守宫、角蛙等。这些动物通常集无毒或微毒、色彩鲜艳、便于饲养、无需陪伴等特点于一身,自境外引进后,就迅速吸引了一批忠实的爱好者。举例而言,我国异宠市场常见的这四种蛇类:玉米蛇、王蛇、牛蛇以及猪鼻蛇均为国外经人工繁育的宠物蛇。这四种宠物蛇凭借着各自特点:多样化的颜色、顽强的生命力、庞大的体型及有特点的长相等,在国内吸引众多宠物蛇的爱好者、饲养者、繁育者以及商人通过各种方式进行交易,渐渐地形成了成熟的异宠交易市场。

三、我国异宠市场的现状

在我国异宠市场中异宠的交易方式通常为线上及线下两种方式,线下方式即公众熟知的在实体店购买,由于价格偏高等原因,线下交易并非我国异宠交易的主流方式。线上交易方式虽然是我国异宠交易的主流方式,但也存在诸多问题与乱象。

首先,因为主流网购平台禁止展示和售卖活体,异宠商人们只能够通过其他的途径进行宣传以达到提高知名度以及促成交易的目的。有的会在各大异宠爱好者交流站内发布异宠的照片及自己的社交账号,有的会在视频网站发布异宠的日常生活视频或者科普视频,也有的另辟蹊径——异宠商人们互相在社交空间中推广对方或寻找无需备货只需要宣传推广促成交易的代理。在后两种宣传模式之下的异宠交易中,往往容易出现买家受骗或异宠质量无法保证和维权困难等问题。

其次,由于线上交易只能通过快递邮寄的方式进行异宠交付,并且快递禁止邮寄活物,因此异宠商人只能以邮寄物品的方式邮寄异宠。在这种快递邮寄交付异宠的背景下,买家在收到异宠之前无法确认异宠的质量是否存在问题,即便异宠质量没有问题也有可能会有异宠在快递运输过程中因为温度过低或者缺氧等原因死亡。买家为了规避风险,只能选择在交流站寻找信誉度较高的人充当中介。而卖家也容易面临不良买家故意调包异宠、要求更换异宠和骗取赔偿金的情况,因此卖家只有看到买家拍摄的完整开箱视频才愿意承担异宠死亡的风险,然而通常情况下卖家不会主动提示买家需要拍摄开箱视频。更有些许不良商家在了解开箱视频的规则之后,故意寄出已死亡的异宠,也不主动提示买家拍摄开箱视频,以达到骗取没有经验的买家钱财的目的。由于上述这些情况,在异宠交易的过程中才出现这种有别于主流网购平台规则的交易方式且只有在受害方完成举证才可实现的救济方式。但也因为这种交易方式脱离主流,救济方式对于没有经验的买家难以实现等因素,逐渐加剧了异宠市场的乱象问题。

最后,相较于国外人工繁育的宠物蛇,我国本土常见的蛇类,如翠青蛇、赤链蛇、赤峰锦蛇、王锦蛇、白条锦蛇、玉斑锦蛇、百花锦蛇、棕黑锦蛇、黑眉锦蛇等[1],凭借着价格更加便宜或生命力更加顽强等优势,也在我国异宠市场中占据一席之地。这些蛇类通常以幼体或亚成体的形态出售,也有个别以成体的形式出售,但上述蛇类均在我国《国家保护的有益的或者有重要经济、科学研究价值的陆生野生动物名录》中,且买家无法确认卖家出售的是否为野生个体,若买家购买了野生成体蛇则会面临违反《野生动物保护法》的风险。

四、我国《野生动物保护法》的未解之题

我国《野生动物保护法》对于"野生动物"一词的界定模糊,未对动物的实际情况核实就简单地依靠保护名录进行一刀切式的保护,并且《野生动物保护法》只提供了大致框架,具体还要查询"三有动物"名录、《濒危野生动植物种国际贸易公约》等,这些模糊、复杂的法律规定或规范文件无形中增加了的交易负担和违法的风险。

五、关于修改我国《野生动物保护法》及异宠市场治理的建议

《野生动物保护法》是与我国异宠市场走向息息相关的一部法律,《野生动物保护法》的合理规定有助于整治异宠市场的各种乱象。为了解决我国异宠市场治理的难题,本文提出以下建议:

第一,增加对于人工繁育动物的定义。目前我国法律没有明确人工繁育动物的定义,使得公众无法依照法条明确判断出动物是否为人工繁育,易造成公民因信息不对称以及因无知而违反法律的情况,并且也容易造成执法机

---

[1] 参见《国家保护的有益的或者有重要经济、科学研究价值的陆生野生动物名录》。

关以及审判机关无法依照法条进行执法和审判的情形,在定罪和量刑上也容易将人工繁育动物当作野生动物来进行定罪量刑。

第二,关于"野生动物"的界定,可结合社会实践需求,适当听取社会组织或公民个人的建议。曾有一起宠物蛇逃逸事件,事实上逃逸的蛇为王蛇的一种——黑白王蛇,但是不了解宠物蛇的林业专家及警察坚称逃跑的蛇为毒蛇银环蛇,导致主流社交网站上出现了"某地出现毒蛇银环蛇"的热搜,引起了不必要的恐慌。为了避免出现类似引起市民们恐慌的误会,可在制定和执行相关法律时听取社会组织和公众的建议。

第三,建议法律允许个人出于爱好对人工繁育动物进行繁育,适当降低繁育门槛。比如球蟒在国外虽然也是一种人工繁育成熟且稳定的宠物蛇,但是蟒类均在《濒危野生动植物种国际贸易公约》附录中。因此,在我国境内想要合法地饲养一条球蟒作为宠物除了拥有野生动物引种证、进口检疫证明、驯养许可证等证书,还需要具备其他条件。我国《野生动物保护法》第25条第1款规定了"国家支持有关科学研究机构因物种保护目的人工繁育国家重点保护野生动物"。这个法条未明确说明国家支持个人繁育,而往往人工繁育的行为是一种始于爱好的行为,这种个人繁育行为属于与动物生存不符的利用——个人繁育通常是为了宠物蛇拥有更加鲜艳的颜色以及改变宠物蛇本身花纹的显现形式。对个人的人工繁育行为进行严格限制和禁止可能与社会实践需求以及立法保护目的不符。

第四,建议明确允许在网购平台上进行展示和出售的人工繁育动物名录,以及允许快递行业进行运输的人工繁育动物名录,明确快递运输的定价标准和托运规则。一刀切的禁止规范不仅无益于异宠交易市场的规范,还会导致相关纠纷层出不穷,因此本文建议结合我国当前异宠交易的现实情况,设置交易和运输白名单、黑名单,从而对相关领域进行规范。

六、结语

目前我国《野生动物保护法》的相关规定可能无形中增加了人们日常购买异宠过程中违法的风险,间接地增加了人们在异宠交易过程中出现经济损失的风险。本文在结合异宠市场交易的现状和问题的情况下,对《野生动物保护法》的现行规范进行了反思,并提出了上述相关建议,以期为完善法律制度、规范异宠市场提供有益的参考。

小区超容积率且已取得不动产权证时土地征收补偿的认定

周知艺[*]

(中国政法大学 北京 100088)

摘 要：司法实务中由于土地征收补偿争议涉及的数额往往较大，因此常成为争议焦点。本文依托司法实践中小区超容积率建设且已取得不动产权证时对于土地征收补偿的认定争议的具体类型，探究在前述情况下如何评估认定更兼顾法理情理，体现公平正义。本文认为应在加强源头违法违规建设及贪腐势力的整顿前提下，对于已投入使用多年的老旧小区，当开发商已破产清算或无力承担，导致案件僵局时，如业主系善意则应按实际建设容积率进行补偿。

关键词：超容积率 土地征收补偿 不动产权证

容积率作为体现居住舒适度的指标，常被房地产商作为宣传噱头，但相关法律规范的缺位导致开发商"偷面积""抢面积"的逐利乱象频出，腐败权力寻租频现，催生了 2014 年 7 月 1 日实施的《建筑工程建筑面积计算规范》。但当小区容积率的规划设计和实际建成不一致，且已经办理了不动产权证书时，土地征收补偿应以什么标准进行认定、实际建设已超容积率的部分在征收补偿时产生的差额应由谁来担责的相关问题仍存在法律规范缺位，成为司法实务中亟待解决的问题。

---

[*] 作者简介：周知艺（1995 年-），女，汉族，湖南郴州人，中国政法大学同等学力研修班 2022 级学员，研究方向为民商法学。

一、容积率的概念及计算

容积率一般指某一宗地内,房屋的总建筑面积与宗地面积的比值。一个城市规划的容积率是一个无量纲量,不是一个固定值,不同的用地性质所设定的容积率也有所区别。按建筑容积率计划与实际执行的不同,可以分为规划容积率和实际容积率,也称"净容积率";按建筑物的使用性质不同,可以分为住宅建筑容积率、工业建筑容积率、商办建筑容积率、综合建筑容积率(按不同性质的建筑面积比例换算合成后的容积率,不得大于所在建筑基地核定的综合净容积率)。[1]

2014年7月1日起实施的《建筑工程建筑面积计算规范》明确规定了有关建筑面积计算的规则,同时也整顿了各地超容积率问题带来的权力寻租、经济逐利等问题。四川、广西、甘肃、河北、重庆等地均制定了具体细化的地方性规范加以补充,辅助具体实施。

容积率的计算,主要是以建筑面积为基数,总结归纳各省关于容积率指标计算规则的规定,大致可分为以下几种:一是按建筑总面积与用地比计算容积率;二是部分专用建筑面积未计入计容面积;三是按水平投影面积或降低一半或提高一倍计算部分建筑面积。

二、实际建设超容积率的原因和形式

超容积率的根本原因还是"有利可图"。容积率的提高带来的收益,实质上驱使了开发商在开发过程中,以较低的容积率标准取得国有土地使用权的出让价格,并通过各种手段在后续建设中提高容积率,以获得其中的差价收益。但变相违规地提高容积率在一定意义上造成了业主权益受到侵害,也造成了国有土地出让金的流失。

实际建设中主要采取以下几种超容积率形式:一是对项目总体规划进行变更,对容积率上限进行调整;二是改变土地性质提高容积率;三是占用公共区域内的配套设施或小区内的绿化、道路等资源,以各种形式增加住宅占地面积;四是对原有户型设计方案进行调整,瞄准架空层等空间通过"先拆后建"的方式,在获取销售噱头的同时,变相提高容积率;五是在实际施工

---

[1] 周盟农:"容积率的漏洞解读",载《城市规划》2012年第11期。

中直接超容积率施工，后期通过竣工验收后再购房入户等。[1]随着中央和地方层面政策及相关法律法规的不断更新，房地产开发商和贪腐势力变相提高容积率的方式方法也层出不穷，普通老百姓因专业及认知壁垒无法理解抽象的学术和法律概念，[2]购房者根本无法识别，更无从避免被"偷抢"而积，只能被"割韭菜"。

三、小区超容积率且已取得不动产权证书时如何进行土地征收补偿认定

国有土地的征收补偿，主要是国有土地上房屋的征收补偿。房屋实体补偿分为土地补偿和建筑面积补偿，建筑面积的补偿就与小区的容积率有着直接、密切的关系。同时，以对地块附加容积率、建筑密度、绿化率等规划指标调整，使土地利用集约化程度提高，产生土地增值为讨论切入点。[3]如小区实际建设使用已经超出容积率，且已办理《不动产权证书》的土地因土地规划指标变化而产生土地增值，应以规划容积率计算，还是以实际容积率计算面临征地补偿时的实际容积率计算的争议成为现实中不可回避的法律问题。

根据《房地产估价规范》的要求，对于超标准房地产容积率的土地估价，在具体估价项目中，可以选择基准地价修正法、比较法、容积率作为重要因素的成本法、容积率影响地价的计量法等方法进行估价，究竟该如何估价，业界尚存争议。

有观点认为，在不以标准价调整法评估时应是估价对象实际容积率与可比案例容积率的修正。但在以标准价调整法评估时，其容积率应是标准容积率。[4]也有观点认为，应按详细控制性规划中规定的容积率进行认定，其理由是建设单位本来就应当按照核准的规划文件进行建设，控制性详细规划应当严格遵守，不得随意调整。

建设单位未按规划条件进行建设，致使建设项目无法完成竣工备案的，

---

[1] 吴峰："房地产开发项目国土出让金及税费专项审计的几点体会"，载《审计与理财》2014年第2期。

[2] 殷冬明："常规知识范畴中的容积率指标谱系解读"，载《北京规划建设》2007年第5期。

[3] 刘贞平、万磊、刘圣欢："基于土地增值收益共享的拆迁土地价值评估方法研究"，载《湖北经济学院学报》2012年第2期。

[4] 任信龙："关于征收国有土地上房屋超容积率土地补偿价格评估之我见"，载《中国房地产估价与经纪》2015年第1期。

按照《城乡规划法》第 45 条的规定，不应当得以办理不动产首次登记。但对于实务中小区超容积率建设且已交付并办理了不动产权证书的情形而言，过程中可能存在着开发商违法建设、行政职能部门或登记机关未依法履职的问题。正如《民法典》第 209 条、第 216 条、第 217 条之规定，关于小区业主对超容积率的房产已取得的不动产登记证书这一条件而言，不动产登记证书本身并未直接设定物权，不动产权证书的性质是对于物权权利归属的确认和登记。如果已建成交付且业主入住多年的小区存在此类超容积率建设问题，当地自然资源主管部门一般采取要求开发商补交土地出让金差价并签订新的补充协议等方式处理。但开发商无法缴清，资不抵债，无限期地迟延履行则成为问题僵局的关键所在，最终在面临土地征收补偿的认定时，则需要由小区业主为开发商及中间环节的勾兑行为"买单"。业主无法确认实际享有的产权并获得相应的土地征收补偿，实属不合情理也不合法理。

而站在业主权利救济的角度，本文发现现行法律规范和相关实践中存在着明显的保护和救济的缺失。不符合控制性详细规划的超容积率不动产得以登记的责任问题，在规划建设规定的容积率与实际容积率相差甚大的情况下究竟如何完成形式审查？业主是否可以向登记机构主张赔偿？现实是业主需要承担错误登记的事实且因此造成了实际损失的举证责任才有可能得到赔偿，这个证明责任对于业主方而言是非常难完成的。

四、结论

按实际的超容积率的数额来进行补偿，是需要按个别具体的案件情形而定的，在本文所述的案情前提下是符合土地征收补偿的立法本意的。然而需要注意的是，按实际容积率进行认定，可能会导致法律不良导向问题，不利于法律引导开发商和相关建设单位遵守控制性详细规划等的规定。所以一方面，本文认为按照实际容积率的数额进行土地征收补偿的前提必须认定业主取得超容积率住宅时是否善意；另一方面，相关部门也要加强监管措施，预防、处罚开发商超容积率建设的行为。

论我国民事诉讼法中法官自由裁量权的制约机制

曹瑛娜*

（中国政法大学 北京 100088）

摘 要：法官的自由裁量权是指法官在法律诉讼过程中，在事实认定和法律适用的基本框架下，发挥主观能动性，客观公正地处理纠纷，实现公平正义的一种权力。本文从南京郭某诉江苏益丰大药房连锁有限公司劳动争议案入手，探讨法官自由裁量权的含义性质，并展开分析了法官自由裁量权的法律渊源和现如今法官自由裁量权的滥用情况。本文从实体法与程序法两个方向详细探究了我国民事诉讼法中法官自由裁量权的制约机制，并构想了我国未来法官自由裁量权制约机制的发展。

关键词：自由裁量权 滥用后果 制约机制

何为法律之尊严，是代代法学人思考的议题。公平正义、定分止争、保障弱势群体的基本利益均是法律尊严的具体体现。然而，由于法律自身的滞后性，无法囊括所有现实案例，这就需要审判员以个人的智慧充分行使法官的自由裁量权，公平、合法、合理地保护群众利益。如在南京市中级人民法院审理的郭某诉江苏益丰大药房连锁有限公司劳动争议案件中，准毕业生与用人单位是否形成事实劳动关系，不能仅从法条中寻求答案，更多要考虑劳动报酬、岗位设置、工作安排等方面的现实情况，从而确定是否存在劳动关系。[1]

---

* 作者简介：曹瑛娜（1996年-），女，汉族，辽宁铁岭人，中国政法大学同等学力研修班2022级学员，研究方向为经济法学。

[1] 胡道才主编：《法官的智慧：最高人民法院指导性案例、公报案例选评》，法律出版社2015年版，第5页。

上面阐述的案例是法官自由裁量权意义与价值的体现。然而司法实践中，并非每一位法官均能够合理地行使自由裁量的权力。自由裁量权作为司法过程中一项重要的权力同样需要合理制约，使其既能发挥立法者的设计意图与制度价值，又能保证公平正义，维护法律尊严。

一、法官自由裁量权的含义

（一）自由裁量权的概念与性质

1. 自由裁量权的由来

在我国，"自由裁量权"一词由英文单词"discretion"翻译而来。沈岿教授通过考证认为，该英语词汇最早出现在英国人R.卡利斯（R. Callis）1622年的著作中。[1]张文显教授在其著作中认为，"自由裁量权"一词是在德沃金1936年发表的同名文章的影响基础上流行起来的。[2]无论如何，自由裁量权在我国的运用比西方国家要晚得多。根据笔者的考证，在国内可见的出版物中，最早将"discretion"翻译成"自由裁量权的"的为1988年出版的《牛津法律大词典》。在此之后，该词的翻译得到学界的认可，并随着研究的增多，逐渐流行起来。

2. 自由裁量权的概念

现代学界普遍认可的法官的自由裁量权是指法官在法律诉讼过程中，在事实认定和法律适用的基本框架下，发挥主观能动性，客观公正地处理纠纷，实现公平正义的一种权力。笔者认为，所谓自由裁量中的"自由"并不是广义上理解的自由，这里的"自由"是以法律为界限，目的在于维护法律的公平与效率。而"裁量"的根本是依据现有法律，深刻理解立法者理念的同时，"量体裁衣"充分发挥法律价值，避免生硬地套用法条字面含义。

（二）法官自由裁量权的争议

目前，对于法官自由裁量权争议较大之处在于自由裁量权究竟是造法权还是选择权。

笔者更倾向法官的自由裁量权为选择权。在我国，创制立法权属于全国人民代表大会及其常委会，如果说法官可以轻易拥有"造法权"恐难为大众

---

[1] 沈岿："论行政诉讼中的司法自由裁量权"，载《行政法论丛》1998年第1期。
[2] 张文显：《二十世纪西方法哲学思潮研究》，法律出版社1996年版，第625页。

所接受。但在英美法系中，法官的判例可以作为法律渊源，也就意味着赋予了法官更宽泛的自由裁量范围，而我国对于法官的自由裁量权仍持比较保守的态度。

二、民事诉讼中法官自由裁量权法律渊源与滥用后果

（一）民事诉讼中法官自由裁量权的法律渊源

1. 民事诉讼中法官自由裁量权的理论正当性

自由裁量权生长的土壤在于成文法自身的局限。19世纪的大陆法系的立法者希望运用详细的规则在司法中绝对杜绝自由裁量权的存在。然而，立法无法预见未来社会可能会发生的所有情况，这就是法律的不周延性。[1]

2. 民事诉讼中法官自由裁量权的实践价值

正如引论中提及的指导案例，实践中，法官的智慧、专业素养，对于法理的理解决定着个案的公平正义，正是这一个个鲜活生动的案例，推动了我国的法治进程。社会不能僵化地、机械地按照法律条文处理。亚里士多德为此提出了"衡平"的方法，认为法官在遵守既定法律规则的基础上针对某些特殊问题有自由裁量权，这是对成文法治原则的一个必要补充。[2]

（二）民事诉讼中法官自由裁量权的滥用后果

作为司法理想与法官职责要求，法官合理裁量是理所当然的，但是法官受种种原因的影响与制约作出有违法官中立的判决与裁定也是有可能的。法官的权力滥用可以以其主观意愿来划分。[3]不以法官主观意愿为依据的法官自由裁量权滥用原因主要是以法官专业素养不够，没能机动灵活运用法律条文为主。

三、法官自由裁量权的制约机制

（一）实体法——民法角度对法官自由裁量权的制约

在实体法领域，两大法系由于在法律传统方面存在成文法与判例法的差

---

[1] [美] 埃尔曼：《比较法律文化》，贺卫方、高鸿钧译，生活·读书·新知·三联书店1990年版，第84页。

[2] 徐国栋：《民法基本原则解释——成文法局限性之克服》，中国政法大学出版社1992年版，第184~225页。

[3] 吴峰："法官自由裁量权滥用及其防控机制——以民事行政审判为视角"，载《中国律师和法学家》2007年第2期。

异,对自由裁量权的认同也有所差别。普通法系国家较早承认了"法官造法",大陆法系更加强调法官对于法律的"选择权",肯定法官对于法律的运用裁量。

现如今,证据是民事诉讼的关键环节。在实行"自由心证主义"的国家,判断证据的有效性和证明力考验法官自身的价值选择,这恰恰是自由裁量权的重要体现。[1]而普通法系国家由于不存在实体法的成文法典,证明责任的分配具有一定的灵活性。

(二) 程序法——民事诉讼法角度对法官自由裁量权的制约

程序性裁量权,是指在民事诉讼中法官在认定程序事实、适用程序法律规范的自由裁量权,审判员组织诉讼程序,实行证据审查是其重要表现。多数国家的法律均赋予法官对律师或其他诉讼参加人(如证人)妨碍诉讼顺利进行时处罚的裁量权,这些处罚并不会影响诉讼的实体结果。

1. 从当事人的角度分析

在大多数民事案件中,当事人是民事法律关系主体,与案件审理的结果有直接的利害关系,所以当事人监督是对法官自由裁量权最直接最有力的监督。当事人的诉讼权利中,获得公正裁判的权利包括当事人有权委托诉讼代理人代为进行诉讼;有权申请审判人员回避。法律希望从源头上遏制法官对于自由裁量权的怠于行使或行使不当。[2]

2. 从管辖权角度分析

大陆法系与普通法系双方的管辖规则存在明显差异。大陆法系诉讼立法严格明确界定了管辖权确定体系,而普通法国家则赋予法官较大的自由裁量权,对于管辖权规则有明显弹性。[3]

在我国民事诉讼法中,针对管辖权的自由裁量权同样存在。上级法院可以根据其裁量权,提审其认为重要的案件。这种分类标准更加细化的管辖权裁量,有利于上级法院行使监督权力,减小了法院的审判压力,可以为法官腾出更多精力实现个案公平。

---

[1] 参见王克楠:"论法官对民事诉讼程序的自由裁量权",中国政法大学 2002 年硕士学位论文。
[2] 齐树洁主编:《民事诉讼法》(第 4 版),中国人民大学出版社 2015 年版,第 112 页。
[3] 傅郁林:《民事司法制度的功能与结构》,北京大学出版社 2006 年版,第 419 页。

四、总结

通过研究与探讨，本文认为，现今我国司法公正的进程中法官的自由裁量权是对法官职业操守的考验，也是实现公平正义的重要手段。不能因为存在滥用自由裁量权的情况就否定其价值。法律的自身缺陷昭示了这门社会科学无法应对大千世界的各种情况，需要法官的个人智慧、较高的专业水平以及持法律利剑的赤诚去还原案件真相，保护合法权益，然而也不可忽略对自由裁量权的制约。本文从实体法与程序法两个角度探讨了制约法官自由裁量权的几个方面。未来我国民事诉讼法治建设中，依然需要不断创新机制。究其根本，严格司法审判导致机械裁判；任意司法审判导致滥用自由裁量权，这对矛盾似乎不可避免。[1]但目前，我国使用的错案追究制度正是这一方面的进步。通过错案追究制度，提醒每一位法官对案件本身终身负责，加强责任意识。客观上，"审判独立"原则在我国融入还需不懈努力。但必须从多角度打造保护审判独立性的体制机制，保障法官有效行使自由裁量权。

---

[1] 参见庄晓华："法官自由裁量权及其限制——基于法律方法视角的分析"，西南政法大学2009年博士学位论文。

基于市场经济的企业劳动人事管理现状及完善对策

袁 浪*

(中国政法大学 北京 100088)

摘 要：在国内社会主义市场经济的发展环境下，需要制定相关的管理制度，以确保企业劳动人事管理工作可以有序完成。本文认为通过对企业的管理机制进行不断完善，提高企业职工的综合素质等，可以对企业的发展提供技术支持。

关键词：市场经济 企业劳动人事 应对措施

当前企业的劳动人事管理水平有待进一步加强，需在企业内部建立一支专业、高效、素质能力强的管理队伍，从而不断改进企业的管理工作，以便推动企业的持续性、良性发展。在市场经济的发展形势下，企业需要明确人事管理制度的优缺点，并且把管理工作落实到每一处。

一、社会主义市场经济下企业劳动人事管理的发展现状

（一）企业受到传统理念的影响

在我国市场经济的发展过程中，企业遭受传统经济体制发展理念的严重干扰。在国内大部分企业中，职工缺少自由发挥的空间，同时十分关注上下级之间的管理制度，特别是在工作过程中，时常出现利用人脉关系走后门而非通过正常通道解决问题的现象，不利于企业的发展。

---

* 作者简介：袁浪（1992年-），男，汉族，宁夏银川人，中国政法大学同等学力研修班2022级学员，研究方向为社会法学。

（二）企业制度方面存在的问题

人力资源管理工作对于企业的发展具有重要意义，因此，在企业的发展过程中需要高度关注劳动人事管理工作。一方面，需要展现出科学创新的管理理念；另一方面，需要考虑劳动者的现实需求和利益，在保证劳动者工作质量和效率的基础之上，对劳动者的工作量进行适当调控，防止其因为过度劳累出现健康问题，对企业的经营管理成效产生不良影响。同时，也要确保劳动者依法享受应有的休息休假权利。但目前在企业人力资源管理工作方面，工作人员加班已然成为一种普遍现象，特别是在大型企业当中。《劳动法》第36条规定："国家实行劳动者每日工作时间不超过八小时、平均每周工作时间不超过四十四小时的工时制度。"过度加班严重损害劳动者最基本的休息权。因此，在企业的发展过程中需要应用相关的措施和技术手段等，在保障劳动者基本休息休假权利的基础上，进一步提高人力资源管理部门的工作效率，减轻劳动者工作上的压力。

（三）企业文化方面存在的问题

目前国内一些中小型企业在发展过程中，未能形成专属于自身的独特企业文化，缺少自身的文化特色和向心力，导致企业发展受到阻碍。在企业发展过程中缺乏彰显自身文化特色的核心理念，无法吸引更多的劳动者，难以构建属于自己的独特的文化氛围，导致大多数劳动者无法对所属企业的文化有更深层次的了解，更谈不上认同和归属感。企业文化对于一个企业的发展发挥着重要作用，只有当企业形成了属于自己的独特企业文化，才可以进一步在企业内部形成一种团结、拼搏的工作环境和氛围。唯有如此，劳动者在日常工作中，才可以发挥出最大的潜力和效率，推动企业持续性发展，更好地促进企业的进步。在现阶段的人事管理工作当中，需要科学实施各项内容，确保企业的人事管理工作可以规范落实，同时要关注工作质量和效率。因此需要制定一套完善的方案，解决办事效率低、责任划分不明确等问题。

二、基于市场经济体制下提高企业人事管理水平的策略

（一）重新构建企业人事管理制度

一个企业的发展，既需要依靠外部力量的支持和帮助，同时，也要依靠国家政府的大力帮助，还需要公司管理层的努力奋斗。所以，公司建立健全的管理体系是实现公司稳定发展壮大的基石。

在当前社会主义市场经济的形势下，针对新时代公司人事管理的问题，必须从以下方面加以改进：一方面，企业的发展需要依靠国家相关政策的扶持；另一方面，需要企业自身的积极进取。国家需要为企业的发展提供正确的指引，推动企业管理水平的提高。同时，以此为基础，为企业的繁荣发展奠定良好的基础。与此同时，国内的中小型企业需要长时间的努力和坚持，重新构建规范的管理机制，包括人才管理机制等，促使劳动者可以为企业的发展贡献一份力量。通过企业和劳动者的共同努力，使企业与劳动者之间建立的长期的战略合作伙伴关系[1]更加巩固。

企业需要对市场经济的状况进行分析，根据自身的经营特点，构建满足市场经济发展需求的人事管理制度。虽然企业是进行商品生产经营活动的基本单元[2]，但企业必须通过制定科学合理的管理人员机制，通过提升对员工的考察能力，与合格员工签订长期合同或无固定期限合同，提供给员工归属感和凝聚力，建立稳定和谐的劳动关系[3]，才能够使劳动者最大限度地激发自身的潜力，从而形成企业的经营发展优势，实现企业稳健的长期发展战略目标。与此同时，在企业的发展过程中，劳动者也必须不断地努力提升自己的综合素养，使个人适应企业的发展趋势。企业必须通过科学的管理手段留住高水平人才，减少因人才流失给企业发展带来的不利影响。企业在制定用人管理制度时，需要遵循人尽其才的原则，促使每个不同的人，可以在自己的工作岗位上发挥出最大成效。同时，根据职工的性格和特长，把其安排在合适的职位上，给予其足够的发展空间，确保其可以发挥出自身的潜力，为其创造一个可以展示自我能力的平台。为了达成这个目标，企业必须针对企业的发展情况，制订出完整的、健全的奖励激励机制。将公平公正的准则贯穿于工作环节中，通过明确责任制度，使得企业的所有人员都对其工作岗位上的主要工作内容和最基本的责任有所把握。除此之外，企业还必须经常地进行绩效考核以及工作评价方面的工作，并以此来鼓励他们持续奋斗。

此外，《劳动合同法》第4条规定，在构建企业管理制度时，还应当充分保障职工的知情与参与权。企业的重大决策都应当公示，并依法经职工代表

---

[1] 余明勤："劳动合同法对企业人力资源管理的影响"，载《人民司法》2007年第23期。
[2] 张秀文："基于市场经济的企业劳动人事管理现状及对策"，载《中小企业管理与科技》2013年第25期。
[3] 余明勤："劳动合同法对企业人力资源管理的影响"，载《人民司法》2007年第23期。

大会或者全体职工讨论，提出方案和意见，与工会或者职工代表平等协商确定。对于工会或者职工提出的修改意见，企业应当充分考虑，并对依据意见对管理制度中存在的问题加以修改完善，促使企业管理制度充分体现劳动者的合意，在后续执行过程中更能获得劳动者的认可和归属感。

(二) 提高企业职工的综合素质

在企业的发展过程中，职工的综合素质直接影响企业的发展状况，同时，员工的业务能力也会影响企业的日常运营水平。要在企业内形成一个具有丰富专业知识的优秀职工团队，企业管理层就必须对职工进行定期的、不间断的培训工作。职工在培训的过程当中，能够接触和掌握更新的专业知识，与企业的现代化发展接轨。企业也能够进一步对员工的专业知识和思维理念进行培训，进而使员工在企业管理工作中进一步发挥相应的业务能力，为企业的发展作出相应的贡献。

关于提升企业劳动者综合素质问题，企业的管理者们必须对以往的训练方式与方法作出科学调整。在传统的企业培训方式、方法中，企业往往只是强调对于某一领域或某一方面的培训，但是在现代化的企业经营模式当中，往往需要的是对劳动者的综合性的培训：通过运用柔性的人力管理方式，使得员工之间多沟通、交流、学习。在这种交流学习过程中，增进员工之间的沟通以及了解，进而为企业业务的进步奠定坚实的基础。在国内企业与外国企业所宣传的企业文化的对比中，可以了解到，很多发达国家的企业人才制度比较完善，其企业内部对待工作人员并没有严格的规定，给予工作人员自由发挥的空间，使职工能够尽情地施展自己的天赋与能力，而这种工作方法也是企业职工所欣赏并且积极接受的。部分拥有高技能的专业人才也表示在工作的过程当中想拥有高度的个人自由权，不需要受到过多的约束，更加倾向于在一种自由且独立的氛围之中，高效完成每天的任务。因而国内企业需要积极改变自身的管理模式，同时积极引进新型的管理理念，以便满足现阶段市场经济下企业自身的发展目标的需要，同时确保企业自身人才管理制度得到不断完善，提高企业的人事劳动管理质量，确保其在企业的发展过程中能够充分发挥实效。

三、结语

综上所述，针对国内市场经济的发展特征，结合企业发展需要面对的问题，从健全企业管理制度，提升企业管理水平[1]和改善职工的综合素质、充分保障职工的基本权利等角度出发，本文试图为中小企业劳动人事管理制度提出相关意见，以期促进其长足发展，并进一步推动国内经济的发展。

---

[1] 涂永前："新时代中国特色社会主义和谐劳动关系构建研究：现状、问题与对策"，载《社会科学家》2018年第1期。

公司人格否认制度的适用困境与破解思路

高 畅[*]

(中国政法大学 北京 100088)

摘 要：有限公司的独立法人人格系公司法的基本原则，但随着商事活动的发展，部分公司为了规避债务，滥用公司独立人格，导致债权人权益受损。从司法实务中发展而来的公司人格否认制度旨在规制滥用公司独立人格的情形，但其适用需要面向复杂多变的实务情形，故呈现诸多适用困境。法律应综合考虑债权人保护和公司独立人格之间的利益平衡，妥善处理司法实践中该制度适用出现的相关问题。

关键词：人格否认 关联交易 债权人利益 法人独立人格 利益平衡

公司人格否认制度起源于英美法系，在我国司法实践中适用公司人格否认存在一定的适用困境。为更好地研究和讨论公司人格否认制度，有必要回溯其发展历史，分析其制度内涵，归纳其适用困境并提出针对性的破解思路。

一、公司人格否认制度的法理阐释

1905年，美国大法官桑伯文在"美国诉密尔沃基冷藏运输公司案"中首创公司人格否认，此制度被形象地表述为"刺破公司面纱"。[1] 2005年，我国《公司法》进行了修订，其第20条为新增条款，该条第3款是公司人格否认制度的法律渊源。2011年，最高人民法院修订的《民事案件案由规定》确

---

[*] 作者简介：高畅（1989年-），女，汉族，江苏无锡人，中国政法大学同等学力研修班2022级学员，研究方向为经济法学。

[1] 廖凡："美国反向刺破公司面纱的理论与实践：基于案例的考察"，转引自江必新等：《最高人民法院指导性案例裁判规则理解与适用·公司卷》，中国法制出版社2012年版，第86页。

定公司人格否认制度相关的案件起诉事由为"股东损害公司债权人利益责任纠纷"。2013年,最高人民法院发布第四批指导性案例,其中第15号指导案例是法院处理关联公司混同的主要依据,具有标杆性的意义。2019年,最高人民法院发布《全国法院民商事审判工作会议纪要》(以下简称《九民纪要》),对法人人格否认的具体适用进行更为详细的阐释,在坚持司法谦抑性和公司法人人格否认属于例外规则的同时,将审判实践适用"法人人格否认"制度进行了细化规定。2020年,最高人民法院作出[2020]最高法民申2158号民事裁定书,支持了法人人格反向否认,这也是法人人格否认制度的重要指引。

从上述发展历史可以看出,公司人格否认制度经历了多次变更,其定义和内容也在不断发生变化。依据学界普遍接受的朱慈蕴教授提出的定义,公司人格否认的制度目的是保护债权人的受偿利益和社会公共利益;其核心在于阻却公司控股股东或实际控制人滥用法人独立人格,实施各类不当关联交易或利益输送行为;其实现机制在于就具体个案的具体事实,单次地否认公司法人独立人格,以实质公平观念暂时取代法律形式逻辑,要求公司股东对债权人主张的债务或国家机关主张的公债务直接负责。[1]随着《九民纪要》和实务指导案例的公布,公司人格否认的概念及相关适用标准被不断扩充,特别是责任主体、行为、结果均得到了实质性扩充,如责任主体不仅包含股东,在满足一定条件下还包括关联公司等,人格否认制度的适用也逐渐由模糊到相对明确。

二、公司人格否认制度的类型归纳和实施困境

学理上普遍认为,依据法律如何追溯至承担责任主体的具体路径,公司法人格否认可分为顺向、横向和反向三态,[2]这三种形态分别对应不同的情形,有必要加以分类探讨和辨析,同时考虑三种形态之间的异同及其适用规则。

(一)公司法人人格的顺向否认

顺向人格否认主要是依据《公司法》第20条第3款的规定,指的是股东滥用公司法人独立地位和股东有限责任,逃避债务,严重损害公司债权人利

---

[1] 朱慈蕴:《公司法人格否认法理研究》,法律出版社1998年版,第145页。
[2] 施天涛:《公司法论》(第4版),法律出版社2018年版,第40~42页。

益的，应当对公司债务承担连带责任。顺向人格否认是最早的人格否认制度，有相应的法条依据和认定标准，在实务中适用标准也相对明确。

（二）公司法人人格的横向否认

关于横向人格否认的情形，第15号指导案例确立了"参照《公司法》第20条第3款之规定，关联公司人格混同，严重损害债权人利益的，关联公司相互之间对外部债务承担连带责任"的裁判规则，且《九民纪要》第11条亦吸收和肯定了前述裁判规则。但第15号指导案例和《九民纪要》仅为横向人格否认提供了一定依据，仍存在适用困境，司法实践中更存在裁判不统一的情形。随着集团公司结构扩张和商业交易日趋频繁，关联企业的现象愈发普遍和常见，相应地，关联企业利用法人独立人格损害债权人利益的问题也成为法律需要解决的现实问题。对此，法人人格否认制度应与时俱进做出相应改变。但我国《公司法》并未明确"关联公司或法人"的具体含义，审判实践中曾有观点将"关联法人"界定为交叉持股、母子公司关系和基于合同的关联公司关系，[1]但该概念并未最终得到统一。基于此，关联法人或公司人格混同自然就没有统一的认定标准，相应地，针对人格混同发生损害后果的责任承担问题也缺乏相应的具体规则。

（三）公司法人人格的反向否认

法人人格的反向否认，亦称反向刺破公司面纱，是指在特殊情形下由公司为股东的个人债务承担连带责任，这与顺向人格否认构成相逆的责任承担路径，故被称为反向人格否认。[2]在反向法人人格否认的问题中，至少存在着控股股东、债权人、公司、公司其他股东几方之间的博弈关系。英美法系国家尊重判例法传统，法官可以在个案中结合判例规则和案件事实进行裁量，而无需受成文法的绝对严格约束，故起源于英美法系的法人人格否认制度的司法适用范围比较广泛，以防止股东欺诈与实现权责衡平。但我国是成文法系国家，适用反向法人人格否认就意味着其他各方都需要为了过错股东而向债权人让位，对这一模式是否正当的问题存在不统一的观点，仍需进一步探讨。

---

[1] 刘贵祥："法人人格否认理论与审判实务"，载《人民司法》2001年第9期。
[2] 岳万兵："反向否认公司人格：价值、功用与制度构建"，载《国家检察官学院学报》2021年第6期。

三、破解公司人格否认制度实施困境的思路建议

（一）整合顺向、横向和反向人格否认规则

对人格否认制度中的责任主体方面，应全面细致看待。如滥用法人独立人格的主体既可能是股东也可能是关联公司，亦可能是公司实际控制人等，那么承担责任的关键问题应是这些主体是否利用人格混同损害债权人利益。故可以考虑整合顺向、横向和反向人格否认规则，形成统一完整的公司人格否认制度。

（二）由法官在个案中裁量确定责任类型为连带责任或补充责任

站在维护债权人利益的角度，关联公司存在人格混同的情况下，其承担的连带责任是全部清偿责任还是补充责任，应该根据个案情形确认，包括个案的主体、行为、目的、结果等法律事实及法律关系等。故司法审判对此可具有一定的自由裁量权，增加和体现法官对个案正义把控的能动作用。如补充责任指向债务人财产无法清偿债务的情形下，债权人即原告才享有向满足条件的关联公司请求赔偿的权利，这也契合公司法的立法精神和法理。

（三）融合适用公平性原则

公平原则是整个民商事法律的适用原则之一，从案件处理角度出发，要平衡各权利之间的关系。如若公司法人人格不否认就会产生对债权人不公平的后果，但也不可在债权人保护的大旗下频繁适用人格否认制度从而导致例外情形常态化的局面。[1] 故基于公平性原则，对相关主体应承担的责任要进一步精细化。

四、结论

在商事活动和司法实务中，法人独立人格滥用渐有多样化趋势。对此，法人人格否认制度的适用对于防止滥用法律、保护债权人利益而言是一项良好的规制工具。但根据当前可检索的司法案例，可以看出该制度存在众多保守和空白之处。同时，该制度犹如一把双刃剑，在实务中如适用得当，可以合理保护债权人的权益，但若适用不当，该制度的惩罚性结果也会对相关主体造成损失，影响商事活动的效率。故对于公司人格否认制度不仅应站在债

---

[1] [英] 保罗·戴维斯：《英国公司法精要》，樊云慧译，法律出版社2007年版，第91页。

权人的角度结合案件事实进行综合考虑，还需对其适用标准形成一定的具体准则，减少抽象模糊化适用，实现该制度的合理适用；同时若有多种救济途径，不能局限于适用该制度；另外应加以注意的是，公司法人独立和公司有限责任仍旧是公司法的整个原则，在维护债权人权益时需权衡商事活动中的效率、成本和公平性，进行多维度的斟酌权衡，进行准确把握和尺度控制，实现公司法整体制度的精巧平衡，以公平和效率为核心保护多方主体的合法权益。

上市公司关联交易的法律规制路径

古艳辉*

(中国政法大学 北京 100088)

摘 要：随着市场经济发展，商业活动和融资行为日益频繁，上市公司关联交易也愈发活跃。本文在分析目前上市公司关联交易的典型案例的基础上，探讨利益输送行为带来的负面影响，同时比较不同法律对于上市公司关联交易的规定，提出与该问题相关的法律规制措施的优化路径。

关键词：上市公司 关联交易 法律规制 信息披露 责任追究

关联交易往往具有两面性。一方面，就上市公司而言，关联交易有助于集团企业内部调配资金资源，解决财务问题，降低交易成本，优化结构布局，实现规模扩张。另一方面，许多上市公司为谋取超额利润，选择利用我国现行法律规制体系的漏洞，以不正当关联交易实施利益输送，影响部分上市公司的盈利能力和资产总额，损害债权人利益，侵蚀中小股东利益，扰乱资本市场的正常发展秩序。对此，如何规制上市公司不正当关联交易值得探讨。

一、上市公司关联交易的规制必要

一般而言，关联交易是公司与其存在关联关系的主体之间发生的一切转移资源和义务的行为。[1] 依据深交所和香港联交所的相关文件，符合法律要求的正当的上市公司关联交易的构成要件可以概括为：①基础条件是自由市

---

* 作者简介：古艳辉（1985年-），女，汉族，广东惠州人，中国政法大学同等学力研修班2022级学员，研究方向为经济法学。

[1] 金明："从关联交易规制缺陷探究《公司法》改进之路"，载《长白学刊》2012年第6期。

场的交易机制;②交易价格是公允的;③交易目的是正当合法的,不得包含利益输送、逃避缴税义务等内容;④交易条件符合市场公平预期,可被其他不存在关联关系的第三方接受;⑤交易结果不得损害中小股东、债权人和国家利益;⑥交易信息须公开向公众完整披露,所披露的报告在中介机构的把关下应符合证券交易所和监管部门的要求。

在不正当关联交易中,相关主体借助其在上市公司内部的控制力和影响力,掩盖了交易行为的真实意思和内容。实践中,这种不正当并且带有欺诈性质的交易难以杜绝,甚至存在增长趋势。以上市公司旭飞投资为例,该公司常年处于亏损状态,其后集团内部通过关联交易为旭飞投资带来了384万元的投资收益。但最终上述不正当操作被揭露,证监会要求其强制摘牌。[1] 上市公司不正当关联交易带来的后续影响巨大,由此可能引起一系列多米诺骨牌效应。首先,如果上市公司暗箱操将利益输送给集团内部,直接挪用上市公司资金,用上市公司自有资产给实际控制人或者集团公司提供担保,这将大大影响中小投资者的利益从而影响整个投资环境的健康发展。其次,上市公司不正当关联交易使得债权人承担的投资风险进一步加大,可能引发信用危机进而影响市场经济的发展。最后,上市公司还可能通过不正当关联交易转移利润、逃避税收,严重侵害国家的税收利益。

二、我国上市公司关联交易的法律规制概述

上市公司关联交易的法律规制涉及公司法、证券法、刑法等领域,这些法律所保护的法益和所规制的对象存在差异——公司法涉及关联关系的成立过程、利益冲突的程序限制等;证券法涉及上市公司重大关联交易的信息披露;刑法主要涉及严重违法关联交易中的相关主体刑罚问题;还有其他的部门法从各自功能去规制相关问题。这些法律彼此之间存在联系,构成一个有机的法律体系。[2]

我国《公司法》对关联交易的基本立场是禁止不公平关联交易,具体表现为股东会和董事会决策程序中的表决权排除和高管在关联交易中负有的忠实义务等。《公司法》并未清晰定义关联交易,也未规定关联交易的构成要件

---

〔1〕 雷李平:"旭飞投资:重组再现障碍 贵州资金抄底",载《21世纪经济报道》2010年2月2日。

〔2〕 李建伟:"规制关联交易的法律规范体系及其展开",载《人民司法》2014年第19期。

和正当性判断标准,这都给进一步改进与完善《公司法》留下了空间。

我国上市公司关联交易最主要的法律规制领域还是《证券法》。大量的上市公司不正当关联交易扰乱证券市场的正常交易秩序,故《证券法》重视对该问题的规制措施。总结来看,《证券法》本身对上市公司关联交易的相关规则包含"重大关联交易信息披露"和"个别禁止证券公司特殊关联交易"两方面。在实务中,我国对上市公司关联交易的规制长期依赖证监会颁行的规章和沪深交易所发布的文件,从效力层级来看震慑上市公司的效果不佳。

我国《刑法修正案(六)》设置了"背信损害上市公司利益罪",据此,上市公司的董监高人员应忠诚履职,不得利用其影响力和控制力操纵公司交易决策和交易流程,不得通过不正当关联交易损害公司利益,否则可能构成犯罪。[1]

三、我国上市公司关联交易具体规制措施的优化建议

我国现行上市公司关联交易法律规制存在机制割裂的弊端。从整体性视角观察,缺乏针对关联交易内涵与特殊构造的统领性规定,导致涵盖性不足;从功能性视角观察,规制上市公司关联交易的法律机制并未充分发挥协同互补的功能,需要重构体系以坚持整体思维,实现协调高效的多措并举。本文认为可以从以下三个方面规制不正当的关联交易。

第一,我国应改进上市公司关联交易的内部审批制度和信息披露制度。在事前审批方面,应在董事会下设专门委员会负责批准公司关联交易,对其中部分事关公司发展方向和盈利能力、可能影响中小股东和债权人利益的"重大关联交易",还应额外进行提交股东大会审议表决的流程。在事中披露方面,应鼓励和引导上市公司主动披露自身关联交易与关联关系,将披露内容从关注关联交易本身拓展至关联关系存续,进一步发挥信息披露机制的监督和预防效用。[2]

第二,我国证券交易关联交易规则应参照域外先进经验加以改进。首先,应当适度扩大关联交易规制规则所涵盖的交易范围,立法除了重点关注"直接关联交易",还应借鉴英美等国的经验,逐渐将审查范围拓展至关联方拥有

---

[1] 李建伟:"规制关联交易的法律规范体系及其展开",载《人民司法》2014年第19期。
[2] 汪青松:"关联交易规制的世行范式评析与中国范式重构",载《法学研究》2021年第1期。

利益的"间接关联交易"。其次,应灵活调整需要履行信息披露义务的交易"重大性"标准,根据公司规模、交易频次、交易额度等有所区分,尽量避免加重市场主体的合规负担和模糊监管部门和公众监督的重点。再次,现行法律规定有关关联交易的董事会审议程序极为复杂,应加以调整和完善。可以考虑加强董事会成员组成与公司实际控制人和外部关联主体的独立程度,或者提高董事会对关联交易所涉信息的掌握、判断和处理能力,以更为合理高效的措施替代复杂繁琐的批准程序。最后,应进一步发挥独立董事制度在关联交易规制上的作用,加强独立董事参与监督的机会和深度,由独立董事负责审查公司关联交易是否存在向控股股东、实际控制人或外部关联方不当输送利益的情形;同时可以考虑优化上市公司独立董事的选任制度,除相关领域的专家学者外,更应选择能够代表广大中小股东利益、充分体现独立性且为中小股东发声、向中小股东负责的人选,尽可能避免类似康美药业案中独立董事形同虚设的现象再次发生。[1]

第三,在公司利益受损的责任追究上,需要建构民事责任、行政责任和刑事责任相互协调的惩治体系。不论是罚金,还是市场禁入,不正当管理关联交易的法律责任追究都应当有可操作性强的法律规则。应进一步完善公司直接诉讼或股东代表诉讼机制,强化民事责任追究力度;拓展证券监督管理部门的处罚方式,加大查处力度,维护资本市场发展的良好秩序;同时做好行政执法和刑事程序的衔接协调,对符合立案条件的相关线索应依法移送,及时侦办处理,严肃判处刑责。

四、结论

上市公司关联交易不仅事关公司、股东和债权人的切身利益,更牵涉资本市场运行秩序、投融资总体规模和国家稳定发展,因而是经济法领域必须长期关注并持续规范的问题和领域。上市公司关联交易的法律规制应坚持规范引导合理关联交易、禁止打击不当关联交易的基本立场,以促进资本市场稳健发展、加强投资者信心、整肃违法乱象为核心目标,通过不断完善相关法律法规,加强证券监管部门的日常执法管理,同时引导上市公司提升自身自律自治能力,激励全社会公众重视监督,从而形成运行良好高效的上市公

---

[1] 汪青松:"欧盟关联交易规制规则的最新变革与启示",载《证券市场导报》2018年第2期。

司关联交易规制的基础法治环境。相应地，我国应尽快整合该领域的各项法律法规，坚持整体思维重塑规制法律体系，实现规制功能的优化提升，从而打造良好的营商环境，实现证券投资市场的健康运行，促进上市公司的长远稳定发展。

公安机关立案后侦查阶段不作为的认定及其规制路径研究

李肃潇*

(中国政法大学 北京 100088)

摘 要：从控告人的角度来看，一起刑事案件的诉讼程序通常需要经历报案、立案、侦查、公诉、审判等环节。公安机关在立案、侦查阶段处于主导地位，在公诉、审判阶段处于辅助地位，而侦查结果直接决定了案件是否有足够证据移送检察院以及最后法院定罪量刑的证据依据。因此，认定公安机关立案后侦查不作为的行为、加强检查监督或者引入公民监督，对维护社会公平正义有重大意义。

关键词：公安机关侦查权 侦查不作为 "立而不侦" "冷案"

一、公安机关立案后侦查阶段不作为的现象分析

《刑事诉讼法》第 115 条规定公安机关的侦查行为是为了获取犯罪嫌疑人有罪或无罪、罪轻或罪重的证据材料，《公安机关办理刑事案件程序规定》第 191 条指出侦查行为是及时、全面、客观地收集证据材料。因此公安机关立案后侦查阶段不作为是指，公安机关对于已立案的某一刑事案件，不开展刑事侦查活动或虽已开展侦查活动但不及时、不全面或不客观的行为。

公安机关立案后侦查不作为的成因有以下三点：其一，从现有法律法规

---

* 作者简介：李肃潇（1992 年-），女，汉族，四川达州人，中国政法大学同等学力研修班 2021 级学员，研究方向为刑法学。

来看，除立案监督[1]和另案处理案件[2]可获有限检察监督之外，公安机关在立案后侦查阶段有较大的侦查自由裁量权。[3]我国《刑事诉讼法》仅规定了侦查的立案、终结和撤销等制度，却忽略了侦查停滞的规制，给侦查人员的惰性制造了滋生的土壤。其二，从对侦查人员不作为的定性来看，目前缺乏相应的法律法规对其进行解释，加之公安机关内部信息保密严格，外界难以得到足够的信息来界定其侦查行为是"能为而不为"还是"尽力而为却无果"。其三，从侦查人员的角度来看，基层执法人员除了负责侦查办案还要负责地区维稳、治安管控等诸多事务，而排在最前面的往往是领导交办的刑事警情以及各类工作考核，[4]办案人员无力侦查全部案件，部分社会关注度不高、影响范围不大的案件无法得到有效及时的处理；另外，我国对侦查行为的追责措施大都聚焦在违法侦查上，办案警员自然会产生"不做不错，多做多错"的想法。

公安机关立案后侦查阶段不作为会产生的负面影响主要有以下两点。一是错过对犯罪嫌疑人定罪量刑的关键性证据。刑事证据往往具有很强的时效性，正如法国著名刑事侦查学家艾德蒙·费加尔所说，侦查工作头几个小时的重要性是不可估量的，失掉了时间就等于蒸发了真理。[5]二是影响公诉程序的权威性。公诉机关被赋予侦查权的同时也应当承担证明被告人有罪或无罪义务，而公民没有侦查权，公安机关侦查阶段的不作为将会直接导致控告人失去证明犯罪嫌疑人有罪的唯一合法途径，很有可能产生因私力救济导致的新的刑事案件，如为母报仇的张某扣案。

二、公安机关立案后侦查阶段不作为的法律认定

根据前文阐述的定义，公安机关立案后侦查阶段不作为可分为两类：第一类是公安机关对于已立案的某一刑事案件不开展刑事侦查活动；第二类是

---

[1]《关于刑事立案监督有关问题的规定（试行）》第 11 条、《公安机关办理刑事案件程序规定》第 178 条和 179 条。

[2] 参见最高人民检察院、公安部《关于规范刑事案件"另案处理"适用的指导意见》。

[3] 参见雷鑫洪："公安刑事立案权的程序性控制研究"，中国人民公安大学 2017 年博士学位论文。

[4] 参见雷鑫洪："公安刑事立案权的程序性控制研究"，中国人民公安大学 2017 年博士学位论文。

[5] [苏] 拉·别尔金：《刑事侦察学随笔》，李瑞勤译，群众出版社 1983 年版，第 69 页。

公安机关对于已立案的某一刑事案件开展了刑事侦查活动,但侦查行为不及时、不全面或不客观。

第一类的典型案件是经济诈骗类的刑事案件,一般受害者报案,公安机关都会给予立案,但由于侦破成本高,难度大,公安机关对涉案金额不高的案件一般会拖后处理甚至冷处理,形成"冷案"。[1]这类案件虽报道不多,但却广泛存在。第二类典型案件以侦查不作为导致的冤假错案为主,例如张某超强奸、王某超包庇案,[2]该案件存在诸多疑点,但在侦查过程中并没有被怀疑和查证,例如不符合逻辑的证词、与事实明显矛盾的结论等。此类案件虽然社会报道多、社会关注度高,但存在并不普遍。

我国《刑事诉讼法》第109条规定了公安机关立案后有开展侦查活动的义务,而对于履行义务的期限以及违反义务的后果并无明文规定。《人民检察院刑事诉讼规则》规定了检察院可以进行侦查监督,但也没有规定具体的监督手段,目前国内警检关系形式上是对等平行关系,实际上则是警主检辅,检察院对公安机关侦查活动的控制力相当薄弱。[3]尽管我国《行政复议法》《行政诉讼法》赋予了公民对行政主体的行政不作为提起复议和诉讼的权利,但是法律并不支持控告人对公安机关刑事立案后侦查阶段不作为的行为提起行政复议,最高人民法院《关于执行〈中华人民共和国行政诉讼法〉若干问题的解释》(已失效)第1条第2款第2项明确指出公安机关刑事案件的侦查行为因属于《刑事诉讼法》授权而不属于人民法院行政诉讼案件的受理范围。这意味着我国目前立法对防范和打击公安机关侦查不作为的行为存在漏洞。

三、破解公安机关立案后侦查阶段不作为的规制路径

公安机关立案后侦查阶段不作为的产生原因可以归结为以下四类:一是公安机关内部监督机制不完善;二是相关法律法规笼统而缺乏可操作性;三是检察机关监督难以落实;四是公民监督渠道不畅通。因此,破解公安机关立案后侦查阶段不作为的规制路径可以根据以上四个原因逐个突破。

---

〔1〕 郭晶、徐灿:"论刑事'冷案'侦查模式的法治化嬗变",载《公安学研究》2019年第6期。

〔2〕 2020年1月13日,山东省高级人民法院组成合议庭在淄博市中级人民法院第一审判法庭对张某超强奸、王某超包庇一案再审宣判,改判张某超、王某超无罪。此时,张某超已在监狱度过了15年。最终,张某超领取了约332万元国家赔偿。

〔3〕 参见崔巍:"侦查不作为问题研究",西南政法大学2006年硕士学位论文。

第一，优化公安机关的内部监督制度。按照目前的内部监督制度，当事人对于公安机关不作为的行为可以向督察或者上级公安机关进行反映，但并没有相关法律法规要求收到申诉的部门给予当事人有效反馈，而有效的监督制度意味着事件处理"有头有尾"而不是"虎头蛇尾"。因此，采用建立和考核相结合、能够有效追责且时间脉络清晰的流程化处理程序，并定期汇总申诉处理结果，将能有效加强督察人员的监督工作，打破目前申诉多由内部消化的现状。

第二，完善侦查程序的法律法规。可以参照《刑事诉讼法》对立案或逮捕等的细化规定，落实规范公安机关立案后的侦查程序。例如明确侦查终结期限、定期反馈侦查结果以及开展侦查进展审议工作，如果遇到破案难度高的特殊案件则可逐级汇报申请延长案件侦查期限。对于侦查难以有进展的案件要积极联系当事人说明情况，经当事人同意后才可以按照"冷案"处理。同时，根据《公务员法》及《警察法》的相关规定，对构成侦查不作为的警务人员根据情节轻重应予以相应处罚。

第三，强调侦查职能相对起诉职能的从属性。[1]赋予检察机关必要的惩戒权，提高检察院在监督过程中的话语权和威慑力，破除当前公安机关在侦查阶段一家独大、检察院监督制约沦为空谈的警检关系，[2]使检察院从刑事立案开始就参与到公安机关的侦查活动中。但是不建议施行侦诉一体制，即"警检一体化"，[3]这样会形成二者利益一体化，反而剥夺了公民向检察机关寻求司法救助的途径。

第四，加强公民监督，完善控告人救济程序，把侦查不作为纳入行政诉讼的受理范围。对于一个具体的刑事案件，最关心案件进展的一定是受害人及其家属，虽然《刑事诉讼法》第170条支持"公诉转自诉"程序，但在实践中却困难重重。公诉转自诉意味着举证责任由被害人承担，而且其前提条件是公检机关已经作出不予追究的书面决定。但公安机关立案后侦查阶段不作为，很有可能会使案件一直停留在侦查阶段，又何谈对不予追究的书面决定提出异议。因此，如果受害人及其家属对于公安机关侦查行为有异议时可

---

〔1〕 陈兴良："警检关系构造"，载樊崇义主编：《刑事审前程序改革与展望》，中国人民公安大学出版社2005年版，第389页。

〔2〕 苗彬："对公安机关'立而不侦'问题的思考"，载《法制博览（中旬刊）》2014年第7期。

〔3〕 参见崔巍："侦查不作为问题研究"，西南政法大学2006年硕士学位论文。

以向法院提起诉讼，请求法院对违反侦查义务的办案警官予以处罚或者请求法院根据案件进展情况判决侦查机关作出具体的侦查行为，从而对公安机关的侦查行为起到督促作用。

四、结论

公安机关立案后应履行的侦查义务并非无法可依，而是缺乏可以把法律原则落到实处的可操作的具体规则。而公安机关立案后的侦查行为在很大程度上决定了一起刑事案件的定性、犯罪嫌疑人的抓获以及最终的定罪量刑，对于维护司法权威、社会公平正义都有着不可估量的意义。如果能够从立法角度对人固有的惰性进行有效约束，对维护公平正义、建设社会主义法治社会而言都将具有十分重大的意义。

公司社会责任的制度构建与实施机制

刘舒佩*

(中国政法大学 北京 100088)

摘　要：公司的长远发展不仅需要持续的盈利能力，也有赖于其有效履行社会责任。履行社会责任将提升公司的全面竞争能力和持续发展能力，同时助力公司与国家、社会、股东和利益相关者的和谐共生发展。本文基于现有法律框架和ESG对公司社会责任提出更高要求的背景，从立法、社会和公司自身探讨公司社会责任实施的优化机制。

关键词：公司企业责任　信义义务　ESG

公司已是当今社会经济生活中最活跃的部分，其数量的增长和规模的扩大带来了不断提升的社会影响力，同时也被要求承担更多社会责任。在现有法律框架下，公司社会责任到底涵盖哪些内容？如何看待公司社会责任的新发展？公司如何有效履行社会责任？以上问题是本文着重探讨的内容。

一、公司社会责任制度的内涵阐释

我国《公司法》第5条第1款明确规定："公司从事经营活动，必须遵守法律、行政法规，遵守社会公德、商业道德，诚实守信，接受政府和社会公众的监督，承担社会责任。"此条中"社会责任"是否包含前面所列的各项内容呢？楼建波教授认为，《公司法》第5条第1款最后的"承担社会责任"的

---

* 作者简介：刘舒佩（1984年-），女，汉族，四川成都人，中国政法大学同等学力研修班2022级学员，研究方向为经济法学。

文字总领全款。[1] 笔者认为"社会责任"包括前面列举的同时又有扩展。

公司遵守法律和道德，接受政府和社会监督，这属于社会责任的应有之义。同时，从《公司法》第17、18条的内容看，关于职工参与公司治理以及对其利益的保护也应属于公司社会责任。不过由于公司社会责任涵盖和涉及的方面颇多，国际上也没有公司社会责任的通行定义，在法条中全面列举反而容易限制公司社会责任的履行。[2]

同时，立法通常落后于现实诉求，但我国的立法也在积极跟上发展的步伐，比如环境、社会和公司治理（ESG）问题一经提出就迅速被市场和参与者接受，极大地扩张了公司社会责任的范围。[3] 2022年1月7日，上海证券交易所发布《上海证券交易所上市公司自律监管指南第2号——业务办理》，其中要求上市公司和相关信息披露义务人应当按照本指南附件的规定办理ESG信息披露和业务操作。2022年1月7日，上海证券交易所发布《关于发布上海证券交易所科创板上市公司自律监管指引第1号至第3号的通知》，鼓励科创公司进行规范运作，自愿披露ESG信息，进一步披露其中的个性化信息。2022年7月，深圳证券交易所正式推出国证ESG评价方法，旨在提供适应中国市场的ESG评价工具，共设置15个主题、32个领域、200余个指标；同时，深圳证券交易所还发布了基于该评价方法编制的深市核心指数ESG基准指数和ESG领先指数。从ESG相关规则的陆续发布看，公司社会责任的范围也随之扩展，其内涵并非一成不变，而是随着公司和社会的协调发展相应变化。

二、公司社会责任的法理基础及其发展必要

公司社会责任的内涵在不断延展，可以从历史、经济、社会和公司内部的角度来观其发展之本源。

（一）中国传统道德对公司社会责任扩大的影响

公司社会责任包含大量属于道德规范的内容，道德规范具有世代相传和

---

[1] 楼建波："中国公司法第五条第一款的文义解释及实施路径——兼论道德层面的企业社会责任的意义"，载《中外法学》2008年第1期。

[2] 胡晓静："论公司社会责任：内涵、外延和实现机制"，载《法制与社会发展》2010年第2期。

[3] 朱慈蕴、吕成龙："ESG的兴起与现代公司法的能动回应"，载《中外法学》2022年第5期。

朴素易懂的特点。[1]我国传统文化和道德提倡"达则兼济天下",如《论语》中的"博施于民而能济众",在企业的经营管理中"众"可理解为公司利益相关者中的职工、社区等,可以应用于公司目标即公司利益最大化,用以说明公司应在追求股东利益最大化的基础上同时兼顾公司利益相关者的利益。

(二)中国特色社会主义市场经济发展要求公司承担更多社会责任

中国特色社会主义市场经济是以生产资料公有制为基础,以全体人民共同富裕和建设社会主义现代化为目标的社会化大生产,其性质就决定了公司在追求经济利益外,还须积极承担更多的社会责任。[2]公司与社会、政府的协调合作是推动市场经济可持续发展的重要方面。

(三)公司的社会性要求其承担更多社会责任

公司兼有营利性和社会性,《民法典》第86条规定:"营利法人从事经营活动,应当遵守商业道德,维护交易安全,接受政府和社会的监督,承担社会责任。"公司的社会性要求公司既要为股东创造利益也要兼顾职工、债权人、供应商、消费者、社区、环境等利益相关者,这种社会性要求公司承担更多社会责任。

(四)董事信义义务的内涵要求其推动公司承担社会责任

董事会是现代公司的权力核心,董事自然应该负责公司社会责任的履行。同时董事的最主要目标是追求公司利益最大化,现代公司的利益最大化不仅是追求短期效益,还追求公司的长远发展和长期效益。[3]这事关公司全体包括股东和利益相关者的利益,需要协调股东、利益相关者之间的矛盾,是现代公司对董事履行信义义务提出的新要求。因此,董事要更好地履行信义义务,势必要推动公司承担更多社会责任。

三、公司社会责任的实施机制与优化建议

现代公司的长远发展要承担更多社会责任,但以上更多的是号召、倡议或靠公司的内驱力推动,不具有法律上的强制性。就公司更好承担社会责任,笔者认为可以从以下三方面推动其实施。

---

[1] 周友苏、宁全红:"公司社会责任本土资源考察",载《北方法学》2010年第1期。
[2] 甘培忠:"论我国公司法语境中的社会责任价值导向",载《清华法学》2009年第6期。
[3] 李建伟:"论公司社会责任的内涵界定与实现机制建构——以董事的信义义务为视角",载《清华法学》2010年第2期。

(一) 现有法律框架下可以加强的外部举措

我国《慈善法》规定捐赠行为享有税收减免，立法可考虑明晰捐赠行为的公示机制，如在相关行业协会、第三方机构或媒体上予以公示或宣传。

另外，我国现有的信息披露要求不够明晰，内容浮于表面。当前已从央企开始强制要求披露社会责任报告，后续可考虑由相关部门或行业协会发布信息披露报告的框架，包括必须披露的内容、鼓励披露的内容和披露标准。[1]行业协会可考虑根据自身行业特点发布报告框架或专项标准，如化工印染等高污染企业对其环境保护等内容的披露。

(二) 完善公司治理结构

职工是公司利益的重要相关者，立法可以考虑在董事会、监事会中加入职工代表，以便管理层能更好地了解职工诉求，同时能加深职工与公司的连接，这对职工有很强的激励作用。另外，还可以考虑增加董监高中的女性代表，增加女性员工的发声渠道。

此外，可以对公司管理核心的管理层在履行公司社会责任的方面建立奖惩机制，提升管理层履行社会责任时的能动性。

最后，可以考虑鼓励在公司章程中加入社会责任相关条款，这将支持管理层在社会责任决策方面发挥重要作用。如平安保险（集团）股份有限公司在其章程中提出在科学决策、规范管理和稳健经营的前提下，实现股东、员工、客户和社会的价值最大化，并以此促进和支持国民经济的发展和社会的进步。

需要注意的是，相关法律法规对公司履行社会责任的强制性要注意适度。公司作为市场经济最活跃的分子，其自主性和灵活性不宜受到法律法规过强的约束和限制。

(三) 发挥社会力量的促进和监督力量

善用社会力量敦促公司切实履行社会责任。现代公司的可持续发展势必要求其不仅重视盈利能力，也看中公司品牌形象和美誉度。一方面，可以鼓励第三方机构在推动社会责任履行方面的举措，如企业相关认证、公司社会

---

[1] 施天涛："《公司法》第5条的理想与现实：公司社会责任何以实施？"，载《清华法学》2019年第5期。

责任报告评分等。[1]另一方面,可以发挥媒体和公众监督作用,公开企业违反社会责任的情况,促进公司改正不当之处。

四、结论

公司承担和履行社会责任已是共识。在公司履行社会责任的过程中,政府可借助法律法规适当强制、大力倡导公司履行责任;行业协会和第三方机构可运用其专业能力推动或辅助公司履行责任;公司要重视媒体和公众的监督,更重要的是公司自身应加强内在驱动,积极主动承担社会责任,优化内部结构、利用外部力量,借由社会责任的实施促进公司长远协调发展。

---

[1] 刘俊海:"论公司社会责任的制度创新",载《比较法研究》2021年第4期。

《民法典》夫妻共同债务规则的理解与适用分析

潘娟苹*

(中国政法大学 北京 100088)

摘　要：我国夫妻共同债务的法律认定规则历经多次变动，《民法典》第1064条总结并深化了夫妻共同债务的认定规则。本文结合立法变迁、日常家事代理制度、举证责任分配等内容，简析该规则的理解适用和优化建议。

关键词：夫妻共同债务　日常家事代理　共同生活　共同生产经营　举证责任

婚姻家事法律制度中夫妻债务的核心问题是夫妻共同债务的推定问题，即什么情形下个人负债可以推定为夫妻共同债务。《民法典》第1064条细化了夫妻共同债务的认定及推定问题，事关婚姻财产稳定和债权人利益保护。实务中，夫妻在婚姻存续期间与第三人产生债务关系的概率逐渐上升，并呈现出由生活性债权债务关系向经营性债权债务关系转化的趋势，因而有必要结合司法实务动态，分析《民法典》相关规则的规范内涵与改进方向。

一、我国夫妻共同债务规则的立法变迁

结合司法实践可以发现，夫妻共同债务问题的争议焦点通常是夫妻是否要对一人举债共同担责。为解决这一问题，我国立法规定，"债务是否用于夫妻共同生活"是判定夫妻共同债务的重要标准。但此项规定过于原则化，很多疑难的债务认定问题无法直接适用；同时也给作为第三方的债权人附加了较大的诉讼负担，如果债务人否认借款用于夫妻共同生活，债权人很难收集

---

* 作者简介：潘娟苹（1993年-），女，汉族，湖南永州人，中国政法大学同等学力研修班2022级学员，研究方向为民商法学。

到私密性极强的有关债务用途的证据,因此出现了很多夫妻假离婚或合谋损害债权人利益的行为。

为了完善前述规定,并解决夫妻双方合谋损害债权人利益问题,最高人民法院2003年出台的《关于适用〈中华人民共和国婚姻法〉若干问题的解释(二)》第24条规定,在婚姻存续期间夫妻一方以个人名义对外负担的债务,法院应将其推定为夫妻共同债务。该规则简单地以债务形成时间来划分个人债务或共同债务,未能深入夫妻共同债务规则的认定实质,导致实务中简单推定的做法盛行。[1]虽然强化了对债权人的保护,但矫枉过正——一方面该规定与婚姻法乃至整个法律的基本原理相冲突;另一方面引发了很多的社会问题,增大了婚姻风险。很多夫妻一方在完全不知情的情况下被"负债",甚至出现了不少债权人和举债方串通坑害非举债方的案例。

为了补救前述规定带来的社会家庭风险,2017年最高人民法院出台的《关于适用〈中华人民共和国婚姻法〉若干问题的解释(二)的补充规定》明确共同债务不包括夫妻一方与第三人串通虚构所负债务以及从事违法犯罪活动所负债务。2018年《关于审理涉及夫妻债务纠纷案件适用法律有关问题的解释》把"共债共签""事后追认""家庭生活日常需要""共同生活及共同生产经营"等作为认定夫妻共同债务的依据。《民法典》第1064条承继了前述规则。纵观该规则的立法变迁,《民法典》较全面整合了最高法院司法解释的相关规定,形成了较为系统的立法内容。

二、《民法典》第1064条的内涵理解

根据《民法典》第1064条,认定夫妻共同债务有以下三种情形:其一,夫妻基于"共债共签"及"事后追认"所欠的债务,此为明示的夫妻共同债务。这类债务的法律依据虽然是《民法典》婚姻家庭编,但本质上其实是合同法问题。其二,基于日常家事代理制度产生的债务,即出于家庭日常生活需要而负担的债务,无论夫妻双方是否达成合意,均推定为夫妻共同债务。其三,基于夫妻共同生活、共同经营或共同意思表示所负的债务,这是讨论该问题的核心,也是实践中争议最大的部分。

---

[1] 王晓英:"夫妻债务司法解释的合法性问题及其根源与解决对策",载《学术交流》2019年第6期。

第一种情形是共签共认之债，实践中一般要求夫妻双方在相关债务的文件上共同签字，或共同对外传递负债的意思表示。"共债共签"通常是产生债务时签署，而"事后追认"则一般是在夫妻一方负债后，债权人追款时，另一方表示愿意共同承担。根据相关规定和相关司法判例，有证据证明未举债一方对负债知晓且未提出异议的，可以推定夫妻有共同举债的意思表示。

第二种情形是家事代理之债，需要结合日常家事代理制度进行理解。日常家事代理是指夫妻一方因家庭日常生活事务而发生的法律行为，视为夫妻共同意思表示，并由另一方承担连带责任的制度。具体到日常生活中，由于每个家庭的消费水平及观念各异，情况复杂，因此在立法层面并没有作出列举式的规定。最高人民法院民一庭负责人在答记者问时，对"家庭日常生活的范围"提出了参考意见，[1] 主要包括夫妻双方及其共同生活的未成年子女在日常生活中的必要开支，比如衣食住行、医疗保健、子女教育、娱乐文化等消费支出。这些费用是维系一个家庭正常生活所必需的开支，而不是指为奢侈享受支付的款项。

第三种情形是由债权人举证证明的"日常家事代理范围外的债务"，包括夫妻共同消费支配、形成共同财产、管理共同财产产生的支出等。[2] 只要夫妻一方所负债务是为了夫妻及家庭的利益，则应当被认定为夫妻共同债务。实践中常见的"共同生活"所负债务，包括购买房产或车辆供家庭使用、支付未成年子女较高教育费用、夫妻一方或未成年子女重大医疗服务费用、为履行赡养义务支付的费用等。对于"共同生产经营"如何判断，目前并无明文规定，最高人民法院以"共同参与"作为认定标准，主要涉及共同从事经营、投资和购买生产资料等情形，需要考虑活动性质以及双方在活动中的地位作用，[3] 具

---

〔1〕 家庭日常生活的范围可以参考国家统计局有关统计资料显示的我国城镇居民家庭八大类消费种类（食品、衣着、家庭设备用品及维修服务、医疗保健、交通通信、文娱教育及服务、居住、其他商品和服务），根据夫妻共同生活的状态（如双方的职业、身份、资产、收入、兴趣、家庭人数等）和当地一般社会生活习惯予以认定。参见"妥善审理涉及夫妻债务纠纷案件依法平等保护各方当事人合法权益——最高人民法院民一庭负责人就《最高人民法院关于审理涉及夫妻债务纠纷案件适用法律有关问题的解释》答记者问"，载 http://www.court.gov.cn/zixun-xiangqing-77362.html，最后访问日期：2022 年 12 月 22 日。

〔2〕 程新文等："《关于审理涉及夫妻债务纠纷案件适用法律有关问题的解释》的理解与适用"，载《人民司法》2018 年第 4 期。

〔3〕 程新文等："《关于审理涉及夫妻债务纠纷案件适用法律有关问题的解释》的理解与适用"，载《人民司法》2018 年第 4 期。

体到实践中法官确实存在较大的自由裁量权。对此，司法解释应对"经营性负债"作出细化的规定，避免出现同案不同判的情况。

三、夫妻共同债务规则的优化建议

《民法典》关于夫妻共同债务的认定规则仍是原则性的，为了平衡各方的权益，更为了法院在审理案件时有明确的指引，笔者认为需要进一步明确下列两个问题。

（一）夫妻共同债务的举证责任分配及法官在司法裁判中依职权查证

总体来说，《民法典》吸纳了2017年、2018年出台的两部司法解释的规定，否定了《关于适用〈中华人民共和国婚姻法〉若干问题的解释（二）》第24条的规定，将超出家庭代理权范围的夫妻共同债务的举证责任分配给了债权人。这样的规则使得当事人在一些金额较大的商事交易中借助"共债共签"规避风险，也同时解决了既往实践中非负债一方举证困难而"被负债"的现象。但转换视角可以发现，债权人很难证明债务是债务人为了夫妻共同利益所负，如其举证不能将承担败诉责任，最终无法成功追回债务。

笔者认为，在举证责任分配上，应考虑夫妻生活的隐秘性及封闭性，债权人作为第三人很难完全收集到"债务用于夫妻共同生活或共同生产经营"的证据。在债权人能够提供一些线索供法院查明的情况下，法院应依法行使职权责令债务人及其配偶披露债务用途，或法院依职权调取金融账户交易流水查实债务用途，进而判断债务是否属于共同债务。前述建议可能会与夫妻双方的隐私权产生冲突，因此并非债权人提供的所有线索，法院都要去查证，相关线索必须与债务存在关联性。

（二）应明确夫妻一方侵权产生的债务该如何认定

无论是之前的《婚姻法》，还是现在的《民法典》，均忽视了夫妻一方侵权产生的债务如何认定的问题。但此类债务在司法实践中非常多见，也出现了很多对立的观点、混乱的认定标准和同案不同判的乱象。2016年北京市高级人民法院出台参考意见，规定夫妻一方因侵权产生的债务虽原则上不应认定为夫妻共同债务，但若债务系共同生产经营和生活所负，则其产生系为家庭谋取利益，配偶因此享受获益的机会，亦应承受其风险。笔者赞同北京市高级人民法院的前述观点，但地方性的司法文件无法在全国适用，建议通过最高人民法院出台司法解释的方式予以明确。

四、结论

总体而言,《民法典》第 1064 条作为行为规范和裁判规范的功能是显著的。随着民事实体法和程序法的完善,相关司法解释全方位展开夫妻共同债务的认定标准、证明责任、清偿规则以及执行程序并形成链条循环后,实践中处理夫妻债务纠纷时可以更好平衡和保障各方当事人的利益。

论商业秘密保护中的竞业禁止制度

汪静波*

(中国政法大学 北京 100088)

摘 要： 商业秘密作为知识产权的重要一项，因其特殊性质导致其难以受到保护。竞业禁止作为一项旨在保护商业秘密的法律制度，具有不可替代的重要作用，但目前该制度在运行中暴露出一些问题。本文通过分析商业秘密保护的构成要件以及竞业禁止制度中存在的多方利益冲突，提出完善竞业禁止制度的相关建议，以期平衡商业秘密权利人和劳动者择业自由以及公平自由竞争环境的社会效益。

关键词： 商业秘密 竞业禁止 利益平衡

商业秘密作为一项知识产权在市场经济发展中扮演着重要的角色。我国出台的多份政策文件均强调知识产权领域立法的重要性，要求出台法规加强对商业秘密的保护。商业秘密与专利权、商标权等权利明显不同，后者受到保护需要向公众公开其内容，而商业秘密却因其特性不能公开内容，故难以确定相应客体的范围，这也导致商业秘密的权利边界具有不确定性，进而限制了商业秘密的法律保护。

一、商业秘密的构成要件概述

《反不正当竞争法》第9条第4款明确商业秘密的定义，即不为公众所知悉、具有商业价值并经权利人采取相应保密措施的技术信息和经营信息。最高人民法院《关于审理侵犯商业秘密民事案件适用法律若干问题的规定》（以

---

* 作者简介：汪静波（1992年-），女，汉族，江苏徐州人，中国政法大学同等学力研修班2021级学员，研究方向为经济法学。

下简称《规定》）也详细解释了商业秘密的内涵。一般认为，商业秘密的构成要件有"三性"——秘密性、价值性和保密性。

秘密性是指商业秘密"不为公众所知悉"，这是其得以受到保护的首要条件。《规定》将"不为公众所知悉"进一步明确为"不为所属领域的相关人员普遍知悉和容易获得"，如果被同行业或同领域中的一般人或多数人知悉，那么商业秘密就成了相关领域内的公知，失去了秘密性。"普遍知悉和容易获得"是指企业的商业信息没有在公有领域发表或以其他形式出现过，从公知领域或者行业常识中不能轻松地获得。"不为公众所知悉"是一种事实状态，属于消极事实，商业秘密权利人并不承担举证责任，只负有说明责任，即提供相应的证据材料，就所涉信息处于"不为公众所知悉"的状态予以充分说明。在司法实践中，一般被控侵权人主张商业秘密构成"为公众所知悉"，则被控侵权人负有举证责任，证明该商业秘密已进入公知领域并被一般人或多数人知悉。

价值性是指商业秘密可以给企业带来经济价值和竞争优势。根据《规定》的相关内容，经济价值不以现实价值为限，对于已经投入使用的商业秘密，其价值性是实际的，通过研发成本、产出收益、被侵犯有损失等数据计算、估算；对尚未投入使用的商业秘密，其具有潜在的价值，通过关联数据可以体现。以上价值也可以表现为一种竞争优势，为企业在市场竞争中确立强势地位、领先地位，可以理解为时间上的领先或者市场中占据份额的领先。这样的规定较有利于适应对权利人研发复杂的高技术的发展需要，以及促进科学技术的多阶段保护。在确定商业秘密侵权赔偿数额时，价值性就是主要的判断依据。

保密性是指"权利人采取相应保密措施"。该要件强调商业秘密权利人的保密行为，即采取一定保密措施使得一般人在公开渠道无法直接轻易获取，而无论保密结果。[1] 保密措施是指权利人采取的对内与对外，有效的、合理的合同措施、技术措施、物理措施，包括商业秘密权利人建立的保密组织架构、合同约束制度、人事管理制度和风险预警制度，以求达到预防商业秘密被泄露的目的。应当根据所涉信息本质、权利人保密态度、保密措施设置的难易程度、竞争者通过公开渠道获得的难易程度等因素分析其是否已做了合

---

[1] 姜昭："论商业秘密的构成及司法认定"，载《电子知识产权》2010年第8期。

理的保密措施。对于保密性证据权利人负有举证责任,企业尽可能保留保密制度、限制解除、与接触人员的保密协议、采取保密方式方法等相关证据。

二、竞业禁止制度中的利益冲突问题

在商业秘密保护中,企业的自我保护是首要的一环。竞业禁止作为一项有效的保护制度,具有事前预防和事后救济的优势,在实践中被广泛运用。竞业禁止制度是指商业秘密权利人根据法律规定或双方约定,禁止对方从事相关竞业行为的制度,表现为权利人要求劳动者在劳动关系存续期间或离职的一定时期内,不得从事开展同类业务或者到同业竞争者处任职。本文讨论的重点是离职后的竞业禁止。商业秘密保护中的竞业禁止涉及多项利益的博弈冲突,需要平衡好商业秘密权利人利益、劳动者自由流动平等择业的利益、自由公平竞争环境的社会效益等。[1]

(一)竞业禁止与劳动者自由择业权的冲突

竞业禁止制度从适用主体、期限、区域、职业范围等方面限制了劳动者的择业权。从适用主体来看,要充分考虑职责范围、工作性质、是否实际接触商业秘密,防止权利人随意定义"负有保密义务的人"。从限制期限来看,劳资双方约定的期限不得超过两年,但对于特定行业尤其是高精尖行业,商业秘密投入时间长、迭代速度慢,两年期限会致使对商业秘密的保护不足。从限制范围来看,我国法律没有作出明文规定,应将细分领域、细分行业与实际生产范围纳入考虑,减少对劳动者择业权不必要的限制。2022年最高人民法院发布第34批指导性案例中王某诉万得信息技术股份有限公司竞业限制纠纷案充分说明了这一点,该法院二审判决兼顾了用人单位和劳动者的利益。

(二)竞业禁止与人才流动、公平自由竞争环境社会效益的冲突

商业秘密的过度保护以及竞业禁止被权利人滥用妨碍了人才流动的畅通性,进而破坏了公平自由竞争的市场环境。竞业禁止的适用主体被权利人随意扩大、约定天价违约金等现象,在一定程度上限制了行业的人才流动,让人才对选择更好的机会望而却步,无法在专业领域发挥才华。越来越多的优秀人才被滥用的竞业禁止制度所限制和束缚,将会抑制人才以及技术的流动,

---

[1] 邓恒:"论商业秘密保护中竞业禁止协议的法律性质",载《西南民族大学学报(人文社会科学版)》2018年第2期。

制约社会智力资源的合理配置，损害行业的自由竞争环境的健康发展。滥用竞业禁止限制人才自由流动，本质上并不能解决行业和公司竞争力的问题，而更可能拖累社会经济的发展。[1]因此，保障员工自由流动、维护市场公平自由竞争的秩序与保护企业商业秘密和竞争优势之间如何实现更好的平衡是一道必须破解的难题。

三、商业秘密保护视角下竞业禁止制度的优化建议

（一）建立健全商业秘密相关立法

我国现行商业秘密保护立法，以《反不正当竞争法》为主干，同时涉及《劳动合同法》《公司法》《刑法》等法律及相关司法解释以及法规、规章、各地高级人民法院颁布的司法指导意见等，法律形式过于分散。在商业秘密保护实践中，法律适用有时难以协调统一。笔者建议，针对商业秘密保护出台专门立法，进一步完善解决保密审理、举证责任、民刑交叉等问题，尤其需要约束竞业禁止制度的滥用可能，促进该制度发挥最大化社会效益。

（二）进一步优化竞业限制的适用主体、期限、区域、职业范围

对竞业禁止制度施加限定，应以商业秘密可保护的利益、避免给劳动者造成生存困难和不损害公平自由的竞争环境为原则，合理界定和廓清竞业禁止的适用主体、期限、地域、职业范围。明确适用主体中"负有保密义务人员"的标准；充分考虑高精尖技术行业领域提高限制期限的合理性；限制地域应与商业秘密相关产品、服务覆盖面为准而不得随意扩大；限制职业范围要以企业商业秘密内容涉及的领域为准而不能随意扩大到企业注册的经营范围或者是劳动者熟悉的领域。[2]

（三）明确违约金合理的标准平衡保护劳资双方利益

法律法规未限制违反竞业禁止约定的违约金最高数额，数额基本由劳资双方约定。实务中，用人单位可能利用雇主身份或经济优势，迫使劳动者订立高额违约金的竞业禁止条款。笔者建议，法律应设定违约金的合理标准，将经济补偿数额、劳动者的经济基础、劳动者基于生存需要的违约程度等纳

---

〔1〕 翟业虎："竞业禁止的法益冲突及其衡平原则研究"，载《河南大学学报（社会科学版）》2013年第5期。

〔2〕 邓恒："商业秘密保护中竞业禁止的现实困境及解决路径——考察制度的理论基础为研究范式"，载《法律适用》2021年第2期。

入考量来综合确定违反竞业禁止约定的违约金标准，充分保护商业秘密权利人与劳动者双方的合法权益，避免耗费大量司法资源对违约金进行个案调整。

四、结论

随着经济改革的进一步深化，我国商业秘密立法保护体系也逐步完善。作为该体系中重要一环的竞业禁止制度已成为平衡商业秘密权利人与劳动者之间利益冲突的利器。竞业禁止制度不仅涉及商业秘密权利人与劳动者，还牵涉公平竞争市场环境和社会效益。相关法律修订应充分考虑上述利益冲突及竞业禁止制度的平衡协调功能，以更为精细完善的法律规则，化解实务疑难矛盾，促进市场经济稳定健康发展。

商业贿赂行为的统合式规制研究

王丽娜*

(中国政法大学 北京 100088)

摘　要：商业贿赂主要是指经营者为销售或购买商品、争取交易成功而向对方单位或个人采取财务手段的行为。商业贿赂阻碍公平竞争，严重破坏市场秩序，同时也增加消费者的最终负担。目前各国对于商业贿赂方面的规制体系一般涉及民事责任、行政责任和刑事责任。结合国际经验与国内现实状况，本文认为我国应协调现行针对商业贿赂行为的法律责任体系，并优化软法治理机制，形成软硬法结合的统合式协调规制方案。

关键词：商业贿赂　统合式规制　软法治理　营商环境

自古以来，由于商业习惯等原因，我国商业交易经常发生馈赠活动与人情往来活动。这些习惯使得参与市场竞争的经营者逐渐在竞争激烈的环境下产生行为扭曲，这既为投机取巧的经营者提供了不当的机会与便利，也让遵纪守法、诚实守信的经营者成为市场竞争的牺牲品。当前，我国经济实现高质量发展需要公平高效、统一有序的市场环境，故有必要考虑优化商业贿赂行为的规制体系，从而净化市场环境和提升交易效率。

一、商业贿赂的负面影响及其统合式规制必要

我国主要通过竞争法规制和刑法规制两类机制解决商业贿赂问题，但单纯依靠国家的强制力量去控制商业贿赂是远远不够的，还要依靠能够发挥社会各类主体自觉自律性的软法规制机制。显然这三方面的规制目前在我国是

---

* 作者简介：王丽娜（1984年- ），女，汉族，黑龙江哈尔滨人，中国政法大学同等学力研修班2022级学员，研究方向为经济法学。

断裂的，互不相依，互不干涉。因此，防范商业贿赂发生的核心就在于完善和明确统合上述三类机制的相互关系，从而达到保护良好市场环境的目的。

二、商业贿赂行政处罚威慑不足

目前我国处理商业贿赂的主要手段是行政处罚，其在治理商业贿赂中发挥着不可或缺的作用，突出表现在我国《反不正当竞争法》《关于禁止商业贿赂行为的暂行规定》中。但行政处罚的手段却存在不足，即相关法律设定的处罚金额过低，威慑力明显不足。[1] 行政处罚的手段过于单一，以致于在很多商业贿赂行为中，大部分企业或个人在接受了行政处罚后，仍然具备再次进行商业贿赂的条件和资格并进行商业贿赂，没有对其起到制止、控制和警告的作用。参与经营活动的各商业主体实施商业贿赂后，其需要承担的法律责任很多时候也不过是被取消国家强制类相关资质资格证书或吊销许可证、营业执照等，这些处罚对于现如今的巨额商业贿赂行为来说过于轻微。对此，笔者认为可以在经济处罚的同时增加一些其他处罚，例如针对建筑行业的商业贿赂行为，可限制违法行为人一定期限内不可进行政府采购投标活动，这样的处罚相对于经济处罚可能更能起到限制、惩治和预防的作用。另外，法律还应完善行政处罚在单位商业贿赂中的责任划分，例如单位在实施贿赂行为后，应要求其总公司、子公司、分公司共同承担连带责任，这样也可以适当扩大处罚范围，避免在一个地区实施贿赂行为后转移到另一个区域以另一个主体继续进行违法行为。此外，还可以考虑调查实施贿赂的行为人的主观目的，设置针对性的处罚措施，对行贿及受贿的主体同时进行打击。

三、商业贿赂刑事惩治机制的范围与力度不足

从立法角度来看，《刑法》对于商业贿赂的制裁具有一定的滞后性。故《刑法》针对惩治在发展迅速的市场经济中出现的商业贿赂行为，具有自身固有的矛盾与不足。目前学界普遍认为我国《刑法》对于商业贿赂行为的相关规定可分为两个方面，其一是普通的商业贿赂犯罪，其二是针对国家工作人员的贿赂犯罪。显然，国家对于公职人员的贿赂犯罪的惩治更严重，因为二者所侵犯的法益不同——针对企业人员的商业贿赂发生在普通的市场经济活

---

[1] 王建敏："比较法视野下商业贿赂治理立法研究"，载《法学论坛》2010年第6期。

动中,而针对国家工作人员的贿赂犯罪发生在利用职权违背公众信用滥用国家权力的活动中。

当前,科技发展迅速,支付方式更加多元快捷,商业贿赂行为的实施十分隐蔽,许多贿赂行为几乎不会留下任何可追溯的痕迹。为了充分发挥刑法对商业贿赂的惩治作用,一方面应完善刑法的相关规则:其一,扩大商业贿赂的主体范围,将其扩充至商业贿赂中的公司、企业、个人及其他单位;其二,明确贿赂的工具及手段,修改犯罪行为中的"财物"界定,增加所有可以创造利益的财产及非财产规定,明确程序法相关制度,让执法人员在确认和判断商业贿赂行为中有法可依、有法可循。[1]另一方面,完善商业贿赂的刑罚设置。相比公职人员的贿赂犯罪,商业犯罪的刑罚设置过低。当然,商业贿赂与公职人员的贿赂相比对于社会的危害性较轻,但处罚的轻重如何掌握也是一个必须解决的问题。处罚过重可能会对社会经济的发展造成负面影响,处罚过轻又无法实现震慑的作用。对此,应结合罚金刑、资格刑和附加刑从多个角度综合作出判断。

四、完善商业贿赂软法治理的必要性及其实现方式

软法也称软规则,旨在实现被规制主体的无约束力规范、自我规制和自愿规制。软法规制具有多样性、协调性、公开性等特点。笔者认为,在治理商业贿赂方面,软法是应该占主导地位的,因为它从根本上更接近商业贿赂的"源头"。单靠国家的强制手段来制裁商业贿赂难免手段过于单一,治标不治本。要预防商业贿赂的发生,就要从根本上控制、从程序上监督、从思想上引导各主体正确、规范地参与到市场经济活动中。软法治理手段的特点恰好可使它独立于国家强制立法而生成一系列内部性规范文件,并可在实践中不断完善,为立法提供充足的准备和参考。不但如此,软法还可以对现行法律法规提供更详细的解释和说明,在强制手段实施时让执法者和参与者更好地执行和理解,使得国家的硬性治理手段的落实工作更为扎实稳定。

综上所述,软法治理商业贿赂的实施途径包括两个方面。一方面,应从各行业组织的内部开始,倡导同行业坚持诚实守信的竞争原则,提倡公平交易的经营理念。还要坚持定期开展调研工作,根据实际工作经验及商业贿赂

---

[1] 闻韬:"关于反商业贿赂法律规制的思考",载《人民司法》2014年第5期。

案例，制定、修改、完善相关行业规定及行为准则。在规定执行的同时，应该建立健全相关监督组织架构，对违规企业、个人、其他组织进行警告、处罚、批评，甚至可以根据行为的严重性取消其行业或执业资格。需要特别指出的是，针对商业贿赂发生频繁甚至情况严重的行业，自律性组织更应加强管理，保障行业市场经济的有序运行。[1]另一方面，各企业主体的内部管理也在重点规范的范围内。其一，企业要从企业员工的教育、培训工作抓起，尤其是涉及采购或敏感职位的员工及高层管理人员，应对其制定详细的学习资料及考核制度，确保每位员工对于商业贿赂的重要性都有充分的了解。提高管理层的商业贿赂意识，因为只有管理层充分重视，员工才会坚决落实。其二，建立完善的监督、举报制度，确保对商业活动的每个环节都能监督到位，避免商业贿赂行为的发生。建立企业严密的举报制度及途径，对内部举报员工设置绝对保密规则，给予举报者足够的安全感，消除举报者的后顾之忧。企业对于发现的商业贿赂行为及实施者，应根据行为的轻重给予处罚，包括没收非法所得，开除等处理方式。其三，企业不仅应对内部员工进行商业贿赂的宣传与教育，也应对关联公司和供应商进行反商业贿赂理念的传达，并要求对方也遵守公司的相关规定。对长期合作和往来项目频繁的供应商，更应定期审查及走访，做到发现问题及时纠正，避免造成公司更多的财产流失。与内部员工的举报制度相同，针对向公司举报内部员工有商业贿赂行为的供应商，也可设置相应奖励机制与保密制度。

五、结论

商业贿赂行为严重危害经济发展和社会进步，必须以软硬法结合的方式，通过多方面财力、物力、人力的配合，实施统合式协调治理。当然，国家的发展也离不开国际的合作，我国也应与各国共同努力，营造一个对等、公平、统一的经济发展体系，可以考虑签订国际公约或加入多边组织，加强协助、配合和支持，构建反腐败反商业贿赂的全球体制。

---

[1] 沈亚平、宋心然："论商业贿赂的软法治理"，载《河北法学》2011年第5期。

女性就业待遇平等保护的法律实施方案

王天琪*

(中国政法大学 北京 100088)

摘 要: 在我国"三胎"政策实施的背景下,消解女性在家庭与职场间的紧张关系,成为保护女性就业平等权的更大挑战。本文通过探讨缘何需要确立女性就业平等权,阐释女性在就业机会和就业待遇特殊保护方面的不足,分析我国现有政策强调形式平等而无法有效解决就业机会歧视、性别刻板印象、敌意工作环境等女性受到不公正待遇的境况,以期优化我国立法,从而实现女性就业平等权的实质保护。

关键词: 性别歧视 就业平等权 女性特殊保护 实质平等

自改革开放后,随着女性更为广泛积极地参与社会和经济活动,女性收入明显增加,两性平等的情况理应得到改善。但 2018 年国际劳工组织的调查显示,在我国参与就业的女性工人在受教育水平与男性相等甚至有所超出的情况下,其薪资水平依旧低于男性。另外,与父亲身份和薪资增溢挂钩相反,女性一旦担负起母亲的职责,可能会造成贯穿全部职业生涯的薪资亏损,渐渐被"挤出"劳动力市场。[1]

表面看,我国当下的几代劳动者都在"妇女能顶半边天"的口号中长大,且为落实写入宪法中的男女平等、同工同酬等原则,我国在女性就业机会平等、就业特别保护措施等领域制定了数量多、涵盖广的法律法规和政策,但

---

* 作者简介:王天琪(1998 年-),女,汉族,北京人,中国政法大学同等学力研修班 2022 级学员,研究方向为民商法学。

[1] "2018/19 全球工资报告:性别薪酬差距背后的原因是什么",载 https://www.ilo.org/beijing/what-we-do/publications/WCMS_ 679534/lang——zh/index.htm,最后访问日期:2022 年 12 月 17 日。

实施效果并不理想。[1]现实可能与公众的感性认识正相反,无数女性除了要承担私人领域内"看不见"的家务劳动,更可能被公共领域边缘化,成了社会中"看不见的人"。

一、女性就业平等权的内涵范围

国际法上,就业平等权被基本人权之一的工作权所包含。[2]对女性而言,就业平等权是一项重要的经济及社会权利,它不仅代表着经济上的物质收益,还是女性建立社会关系、实现自我价值的重要途径。[3]就业平等权的实现将使女性实现生存权、教育权、发展权等其他人权,可以说是相当重要的赋权途径。[4]

2022年修订的《妇女权益保障法》再次强调了严禁就业性别歧视、生育歧视,男女同工同酬,以及依女性生理特点而提供的特殊保护等方面内容。但在相关法律设计上,如育儿假立法措施尚处于起步阶段,对于女性的就业特殊保护也多为性别差异模式和性别中立模式,体现为在天然的性别偏见上直接强化了传统的性别角色,或是仍以男性规范要求女性,象征性地给父亲也贴上照顾角色的标签。这些促进女性就业平等权的法律设计仅是形式平等,忽略了女性和男性并非站在同一起跑线上,令其预设目的难以真正实现。[5]

参考性别赋权模式较为先进的北欧诸国的立法模式,通过鼓励男女平等承担家庭责任、男性专属的育儿假等赋予男性"女性特质"的方式,可以将女性从家庭领域中释放出来,以特殊的社会补偿来达成实质平等。[6]笔者认为,也只有实质平等才能从根本上改变女性在社会经济条件和职场地位状况中的不利处境,实现女性就业平等权的实质保护。

---

[1] 郭延军:"我国女性就业权平等保护制度反思",载《法商研究》2013年第2期。
[2] 陆海娜:"工作权国际标准的女性主义反思",载《法律科学(西北政法大学学报)》2021年第6期。
[3] 陆海娜:《我国对平等就业权的国家保护——以国际法为视角》,法律出版社2015年版,第2页。
[4] 陆海娜:《我国对平等就业权的国家保护——以国际法为视角》,法律出版社2015年版,第2页。
[5] 王健:"从'性别差异'到'性别中立'再到'性别再造':育儿假立法的域外经验及其启示",载《环球法律评论》2022年第5期。
[6] 郑玉敏:"家庭责任分担立法与中国女性平等工作权的实现",载《法学杂志》2010年第5期。

二、女性就业待遇缘何需要平等保护

（一）就业机会歧视

据调查，我国女性就业实际状况不如男性，就业市场广泛存在针对女性的机会歧视，存在较多的性别限制，其中最明显的是生育问题。[1]在女性已普遍参加社会劳动的现代社会，女性相比男性仍承担大比例的家务和照料工作，这些无酬劳动的经济价值得不到承认，极大影响了女性在就业中的表现。她们因在家务、照料、生育方面的付出而面临时间与精力的双重耗费，影响了其在职场工作中的时间精力投入，导致女性在职场中的总体表现不如男性。而低于男性的职场表现又印证了女性工作能力不如男性的性别歧视观念，进一步加剧就业机会歧视，形成恶性循环。[2]

（二）资源不平等下的绩效制度

在当前以绩效为基础的职场上，强调男女员工的同质性，追求法律上的形式平等，让女性与男性通过看似一视同仁的方式竞争岗位和晋升，忽视了男女实质上的不同处境，以及劳动力市场和法律规则都是以男性中心的绩效标准来构建的这一现实境况。波伏娃有一句话："女人不是天生的，是后天塑造而成的。"在狩猎或游牧时代，女性并不是弱者或第二性，随着农业时代的发展、父权制的建立，女性弱势的话语、地位，被建构出来了，这种弱势是被社会历史文化打造出来的。在这种主观塑造出的性别刻板印象之下，形成了性别职业隔离和女性职业"天花板"。

虽然绩效作为硬指标有利于性别平等，但女性因被建构的性别角色需承担家庭和社会的双重劳动，再加上生育任务，使其在获取时间和社会资源上无法与男性等同而语。而至于人脉等软因素，此类具有决定性效力的非正式规则常常深埋于娱乐社交之中，女性因家庭或自身安全等原因更易缺席此类活动，从而在职场社交资源方面处于劣势，进而影响职业发展。对于女

---

[1] "2018/19 全球工资报告：性别薪酬差距背后的原因是什么"，载 https://www.ilo.org/beijing/what-we-do/publications/WCMS_ 679534/lang——zh/index.htm，最后访问日期：2022 年 12 月 17 日。

[2] 陆海娜："工作权国际标准的女性主义反思"，载《法律科学（西北政法大学学报）》2021年第 6 期。

而言，资源不平等的起点很大程度上决定了其无法以"绩效"和男性竞争。[1]

（三）形式平等的特殊优待

一直以来，我国没有设置以儿童福祉、父亲参与理念为出发点的育儿假，法律主要从女性生理差异的保护出发，给予孕产女性带薪产假。[2]同时为解决照护与就业间的冲突，延长和增设假期是我国的普遍立法选择。[3]这些将育儿照护责任完全固化给母亲的方式，加剧了职场就业中的"母职惩罚"。再加上政府责任缺位，除孕产假由生育保险支付外，在育儿假、特殊补贴等方面没有提供相应的公共财政支持，加重了企业的负担，进一步加剧了企业对女职工的歧视，为女性就业平等权的实现增加了障碍。[4]

（四）男性主导的物理职场空间

在父权制下，职场空间中随处可见性别不平等的结构，因为其设置和分配是以男性为主导的，主要体现了男性掌握的权利和需求。比如很少有公司配备母婴室或是托儿所等针对女性提供的特殊福利待遇，女性专属的特殊空间被认为是非必要的，更多的是性别中立、人人可用的休闲娱乐空间和卫生保健服务。[5]一视同仁看似具有正当性，但缺乏对弱势群体的关怀和补偿，并不能实质消解女性就业平等权中的现实障碍。此外，针对女性的职场性骚扰屡禁不止，女性在敌意工作环境中处境艰难，需要法律的特殊支持和监督保护。[6]

三、女性就业待遇特殊保护措施的优化建议

上述女性的不公平待遇，均需政府和企业承担起矫正就业平等的责任。

---

[1] 陆海娜："工作权国际标准的女性主义反思"，载《法律科学（西北政法大学学报）》2021年第6期。

[2] 徐安琪、张亮："父亲育儿假：国际经验的启示和借鉴"，载《当代青年研究》2009年第3期。

[3] 周宝妹：《女性劳动者权益法律保护：生理性别差异的承认与社会性别歧视的消除》，北京大学出版社2021年版，第173页。

[4] 郑玉敏："家庭责任分担立法与中国女性平等工作权的实现"，载《法学杂志》2010年第5期。

[5] 陆海娜："工作权国际标准的女性主义反思"，载《法律科学（西北政法大学学报）》2021年第6期。

[6] 王歌雅："性别排挤与平等追求的博弈——以女性劳动权益保障与男性家庭责任意识为视角"，载《北方法学》2011年第6期。

比如学者呼吁的家庭责任分担立法，[1]可通过设立不可转让的专属父亲的育儿假，设置特殊补贴、成本社会化、反解雇的条款来激励男性参与家务和照料，以集体的力量和制度化的措施落实女性就业的特殊保护，促进女性在工作职场中得到公平合理的对待，扭转"为了工作舍弃家庭"的女性劳动者形象。[2]

另外，可以借鉴英国经验，制定完备的反就业性别歧视法律制度，建立专门的监管机构保证反歧视法律的贯彻落实。[3]例如，反就业歧视法律制度的设计可以引入"性别刻板印象"的概念，由政府为企业设置女性高管和董事的比例，给予女性无酬劳动补贴，要求政府各部门编制性别预算等。[4]通过国家采取阶段性的强制"平权措施"，提供女性就业待遇的特殊保护，为女性实现与男性的实质就业平等权创造条件。

此外，为构建现实有效的就业平等权保障机制，我国可以充分借鉴美、德两国的经验，畅通司法救济路径，减轻弱势群体举证困难，避免企业为防范被诉风险而实施更隐蔽的歧视，这与维护女性就业平等权的立法目的背道而驰。[5]

四、结论

男女同工不同酬、女性求职困难、"职场天花板"等对女性的不公正待遇问题被反复指出，但其规制情况并无很大改善。我国在女性就业待遇的特殊保护方面应考虑实质平等，突破传统性别藩篱，采取综合手段鼓励两性平等参与家务、照料和育儿等无酬劳动，才能实现对女性就业平等权的实质保护。

---

[1] 郑玉敏："家庭责任分担立法与中国女性平等工作权的实现"，载《法学杂志》2010年第5期。

[2] 王健："从'性别差异'到'性别中立'再到'性别再造'：育儿假立法的域外经验及其启示"，载《环球法律评论》2022年第5期。

[3] 饶志静："英国反就业性别歧视法律制度研究"，载《环球法律评论》2008年第4期。

[4] "护理工作和护理岗位——面向体面的劳动世界未来（执行摘要）"，载https://www.ilo.org/beijing/information-resources/public-information/factsheets/WCMS_757368/lang——zh/index.htm，最后访问日期：2022年12月17日。

[5] 曹薇薇："人口政策转型期平等就业权的司法救济"，载《法学》2022年第6期。

互联网平台"二选一"行为的法律规制研究

吴广泰*

(中国政法大学 北京 100088)

摘　要：限制互联网平台"二选一"行为对相关市场的竞争损害，本文认为应根据《反垄断法》构建以"具有市场支配地位的经营者不得滥用市场支配地位排除、限制竞争"为核心的立法规范框架，同时在修订《反不正当竞争法》中确定"相对优势地位"原则，还应对《电子商务法》相关条款进行必要的限缩性解释，并且可以适当以《消费者权益保护法》作为补充，形成针对"二选一"行为的更为系统完备的法律规制体系。

关键词："二选一"行为　法律规制　限定交易　垄断　不正当竞争

互联网时代，平台作为一种市场组织模式，已经成为数字经济生态系统发展的重要驱动。近年来，社会公众及舆论对互联网平台"二选一"行为的反应极大，相关执法案例暴露出"二选一"行为严重限制市场竞争、损害中小经营者利益等问题。我国法律界人士亟须对此进行系统研究，探索更为高效系统的法律规制路径。

一、"二选一"行为的竞争损害效应

"二选一"行为不是一个法律专业术语，而是公众对平台实施限制竞争行为的一种形象描述，即平台要求平台内经营者必须遵循其主体意志而不能自由选择交易对象所形成的一种限定性或排他性交易行为。

根据《中国反垄断执法年度报告（2021）》，针对互联网平台"二选一"

---

* 作者简介：吴广泰（1977年-），男，汉族，山东济南人，中国政法大学同等学力研修班2022级学员，研究方向为经济法学。

行为严重限制市场竞争、损害中小经营者利益等问题，国家垄断执法机构依法查处了阿里"二选一"垄断案、美团"二选一"垄断案。根据国家市场监督管理总局行政处罚决定书公示的信息，阿里集团要求平台商户进行"二选一"，承诺不在其他竞争性平台上开展经营；美团要求平台商户与其签订"二选一"协议，为其提供独家产品与服务。2021年国家市场监督管理总局以"滥用相关市场支配地位"为依据对阿里和美团分别作出182.28亿元和34.42亿元的行政罚款决定。从上述典型案例来看，损害性"二选一"行为的竞争损害效应表现为：一是排除、限制竞争；二是直接侵犯平台商户权益；三是间接损害消费者的权益。[1] 平台"二选一"行为已经严重影响了数字经济生态的健康，因此必须加以规制，以保护竞争环境和中小经营者利益。

二、我国规制"二选一"行为的法律规范体系

当前我国是以《反不正当竞争法》《电子商务法》《反垄断法》构成对互联网平台"二选一"行为的综合规范体系，以实现不同层次的规制要求。

《反不正当竞争法》直接涉及互联网平台"二选一"行为的法律规制。该法第2条作为一般原则，在第1款中规定了违反公平诚信等基本商业原则及法律规定、商业道德的行为特征；在第2款规定了损害竞争秩序及商户、消费者合法权益的违法效果。法律责任仅限于民事责任，未规定具体行政责任。该法第12条又被称为"互联网条款"，该条第2款前三项罗列了经营者利用技术手段，通过影响交易相对方自主选择，实施损害其他经营者合法提供产品和服务的行为，最后一项属于兜底规定。由于技术手段是构成本条的一个要件，所以该条也涉及技术性"二选一"行为的认定。[2] 违反第12条的民事责任同样适用第17条的规定，此外还适用第24条规定的行政责任，包括停止违法行为与罚款（最高金额设定为300万元）。

与互联网平台"二选一"行为关联性最强的法律规范应该是《电子商务法》。该法第22条规定具有市场支配地位的行为主体"不得滥用市场支配地位，排除、限制竞争"，而对市场支配地位的判定，明确了技术优势、用户数

---

〔1〕中国应用法学研究所课题组等："电子商务平台'二选一'行为的法律性质与规制"，载《中国应用法学》2020年第4期。

〔2〕赵霞："请求权竞合视域下电子商务平台'二选一'行为的三元规制路径及其完善"，载《法律适用》2021年第10期。

量、对关联产业的控制能力及其他企业的依附地位等要素。法律责任也仅限民事责任,未规定具体行政责任。《电子商务法》第 35 条规制模式中的行为要件是,平台利用协议、规则、技术等手段,给予平台商户不合理限制、附件条件及不合理收费。该条规定的限制行为发生在平台与平台商户之间,属于商业性"二选一"行为,这种行为方式不仅包括技术手段,还包括利用服务协议、交易规则进行的不合理限制。该法第 74 条规定的法律责任与违反第 22 条的民事责任相同,此外该法第 82 条规定了罚款的行政责任(最高金额设定为 200 万元)。

《反垄断法》对互联网平台"二选一"行为的规制依据包括第 18 条关于垄断协议的规定和第 22 条关于滥用市场支配地位的规定。"二选一"行为可能是平台产业生态里上下游达成的一种协议,这种协议既可能构成非价格的纵向垄断,也可能会影响平台之间的横向竞争。该法第 18 条第 3 款兜底条款可以对"二选一"进行规制,第 2 款也设立了经营者如果可以证明"不具有排除、限制竞争效果"和相关市场份额低于标准的豁免理由。该法第 22 条第 1 款第 4 项限定交易可以规制"二选一"行为,对此的分析框架要包括四个步骤:一是相关市场界定,这要考虑互联网平台的多边性与外部性;二是是否具备市场支配地位的论证;三是是否形成对市场支配地位的滥用(以对竞争效果的损害来分析);四是是否具备正当理由。[1] 在此基础上,该法第 22 条还进一步明确了利用数据和算法、技术以及平台规则所产生的对市场支配地位的滥用。法律责任上,构成垄断协议或滥用市场支配地位的行为人要承担民事责任和行政责任,行政罚款设定为上一年度销售额 1% 以上 10% 以下。在规制体系中,《反垄断法》的行政处罚额度处于最高界限。

三、法律竞合视角下"二选一"行为的规制路径优化

(一)法律适用问题

由于各部法律对互联网平台"二选一"行为的价值判断与规制路径不尽相同,因此法律适用范围与违法行为认定标准也各不相同,在规制体系构成上还存在衔接不足与逻辑冲突。《反垄断法》的立法宗旨是保护市场竞争,是

---

[1] 袁波:"电子商务领域'二选一'行为竞争法规制的困境及出路",载《法学》2020 年第 8 期。

竞争法领域的基础法，目的是禁止严重损害竞争的垄断行为。由于"滥用市场支配地位"的论证成本比较高，更适用于互联网行业中的头部平台企业，而纵向垄断协议的兜底条款适用条件较为宽松，但适用主体限制严格，因此在司法实践中通过《反垄断法》规制"二选一"行为存在一定困难。《电子商务法》调整的是平台与平台内经营者之间的交易关系，其适用性独立于《反垄断法》，因此构成不同的规制层次。该法第 22 条的适用同样需要界定相关市场，但规制成本太高，同时该条款缺失对应的法律责任；第 35 条规定的不合理因素由于缺少明确解释，在实务中可操作性不强。《反不正当竞争法》与《反垄断法》同属竞争法序列，垄断是操纵市场的一种不正当竞争，违法性质更严重，两法不应同时适用。由于不需要认定行为主体的市场支配地位，相关执法机构更倾向于适用《反不正当竞争法》处理"二选一"相关案件。但是根据该法第 12 条，执法机关需要对涉及"二选一"的相关"技术手段"进行调查取证；同时该条款规定的处罚数额较小，难以对规模巨大的头部平台产生足够震慑效果。

（二）完善规制框架与路径

《反垄断法》作为维护竞争的基本法，应成为规制互联网平台"二选一"行为的核心法律。"二选一"行为的竞争损害效应，要求根据《反垄断法》第 22 条的原则构建立法规范框架，并处理好规制路径及各部法律之间的衔接。适用《反垄断法》的重要考量因素"滥用市场支配地位"需要进一步完善其解释标准，明确相关条款的适用情景，并将"限定交易"解释为纵向垄断协议兜底条款的适用情景。《反垄断法》对头部平台企业的震慑可以在规制体系中起到示范效应。同时在修订《反不正当竞争法》时，应确定"相对优势地位"原则，以扩大规制范围，并明确"迫使、诱导交易相对方签订限定性协议"的认定及标准，可以在体系中有效衔接《反垄断法》，对不具备市场支配地位的平台企业进行规制，完善规制体系。[1]《电子商务法》第 22 条承接了《反垄断法》第 22 条，因此可以作为《反垄断法》的协同和补充规制路径。《电子商务法》第 35 条由于可适用于调整范围更广的商业性"二选一"，因此也有必要对相关条款进行限缩性解释，防止过度适用，影响市场效

---

[1] 王晓晔："论电商平台'二选一'行为的法律规制"，载《现代法学》2020 年第 3 期。

率。[1]

四、结论

在限制互联网平台"二选一"行为的立法规范框架中,除现有的法律法规外,也可适当以《消费者权益保护法》为补充。目前《反不正当竞争法》已提请修订,对互联网平台的"二选一"行为作出了相应的规制要求,更具可操作性。未来我国将可能通过法律修订,获得针对互联网平台"二选一"行为更为全面完善的立法规制框架,更有利于我国数字经济的健康稳定发展。

---

[1] 王胜伟:"互联网行业限制交易行为的认定及管制——以3Q案腾讯'二选一'为例",载《山东社会科学》2017年第12期。

论法定代表人越权担保中相对人善意的认定

谢雨娟*

(中国政法大学 北京 100088)

摘 要：在商事领域中，法定代表人越权担保的法律问题久悬未决，争议频发。在法定代表人越权担保的行为中，影响该代表行为效力的主要因素之一就是相对人的主观状态是否为善意。通过对善意的认定标准进行讨论，结合域外制度的比较法分析，可知善意相对人的知道或应当知道应考察其是否履行了相应的审查义务。

关键词：法定代表人 越权担保 善意 效力

一、法定代表人的权限

公司中代表法人实施法律行为的自然人一般称为法人的代表人，我国法定代表人的权限限于对内的经理权和对外的合同签署权，其并非享有等同于法人的概括权限。对内的经理权赋予了法定代表人管理公司的权力，平衡自身与企业、企业内部各层级、企业与外部的利益，从而维护企业的良好秩序，降低企业的经营成本，同时减小可能带来的外部风险冲击，也有利于企业竞争力的提升。对外的合同签署权赋予了法定代表人依照委托授权书和公司章程的规定代表公司与外部建立契约关系的权力，正当、充分、合理地为公司获取和维护利益。从公司治理和避免滥用代表权的角度看，法定代表人的权力并非完全不受约束，法定代表人代表法人对外从事活动也必然受到来自法律、章程及内部决议或规定的限制。[1]

---

* 作者简介：谢雨娟（1991年-），女，汉族，山东东营人，中国政法大学同等学力研修班2022级学员，研究方向为经济法学。

[1] 参见冉杨："论公司法定代表人的权限"，西南政法大学2020年硕士学位论文。

二、越权担保中"善意"的认定

在代表法人对外从事活动中,法定代表人越权代表的行为时有发生。根据我国《民法典》第 61 条[1]和第 504 条[2]的规定,判断担保行为效果归属的关键在于相对人是否知道或应当知道法定代表人越权,即相对人是否善意。[3]一直以来法律都具有维护社会稳定的功能,然而越权担保中关于善意的认定却一直没有统一的标准,这会导致法律的指引作用减弱,也可能会造成市场秩序的混乱。随着经济交易的多样化,代表人越权代表行为也日益增加,因而迫切需要相关法律法规提供一个相对统一的判定标准,从而适应经济发展的新形势。

法学领域中的善意,是"恶意"的对称,通常有两种表现形式:第一种是指行为人主观上动机纯正,没有自私自利、害人利己的不法或不正当意图订立契约,应以善意履行;第二种指当事人在实施某一民事行为的过程中,对于某事或某物将对该行为法律效力产生影响而毫不知情的一种心理状态。在公司法中,"善意"是利益平衡的关键砝码,与公司和股东之间、股东和交易相对人之间的利益得失直接相关。显然,目前的法律规定趋向于保护善意相对人或第三人,这也意味着此类主体能否取得特定利益取决于其是否善意。公司法对于善意并无确切的定义与描述,而是在一些制度的应用中有所体现。因此,善意的具体内涵还要结合实际情境加以判断。善意相对人的"知道或应当知道"即考察其是否履行了相应的审查义务。那么,界定相对人的审查义务尤为重要,这也是司法实践中最有效的裁判标准。

一般而言,合理审查义务的内涵即相对人在交易过程中应履行何种审查义务。这包括审查什么内容、审查到何种程度两点必要条件。在我国司法实践中,相对人的审查义务以形式审查为主,实务中很少有要求对相对人进行实质审查的。实质审查就是一个最高的标准,它不仅需要对材料的真实性进

---

[1]《民法典》第 61 条第 1 款规定:"依照法律或者法人章程的规定,代表法人从事民事活动的负责人,为法人的法定代表人。"

[2]《民法典》第 504 条规定:"法人的法定代表人或者非法人组织的负责人超越权限订立的合同,除相对人知道或者应当知道其超越权限外,该代表行为有效,订立的合同对法人或者非法人组织发生效力。"

[3] 迟颖:"法定代表人越权行为的效力与责任承担——《民法典》第 61 条第 2、3 款解释论",载《清华法学》2021 年第 4 期。

行审查,而且需要对有效性与合法性进行审查。[1]相较于实质审查,形式审查优势有三:一是大部分相对人的能力有限,进行审查义务的时候往往超出自身能力范围,对此相对人尽到一般常人应注意的义务即可;二是基于保护交易顺利进行的目的,如果要求相对人对相关材料进行实质性的严格审查,在公司内部的相对私密性的情况下,这将无形增加相对人的交易负担,其过程必然繁琐,不利于便捷交易的进行;三是因为信息不对称,在现实生活中相对人对公司内部决议、章程等获取渠道相当有限,如果以交易安全为理由过度偏袒保护债权人利益,这将牺牲公司的治理,而公司治理是股东、债权人等多方利益的结合之处,这必定致使担保交易的总成本增加。

大多数欧洲国家民法都区分了主观善意和客观善意。主观善意通常被认定为一种主观的心理状态,即不知道也不应当知道某一事实或事件;客观善意一般被视为缔约各方行为的规范,包含按照善意或违反善意行事,该标准认为善意的抽象标准必须具体化,以便法院在具体案件的情况下能够适用。在荷兰,法典在一项具体条款中规定了确定特定案件中的善意要求时应考虑的因素。除此之外,在大多数欧洲国家,尤其是德国,私法和法理学的学者都开发了使法院判决合理化和客观化的方法。这些方法论的目的是使得善意等词语的适用尽可能地客观和合理,而不是留给个别法官主观判断。英国的曼斯菲尔德将英国法律中的"善意"评价为"Governing principles applicable to all contracts and transactions"(意指适用于所有合同和交易的管辖原则),但并无特定具体的法律条文或规则给善意下定义。在美国公司法传统中,善意的适用在性质上被描述为具有明确的公平价值考量,因此依赖于法院对于这一原则的谨慎酌量运用。同时着眼于被告是否出于恶意行事或违反了任何商业上的合理标准,恶意则类比于一方当事人根据合同滥用自由裁量权。澳大利亚合同法中关于善意内容的认定取决于具体的规则或原则,甚至取决于每一份合同的条款,经分析发现,善意必须具备的特征包括:不武断或反复无常;没有故意造成伤害的行为;作为实质而非形式的问题,对交易的意图给予应有的尊重。《德国民法典》认为相对人应尽到一定的注意义务,而相对人一定能了解到相关的公司法规定以及担保公司之章程,也就说明了德国将审查公

---

[1] 刘俊海:"公司法定代表人越权签署的担保合同效力规则的反思与重构",载《中国法学》2020年第5期。

司章程和相关的公司法规定囊括于相对人注意义务的内容中。在日本，法学界普遍认为对相对人课以审查义务实不可取，不利于市场之稳定以及经济之发展，仅应在不加重相对人负担的基础上施以适当的注意义务。

三、越权担保的效力认定

交易相对人被认定"不知情"善意时，越权担保合同因保护相对人的信赖利益而成立并生效，此时，毫无疑问法律效果归属于担保公司，公司将依法承担连带保证责任。公司承担责任后，可以启动公司内部的责任机制，在公司高管勤勉义务的基础上，追究法定代表人的责任。

当相对人明确知道法定代表人超越了公司规定的职权范围而实行担保行为时，构成知情非善意。此种情形下，学者们对于担保合同的效力模式判断小有所不同，包括效力待定说和无效说。[1]笔者认为，前一种观点更具合理性，即当交易相对人恶意时，合同的效力由公司来决定。因为如果公司认为担保这一行为对于公司来说是获益的，公司可以对代表人的越权行为进行追认，在公司追认后，相对人主观上的善意与恶意也无须再追究。商事领域崇尚意思自治原则，公司追认就是一种意思自治行为，承认公司追认后的合同效力，也使得促进交易形成多了一种可能。那么公司追认后，即承认法定代表人做出的越权担保行为，意味着公司将对担保合同所产生的法律效果全盘接受。如果公司对于越权行为未予追认，则合同无效，公司也就不需要对法定代表人做出的担保行为负责。

四、结论

对相对人是否善意进行认定，是判断法定代表人对外担保效力的关键。通过对善意的标准进行讨论，不同法律法规对此认定不一，在对外担保的情形中，具体体现为相对人知道或应当知道其是否履行了审查义务。而我国当前实践中对于相对人审查义务的认定主要还是以形式审查为主，相较于实质审查，形式审查具有简易、高效、合理等诸多优势，大大促进了商事交易的便捷性。而根据善意认定结果的不同，越权担保的效力也将有所不同，当事

---

[1] 王建文："《民法典》框架下公司代表越权担保裁判规则的解释论"，载《法学论坛》2022年第5期。

人或单位承担的责任也不同。此外，为规避法定代表人越权担保行为的发生，笔者建议，应在公司治理中规范公司章程，除法律规定的内容外，还应完善股东之间对于公司管理和彼此权力牵制的前置性约定。同时，根据公司经营过程中的盈利状况、风险分析和法规政策变化等相关信息，对公司章程进行相应修改，使公司内部具有规范性和应变性，达到行为有据可依，从而减少越权代表的发生，营造良好的营商环境。

上市公司独立董事的责任范围与归责原则

谢园香*

(中国政法大学 北京 100088)

摘　要：独立董事制度是公司从外部介入的监督管理机制，是企业为了获得良好发展而采用的管理手段。任职独立董事的人员在企业仅担任董事职务，此外不应再担任其他职务。与此同时，企业可聘用多个独立董事，独立董事与其所受聘的企业其他主要股东关系独立，各自保有独立客观判断的独立关系。本文结合康美药业案件中独立董事归责的问题，对我国上市公司独立董事的责任范围和归责原则进行分析，以期助力未来市场经济环境的完善，从而使得我国各大上市公司能够依托规范的独立董事制度而更加健康可持续地发展。

关键词：独立董事　勤勉义务　上市公司　独立性　归责

市场经济不断建设发展，在此背景下，独立董事制度也应随之不断发展、补充、完善。作为公司治理结构中的重要组成部分，任职独立董事的个人应具有相当的职业素养与基本操守，遵守相关法律法规、公司章程及其他规章制度等，认真履行职责，维护公司整体利益。但在实务中，独立董事制度依然存在诸多问题，本文将对上市公司独立董事的责任范围与归责原则进行探讨。

一、我国上市公司独立董事制度概述与功能价值

康美药业案是推动我国独立董事制度完善的关键一环。该案暴露出的上

---

* 作者简介：谢园香（1996年-），女，汉族，广东梅州人，中国政法大学同等学力研修班2021级学员，研究方向为经济法学。

市公司独立董事责任范围问题和归责机制问题，让公众开始重新审视独立董事制度。

首先，上市公司独立董事机制建立的初衷，是企业想要借由该独立机制，在管理、决策、监督等多个方面为企业良好发展提供更大的助推力。独立性是独立董事制度的最大特点，其是指独立董事在上市公司运转中任职和履职方面的独立。独立性至少包括利害关系上的独立性、角色定位上的独立性、代表立场上的独立性和意见表达上的独立性。[1] 与此同时，独立董事对企业及所有股东负责，尤其需要对公司重要事项发表独立意见，代表中小股东发言。[2] 具有良好独立性的独立董事，意味着上市公司在竞争激烈的市场环境中拥有良好的"大脑"，他们能够带领企业乘风破浪。但同时值得注意的是，独立性如果没有相应的束缚，易造成独立董事职权过大，抑或企业用人不善，所任用的独立董事私心过重，也会给企业带来巨大的打击。

其次，在我国诸多上市公司中，缺乏对独立董事个人职权和薪资的明确规定。拥有多个实力、能力水平相当可以相互制衡的独立董事的企业，状况相对较好；若企业只有一个独立董事或只有一个实权董事，那么一般都存在较大问题。建立独立董事的初衷是更好管理、监督企业，[3] 但建立了独立董事机制后，如没有相应的权利制衡体系，也容易造成独立董事职权不守恒、不受约束。而且独立董事薪资的不透明更可能掩盖诸多独立董事为满足个人私欲而作出伤害企业及股东利益的决策的事实。[4]

此外，长期以来我国上市公司的独立董事一般都是由上市公司董事会选出，[5] 这种传统的独立董事聘选关系客观上的确存在两个问题。其一，我国是一个人情社会，经由董事会推选出的独立董事上任之后，心理上多少会对支持自己的董事会成员怀有感激之情，在之后的工作中就很难站在完全客观独立的立场进行判断和决策，从而容易影响公司发展进程。其二，上市公司处于公开市场，企业利益不仅仅包含企业内部利益，同时也包含证券市场中

---

〔1〕 窦鹏娟："'后康美时代'独立董事履职的'独立性'"，载《荆楚法学》2022年第2期。

〔2〕 姜朋："独立董事相对论"，载《中外法学》2015年第6期。

〔3〕 曾洋："重构上市公司独董制度"，载《清华法学》2021年第4期。

〔4〕 赵昌文等："家族企业独立董事与企业价值——对中国上市公司独立董事制度合理性的检验"，载《管理世界》2008年第8期。

〔5〕 张琰卿："我国上市公司独立董事制度的发展现状及对策分析"，载《现代营销（下旬刊）》2022年第5期。

中小股东的利益,而经由公司董事会推选出的独立董事,通常情况下会优先保护董事会各大股东的利益,而容易忽略中小股东的利益,不能代表中小股东的利益和立场。[1]

二、独立董事的勤勉义务与归责原则

前文提到,独立性是独立董事制度的最大特点,但这一特点也对所任职的独立董事的自觉性提出了更高的要求。由于公司实际情况各有不同,我国的法律没有明确对独立董事勤勉义务进行准确定义及职责划分。这也意味着上市公司独立董事诚实、认真、负责履职,以及对企业及各股东负责,主要依靠独立董事的自我意识及自我约束性来实现。[2]因此,对独立董事在工作中是否勤勉、负责、尽心、尽责的判定,主要依赖于商业习惯和经验判断,而非法律的具体条文或要件。[3]那么,为了避免出现康美药业案中的独立董事滥用权职、不认真审核、不负责乱签字等不符合独立董事勤勉义务的情况,可以考虑从以下四个方面加以解决。首先,公司内部应当具有明文条例,并在与独立董事签订的聘用协议上尽可能详细地表述独立董事的各项职责及义务。其次,必须明确要求独立董事在进行决策时应依顺位考虑企业及各股东的利益,不能考虑个人私利;若独立董事违背要求,应当受到处罚并解除合作关系。再次,还可以设立相应的企业内部监管机制,在一定程度上对独立董事进行制衡。最后,独立董事还应当积极配合并主动参加企业或证监会组织开展的各项培训活动,以保证独立董事在公司的各项工作中能作出正确的判断,从而更好地肩负起独立董事应有的职责。[4]

客观来说,没有法律条文明确划分独立董事对企业及其股东的法定义务的标准,但实际上企业及社会对其有着较高的职责要求。然而也不能矫枉过正,企业一遇到阻碍或问题,所有的责任就由独立董事一人背负,这是不正确的。企业出现违法乱象,其他实际控制人、董事、监事和高级管理人员都

---

[1] 高超:"莫让独立董事成为牺牲的'花瓶'",载《老字号品牌营销》2022年第20期。

[2] 张婷婷:"独立董事勤勉义务的边界与追责标准——基于15件独立董事未尽勤勉义务行政处罚案的分析",载《法律适用》2020年第2期。

[3] 上市公司治理研究课题组、台冰:"独立董事在上市公司信息披露中法律责任问题研究",载《证券市场导报》2022年第5期。

[4] 汪青松、罗娜:"独董独立性谜题与机制独立性再造",载《证券市场导报》2022年第3期。

应当依法承担相应责任。为了优化独立董事的勤勉义务及归责问题，可以为独立董事建立一系列考核体系。该体系包含但不限于公司整体绩效水平和公司管理情况等，由企业大中小股东、员工进行综合评分，中小股东的分值权重应大于大股东，这样可以客观反映出独立董事的任职水平，且这一评分体系应与独立董事的薪酬收入直接挂钩，以此激励独立董事。在需要对独立董事进行追责时，同样可以利用这一评判系统，以决定独立董事在实践中承担责任的比例。

三、独立董事责任范围的发展变化

分析康美药业案所暴露出的独立董事履职不当问题，不难发现，我国各大企业的独立董事多是兼任，再加之其缺乏对勤勉义务的认知，未能做到尽心尽力为企业服务，实则成为公司董事会的"挂名"成员，这一现象在国内各行各业都是极为普遍的。[1]各大企业聘用的独立董事大概率都是在专业领域或者社会层面具有一定声誉或者权威的人士，企业只要利用其名声就能揽获不少的利益。在这个过程中，独立董事如果不能尽力履职，很可能被企业的实际控制人利用，最后变为"过街老鼠"。独立董事并非没有责任，但不能因疏于履职将其定位为"罪魁祸首"。由此，独立董事的过错程度是确定其责任程度的重要依据。在康美药业案中也可以看到，根据独立董事的职责以及在虚假陈述事件中所扮演的角色的不同，影响着其承担责任的多少。但无论如何，都应当加强对独立董事独立性的确定塑造。这里所指的"确定塑造"是企业有意识地将独立董事塑造成企业所需要的角色，同时独立董事也应当更加具有自控力地肩负起自己的职责。

四、结论

在激烈的市场竞争环境中，上市公司独立董事制度是公司治理和市场规制非常重要的组成部分。虽然当前的独立董事制度不尽完善、问题诸多，但企业可以根据具体情况，在确保企业利益及股东权益的基础上，以更加合理公平的方式进行调整。既可以考虑优化企业内部管理体系，也可以考虑聘任

---

〔1〕冯玉音、唐佳邑："独立董事证券虚假陈述责任研究"，载《山东警察学院学报》2022年第1期。

全职独立董事，还可以考虑设置更好的推选方式，抑或设计独立董事的相互制衡机制等。此外，独立董事本身也应当加强自身的勤勉义务意识，在扶持企业发展的路上认真、诚实、公平、尽心、尽责，真正做到为企业发展乘风破浪、保驾护航。最后，在依法对独立董事进行归责时，应当根据实际情况进行责任划分，不矫枉过正。

"知假买假"行为的解释论与法律适用分析

许英宗*

(中国政法大学 北京 100088)

摘 要：知假买假行为的法律规定体现出维护消费者生命安全和禁止职业打假人恶意诉讼之间的微妙平衡。职业打假人的出现，对增强消费者权利意识、鼓励惩罚性赔偿机制运用、打击经营者违法侵权行为产生了一定的积极作用。但为了避免浪费司法资源、形成打假商业化氛围，法律应仅允许食品、药品领域的知假买假者请求惩罚性赔偿而不再扩张适用范围。

关键词：知假买假 食品药品 消费者权益 惩罚性赔偿

一、"知假买假"行为的内涵分析

"知假买假"是指行为人在知晓某商品具备特定瑕疵的情况下仍购买该商品，并以购买的商品存在瑕疵为由向生产者或者销售者主张赔偿的行为。[1] "知假买假"中的"假"应当作广义理解，指有瑕疵的商品或服务。长期进行"知假买假"活动并从中获得收入的人群通常被称为"职业打假人"。

关于"知假买假"能否适用《消费者权益保护法》第55条，进而能否获得惩罚性赔偿的问题，理论与实践中长期存在争议。2014年最高人民法院《关于审理食品药品纠纷案件适用法律若干问题的规定》（以下简称《食品药品规定》）明确了食品、药品消费领域的"知假买假"行为不影响消费者维护自身权益，其仍可以获得惩罚性赔偿。这一时期最高人民法院公布的指导

---

* 作者简介：许英宗（1991年-），男，汉族，广东珠海人，中国政法大学同等学力研修班2021级学员，研究方向为经济法学。

[1] 刘保玉、魏振华："'知假买假'的理论阐释与法律适用"，载《法学论坛》2017年第3期。

案例和维护消费者权益的典型案例,肯定了食品、药品领域"知假买假"消费者可以获得惩罚性赔偿,此类消费维权诉讼案件也随之激增。然而2016年《消费者权益保护法实施条例(征求意见稿)》(以下简称《消法实施条例草案》)规定了"以营利为目的而购买、使用商品或者接受服务的行为不适用本条例"。该条规定被认为对《消费者权益保护法》的适用对象进行了重新界定,引起了广泛的讨论。[1]

二、"知假买假"行为认定中的法律争议

(一)"消费者"的定义

关于"知假买假者"是否属于"消费者",有学者认为,只有消费行为符合《消费者权益保护法》第2条所规定之"生活消费"者,才能适用《消费者权益保护法》第55条第1款。知假买假的消费行为不具有生活消费的性质,故不应适用该条款。这种看法与实践严重脱节,在实践中至少69%主张惩罚性赔偿的诉讼由知假买假者提起;在食品、药品等立法者特别关注的领域,这个比例更是达到了80%以上。[2]

对于食品、药品领域的"知假买假"索赔行为,法院多以行为人购买商品是否存在食用来判断其是否具有消费者身份。行为人出于索赔牟利的目的,购买食品、药品而非用于食用的,或购买非食品、药品的其他普通商品,不属于正常消费,其不具备"消费者"主体资格,不受《消费者权益保护法》与《食品安全法》的保护。[3]

(二)"惩罚性赔偿"的解释

根据《食品药品规定》第3条,知假买假者同样有权向生产者和销售者索赔,但此处的"主张权利"除赔偿损失外,是否还可以要求销售价款十倍的惩罚性赔偿仍存有争议。[4]《食品安全法》第148条第2款规定,十倍惩罚性赔偿有两个构成要件:一是食品具有实质危害;二是消费权益受到侵害。

---

[1] 刘保玉、魏振华:"'知假买假'的理论阐释与法律适用",载《法学论坛》2017年第3期。

[2] 葛江虬:"'知假买假':基于功能主义的评价标准构建与实践应用",载《法学家》2020年第1期。

[3] 李剑:"论知假买假的逻辑基础、价值理念与制度建构",载《当代法学》2016年第6期。

[4] 郭明瑞:"'知假买假'受消费者权益保护法保护吗?——兼论消费者权益保护法的适用范围",载《当代法学》2015年第6期。

根据《民法典》的规定，惩罚性赔偿责任被严格限定为造成严重人身损害的故意侵权行为。由于《消费者权益保护法》文本上的"损失"在多倍赔偿责任与惩罚性赔偿责任中的含义并不一致，为了获得赔偿而使自己遭受严重的人身损害是极不合常理的，因此关于"惩罚性赔偿"的认定目前还没有统一的说法。[1]

江苏省高级人民法院《关于审理消费者权益保护纠纷案件若干问题的讨论纪要》指出，对于普通消费领域，惩罚性赔偿的构成要件是经营者在提供商品或者服务时有欺诈行为。而对于食品、药品消费领域，购买者明知商品存在质量问题仍然购买，并主张惩罚性赔偿的，人民法院予以支持，但自然人、法人或其他组织以牟利为目的而购买的情形除外。[2]

当消费者买到不符合安全标准的食品时，若尚未造成人身损害，则可依据《民法典》相关规定请求对方承担违约责任，但不能请求十倍赔偿，目的是避免某些人利用法律获取不正当利益，造成诉讼资源浪费，进而遏制生产者和销售者的积极性。但是当该不符合安全标准的食品对消费者造成人身损害时，消费者可以根据《食品安全法》第148条第2款请求赔偿十倍价款。[3]

（三）"明知"的解释

从购买者是否知道瑕疵的角度，可分为购买者"明知"与"不知"两种情形；从购物动机的角度，又可分为"消费目的"与"索赔目的"。因此，消费者在"明知"的情况下，也可能出于生活消费的目的，不能因消费者的"明知"而推定其一定具有"索赔目的"。事实上，在"职业打假人"群体中，"知假买假"者也存在着"公益目的"，即与食品安全违法行为作斗争，并监督生产者的经营行为。即使在理论上能够分清上述三种目的，在实践中却难以精确地判断哪些"知假买假"者仅有纯粹的"索赔目的"。[4]

一些假冒伪劣商品的外形与真实商品难以区分，此类欺诈行为的隐秘程度较高，导致追责率较低，并且可能导致多数消费者的人身损害。生产假冒伪劣产品获利，可能会对其他商家产生示范效应，使他们更愿意投资这一不

---

[1] 王承堂："职业打假人起诉资格的规制逻辑"，载《法学》2018年第11期。
[2] 应飞虎："禁止抑或限制？——知假买假行为规制研究"，载《法学评论》2019年第4期。
[3] 王承堂："职业打假人起诉资格的规制逻辑"，载《法学》2018年第11期。
[4] 尚连杰："'知假买假'的效果证成与文本分析"，载《华东政法大学学报》2015年第1期。

当获利的行业,从而严重危害市场的运行秩序。故从威慑功能的角度出发,应当考虑借助知假买假者的力量来实现威慑功能。[1]

三、"知假买假"行为的规制路径优化

食品、药品直接关系人体健康,是特殊且重要的消费产品,《食品药品规定》产生于重大食品、药品安全事件频繁曝出、群众对食品、药品安全问题反映强烈的大背景之下,是特殊背景下的特殊政策考量。职业打假人的出现,对增强消费者权利意识、鼓励惩罚性赔偿机制运用、打击经营者违法侵权行为产生了一定的积极作用。从打击的效果来看,由于成本较小、取证相对容易,牟利性打假的对象主要是大型超市和企业,主要集中在产品标识、说明等方面。由于该类企业往往是同类市场上产品质量相对有保障、管理较为规范的生产经营主体,因此出于公益目的的知假打假行为对于真正对市场危害较大的假冒伪劣产品及不规范的小规模经营主体的打击效果不明显。[2]

若允许知假买假者对实际损害很小的欺诈行为提起诉讼,会对经营者造成威慑过度的后果。如果因威慑而激发了部分消费者的讹诈心理,无疑将影响企业正常的生产经营,给经济与社会秩序带来负面影响。这种负面影响又会变为一种成本,并最终转嫁到消费者身上。故不能无例外地允许知假买假行为适用《消费者权益保护法》的惩罚性赔偿规则。[3]

另外,行政执法和司法裁判中似乎对完全以牟利为目的,甚至主观上存在敲诈恶意的索赔请求并不予以支持。地方法院和行政机关之所以作出这种排除规定,一方面是基于民法中诚实守信和善良风俗等基本原则的要求;另一方面也是因为实践中很多职业打假人为谋求惩罚性赔偿的巨大利益而开始"假打""乱打",甚至不惜通过栽赃等违法行为对商家进行敲诈勒索。对知假买假请求惩罚性赔偿予以合理限制,同样在于杜绝此种不当获利的滋生。最近的商业化趋势已经造成了打假行为的变质,可谓"无视司法权威,浪费

---

[1] 葛江虬:"'知假买假':基于功能主义的评价标准构建与实践应用",载《法学家》2020年第1期。

[2] 李仁玉、陈超:"知假买假惩罚性赔偿法律适用探析——对《最高人民法院关于审理食品药品纠纷案件适用法律若干问题的规定》第3条的解读",载《法学杂志》2015年第1期。

[3] 葛江虬:"'知假买假':基于功能主义的评价标准构建与实践应用",载《法学家》2020年第1期。

司法资源"。因此，应对知假买假的行为根据消费领域进行区别对待，"不宜将食药纠纷的特殊政策推广适用到所有消费者保护领域"。[1]

四、结论

在目前消费维权司法实践中，职业打假人、打假公司（集团）不断涌现，知假买假行为有形成商业化的趋势，其动机并非为了净化市场，而是利用惩罚性赔偿为自身牟利或借机对商家进行敲诈勒索。这些行为严重违背诚信原则，无视司法权威，浪费司法资源。同时，职业打假人频繁出现的争议性话题也不免令人深思，如果不对具体问题具体分析，而采取简单一刀切的方式处理，并不能真正解决问题，反而会降低法律在民众心里的权威性。

当然，任何事物都有正反两面，对职业打假人也无法进行单一的评价。基于法价值中"秩序""人权""正义""效率"等考虑，不能忽略职业打假人对法律有效实施的贡献，这也是为什么最高人民法院司法解释会在食品、药品行业作出特别规定。职业打假人在人民群众最关切的食品、药品行业中，至少在客观上起到了引起人们关注食药安全问题的作用，得到了人们的认可，形成了良好的打假氛围，从而能使消费者更好地运用法律保护自身的切实利益。从各地关于知假买假案件的统计来看，如果不是职业打假人的努力，相关消费者权益保障法可能会沦为僵尸条文。

毁誉参半的背后是法律惩戒不力、市场监管相对滞后、行业组织缺位、个人维权困难等诸多现实问题。也因此，市场秩序的净化并不能仅依赖于职业打假人，而是需要更细致的立法、更有效的行政监管以及更顺畅的个人维权渠道。

---

[1] 葛江虬："'知假买假'：基于功能主义的评价标准构建与实践应用"，载《法学家》2020年第1期。

反不正当竞争公益诉讼机制构造研究

朱元恺*

(中国政法大学 北京 100088)

摘 要：随着时代的发展和互联网经济的日新月异，不正当竞争行为侵害众多消费者权益的案件日益增多，而现有竞争保护机制不完善，司法机关进行裁判时显得愈发捉襟见肘。反不正当竞争公益诉讼是为了解决以不正当竞争手段侵害不特定消费者群体合法权益这一违法行为所面临的法律缺失、主体缺位和违法者责任赔偿形式特殊等问题的一种特殊的诉讼程序。我国有必要借鉴域外的相关制度，构造反不正当竞争公益诉讼机制。

关键词：反不正当竞争 公益诉讼 不特定消费者群体 起诉条件

《反不正当竞争法》并未对反不正当竞争公益诉讼作出规定，但随着互联网经济的发展，现实生活中越来越多的企业和团体涉嫌以不正当竞争手段侵害广大不特定消费者群体的利益，由于维权难度大和相关法律缺失，遭受侵害的不特定消费者群体的利益难以得到有效维护，使得违法者逃脱法律制裁，不正当竞争行为也变本加厉。因此，反不正当竞争公益诉讼的机制构造也成为一个值得探讨的话题。

一、反不正当竞争公益诉讼的概念辨析

反不正当竞争公益诉讼，是指检察机关、社会团体或公民个人为保护涉众不特定消费者整体权益，进一步维护公共利益，针对负有行政监督管理职责的行政机关违法行使职权或不作为以及经营者违反反不正当竞争法律规范

---

* 作者简介：朱元恺（1984年-），男，汉族，天津人，中国政法大学同等学力研修班2021级学员，研究方向为经济法学。

侵犯消费者权益的行为，依法向法院提起的行政诉讼或民事诉讼。[1] 这一定义较符合当前对反不正当竞争公益诉讼的主要需求，阐明了诉讼主体、主观目的、公共利益客观性，有助于将其与消费者权益保护公益诉讼区分开。

我国已经在《民事诉讼法》和《行政诉讼法》中规定了消费者权益保护公益诉讼，并由《消费者权益保护法》规定了消费者权益保护制度和损害赔偿制度，但因其局限性并不能完全替代反不正当竞争公益诉讼的特殊作用。首先，消费者权益保护公益诉讼在保护法益的基础上已经不能涵盖互联网经济下日益突出的各种不正当竞争行为所损害的不特定消费者群体的合法利益。其次，消费者权益保护民事公益诉讼直接保护消费者人身财产安全，而反不正当竞争法对消费者权益的保护是整体性、宏观性的，保护的是知情权、自主选择权等抽象权益。[2] 消费者权益保护行政公益诉讼仅限于食品药品安全的范围，超出这一范围的行政机关违法行使职权或不作为行为不一定能够通过公益诉讼予以规制，而反不正当竞争行政公益诉讼所关注的并不局限于食品药品安全领域，可以更有效地保护消费者权益。

二、反不正当竞争公益诉讼的功能定位

为了顺应保护人权的历史需要，当代司法领域形成了以司法权为核心、与个人权利本位理念相适应的法律实施机制，但其在应对日益复杂的经济失序以及维护社会公共利益方面存在一定的缺陷。在规制各种经济行为的经济法出现以后，法律实施机制不可避免地需要进行改造和创新。经济法奉行社会本位观，主要以实现公共利益为使命。[3] 与保护个人权益为主的民法不同，经济法需要特别的诉讼程序来匹配其保护的复杂法益，反不正当竞争公益诉讼的提出恰恰可以满足这一需求。

有损害必有救济，特别损害特别救济，这是现代法治的基本要求。[4]《反

---

[1] 赵祖斌：“反不正当竞争公益诉讼：消费者权益保护的另一途径”，载《中国流通经济》2020年第11期。

[2] 杨华权、姜林萌：“论反不正当竞争法对消费者权益的独立保护”，载《竞争政策研究》2016年第3期。

[3] 赵红梅：“经济法的私人实施与社会实施”，载《中国法学》2014年第1期。

[4] 周林彬、何朝丹：“公共利益的法律界定探析——一种法律经济学的分析进路”，载《甘肃社会科学》2006年第1期。

不正当竞争法》第 17 条规定了被违法竞争行为侵害的经营者享有损害赔偿请求权，但这种停止侵害责任制度存在一个根本前提，即唯有遭受违法行为直接损害的经营者方可提起停止侵害诉求，忽略了诸多并非完全指向特定经营者的不正当竞争行为。而不正当竞争行为有时候是通过侵犯社会公共利益、侵害市场秩序、弱化市场机能来侵害公民、法人的个体利益的。通过保护个人利益来维护公益的传统诉讼已经不能满足社会发展的需要，[1]反不正当公益诉讼可以有效解决"特别损害特别救济"的问题，帮助不特定消费者群体合理地维护权益。

《反不正当竞争法》并没有吸收德国法中关于"允许相关社团以警告函代替诉讼来实现停止侵害之目的"的相关规定，[2]而坚持采用了行使损害赔偿请求权的单一诉讼模式。反不正当竞争公益诉讼作为集团性公益诉讼的一个特殊类别，可以解决目前实施不正当竞争行为进而侵犯消费者合法权益的各类案件中所面临的维权难、举证难等问题。

三、反不正当竞争公益诉讼的法律构造

随着电子商务的发展，反不正当竞争领域中出现越来越多的大规模侵权案件。为提高诉讼效率、避免矛盾裁判、克服受害人理性冷漠并防止经营者效率违法，相当数量的受害人向公益团体转让潜在的实体请求权，既能够实现"合并同类项"的诉讼规模效应，又能使公益团体在提出不作为之诉的同时代表受害人请求损害赔偿，这将强化团体诉讼对大规模侵权行为的预防功能和威慑效果。[3]笔者认为，借鉴德国反不正当竞争法的团体停止侵害诉讼制度和美国法的集团诉讼、胜诉酬金制、三倍赔偿、证据开示等制度，我国反不正当竞争公益诉讼的法律构造可以进行如下设计：

（一）原告资格

首先，根据《反不正当竞争法》之规定，经营者在反不正当竞争公益诉讼中享有当然的诉权。其次，让消费者拥有原告资格，可通过公益诉讼来救

---

[1] 颜运秋、周晓明："竞争公益诉讼的法理与规则"，载《甘肃社会科学》2008 年第 2 期。

[2] 唐晋伟、邵建东："比较法视野下的中国社团公益诉讼价值新论——以德国反不正当竞争法中的团体停止侵害诉讼制度为范本"，载《经济法研究》2009 年第 1 期。

[3] 黄忠顺："论公益诉讼与私益诉讼的融合——兼论中国特色团体诉讼制度的构建"，载《法学家》2015 年第 1 期。

济因不正当竞争行为权益受损的其他消费者，解决普通诉讼成本高、法律救济能力弱、对违法单位威慑力有限等问题。再次，在反不正当竞争公益诉讼中仅个体行使诉权并不能满足社会需求，诉讼中需要的大量专业知识是个体力所难及的，这需要一些特殊的社会团体参与其中，如消费者协会。最后，检察机关作为法律监督机关，在诉讼能力、人员素质、财力支持等方面具有优势，可以解决消费者以及消费者协会等团体在面对强势经营者时处于弱势地位的问题，使之享有提起反不正当竞争公益诉讼的诉权具有必要性。[1]

（二）受案范围

受案范围应先限定于因经营者之间的不正当竞争导致消费权益受损的违法行为。虚假宣传等具有社会公益危害性的违法行为应当受到公益诉讼的规制，避免扩大社会负面影响。仿冒商标、商业诋毁等直接侵害经营者权益的违法行为，如其间接侵害了消费者权益或者使消费者遭受巨大损失，也应纳入公益诉讼的受案范围。对滥用行政权力限制竞争的违法行为，如帮助经营者进行不正当竞争侵害消费者权益，可以对其提起公益诉讼。负有监督管理职责的行政部门如未依法履行职责，造成大量不特定消费者的社会公共利益受损，其行为也应受到反不正当竞争公益诉讼的规制。

（三）权益损害标准

反不正当竞争公益诉讼应以消费者整体权益受到侵害作为判断不正当竞争行为违法的重要指征，而不特定消费者权益受损是公共利益受损的重要标志。

（四）特殊责任形式

基于反不正当竞争公益诉讼涉及原告主体范围的扩大和涉案事由的复杂多变，应当对其附加严格的条件限制，以避免经营者滥用诉权破坏竞争、影响司法公正、浪费公共资源的情况发生。首先，诉讼主体的限制，除了请求权主体外，诉讼的实际参与者必须与请求权主体存在独立的、法律上的利益关系，且诉讼结果能够影响其自身的法律地位。可借鉴欧盟竞争法中私人实施的相关规定，采用选择加入模式、败诉方付费模式和拒绝整体引入胜诉酬

---

〔1〕 赵祖斌：“反不正当竞争公益诉讼：消费者权益保护的另一途径”，载《中国流通经济》2020年第11期。

金制等方式。[1]其次，举证责任倒置，在大规模侵权案件中遭受侵害的不特定消费者群体，因自身条件限制很难在诉讼过程中取得关键违法证据，这就需要特殊的程序法规定由被告提供反证来维护司法公正。最后，赔偿金的数额和赔偿范围，针对不特定消费者群体进行的侵权行为，因无法确定受害者范围和具体损害数额，往往无法准确地对违法单位提出合理、合法的赔偿要求。对此，可以借鉴国外成熟的赔偿制度，确立以惩罚性赔偿为主、填补性赔偿为辅的损害赔偿制度，其功能在于提高违法成本，防止违法者再违法，并对其他潜在违法行为予以警示。

四、结论

虽然我国检察机关依托现有公益诉讼的立法规定，尝试性地开展反不正当竞争公益诉讼取得了不错的效果，但也存在很多对消费者权益保护不足的地方，甚至在某些层面助长了违法者因违法成本过低而肆意侵害消费者权益的不良风气。因此，构建反不正当竞争公益诉讼制度具有现实的必要性和可行性，对反不正当竞争公益诉讼机制构造进行研究，定义其概念，确定其功能定位，进而明确其诉讼主体、启动标准、受案范围和损害赔偿等相关事项，具有重大的理论和实践意义。

---

[1] 綦书纬："欧盟竞争法私人实施一体化：梦想照进现实？"，载《欧洲研究》2016年第2期。

"严重违反用人单位规章制度"的司法审查标准研究

金钰迪*

(中国政法大学 北京 100088)

摘 要：近年来，随着劳动争议案件的增加，司法机关如何判断是否存在"违法解除"成为劳动者、用人单位关注的焦点之一。在《劳动合同法》第 39 条列出的几项合法解除情形中，最难判断的无疑是"严重违反用人单位的规章制度"中"严重"的标准。本文旨在根据两个典型案例中对"严重"标准的界定，探究司法审查标准不一的司法人员方面原因，并提出相应建议，作为司法机关、行政机关、劳动者、用人单位的参考。

关键词：劳动争议 司法人员 严重违反用人单位规章制度

一、本文"严重违反用人单位的规章制度"的范围

一些企业的规章制度明确规定了违规行为的后果，如降职、扣除绩效奖金、辞退等，司法机关往往根据该明确的规章制度条文判断用人单位对劳动者的解除决定是否合法，但这种情况不在本文的讨论范围之内。本文所讨论的是司法机关在缺少违规后果依据或者违规后果依据模糊不清的前提下，当劳动者存在违规事实时，仅凭借司法人员自由心证，判断用人单位对劳动者的解除决定是否符合法律规定。

---

* 作者简介：金钰迪（1999 年－），男，满族，北京人，中国政法大学同等学力研修班 2022 级学员，研究方向为社会法学。

二、司法审查标准不一的具体表现

司法审查标准不一的表现形式多种多样，包括同一辖区内的劳动人事争议仲裁委员会、人民法院在劳动仲裁、一审、二审阶段对同一事实是否"严重"的认定不同，也包括不同辖区的仲裁委员会、人民法院针对相同、相似事实是否"严重"的认定不同。本文以典型案例的形式讨论第一种情况，即同一辖区内的劳动人事争议仲裁委员会、人民法院在劳动仲裁、一审、二审阶段对同一事实是否"严重"的司法审查标准不同。

（一）林某与某快递公司劳动争议一案

林某2003年5月入职该快递公司，劳动关系存续期间，快递公司向林某送达包括"存在违规行为，情节严重的，扣除相应分数，一个周期内累计扣分20分以上，可解除劳动合同"的规章制度。2019年3月起，林某因存在上班睡觉、玩手机等行为，被快递公司接连扣分。2019年4月，快递公司以"严重违反用人单位的规章制度"为由解除与林某的劳动合同。

对此，一审法院认为：快递公司给林某安排的工作并不饱和，林某的行为未达到"情节严重"的标准，不应扣除相应分数，快递公司构成违法解除劳动合同。而二审法院则认为：林某上班睡觉、玩手机等行为均有证据证明，属于严重违反用人单位规章制度的情形，快递公司系合法解除劳动合同。

（二）王某与某产品公司劳动争议一案[1]

王某2000年入职该产品公司，2020年12月18日，产品公司以王某存在六项违纪事实，以严重违反规章制度为由解除与王某的劳动合同。然而一审法院只认定了王某的两项违纪事实：2020年5月13日，王某在公务用餐时发表了对女性员工的不当言论；2020年9月9日，王某在公务用餐时发表了针对下属的不当言论。

针对认定的两项违规事实，一审法院认为：王某两次发表的言论属于不当言论，王某存在严重违纪行为，产品公司对王某的解除行为合法。而二审法院认为：其一，王某针对女性和下属发表的言论确实不合适但未达到性别

---

[1] 广州顺丰速运有限公司诉林某成案，广州市越秀区人民法院〔2019〕粤0104民初34593号民事判决书、广州市中级人民法院〔2020〕粤01民终2710号民事判决书。王某诉罗氏诊断产品（上海）有限公司案，上海市浦东新区人民法院〔2021〕沪0115民初33285号民事判决书、上海市第一中级人民法院〔2021〕沪01民终11969号民事判决书。

歧视、威胁员工的严重程度；其二，王某在产品公司任职 20 年，已经形成了具有个人特色、符合行业特征的管理方式，公司之前从未与王某沟通过其管理模式的弊端，本次却直接选择解除劳动合同，处理方式并不合理，产品公司构成违法解除。

三、司法审查标准不一的原因

我们从上述两个案例可以看出，针对认定的同一案件事实，司法人员的审查标准可以分为两类：第一类司法人员会严格根据劳动者的行为本身、用人单位规章制度直接判断，而第二类司法人员会深入挖掘劳动者作出相关违规行为的背景、起因、给用人单位造成的后果等，综合考虑后作出更谨慎的判断。出现上述不同审查标准的原因在于以下方面：

（一）司法人员的专业能力不同

司法人员的专业能力，很大一方面在于其还原案件事实的能力。部分司法人员在法庭审理的法庭调查阶段，会在一些细节上多次询问案件双方当事人。在劳动争议案件中，有些能力较强的司法人员会同时判断劳动者、用人单位陈述事实的合理性、相关性、逻辑性，以更全面地了解劳动者违规行为的前因后果。而经验相对较少的司法人员，可能只针对劳动者的违规行为、用人单位规章制度进行询问，而忽略了其他因素，这不可避免地导致其裁决、判决过于僵化，令双方当事人较难接受。

（二）司法人员对劳动法的理解不同

我国《劳动法》第 1 条规定："为了保护劳动者的合法权益……制定本法。"可见，制定劳动相关法律法规的首要目的是维护劳动者的合法权益。对首要目的有深入理解的司法人员，在劳动者的行为难以界定时，通常作出对劳动者更有利的结论；反之，不熟悉劳动法立法目的，只会按照一般民事法律行为的判案思路，机械地使用法律规定的司法人员，作出的判决往往更加倾向于遵循私法形式公平的逻辑，而忽略了劳动者和用人单位之间实质的不平等。

（三）司法人员的社会阅历不同

一些法官长期办理劳动争议案件，或曾经担任各类公司法务，或对处理相关纠纷有自身经验，熟知用人单位的特性、管理模式以及劳动者所处岗位的特点。司法人员具备这些特点，可以更加全面、立体地判断劳动者行为的动机是否恶劣、是否足以给用人单位造成不可挽回的后果，从而谨慎作出"严重"与否的判断。

四、针对司法审查标准不一的建议

（一）加强对同一辖区内司法人员的法律培训

对于劳动争议案件，劳动仲裁、一审、二审的劳动人事争议仲裁委员会及人民法院在同一辖区的情况较多，应组织相关司法人员共同参加针对劳动法立法目的、立法精神的培训，让司法人员了解到他们首先需要维护的是劳动者的权益，这样能够确保劳动仲裁、一审、二审的裁决或判决结果不会有太大差异，让劳动者和用人单位对法律后果有更稳定的预期。

（二）根据行业、岗位类型细化指导性案例

最高人民法院、高级人民法院及市劳动人事争议仲裁委员会在发布指导性案例时，可以按照用人单位所属的行业特点、劳动者的工作岗位进行分类，让仲裁员、法官等司法人员了解到各个行业、岗位的特点，并基于这些特点作出"严重"与否的判断。

例如，律师岗位往往以最终结果作为考量依据，当律师将错误的起诉状发给客户盖章，后续仍可通过重新盖章等方式及时弥补错误，几乎不会影响立案进程，给律所造成的实际损失和声誉损失微乎其微，故律所对有劳动关系的律师不宜基于此种过失而直接以"严重违反用人单位的规章制度"为由解除与其的劳动合同。然而，酒店、外卖等服务业不仅以最终结果作为考量依据，工作过程也是双方劳动合同履行的重点，当外卖骑手出现无故不接电话、迟到、态度不好等情形时，即使最终将餐食送到客人手中，也极易收到客人的一星差评，若给外卖平台造成严重不良影响，外卖平台即可以"严重违反用人单位的规章制度"为由解除与外卖骑手的劳动合同。

这样做的目的，是能够让仲裁员、法官认识到在审理案件时不宜对各行各业都"一视同仁"，而应当深入找寻企业内部、工作岗位的特点，从而作出更合理的裁决、判决。

五、结语

事实上，针对如何理解"严重违反用人单位的规章制度"中"严重"的含义，各个机关已通过出台司法解释、地方性法规、典型案例等方式解惑，但随着新兴岗位和用工模式的不断出现，相关问题仍在不断涌现。本文根据两个典型案例，探究出"严重违反用人单位的规章制度"司法审查标准不一在司法人员方面的原因，加强对司法人员的培训，指导司法人员根据不同的行业、岗位具体问题具体分析，不仅能够促使我国劳动法律在司法上进一步完善，更能帮助劳动者和用人单位在劳动关系存续过程中依法、依规维护自身的合法权益，最终对维护和谐劳动关系起到积极的推动作用。

募捐平台中权利保护与责任承担

曲 琳*

(中国政法大学 北京 100088)

摘 要：求助类网上众筹活动等私益募捐行为中，以个人求救之名被排斥在法律规制范围。其一，活动开展时名实不同，实质上为募捐活动，只表现为个人求助；其二，行政监督进退失据，即基于与慈善募捐之间的相似性，政府应当加强监督，但法无根据；其三，争议处理无的放矢，募捐过程、善款运用、余款分派等问题尚无专门法律进行调解。因此，本文提出明确承认私益募捐者的法律地位与权利责任，明确监管者身份并优化其对私益募捐监督的权力配置，从而合理设计私益募捐制度及其平台的专项规则。

关键词：私益募捐 监管权责 专项规则

一、我国私益募捐的发展

近年来求助型的私益募捐者群体在中国发展很快，而有关舆情也引起了公众对相关法律问题的深入追问。全国人大常委会法律执行工作检查组对于《慈善法》法律执行工作情况的通报建议"明晰个别求助的前提条件和保护义务，强化平台负责、审核甄别、消息发布、风险提醒和权责追究"。这一立法意见也代表着下阶段对求助型私益募捐者的立法规范和行政监督的最新动向。文中提出，对包括求助型私益募捐者在内的所有个别求助活动的管理，不可陷于"头痛医头脚痛医脚"的思维定式，应确定个别求助并不等同于"私益

---

* 作者简介：曲琳（1998年-），女，汉族，山东烟台人，中国政法大学同等学力研修班2022级学员，研究方向为民商法学。

募捐",从而将之置于更加宏观的募捐制度中进行有效管理和保护。[1]

(一)私益募捐在《慈善法》中的制度改造

早在中国《慈善法》出台以前,学术界在研究募捐活动时,就常常采用"私益募捐"这一概念。从学理上讲,私益募捐与慈善机构募捐相比,前者获益目标不具备公益性;而后者获益目标则具备公益性。不过,对于私益募捐的这些学理研究,并没有被《慈善法》全面接受。取而代之的是,《慈善法》确立国家公益募捐原则,并形成体系性的国家公益募捐法律规范。然而关于私益募捐,却被以私人求助之名排斥于法律规制范畴之外。

(二)《慈善法》对于私益募捐的处理逻辑

在《慈善法》所建立的公益募捐与私人求助二元体系中,私益募捐规范仍存在法律空白。首先,《慈善法》只定义了公益募捐,而未定义比公益募捐定义更上位的"募捐"。在这个情形下,私益募捐没有得到《慈善法》明文认可或否认。根据法无禁止即自由原则,私益募捐应该是合法的。[2]因为《慈善法》规定与保护的范围基本上是公益机构与行为,而私益募捐并不具备公益性,所以原则上《慈善法》并没有给予限制或保护。其次,私益募捐中的部分行为只能用私人求助的方式进行间接表达。而私人求助在现行法上也有着特定含义范围,即自然人实施求助与募捐。从这个认识上来看,私人求助本身就属于私益募捐,从其实质含义上已经获得了现行法的间接确认。但这个确认仍然是比较局限而不全面的。

二、私益募捐者在现行体制下的实践困境

在前述治理体制结构下,私益募捐者虽然没有获得现行法的明文确认,但法律也对个别求助进行有限度的折中接受。[3]同样,《慈善法》对私益募捐行为也基本保持着不予规范的态度。网络时代的来临和社会求助类私益募捐者平台的出现使得《慈善法》出台之后,对私益募捐行为的现有规制路径愈发产生了如下相互牵制的困难局面。

(一)私益募捐者活动开展面临名实不符困境

第一,"募捐"与慈善机构的绑定募捐行为被限缩。现行法上暂没有对于

---

[1] 参见王静:"私益募捐法律问题研究",北方工业大学2012年硕士学位论文。
[2] 参见胡兆腾:"慈善私益募捐法律问题研究",山东大学2017年硕士学位论文。
[3] 参见崔銮敏:"我国慈善私益募捐法律纠纷的解决路径探析",南京大学2011年硕士学位论文。

捐款的具体定义。由于被现行法的监管者所接受的个人求助型私益捐款行为均被定义为个人求助,所以在金融监管制度中出现将捐款等同公益募捐的情况。

第二,"私益募捐"定义被替换,导致个别求助行动无法采用"募捐"名称。针对个人现实生活中或街头上面对大众所进行的求助活动或者求助的私益募捐者活动,[1]均不能采用"募捐"二字,而应当用大病求助等替代方式进行表达。同时,相应的私益募捐平台也不能采用含有"募捐"的表达。

第三,不是私人求助的任何私益捐款处在法律规制的模糊地带。如上所述,私人求助只能构成私益捐款的一个形式,同时又是得到官方明确同意的私益捐款行为。与之相关的问题是:自然人为他人利益而发起的募捐属于何种性质并应当适用何种规范?此种行为和私人求助存在着共同点,但又有别于私人求助。由于在《慈善法》并没有说明除了公益捐款以外是不是也有其他的"非慈善募捐",在前述情形下,各类利他性的私益募捐的法律地位、行为规则都存在法律空白之处。

(二)私益募捐行政监管面临进退失据困境

与私益募捐者活动开展名实不符困境相应的是,政府部门中存在着有效监督私益募捐者的巨大外部压力,却并无专项应对的法律职责。

一方面,在私益募捐中的主要捐赠人、广大公民,或者私人求助型等私益募捐者服务平台的管理者本身,都存在着求助政府有关部门主动参与私益募捐监督工作的主观愿望。《慈善法》颁布实施至今,中国在私益募捐行业存在着许多反面报道,当中包含受助者个人信息不实、善款用途不合理、剩余财产所属不详等乱象,严重伤害了捐款者利他奉献精神,引起了一系列重大舆情事件。另一方面,《慈善法》仅规制了公益募捐,并没有具体规范行政部门对私人求助等私益募捐的具体监督权责。例如,民政部 2019 年 5 月 9 日明确表示,私人求助不构成公益捐款,不在民事部法定监管范围内。在此基础上,对丁开展这方面工作的求助型私益捐款平台运营商来说,因为私人求助互联网服务平台并不构成"网络慈善机构公共捐款网络平台",故而不受民政部门监督。

---

[1] 张作为:"网络慈善募捐模式构建与实施",载《北方经济》2011 年第 4 期。

三、私益募捐者权利保护与责任承担

(一) 明确承认私益募捐者概念

解决私益募捐业务开展的名实不符问题,首先要确定募捐的中性色彩和私益募捐的范畴。从立法理论上,应当将捐款视为公益募捐和私益捐款的上位范畴,以此否决将捐款等同于公益募捐的监管取向,进而肯定私益捐款者的地位。根据国内外捐款理论和中国现行法规定,可以将私益捐款者定义为:"发起人为了达到某些非营利目的,基于广泛的被劝募者的利他心理,并积极要求其给予财务帮助的人。"

私益捐款和公益募捐的根本差异就在于,后者符合慈善法律规定的公益规范,但前者却不符合。如此一来,除了慈善机构捐款以外,不管是求助者本人发动或者他人组织对某个人或者国家的捐款,还是为了其他非营利目的所进行的捐款,都可以归入私益捐款的范围。

(二) 明确私益募捐者权利保护与责任承担

在法律实践中,募捐活动可以是订立赠与协议的要求提议,也可以是要求。据此,除非国家立法有特殊限定,我们都应当坚持法无限制即自由的基本精神和私法自治的根本思想,确认开展私益捐款活动为民事主体所行使的一项权利,即在保障私益募捐秩序良好运转的情况下,保障私益募捐机构以外的团体和个人求助、助人的愿望与权益。不及时改善现行法律发展滞后的状况,则将会进一步加剧公民对私益募捐的怀疑。所以,需要通过立法对私益募捐行为进行法律确认,使私益募捐的每一环节都有法可依,从而能够为私益募捐活动提供安全、系统、合理的规范依据。

此外,构建完善的信息披露体系可确保私益捐款者受到社会的有效监管。但在制订政策中,要充分考虑私益募捐的特有原则,找到公开披露与维护私益募捐者的隐私权之间的平衡点。首先,必须从立法上明晰信息披露的管理主体和信息发布主体。当前网上捐助成为募捐的特殊形式,必须明晰相关行为的主体,更合理地对相关当事人的行为实施监督。其次,要规范信息披露的具体内容。私益募捐的捐助人往往很难证实捐款消息的真实性,所以,严格规定信息披露的具体内容也就成了监督的较好方法。信息披露的具体内容一般应该涵盖发起慈善或公益活动的基本获准程序,如发起人、受益者的具体情况,募捐的主要目的,实际获得善款的具体金额、善物的数量,善款利

用状况以及剩余善款、善物的流向情况等。最后，应完善对信息发布平台的规范制度。应当设立专业的消息发布渠道，以便于关注私益募捐的社会公众随时开展询问、监督、建议和申诉等。私益募捐工作唯有建立公开发布平台，方可有效地提升私益募捐的可信度，助力私益募捐的可持续开展。[1]

---

[1] 郭斌："大学生慈善捐赠行为规律及影响因素分析"，载《广西社会科学》2015年第9期。

微信作品肖像权侵权相关问题研究

吴若剑*

(中国政法大学 北京 100088)

摘 要：微信公众号等新型平台侵权案件面临着避风港规则适用、微信作品取证困难、难以取得具体的责任人身份信息、被侵权人维权成本过高等诸多问题。首先，其作为网络服务提供者应当适用"通知—移除"规则。其次，对于微信作品经常涉及的纠纷以及权利保护，还需要网络平台与权利人之间进行积极配合，并完善诸如证据立法等相关法律规范。

关键词：网络服务提供者 避风港 侵权

一、问题的提出

2014年在某作家发起的农业文创项目中，衢州日报记者为该作家及其父亲拍摄了一张照片，并将该照片作为插图在衢州日报发表了文章。后该作家发现某微信公众号未经过其授权，私自将此照片放在公众号发布的文章链接及封面等显著位置，文章插入了大量的广告，且文章内容与社会公众的普遍认知极易产生冲突，具有高度的煽动性。[1]本案所涉及的争议焦点有二：其一，该微信公众号是否对此作家构成了肖像权侵权；其二，如果构成该微信公众号应当承担何种方式的侵权责任。针对争议焦点，本文旨在从网络服务提供者的责任来源角度，分析网络服务提供者肖像权侵权的构成和责任承担

---

* 作者简介：吴若剑（1995年-），男，汉族，浙江杭州人，中国政法大学同等学力研修班2022级学员，研究方向为民商法学。

〔1〕周宣辰："自媒体著作权问题与对策研究——以微信公众号为例"，载《淮阴工学院学报》2018年第4期。

问题，并对网络著作权间接侵权的处理提出参考意见。

二、肖像权侵权的构成和责任承担

根据法院对上述案件的判决结果，对是否构成了肖像权侵权的问题，该微信公众号已经使用了肖像人的肖像，甚至把此肖像用作文章的封面图片，在使用肖像时并没有得到肖像人的许可，并且使用该肖像完全是以营利为目的。通过以上事实行为和上述的相关法律，可以认定该微信公众号已经对此作家构成了肖像权侵权。

此外，对于该微信公众号应当以何种方式来承担责任：其一，依据上述法律法规，该微信公众号应当赔礼道歉。可以由该微信公众号自行刊登致歉声明，也可以由该微信公众号的实际运营者在报刊刊登致歉声明。其二，赔偿经济损失，其中包含损害赔偿。该文章公众号将未经授权的肖像放置在一篇与社会公众的普遍认知极易产生冲突、具有高度煽动性的文章上。另外，此文章多处插入了广告，阅读量也超过了 10 万，影响范围很大，对肖像人也产生了很大的影响，根据上述法规，肖像人有权要求此微信公众号赔偿损失。

本案中该微信公众号依法构成侵权毋庸置疑，但是对于腾讯公司是否应该承担共同责任是存在重大争议的，即腾讯公司是否构成间接侵权。《侵权责任法》（已失效）第 36 条规定，网络用户、网络服务提供者利用网络侵害他人民事权益的，应当承担侵权责任。网络用户利用网络服务实施侵权行为的，被侵权人有权通知网络服务提供者采取删除、屏蔽、断开链接等必要措施。网络服务提供者接到通知后未及时采取必要措施的，对损害的扩大部分与该网络用户承担连带责任。网络服务提供者知道网络用户利用其网络服务侵害他人民事权益，未采取必要措施的，与该网络用户承担连带责任。第 36 条在侵权领域规定了网络服务提供者侵权的避风港原则，《民法典》出台后，其第 1194 条至第 1197 条对避风港原则的适用进行了更为详细的规定，并且完善了避风港"通知—移除"规则中的转通知和反通知程序。

依据上述法律，腾讯属于提供微信公众号服务的互联网服务提供者（ISP）。在排除了红旗原则情况的适用后，则应适用避风港原则，当被侵权人通知腾讯公司后，其若及时采取删除、屏蔽、断开链接等必要措施，之后将不承担侵权责任。

三、网络服务提供者侵权制度来源与适用

美国于1998年制定的《数字千年版权法案》首次规定了避风港条款，指在发生信息网络侵权案件时，当互联网服务提供者只提供空间服务，但不制作具体的内容时，若该互联网提供者被告知侵权，则其有删除的义务，否则就应当被视作侵权。若侵权内容既不在此互联网提供者的服务器上存储，该互联网服务提供者又没有被告知哪些内容应该删除，则互联网服务提供者不承担侵权责任。该原则包括两部分，即"通知+移除"。由于互联网服务提供者一般没有能力进行事先内容审查，因此对侵权信息的存在不知情。所以，采取"通知+移除"规则，是对其间接侵权责任的限制。[1]

而红旗原则则是对《数字千年版权法案》中不明确的内容进行补充以预防避风港原则被滥用。其主要内容是指，当信息网络侵权的事实和情况已经很明显，像"红旗"在网络服务提供者面前公然飘扬，即一般理性人在此种情况下都能够发现时，若网络服务提供者仍不作为，此时应认定其至少"应当知晓"侵权行为的存在。可见，红旗原则是避风港原则的例外，是对避风港原则的限制。红旗原则要求网络服务提供者尽其合理注意义务，否则，就应认定主观上具有过错，不再享受避风港原则所谓"通知+删除"免责条款的庇护[2]。所以，红旗原则应当被用于排除网络服务提供者的主观恶意。

在本案中，对于该微信公众号肖像权侵权的行为是否应当被认定为侵权的事实和情况已十分明显，达到了一般理性人都能发现的程度应当是腾讯公司作为互联网服务提供者承担责任的关键。如果腾讯公司已经尽到了"删除、屏蔽、断开链接等必要措施"责任，且该微信公众号的侵权行为达到了不进行实质性审查难以发现的地步，则应当被认定适用该条款，腾讯公司可以不承担责任。反之，则应当承担与该网络用户的连带责任。

诚然，在目前的微信公众号之中，腾讯公司绝非仅扮演了互联网服务者这样单一的角色。其会在推广性文章中自行插入和微信公众号经营者共同获利的广告，如果有明确的证据表明腾讯也参与了侵权文章的编辑和获利，其

---

〔1〕 参见周宣辰："自媒体著作权问题与对策研究——以微信公众号为例"，载《淮阴工学院学报》2018年第4期。

〔2〕 参见冯晓青、邓永泽："数字网络环境下著作权默示许可制度研究"，载《南都学坛（南阳师范学院人文社会科学学报）》2014年第5期。

就不应该仅仅被定义为互联网服务提供者，也应当被认定为网络用户，依法与微信公众号的实际经营相关人员承担共同侵权责任。

四、启示

需要注意，并非所有新出现的网络服务提供者都能够适用避风港原则而避免承担责任，本文所讨论的微信公众号平台运营者能够适用避风港原则，是因为其并非底层基础设施服务提供者这种难以承担必要措施义务的服务提供者类型。在适用避风港原则时，也要根据适用主体的服务类型差异，选择合适的必要措施种类，以免给服务提供者主体带来过重的责任。

另外，针对网络著作权侵权案件，往往还存在着微信作品取证困难、难以取得具体的责任人身份信息、被侵权人维权成本过高等诸多问题。

首先，针对微信作品取证困难的问题。因为侵犯微信著作权的案件中的证据，一般为电子证据，是介于书证与物质之间的一种独立证据。其具有被再次编辑、删除等可操作性的特点。对此，取证与保全需要当事人在第一时间进行，发现侵权行为后应当立刻通知公证机构或者网上保全机构进行证据的固定，避免在之后的诉讼过程中陷入无证可取的不利处境。

其次，对于难以取得具体侵权责任人的身份信息的问题。在法律实践过程中，律师一般会在第一时间向互联网服务提供者发送律师函要求其提供此类信息，如果此互联网服务提供者不作为或者明确表达不愿意提供，便可以直接向法院提起诉讼。此时，互联网服务者一般会依据最高人民法院《关于审理利用信息网络侵害人身权益民事纠纷案件适用法律若干问题的规定》第2条第3款"原告仅起诉网络服务提供者，网络服务提供者请求追加可以确定的网络用户为共同被告或者第三人的，人民法院应予准许"追加实际侵权人作为共同被告。

最后，针对被侵权人维权成本过高的问题。应当呼吁相关互联网服务提供者，利用法律规范明确规定自身所负有保存证据的义务，遵循一定的标准，在一定的时间范围内，留存全部用户形成的电子数据，降低受侵权人的维权成本。

公司人格制度研究

郭华珍*

(中国政法大学 北京 100088)

摘　要：公司的独立法律人格是现代公司法律制度中的一项基本内容，公司独立人格的核心是公司财产独立于股东的财产制度，这对于减少和分散股东的投资风险，促进市场经济主体的发展与完善，乃至整个社会经济发展都具有十分重要的意义。然而，在当前经济活动中，越来越多的人滥用公司独立人格制度，逃避应承担的法律责任和义务，严重损害了债权人的合法权益和社会公共利益。为此，在特定条件下，应对公司人格予以否认，追究相关责任者的法律责任，平衡公司、股东、债权人之间的利益，实现公平正义。那么，构建完整的公司人格否认制度体系，统一公司人格否认的适用标准，是保护债权人的合法权益，维护社会交易安全的必然选择。

关键词：公司人格否认　股东有限责任　揭开公司面纱

公司人格独立主要指公司财产独立和意思独立，其积极作用显而易见，但随着社会经济发展，商业领域滥用公司人格独立地位和股东有限责任的现象开始蔓延，严重损害了债权人的权益，乃至社会公共利益。公司人格否认制度作为公司人格制度的重要补充，主要解决不当使用股东有限责任原则导致的股东和债权人之间的利益失衡问题。2005年，我国引入公司人格否认制度并陆续出台司法解释、指导案例，但结合审判实践来看，目前仍未形成完整的公司人格否认制度体系，其基本定义不明确，法律规定较为原则、抽象，缺乏系统性和规范性，公司人格否认制度适用混乱，司法裁量没有统一标准。

---

* 作者简介：郭华珍（1992年-），女，汉族，陕西汉中人，中国政法大学同等学力研修班2022级学员，研究方向为民商事诉讼法学。

一、公司人格制度的发展

公司独立人格有效激发了市场的活力,促进投资者的投资行为。公司独立人格和股东有限责任是现代公司制度的基石,但实践中存在大量股东滥用公司独立人格地位和股东有限责任,导致债权人利益受损的情况。因此,为平衡债权人与公司及其股东之间的利益,公司人格否认制度应时而生。公司人格否认制度源自美国,虽然在各个国家称谓不同[1],但其内涵和实际价值是一致的,即遏制对公司独立人格和股东有限责任原则的滥用。否定公司独立人格,旨在矫正当特定法律事实发生时,由滥用公司法人独立人格和股东有限责任的股东对公司债务承担连带责任,这是对股东有限责任的突破,如继续让股东承担有限责任,则会导致对债权人保护失衡的后果。

二、我国公司人格否认制度的相关规定

《公司法》第 20 条第 3 款规定了公司人格否认的基本原则,第 63 条规定了一人有限公司对人格否认举证责任倒置的特殊规定[2]。2019 年《全国法院民商事审判工作会议纪要》(以下简称《九民纪要》)第 10 条至第 12 条规定了公司人格否认常见的三种适用情形[3]及诉讼主体地位的程序性规定。2020 年最高人民法院《关于适用〈中华人民共和国公司法〉若干问题的规定(二)》规定了公司清算中适用人格否认制度的情形[4];《民法典》第 83 条的规定,将公司人格否认纳入,体现了其重要地位。另有 2013 年最高人民法

---

[1] 英美国家称为"刺破公司面纱"(Piercing the corporate veil)、"揭开公司面纱"(Lifting the veil of company),德国称为"公司直索责任"(Direct liability of the company),日本称为"法人人格剥夺"(Deprivation of legal personality)等,本文原则上采用大多数大陆法系国家以及我国的传统称谓,统一表述为"公司人格否认"或简称为"人格否认"。

[2] 《公司法》第 20 条第 3 款规定:"公司股东滥用公司法人独立地位和股东有限责任,逃避债务,严重损害公司债权人利益的,应当对公司债务承担连带责任。"第 63 条规定:"一人有限责任公司的股东不能证明公司财产独立于股东自己的财产的,应当对公司债务承担连带责任。"

[3] 《九民纪要》第 10 至 12 条将司法实践中常见的"滥用"行为归为"人格混同""过度支配与控制""资本显著不足"三类,并对其具体适用提出了指导意见。

[4] 最高人民法院《关于适用〈中华人民共和国公司法〉若干问题的规定(二)》第 18 条第 2 款规定:"有限责任公司的股东、股份有限公司的董事和控股股东因怠于履行义务,导致公司主要财产、账册、重要文件等灭失,无法进行清算,债权人主张其对公司债务承担连带清偿责任的,人民法院应依法予以支持。"

院发布的"指导案例15号"[1]就关联公司之间适用公司人格否认制度的指导性意见，以及最高人民法院《关于审理与企业改制相关的民事纠纷案件若干问题的规定》第6条和第7条的规定，实质上体现了反向法人人格否认的精神。

综上，我国通过多层次立法、司法解释和指导意见等搭建了我国公司人格否认制度的基本架构。目前，在学理上公司人格否认制度主要分为"纵向人格否认""横向人格否认""反向人格否认"三大类。"纵向人格否认"指公司股东滥用公司独立人格地位和股东有限责任，逃避自身债务，严重损害公司债权人利益的，责任股东对公司债务承担连带责任；"横向人格否认"即关联公司人格否认，主要发生在直接控股的母子公司之间以及姐妹公司或兄弟公司之间，在司法实践中，"横向人格否认"参照"纵向人格否认"法律规定的精神适用[2]；"反向人格否认"指当股东财产与公司财产混同无法区分彼此，且严重损害股东债权人债权时，则突破公司独立人格，由公司为股东的个人债务承担连带责任。对于"反向人格否认"，我国现无明文法律规定。

适用公司人格否认还应注意：一是既判力范围，公司人格否认属于个案结果，不得适用于其他判决。二是优先适用其他法律依据，相较于采用公司人格否认的方式，如债权人在起诉时有其他法律依据，应优先适用其他法律依据。例如，行使债权人撤销权、代位权，申请公司破产，认定为无效合同等。

三、实践中适用公司人格否认制度的困境

目前，我国公司人格否认制度未有完整统一的规范体系，不具有系统性和规范性，导致法律适用不统一，不能有效保护债权人的权益，与人格否认制度的初衷不符。虽然《九民纪要》将公司人格否认的适用情形予以列举式说明，主要分为"人格混同""资本显著不足""过度支配与控制"三类，但是，仍然存在定义不明确、举证责任分配不公、适用情形缺乏统一标准等适用困境。

关于人格混同，实践中认定构成人格混同以财务混同为必备条件，人员混同、业务混同、机构混同等为补强因素。但是，对于财务混同的举证责任，除《公司法》第63条关于一人有限公司特别规定举证责任倒置外，均在原告

---

[1] 最高人民法院《关于发布第四批指导性案例的通知》指导案例15号，最高人民法院在"徐工集团工程机械股份有限公司诉成都川交工贸有限责任公司等买卖合同纠纷案"中指出，"关联公司人格混同，严重损害债权人利益的，关联公司相互之间对外部债务承担连带责任"。

[2] 朱慈蕴：《公司法人格否认制度理论与实践》，人民法院出版社2009年版，第50页。

债权人一方。由于债权人掌握公司相关财务信息的难度较大，不如公司股东更容易掌握公司各种账册、会计凭证、制度文件等财务信息，在信息不对称的情况下，让债权人承担过重的举证责任，显失公平。实践中，存在驳回原告诉讼请求的情况，大部分因为原告举证困难，未提供足以证明公司与股东存在财务混同的关键证据。

关于资本显著不足，是将股东实际投入公司的资本数额与公司经营所隐含的风险进行对比，如果悬殊较大显然不匹配，公司债权人则面临较大的交易风险。实践中，需结合案涉金额、行业性质、经营规模、负债规模所要求的公司资本等因素，判断公司经营所隐含的风险。但是，何为资本显著不足，我国公司法和相关司法解释均没有明确的规定，司法适用中属于法官自由裁量的范围，在相关判例中也呈现出不同的裁判思路。资本显著不足容易与公司正常经营时采用"以小博大"等方式所遇到的正常商业风险，以及时间较短的短期风险相混淆，因此在适用时要十分谨慎，应当与其他因素结合起来综合判断。在公司注册资本认缴制下，如何认定"资本"的范围，同样关乎公司对外清偿债务的能力，用以衡量公司经营风险的大小，应当予以明确界定。资本显著不足还应当与股东未履行或者未全面履行出资义务进行区分，明晰因资本显著不足而否认公司人格，要求股东承担连带责任的构成要件。

关于过度支配与控制，指公司控制股东对公司过度支配与控制的行为，通过操纵公司的决策过程，使公司形骸化不具有独立性，成为控制股东的工具或代理机构。因控制股东对公司的过度控制，而使母子公司之间或者子公司等关联公司之间存在利益输送，被控制方完全丧失独立人格，严重损害了公司债权人的利益。此时，应当否定公司独立人格，由滥用控制权的股东对公司债务承担连带责任，《九民纪要》列举了常见的五种过度支配与控制的情形[1]。但对于何种程度的行为构成"过度"的判断较为主观，以及何为"关

---

[1]《九民纪要》第11条规定：公司控制股东对公司过度支配与控制，操纵公司的决策过程，使公司完全丧失独立性，沦为控制股东的工具或躯壳，严重损害公司债权人利益，应当否认公司人格，由滥用控制权的股东对公司债务承担连带责任。实践中常见的情形包括：（1）母子公司之间或者子公司之间进行利益输送的；（2）母子公司或者子公司之间进行交易，收益归一方，损失却由另一方承担的；（3）先从原公司抽走资金，然后再成立经营目的相同或者类似的公司，逃避原公司债务的；（4）先解散公司，再以原公司场所、设备、人员及相同或者相似的经营目的另设公司，逃避原公司债务的；（5）过度支配与控制的其他情形。控制股东或实际控制人控制多个子公司或者关联公司，滥用控制权使多个子公司或者关联公司财产边界不清、财务混同，利益相互输送，丧失人格独立性，沦为控制股东逃避

联公司"也未有明确定义,应当通过立法对"过度""关联公司"的定义与范围予以界定,防止扩大司法适用中的自由裁量权。

对于实践中存在的抽逃出资行为、欺诈行为、规避法律义务或合同义务行为以及其他显失公平行为的界定也十分必要,应当全面厘清公司人格否认制度的适用情形,建立完善统一的公司人格否认制度体系。

四、结语

公司人格否认制度作为公司人格制度的重要补充,其适用情形的标准化,是人民法院审理公司人格否认案件并作出最终裁决的法律依据。目前我国法律、司法解释以及指导意见等规定较为原则、抽象,未形成完整体系,适用困难,实践中存在大量应适用公司人格否认而未适用导致债权人利益损失的现象,同时也存在对公司人格否认的标准把握不严而滥用这一例外制度的现象。应当通过立法、修订公司法或者出台司法解释等途径,重视公司人格,显示公司人格否认制度的核心价值,明确定义和适用标准,构建公司人格否认制度统一适用标准和流程,为人民法院审理公司人格否认案件提供统一的裁判标准,使我国公司人格制度体系化和标准化,在股东有限责任与债权人的利益保护之间寻求平衡。

(接上页)债务、非法经营,甚至违法犯罪工具的,可以综合案件事实,否认子公司或者关联公司法人人格,判令承担连带责任。

快递丢失与毁损的赔偿责任

黄秀雯*

(中国政法大学 北京 100088)

摘　要：快递服务给人们日常生活带来了极大便利，但随之而来的是对快递企业与客户关于快递内件缺少、丢失、损毁等问题产生诸多争议。受篇幅限制，本文仅讨论快递丢失和全损情形下的赔偿责任问题。快递丢失和损毁，应由当事人自行选择以违约责任或侵权责任主张权利，以侵权责任作为主张权利依据时，对于特殊物品的丢失和损毁，还可以酌定精神损害赔偿。赔偿数额的认定应遵循以下顺序：适用保价条款确定赔偿数额；无保价条款时适用有效的限制赔偿条款；限制赔偿条款无效或不存在时，应结合可预见规则、损益相抵规则以实际损失作为赔偿数额。

关键词：快递服务　快递丢失和损毁　保价条款　限制赔偿条款

快递丢失和损毁的情况层出不穷。目前，各快递企业对快递丢失和损毁的赔偿标准不同，引起了较多争议和讨论。对此问题，在司法界存在不同的观点，不同法院处理类似的案情存在案件结果迥异的情形。厘清快递丢失和损毁的赔偿责任具有现实意义。

一、快递丢失和损毁赔偿责任的性质

作为请求权的基础，界定快递丢失和损毁涉及的法律性质具有现实意义。该法律性质决定了归责原则、举证责任和赔偿范围。因此，在快递丢失和损毁时应当首先确定向快递公司主张权利的法律性质。

---

* 作者简介：黄秀雯（1994年-），女，汉族，广东江门人，中国政法大学同等学力研修班2022级学员，研究方向为民商法学。

(一) 违约责任

寄件人通过填写快递单并支付邮寄费用的方式发出要约，快递企业接受订单和费用并承诺送达时间，双方达成了快递服务的合意，建立合同法律关系。快递企业在运送快递过程中快递物品发生丢失或损毁的情形，将导致寄件人的合同目的无法实现，属于根本违约的行为，导致的法律责任属于违约责任。快递丢失和损毁后，由于标的物已经灭失，一般导致赔偿责任。

快递企业根据寄件人的指示将快递物品送达收件人，收件人与快递企业之间并未订立合同。但收件人作为寄件人与快递企业之间法律关系中获得利益的一方，在寄件人与快递企业为收件人设立了合同权利[1]，快递费到付的情形下还承担支付快递费的合同义务。因此寄件人与快递企业之间成立的合同属于第三人利益合同，我国《民法典》第522条明确规定了第三人利益合同制度。根据《民法典》第522条，第三人是否对债务人享有请求权，以法律规定或当事人约定为条件。法定的第三人利益合同，有第三者责任保险中受害人对保险公司的请求权；当事人约定的第三人利益合同中，当事人通过约定为第三人设定请求权。在没有法律规定和当事人约定的情形下，遵循合同相对性原则，债务人未向第三人履行债务或者履行债务不符合约定的，应当向债权人承担违约责任。

目前没有法律规定快递服务合同中收件人对快递企业享有独立请求权，当事人约定则受制于快递企业格式化的快递服务条款。因此，对于收件人是否对快递企业享有独立请求权，学界和司法界存在争议。笔者认为，赋予收件人独立请求权虽然突破了合同相对性，但更有利于对收件人合法权益的保护。从合同目的方面解释，寄件人与快递企业订立合同的目的在于使收件人享有利益，收件人的合理信赖应当受到法律的保障，收件人当然可以自行决定是否向快递企业行使违约请求权。

(二) 侵权责任

行为人因过错侵害他人民事权益造成损害的，应当承担侵权责任。寄件人将快递交付给快递企业后，快递物品处于快递企业的控制下，快递企业在快递运送过程中如出现故意或过失导致快递丢失、毁损的行为，侵害了寄件人或收件人的财产权利，应当承担侵权损害赔偿责任。如果快递丢失和损毁

---

[1] 张妤: "快递服务物品丢失毁损赔偿责任研究"，山西大学2020年硕士学位论文。

给当事人造成了严重的精神损害，被侵权人可以向快递企业主张精神损害赔偿责任。我国侵权责任相关法律规定的精神损害赔偿请求是基于人格权益的损害，因此以违约责任作为请求权基础时，无法主张精神损害赔偿。

（三）违约责任和侵权责任的竞合

快递企业丢失和损毁快递的行为，既违反了合同约定，又导致寄件人或收件人的财产权益受到损害，即同时符合违约责任和侵权责任的构成要件，就产生了请求权竞合。根据《民法典》第186条，当事人有权选择请求快递企业承担违约责任或者侵权责任。但违约和侵权的举证责任、赔偿范围不同，决定了当事人举证责任不同。在实际的案例中，当事人应当根据实际情况选择不同的请求权基础，更好地满足自身的合法权益救济。

二、快递丢失和损毁赔偿数额的确定

快递丢失和损毁赔偿问题，除了《邮政法》第47条，我国没有其他有针对性的规定。《邮政法》第47条是关于邮政企业损失赔偿的规定，在实务中无法成为统一规范，法院对法律适用各不相同，经常出现"同案不同判"的情形。

（一）保价条款赔偿规则

寄件人在填写快递信息单时，明确快递价值，并根据自己申报的价值按一定比例支付保价费用，保价条款即成立生效，作为寄件人与快递企业赔偿责任依据的约定。有观点认为，保价条款的认定应当视实际情况来确定，要求快递企业在签订服务协议时对保价条款进行提示和说明，否则保价条款存在重大误解或重大过失，属于无效或可撤销[1]。笔者不认同该观点。该观点不符合合理的商事交易逻辑。选择保价并按自行申报快递价值支付保价费用，是寄件人主动、自愿的行为，定价也具有主观性。如果再要求快递企业进行提示和说明，则不合理地加重了快递企业的义务。

保价条款预先设定发生快递丢失和损毁时的赔偿责任，保价就意味着双方当事人明确并接受了快递丢失和损毁风险，体现了权利和义务相一致的原则。如果寄件人进行了保价，公司就会按照保价条款赔偿，双方不会再就快

---

[1] 尹中华："《民法典》背景下快递丢失毁损赔偿民事责任研究"，烟台大学2022年硕士学位论文。

递价值产生争议。

（二）未保价限制赔偿规则

保价条款未成立的，快递单和快递服务合同上记载的限制赔偿条款则成为赔偿的依据。但限制赔偿条款作为快递企业预先拟定的格式条款，其效力在学界和司法界存在较大的争议。

根据《民法典》第496条、第497条的规定，限制赔偿条款作为格式条款，可能因快递企业未履行提示说明义务或排除对方主要权利而被认定无效。

基于限制赔偿条款可以降低交易成本的考量[1]，对于快递企业的提示说明义务，应当认为快递单或服务合同上针对限制赔偿条款的标红、加粗、放大等处理即为快递公司履行提示说明义务的方式，不能无限加重快递企业提示说明义务的责任，否则快递企业会承担过高的提示说明和证明的经营成本。

而判断限制赔偿条款是否会因排除对方主要权利而无效，不能仅以物品实际损失与限制赔偿条款下赔偿金额的差异来确定。虽然对于部分寄件人来说，限制赔偿条款意味着其无法得到与实际损失相符的损害赔偿，有失公平。但一方面"实际损失"在法律上不能离开可预见规则、损益相抵规则，并不等同于物品的实际损失。另一方面，寄件人作为快递物品价值的信息知悉者，可以通过保价的方式以最低成本避免可能出现的损失[2]。寄件人仅支付了小额的快递费用，如果将物品损失的风险全部转嫁给快递企业承担，寄件人与快递企业之间的权利义务也将严重失衡。再者，限制赔偿条款可以有效控制快递企业的经营风险，体现了违约损害赔偿的可预见性规则。[3]因此，寄件人在快递服务中应承担审慎和合理注意义务，并基于这一义务，在邮寄贵重物品时选择保价。限制赔偿条款作为对寄件人的警示，具有一定价值。因此对于格式条款的效力，应当遵循公平原则进行评判，在实际案例中，合理分配寄件人或收件人与快递公司之间的权利义务、风险和责任，平衡双方的利益。

当限制赔偿条款无效或不存在时，以寄件人或收件人的实际损失作为赔偿数额的上限，运用可预见性规则和损益相抵规则合理分配损害赔偿责任，

---

[1] 佟琼、荣朝和："论铁路货运限额赔偿制度的合理性"，载《中国铁道科学》2001年第4期。

[2] 孙良国："快递物品毁损的限额赔偿论"，载《当代法学》2021年第1期。

[3] 赵秀梅、陈吉洋："未保价快递限制性损害赔偿问题研究"，载《法律适用》2017年第23期。

调整赔偿数额。

三、结语

本文通过对快递丢失和毁损赔偿责任性质和数额的确定问题进行阐述，分析在快递丢失和损毁时，当事人可以根据实际情况选择请求快递企业承担违约责任或者侵权责任，以满足自身的合法权益救济。当存在保价条款时，应适用保价约定确定赔偿数额；在无保价条款时，应当根据公平原则，合理平衡双方的权利义务、风险和责任，并以此评判限制赔偿条款的效力。当限制赔偿条款违反公平原则而无效时，应结合可预见规则、损益相抵规则调整赔偿数额。

对我国同性婚姻合法化的思考

焦雪飞*

(中国政法大学 北京 100088)

摘 要：目前全球已有许多国家和地区在法律上承认了同性间的婚姻关系。根据我国宪法精神，每一个公民都应该享有平等的人权，我国同性恋群体也应享有真正的婚姻自由。随着近年来法治国家的建设，我国同性恋群体也逐渐敢于表明自己的诉求，用法律来维护自己的权利，并在《民法典》婚姻家庭编草案征求意见过程中对同性婚姻合法化向全国人大常委会法工委提出了建议。尽管正式出台时《民法典》未将同性婚姻纳入婚姻家庭编，但这也表明了同性恋群体对同性婚姻合法化的迫切需求。随着中国特色社会主义法治体系的不断发展，同性群体对婚姻合法化的期待逐渐增强，我们应该尽快出台有关法律以保护同性恋群体的合法权利。

关键词：同性婚姻 合法化 权利

一、同性恋及同性婚姻概述

（一）同性恋的定义

同性恋属于性取向的一种，指对同性产生情感、爱情或性的吸引。事实上，中国传统文化并不反对同性恋，在古代甚至比西方更为宽容。在古代，我国就有对同性爱情的记载：由汉哀帝与董贤的恋情产生了作为男同性恋群体的代称"断袖"；韩子高与陈文帝也是历史上有名的一对男同性情侣；明代著名才子李渔曾以女同性恋关系为题材创作过一部名叫《怜香伴》的戏剧，

---

* 作者简介：焦雪飞（1994年-），女，蒙古族，内蒙古包头人，中国政法大学同等学力研修班2022级学员，研究方向为民商法学。

讲述了佳人爱慕佳人的爱情故事。

外国历史上对同性恋的记录更加丰富。例如，在古希腊城邦底比斯曾出现过历史上唯一的同性恋军队——底比斯圣军。古希腊著名哲学家亚里士多德、苏格拉底、柏拉图也与他们的学生有过恋人关系，柏拉图甚至在《会饮篇》中谈到过，"只有男人间的爱是高贵的"。[1]

（二）同性婚姻的定义

同性婚姻是同性别恋人双方的婚姻关系，受到法律保护并享有配偶间权益。外国同性婚姻模式主要分为：①婚姻式同性结合制度。这种制度是以婚姻法的模式对同性恋者的结合进行规制，实际上等同于异性婚姻。②伴侣（民事结合）式同性结合制度。这种结合方式不是真正意义上的同性婚姻，只是由于共同生活而订立的合同制关系。

二、同性婚姻合法化的国家及地区

全世界支持同性恋合法化的国家和地区已经遍布全球各大洲，截至2022年，32个国家和地区支持同性婚姻合法化，其中11个国家的同性婚姻制度与异性婚姻制度完全相同。支持同性婚姻合法（包括民事结合）的国家和地区包括：荷兰、比利时、加拿大、西班牙、南非、挪威、瑞典、葡萄牙、阿根廷、冰岛、丹麦、巴西、英国、法国、新西兰、乌拉圭、卢森堡、爱尔兰、芬兰、斯洛文尼亚、墨西哥、美国、德国、马耳他、澳大利亚、奥地利、泰国等。

（1）美国。作为婚姻式结合制度的代表性国家，美国最高法院在2015年6月裁定全美同性婚姻合法，以实现性少数群体（LGBT）的婚姻平等。该婚姻式同性结合制度在养老金、保险等社会福利政策方面也具有完全等同于异性婚姻法的权利与义务，并且实现了同性伴侣收养子女合法化。同性双方既产生人身关系也产生财产关系，伴侣双方对于彼此属于法律意义上的家庭成员，享有相互继承的权利。

（2）日本。日本东京涩谷区于2015年率先推出同性伴侣关系宣誓制度并发放关系证明书。截至2023年1月，日本已有超过200个地区承认同性伴侣

---

[1] 覃仙球："西方历史上同性恋黄金时代的陨落与余晖"，载http://culture.ifeng.com/sixiang/detail_2014_02/24/34133001_0.shtml，最后访问日期：2022年1月15日。

关系。2022年11月初东京正式启动《东京都伴侣关系宣誓制度》。此伴侣式同性结合制度可以保障同性伴侣间拥有共同的资产和财产，如在日本共同贷款买房，用彼此的名义办理伴侣贷款，还可以透过同性伴侣契约书合法认同彼此生前的遗嘱、继承和成为彼此的监护人。

三、我国同性婚姻合法化的现实困境

（一）立法的空白

从法律设立上看，在实现同性婚姻平等方面，暂时中国法律并没有使同性婚姻合法化的倾向，短期内也难以从法律层面帮助同性群体解决因缺乏同性婚姻法而产生的种种人身和财产纠纷。1997年中国《刑法》将同性恋性行为属于流氓罪删除，标志着同性恋去罪化的实现。2001年《中国精神障碍分类与诊断标准》的出现，标志着同性恋去病化的实现。但是此后，在《宪法》《婚姻家庭法》等法律中，都无法找到与同性恋或同性婚姻相关的规定。[1]对同性恋群体的婚姻权利保护在法律上一片空白。我国《民法典》第1046条规定"结婚应当男女双方完全自愿"，第1049条规定"要求结婚的男女双方应当亲自到婚姻登记机关申请结婚登记"，第1050条规定"登记结婚后，根据男女双方约定，女方可以成为男方家庭的成员，男方可以成为女方家庭的成员"。前述规定均以"男女"为性别基础，在立法上忽视了同性恋群体的婚姻平等权利。

（二）中国传统道德观念的束缚

我国深受儒家思想文化熏染，历史积累传承下伦理道德约束感强烈的家庭占大多数，传统的婚姻家庭模式下养育后代的观念深深地阻碍了同性婚姻合法化进程，尤其是中老年普遍认为，同性婚姻双方无法以两个人的基因繁衍出新的生命，实现传宗接代的目的，与我国传统的婚姻价值观相悖。

四、我国同性婚姻合法化进程中的现实案例

2001年，我国婚姻法经历了第二次修改，知名社会学家李银河也参与了修法的研讨，并首次提出了同性婚姻入法的意见。

---

[1] 吴卓："同性恋法律与道德问题及婚姻合法化研究"，载《辽宁师专学报（社会科学版）》2022年第4期。

2015年，李银河教授再次在两会中提交关于同性婚姻的提案，建议将婚姻法中的"夫妻"二字改为"配偶"，在第一次出现"配偶"字样的地方加上"性别不限"四字。[1]

2019年10月，《民法典》婚姻家庭编三审稿在中国人大网公布，广泛征求公众意见，其间公益团体爱成家发起倡议，号召社群以邮寄信件或网上提议等方式表达"将同性婚姻纳入民法典"的诉求。截至2019年11月29日，法工委收到的23.7万条意见当中，有关同性婚姻的意见足足有22.3万条，足以表明同性恋群体对实现婚姻平等的期待。随后，新京报、凤凰网等权威媒体在微博等平台发起关于"你支持同性婚姻合法化写入民法典吗？"的投票，获得广泛参与。截至12月22日23时，仅凤凰网就有700万人次参与投票，且支持票占59.67%，反对票仅占38.60%。[2]

2015年6月23日，一对男同性恋者到湖南省长沙市芙蓉区民政局登记结婚，经审查民政局认为两人均为男性，以不符合法律规定为由予以拒绝。2016年，该男同性情侣一纸诉状将芙蓉区民政局告上法庭，这被媒体称为"中国同性婚姻第一案"。虽然湖南省长沙市中级人民法院判决两人败诉，但因媒体报道，同性恋群体婚姻合法化的话题得到了更多的关注，为日后在法律层面推动同性婚姻合法化提供了现实案例。[3]

2019年8月7日，北京市国信公证处发文，宣称其完成了北京首例针对非异性恋群体的意定监护公证。[4]

以上五个案例都说明了社会其他人士和同性恋群体都在积极采取合法的方式从法律角度努力推动同性婚姻合法化，尤其是同性群体通过意定监护制度寻求法律对同性双方关系的认可，充分表明了同性群体对婚姻合法化的迫切渴望。

---

[1] 参见《关于同性婚姻的提案》。
[2] "我们让中国政府第一次说了同性婚姻"，载https://mp.weixin.qq.com/s/ciLbjJh3ktUssQfFipDpfg，最后访问日期：2023年1月15日。
[3] "我们让中国政府第一次说了同性婚姻"，载https://mp.weixin.qq.com/s/ciLbjJh3ktUssQfFipDpfg，最后访问日期：2023年1月15日。
[4] 参见古欣：" 意定监护：通向彩虹的公证之路"，载http://www.chinanews.com/sh/2019/09-07/8950208.shtml，最后访问日期：2023年1月15日。

五、对我国同性恋婚姻合法化的展望

我国《宪法》第 33 条第 3 款明确规定了"国家尊重和保障人权",这充分说明了国家的立法、行政、司法机关都负有尊重和保障人权的基本义务。每个人都平等地享有宪法赋予我们的权利,同性恋群体是我国的公民,不应该被特殊对待,应该平等享有结婚的基本人权。

其一,为同性恋少数边缘群体制定相关政策,保障同性恋群体的权利,使其与其他普通群体一样平等地享有基本人权。其二,借鉴日本制定伴侣制度,将同性恋关系定义为伴侣,在法律上认同双方属于家庭成员关系,逐步为实现婚姻合法化奠定基础。其三,学习荷兰婚姻同性结合模式,在立法时将同性婚姻纳入考量,例如李银河教授曾在其《关于同性婚姻的提案》中建议:将《婚姻法》中的"夫妻"改为"配偶",将同性婚姻包含在《婚姻法》中,实现真正的婚姻平等。

论夫妻共同债务认定

刘 星*

(中国政法大学 北京 100088)

摘 要：我国《民法典》第1064条没有明确规定"共同生产经营"的债务共同认定标准，导致在理论上和实践上都存在问题。连带义务履行的认定标准存在多样化和扩大化的趋势，实践中甚至出现同案不同判的情况。应以共同参股作为界定经营型共同债务的标准，具体为共同投资和参股两类，以及一方投资另一方参与经营的债务。

关键词：民法典 共同债务 清偿

一、夫妻共同债务的认定规则

民法典对夫妻共同债务进行了界定，可以有效防止"假离婚、逃避真债"和夫妻故意或非法合谋举债的情况，可以有效地保护配偶和债权人的利益。但民法典要求债权人证明是否为夫妻共同债务，增加了债权人不被清偿的风险。债权人向作为债务人的夫妻借款时，应尽量保证债务为夫妻共同债务，避免纠纷，并要求夫妻双方共同签字，以更好地保护自己的利益。首先，连带债务中的联名条款，不仅是一般社会家庭生活中针对经济弱势群体的特殊规定，也有助于保障对方的知情权和同意权。其次，举证责任在债权人身上，当发生增债行为时，债权人必须事先就债务人配偶的增债行为取得意见或调查债务人增债行为的原因。针对债务人增加债务的行为，债务人的配偶或者债权人未尽到注意义务的，由债权人承担相应的责任。债权人的注意义务有

---

* 作者简介：刘星（1987年-），女，汉族，辽宁沈阳人，中国政法大学同等学力研修班2022年学院，研究方向为民商法学。

效地避免了无法证明配偶双方有共同债务而导致数人遭受不必要的经济损失的局面。对于贷款人来说，如果贷款数额较大，可能会要求借款人及其配偶共同签字，即使没有取得配偶的签字，借款人也必须证明债务人配偶知悉该笔债务。否则，经济形势恶化后，债务人可以通过离婚等方式逃避债务。对于未签订信贷协议的配偶，首先要确定债务是否用于夫妻双方的日常家庭生活需要。如果确实是家庭日常生活所必需，即使没有签订合同，也应该连带承担债务。相反，如果借债金额明显高于家庭日常生活中的一般消费水平，则不构成共同债务，不应由夫妻双方共同承担。

二、共同债务认定存在的司法困境

在许多大额交易中，尤其是那些有商业抵押品担保的交易中，贷款人通常要求借款人及其配偶代表共同所有人或共同借款人签字。这样做的好处是减少了以后贷方借款时不必要的纠纷。因为根据一般原则，夫妻双方签订的债务合同应视为夫妻共同债务，夫妻双方应对债务承担连带责任，签订行为仅在夫妻双方的范围内。配偶共同财产的范围，可以评估为夫妻的共同责任范围，即限于夫妻共同财产，夫妻双方按照合同约定的条件共同负责归还。

夫妻双方以书面形式确认借款人对贷款人的债务数额，可视为夫妻共同债务转让。在实践中，当债权人追债时，配偶不了解债务性质，很多法院都以贷款转入配偶的银行账户为由，裁定夫妻双方对贷款承担连带责任。如果贷款转到配偶的银行账户，债权人有理由相信夫妻双方有共同的借贷意愿，可以认定夫妻共同债务。因此，为了保护债权人的利益，该债务应为夫妻双方的共同债务。

由于债务人在合同中通常处于相对有利的地位，因此要求对方在合同中明确说明连带债务的含义，以避免双方日后发生纠纷，是完全可以且合理的。不过，这种安排并不能提供有效的解决办法。"连债连署"制度的目的是防止在配偶双方不知情的情况下产生被动债务。[1]

三、经营性共同债务认定的实际问题分析

以［2021］赣10民终2005号刘某、王某民间借贷纠纷案为例，刘某

---

〔1〕 冉克平："论夫妻债务的清偿与执行规则"，载《法学杂志》2021年第8期；刘征峰："夫妻共同意思表示型夫妻共同债务的认定"，载《法学》2021年第11期。

（妻）承包了工程建设，因没有资金向王某借钱，欠条上只有刘某签了字。鉴于涉案贷款需要项目周转，而本案项目属于家族企业的项目，刘某与丈夫存在利益分享关系，涉案贷款自然应为商业连带债务。本案中，法院以利润分成作为认定"共同生产经营"的标准。但令人意外的是，在另一起类似案件中，法院并没有以利润分成作为判决标准。[2020] 冀02民终1884号张某、谭某个人借贷纠纷中，谭某因承包工程需要周转而借钱，用于工程建设并与其他人合作生产经营。但由于该项目由谭某出资建设，合同期内谭某并未实际产生收益，故谭某须承担连带责任。法院判决谭某承担违约责任。在本案中，法院将共同参与视为"共同合作、共同制作、共同开发"的标准。法院判决中对"联产矿"的认定标准存在差异，同案不同判，这种现象的存在将极大地损害法院的公信力。

以徐某卡与张某宏个人信用纠纷案为例，陈某以自己的名义向徐某卡借款，陈某、中瑞公司与徐某卡签订了《还款协议》。《还款协议》中提到了借款人为陈某（丈夫），但张某宏（妻子）并没有在协议上签字，虽然张某宏是中瑞公司的股东，但徐某卡表示，张某宏并未提供相关直接证据证明张某宏后来批准了此次涉案债务，中瑞公司作为担保人签署的相关协议并未提供其他直接证据证明张某宏表示有借款或共同授权贷款的意向。陈某承认，涉案贷款用于实施养老项目，但本案证据不能证明涉案贷款用于此目的，另外徐某卡提供的相关证据只能证明张某宏为中瑞贷款提供担保，确认无其他证据可证明张某宏知情并参与本次借款。徐某卡未能提供充分证据证明涉案贷款用于陈某、张某宏共同生活、生产和活动，或经夫妻双方同意使用。目前，司法实践中对共同债务运作的认定标准不尽相同，有一概而论的倾向。

共同商业债务的定义是对债权人利益的保护和配偶财产利益的分割，促进合同安全和经济交易价值的保全往往优先于对债权人的保护。夫妻共同债务制度体现了婚姻家庭价值的稳定，倾向于保护债权人的利益，同时，避免了出现婚姻家庭解体和债务人配偶离婚的现象。在实际生活中，不顾对方的利益，不顾婚姻家庭的价值，只会对经济秩序产生负面影响。尽管司法机关越来越强调意志自治的重要作用，从人身保护的角度尊重个人表达，但已婚家庭成员在人格上与普通人不同，前者的道德基础是夫妻关系和血缘关系，后者的道德基础是团队精神。

四、完善夫妻共同债务认定规则的建议

（一）严格"联名"标准的认定

具体来说，债权式协议是指配偶一方提出债务时，其中一方随后签署同意或追认（例如事后共同支付），则可以推定非借款方在场。以个人财产和配偶共同财产为债务，与配偶共同清偿债权人的债务。他们之间的联名应严格解释，只有非债务人的一方配偶代为签字，才能认定为债权型合同。同时，非借款人同意在其个人财产和配偶共同财产范围内连同其配偶向债权人清偿债务。[1]

（二）参与标准的确定

共同经营债务是指夫妻双方为创造属于彼此的生产资料和生活资料，在计划、组织和管理某种组织形式或非组织形式的过程中所产生的债务。经营连带债务是一种特殊类型的连带债务，债务随着社会经济的发展和家庭结构的变化而共同运作，成为民法典修正案的重要内容之一。根据在实践中是否有组织形式，可以分为有组织形式的连带债务和无组织形式的经营连带债务。[2]

五、结论

实践中，对事后批准的定义也存在较大差异。事后追认不能仅凭事后知悉认定，除证明债务人的配偶事后知晓外，还需出示其他证据证明夫妻双方有共同借款的意愿，证明贷款用于同居或联营生产经营。在某些情况下，沉默也可以被视为事后承认。配偶一方通过短信、微信等方式表示愿意共同还清贷款的，可被视为事后追认。反之，如果配偶一方以自己的名义向他人借款，即使配偶另一方将部分债务归还给债务人，也无法确认配偶收债的意图。

---

[1] 李洪祥、曹思雨："夫妻共同债务规则的法理逻辑"，载《交大法学》2021年第1期；彭诚信："《民法典》夫妻债务规则的应然理解与未来课题"，载《政法论丛》2020年第6期。

[2] 贺剑："夫妻财产法的精神——民法典夫妻共同债务和财产规则释论"，载《法学》2020年第7期。

论夫妻共同债务的认定及立法完善

梅 婷*

(中国政法大学 北京 100088)

摘 要：夫妻共同债务不仅是婚姻家庭法中一个重要调整对象，也是司法实践中的难题。我国《民法典》第1064条对夫妻共同债务的内容进行了明确规定，但还有探讨空间。现实中，夫妻共同债务纠纷出现了较多争议。本文将从现有问题展开，提出建议，来完善夫妻共同债务制度。

关键词：夫妻共同债务　家庭日常生活需要　举证责任

在夫妻共同债务的认定规则研究中，法律保护的法益在举证责任、认定标准等方面都发生了变化。研究夫妻共同债务的认定是为了解决司法实务中出现的裁判标准及认定规则适用不一致的问题，维护社会公平正义。

一、夫妻共同债务概述

夫妻共同债务分三类：其一，夫妻的合意形成债务；其二，因为家庭日常生活需要负债；其三，债务用于夫妻共同生产经营。

夫妻共同债务的概念也存在两种不同观点。其一，将夫妻共同债务的使用局限于生活用途及生活生产经营用途，从实际生活的角度考虑，不考虑意思表示要素，只考虑债务的用途。其二，在界定夫妻共同债务概念时，不能仅考虑生活、生产经营用途，还要考虑夫妻合意。

---

* 作者简介：梅婷（1997年-），女，汉族，江苏扬州人，中国政法大学同等学力研修班2022级学员，研究方向为民商法学。

二、夫妻共同债务认定

《民法典》对夫妻共同债务的认定标准有着明确规定，包括夫妻双方共同意思表示标准、日常家事代理标准和债务用于共同生活、共同生产经营标准。[1]

其一，共同签字是共同意思表示，夫妻一方与债权人签立债务，另一方在签立后同意该笔债务，也视为共同意思表示。倘若合同一方是夫妻二人，就属于共债共签。但共债共签情形并不常见，另一方事后追认，也是同意该笔债务的一种做法。[2]。其二，日常家事代理权是夫妻日常生活中必不可少的权利，同时也会对双方产生约束力，一方为家庭付出负的债务，另一方也要承担。其三，是否能构成共同债务需要债权人举证。证明用途，也就是证明用于共同生活，或者是用于生产经营。

运用意思表示的认定标准，对于夫妻来说，能够避免一方不知情被负债的风险；对于债权人来说，需要了解债务人的婚姻关系等情况，避免不必要的损失。

三、夫妻共同债务认定现存的问题

我国夫妻共同债务的认定规则增加"家庭日常生活需要"内容后，在实践中取得了一定的积极效果。但夫妻共同债务认定规则仍存在一定缺欠。

（一）"家庭日常生活需要"标准未界定

现行共同债务认定规则主要围绕"家庭日常生活需要和夫妻共同举债的意思表示"展开，如果"日常家庭生活需要"界定不明，可适用性势必大打折扣。我国各地民族风俗、生活习惯和经济发展程度存在较大差异，家庭日常生活需要的标准也不尽相同，即便同一地区，不同家庭间也存在差异。

《民法典》第1064条仅原则性规定"家庭日常生活需要"，并未明确界定其判断标准，目前司法实践中主要通过法官自由裁量予以确定。然而，法官行使自由裁量权所依赖的个人经验或价值导向，受其个人家庭收入、生活阅

---

[1] 参见李家杰："我国夫妻共同债务认定制度研究"，河北经贸大学2022年硕士学位论文。

[2] 张晨蓉、杨潇："瀛坤视界｜夫妻共同债务认定及常见问题"，载 https://mp.weixin.qq.com/s/QKoayq6L1U3F2prmQEFOag，最后访问日期：2023年2月1日。

历和习惯、地方经济发展水平影响，不同法官的认定标准存在较大差异，如果仅依靠法官的自由裁量，容易造成混乱。对此，部分省份法院采取定额办法，如浙江省高级人民法院于2018年发布的《关于妥善审理涉夫妻债务纠纷案件的通知》提到，单笔举债20万元以内可以作为家庭日常生活需要的考量因素，超过20万元的可作为超出日常家庭生活需要考量因素。[1]

我国各地区日常家庭生活需要的标准不同，定额办法并不具有普适性。家庭日常生活需要标准界定牵涉的因素复杂，有必要以更为科学的方式明确。

（二）举证负担再度失衡

夫妻共同债务认定中的一项重要内容为举证责任分配。我国居民的生活水平、生活方式等均发生重大改变，夫妻因日常家庭生活需要而负责占据的比例越来越少，更多夫妻负债是基于生产经营、购置房产、大宗商品。

《民法典》第1064条以日常家庭生活需要为举证责任界分点，将超出日常家庭生活需要的债务用途举证责任分配给债权人，在居民生活水平较高的地区，并不能有效衡平夫妻方与债权人之间的举证负担。囿于夫妻关系的私密性，债权人对举债夫妻一方的举债用途及所得收益归属等情况难以举证，举证困难、债权人权益得不到保护，且极易出现夫妻双方恶意串通转移财产的情况。[2]

《民法典》第1064条第1款之所以强调夫妻双方共同签字或事后追认等共同意思表示所负的债务为共同债务，旨在课以债权人一定注意义务，实现源头风险防控。但法的指引价值有赖于时间的沉淀、法制的发展以及公民意识全面提高，这样规定，很难避免夫妻共同债务由一方签字的行为发生。现阶段，仅依靠"共签共债"，无法完全消解实务中的夫妻共同债务认定困境。[3]

四、夫妻共同债务认定规则的完善

（一）明确"家庭日常生活需要"标准

根据国家统计局的统计，我国城镇居民家庭消费种类主要分为八大类，

---

[1] 参见王佳营："'夫妻共同债务'的司法认定"，吉林大学2022年硕士学位论文。

[2] 曾清震："《民法典》中夫妻共同债务的认定标准与完善研究"，载《法制博览》2022年第29期。

[3] 李景："[以案说法]第四期 | '共债共签'规则下夫妻共同债务的认定问题"，载https://mp.weixin.qq.com/s/9UOaC9oJOATogY5btUNA2w，最后访问日期：2023年2月1日。

分别是食品、衣着、家庭设备用品及维修服务、医疗保健、交通通信、文娱教育及服务、居住、其他商品和服务。家庭日常生活的范围，可以参考上述八大类家庭消费，根据夫妻共同生活的状态（如双方的职业、身份、资产、收入、兴趣、家庭人数等）和当地一般社会生活习惯予以认定。[1]

这个分类能够反映我国城镇大众家庭的日常消费类型，可以作为界定家庭日常生活需要的依据。夫妻共同生活状态及生活习惯涉及个人隐私及主观方面，实践中并不容易判断，如果没有客观数据可予参酌，将造成审判困难。所以既然是"日常生活"需要，其标准应受合理限度制约，参酌标准应反映社会大多数家庭的日常生活水平。

各省统计部门公布的人均生活消费性支出标准具有客观性和普适性，在前述八类消费类别范围内，以城镇或农村居民的人均生活消费性支出为基数，结合家庭人数确定该家庭的日常家庭生活需要标准，不仅易于司法实践操作，且较为科学。如福建省2020年度城镇居民人均生活消费性支出为30 487元，某城镇家庭人数为三人，则该户的日常生活需要标准可界定为91 461元（能够证明负债原因超出前述"八大类"除外）。若个案中夫妻方能证明其日常家庭生活需要低于当地平均值，或债权人能证明夫妻方日常家庭生活需要高于当地平均标准，则法官可进行调整。这样既能考虑大多数家庭的情况，又兼顾少数富裕或贫穷家庭的情况，较为合理。

（二）优化举证责任分配制度

"公平正义原则是分配举证责任的最高法律原则，它是分配举证责任最初的起点和检验分配是否适当的最后工具"，[2]举证责任分配必须围绕公平正义之准则。现行夫妻共同债务认定规则以日常家庭生活需要标准作为举证责任分配界点，避免了非举债夫妻一方背负大额债务的情况出现，能够维护婚姻家庭稳定。但债权人对夫妻一方所负的超出日常家庭生活需要的债务承担证明责任存在较大困难，所以仍有必要对其加以完善。否则，相较"推定规则"而言，充其量是将夫妻一方的举证负担转移至债权人，无法从根本上消除问题。所以对于夫妻一方以个人名义负担超出日常家庭生活需要的债务，原则

---

[1] "六佳周讲堂｜夫妻共同债务的认定"，载https://mp.weixin.qq.com/s/x4oIFebKUbUPktXWjAfVoA，最后访问日期：2023年2月1日。

[2] 丁巧仁主编：《民商事案件裁判方法》，人民法院出版社2006版，第103页。

上应遵守"谁主张、谁举证"的规则,由债权人举证,但也不能完全免除夫妻方的举证责任。

在实践中不排除夫妻一方负担的超出日常家庭生活需要范围债务有部分用于夫妻日常家庭生活的情况,因此非举债夫妻一方应对其个人生活收入来源负担进行说明,如不能说明,则非举债夫妻一方应就日常家庭生活需要标准限额内对该债务共同清偿,即法院可以判令举债夫妻一方对其以个人名义负担的超出日常家庭生活需要债务承担清偿责任,同时可以判令非举债夫妻一方在日常家庭生活需要范围内对该债务承担共同清偿责任。

五、结语

夫妻共同债务的认定对当事人及其婚姻、家庭影响极大,公正认定夫妻共同债务,关系到法律自由、安全、效率的价值取向。明确夫妻共同债务的认定规则,对处理实务中的夫妻共同债务纠纷有着重要价值。

离婚诉讼中的股票期权分割问题

任天琦*

(中国政法大学 北京 100088)

摘 要：股票期权作为一种财产性权利，是公司给予其员工在未来特定时间以确定价格购买公司股票的权利，是上市公司、高科技企业对员工进行激励的众多方法之一，属于长期激励的范畴。然而，股票期权激励制度在改善公司内部结构、推动资本市场良性发展的同时，也引发了大量的纠纷。由于公司股东、高管离婚，有可能使得离婚诉讼中的股票期权持有人所在公司的股权结构发生剧变。近年来，涉及离婚案件中股权分割以及激励股票期权分割的案件日益增多，催生了许多新的法律问题。股票期权兼具人身属性和财产属性，属于一种附条件和期限的权利。股票期权财产如何认定是离婚诉讼时的一个焦点问题。

关键词：离婚 股票期权 财产分割 共同财产

一、股票期权制度介绍

股票期权是一种财产性权利，也可以称为股票选择权，是公司给予其员工在未来特定时间以确定价格购买公司股票的一种权利，通常该股票应该是升值的，员工可以通过股票升值产生的价格差获得除工资以外的额外报酬。员工获得的股票期权具有价值不确定性，因股票期权是与未来某个时间段的公司股票价格息息相关的，持有人一般会在股票价格最高点的时间来行权，但是未来时段资本市场中该公司的股票价格是不可预测的，所以相比于股票

---

* 作者简介：任天琦（1990年-），女，汉族，吉林长春人，中国政法大学同等学力研修班2022级学员，研究方向为民商法学。

价值，股票期权的价值不确定性更强。股票期权仅仅是一种期待权，因为除非到股票期权的行权期否则不可行权。股票期权仅仅能由被受益人持有，或者在本公司员工或特定的人群中转让，这是由股票期权所具有的激励性质决定的。此制度的设立目的是激励员工更持久更努力地工作。股票期权并不具有确定价值，并且在转化过程中存在一定的限制，从某种程度上来说，股票期权在本质上是一种财产奖励，是与奖金、工资等类似的。

二、离婚诉讼中股票期权的分割实践

涉及夫妻财产中股票期权分割的案例中，最典型的为 2009 年广东省高级人民法院《关于婚前取得的股票期权，离婚后行权所得能否确认为夫妻共同财产问题的批复》，此判例是夫妻离婚时股票期权分割案件中的重要判例，具有里程碑意义。2001 年 8 月，冯某被公司授予期权 525 000 股。沈某和冯某于 2002 年 6 月登记结婚，于 2004 年 10 月离婚。冯某于 2004 年 12 月、2005 年 1 月、2005 年 7 月分别行使了期权，获取了现金。沈某知道后向法院提起诉讼要求分割冯某的股票期权收益。一二审均认定股票期权为冯某婚前个人财产，判沈某败诉。后检察院抗诉，深圳市中级人民法院再审，广东省高级人民法院在批复中认为冯某虽在离婚之后行使了期权，但是在婚姻关系存续期间内冯某是可以通过行使其期权从而获得利益的，应以夫妻共同财产认定。

北京市第二中级人民法院案例[1]观点为，于夫妻关系存续期间内被授予期权的一方得到的股票期权应被定义为被授予一方的工资收入，被认定为夫妻关系存续期间内的共同财产，依法进行分割。案情为原被告于 2004 年 12 月登记结婚，被告所在单位自 2007 年向被告授予股票期权，一审辩论终结前，被告可行权的股票数量为 20 000 股。法院认定，夫妻关系存续期间一方取得的股票期权所得，属于夫妻共同财产，夫妻一方中的股票期权所有人一方分得股票期权，给另一方进行相应经济补偿。

以上司法实践的判例对股票期权在离婚时如何进行分割进行了探索。广东省高级人民法院、北京市第二中级人民法院的判例对于股票期权在离婚诉讼中如何进行分割提供了参考，但是，目前我国各地的法院在处理此类案件时观点不一，有的提出夫妻共同财产比例计算方法，有的酌情判决分割。但

---

[1] 常某诉赵某离婚后财产案，[2010] 二中民终字第 16389 号。

我国是成文法国家，上述判例不能作为此类案件审理的直接根据。因此对于各种情况下如何分割股票期权仍需以现行法律法规为基础。

三、股票期权的分割

股票期权必须符合夫妻共同财产中对于取得范围的这一特征要求，只有当股票期权的设立之日起到其最终获得收益之日止与婚姻存续期间重合时，这期间的收益才能被认定为婚后所得，否则就不能被认定为夫妻共同财产。股票期权具有人身性，其授予对象特定为公司员工，最终行权也与持有者的表现密切相关。股权激励的合同不仅具有特定性还具有专属性，是公司希望员工忠诚持续工作的一种激励方式，但股票期权最终所指向的财产收益，是不具备此特性的。根据我国法律规定，具有强烈的人身特征的财产才能被认定为夫妻一方个人所有，由于股票期权设立时并未被赋予此类特征，因此在婚姻存续期间内股票期权对应的财产权利当然是夫妻双方共同共有。

（一）婚前取得股票期权

在婚前获得的股票期权其行权期有在婚姻存续期间行权、在婚姻存续过程中可以部分行权和在婚姻关系终止了以后才可以行权三种情况。公司在与员工签订协议时，均约定了其行权的范围，还有特定行权时间都有一个条件就是在约定的时间内持续地在公司工作，在此过程中形成婚姻关系的，此婚姻关系维持的期间获得的经济权利，都应认定为夫妻共同财产。

在婚姻关系存续期间内股票期权可以行权或者可以部分行权的，不完全属于婚前财产，但也不应认定为完全属于夫妻共同财产。股票期权获得收益的部分如果包含了一方婚前财产的，则此部分应认定为一方个人的财产。在生活中，夫妻中股票期权持有者一方为公司提供持续的忠诚的劳动，而另一方在家务劳动中付出较多，则婚姻持续期间所经过的时间系持有者一方在对公司履行义务，而此过程是一个不断履行不断获得的过程，也是夫妻中另一方不断对家庭付出的过程，所以对应的收益，应认定为夫妻共同财产，即便持有者一方是在婚姻关系终止以后行权的。

（二）婚后取得股票期权

夫妻一方在婚后被授予股票期权，如果最终行权也是在婚姻关系存续期间，获得的收益不属于我国《民法典》规定的属于夫妻一人的财产，该部分收益应当归于夫妻共同财产，夫妻一方在婚后被授予股票期权，在婚姻关系终止时未能达到行权要求的条件时，能否归于夫妻共同财产进行分割是难点。目前司法案例中主要的观点是在双方不能就股票期权的利益如何分割达成一致约定的情况下，先不对此部分进行处理，待行权后对此部分另行起诉。从司法审判中可以看出来，对婚后获取的股票期权，一般情况下都认可其是夫妻共同财产，只是对其如何进行分割有分歧，由于其最终获得收益具有不确定性，其无法满足离婚时财产确定性这一要求。在婚姻关系终止以后，一方获得股票期权的，即使在股票期权授予阶段仍然存在婚姻关系，在我国目前的法律体系下，不被视为夫妻共同财产。[1]

四、结语

离婚诉讼中的焦点问题是夫妻财产如何分割。随着我国经济的迅速发展，股票期权体现的是人力资本的产权价值，是对被授予人在特定的工作时段所付出的劳动的一种奖励。与此同时，如其授权和行权跨越了婚姻存续期间，则被授予人的工作是得到了配偶的辅助和支持的。目前我国的法律制度在完善中，同其他的法治问题一样，在离婚诉讼中的股票期权分割实践中还存在很多问题，需要更多学者探讨该问题，为夫妻共同财产中股票期权份额如何认定、股票期权价值如何评估、股票期权的来源与相关立法的协调提出更加完善的解决方法。

---

[1] 翁林颖："从物权法角度看婚姻法司法解释（三）的夫妻财产制度"，载《辽宁工程技术大学学报（社会科学版）》2012年第5期。

消费者网络购物反悔权研究

王宝莲*

(中国政法大学 北京 100088)

摘 要：消费者是网络交易中的弱势群体，2014年《消费者权益保护法》的施行，消费者可在收到商品后七日内无需说明理由进行退货，这大大保护了消费者合法权益，但也存在不少消费者依据上述法律条文滥用退货权利的情况发生，进一步细致和明确消费者伴随义务条款是减少网购乱象的重要手段。

关键词：网购反悔权 网购乱象 消费者伴随义务

一、问题的提出

《消费者权益保护法》第25条关于消费者反悔权的规定引起了社会关注，使得淘宝、京东等网络购物平台推出的"七天无理由退货"实现了真正的有法可依。早期淘宝、京东等平台的电商模式主要是传统电商、搜索电商，随着2020年抖音电商的兴起，抖音平台这样的兴趣电商、内容电商又瓜分了电商行业的一大板块，抖音电商的兴起，也让更多人看到兴趣电商、内容电商的红利，越来越多人进入短视频行业，最终通过网络直播卖货的方式实现流量变现。

《消费者权益保护法》距今已施行九年之久，网购平台的增多、电商模式的增加都使得网购交易数量持续增长，但笔者通过中国裁判文书网查询相关裁判，发现由《消费者权益保护法》第25条引起的纠纷却少之又少，由此可

---

* 作者简介：王宝莲（1992年-），女，汉族，福建泉州人，中国政法大学同等学力研修班2022级学员，研究方向为民商法学。

见，大部分产生撤销交易想法的消费者通过网购平台直接行使了网购反悔权，原先消费者因商品实物与网上图片存在色差、付款后商品降价、实物商品与消费者心理预期相差大等各种无法律依据或事实不易举证的情形无法解除、撤销合同，又或是使合同无效的情况一去不复返了。自从2014年施行《消费者权益保护法》，消费者便只需依照第25条规定，即较低的法律要求，便可实现撤销交易的目的。但因《消费者权益保护法》第25条对消费者反悔权规定的法律门槛低，现实中存在消费者恶意行使网购反悔权的情况，例如，消费者一次性购买大量同一商品，经营者向厂家大量进货后再出售给消费者，但消费者在收货后行使反悔权全部退货，退回的大量货物成为库存无法在短时间内销售，导致经营者产生巨大经济损失。又如消费者购买商品后，对收到的正品调包，将假货退回给经营者，经营者再将假货出售给其他消费者导致信誉受损等，消费者只要按照《消费者权益保护法》第25条和网购平台的规定，即可行使反悔权，导致经营者有苦说不出，反成了"冤大头"，即便经营者向平台反映，平台也仅依据《消费者权益保护法》第25条驳回了经营者的异议。许多经营者都是小本生意，若选择采用诉讼维权的方式，又大大增加了经营者经济或时间成本，甚至维权成本远远超过其所主张的标的金额，所以不少经营者放弃了诉讼维权方式，选择了邮寄恐吓物品、网络散播不实信息等不正当或违法途径进行维权，而这无法真正达到止纷息诉的目的。

二、网购反悔权概念

针对消费者网购反悔权的研究，需要进一步明确消费者反悔权的概念。法学界尚未对消费者反悔权形成统一的定义。杨立新认为，反悔权是指经营者采用网络、电视、电话、邮购以及上门推销等方式销售商品，消费者在履行合同之后的冷静期内，若商品完好则享有无需说明理由即可退货的权利。[1]张学哲认为，消费者反悔权是指在合同订立后的有效期限内，消费者说明原因，可自主撤销原来的意思表示或者将合同废除。[2]可见，对于消费者反悔权的理解，人们普遍认为是消费者在一定期限内无需任何理由在法定

---

〔1〕 参见杨立新："非传统销售方式购买商品的消费者反悔权及其适用"，载《法学》2014年第2期。

〔2〕 参见张学哲："消费者撤回权制度与合同自由原则——以中国民法法典化为背景"，载《比较法研究》2009年第6期。

条件下可行使反悔权。《消费者权益保护法》第 25 条的"经营者采用网络、电视、电话、邮购等方式销售商品,消费者有权自收到商品之日起七日内退货,且无需说明理由……"以及《网络购买商品七日无理由退货暂行办法》第 6、7 条规定均是网购反悔权的相关规定。由于本文主题所限,笔者仅讨论采用网络方式销售的反悔权。

三、消费者行使网购反悔权的伴随义务

从《消费者权益保护法》第 25 条规定及《网络购买商品七日无理由退货暂行办法》第 6、7 条规定可以看出,消费者网购反悔权的行使,需伴随相应义务,对义务细化才能进一步改善网购营商环境。

(一) 商品性质的基础审查义务、意思表示的进一步确认

网购下单或线下购买之前,消费者需要履行商品性质的基础审查义务,进行意思表示的进一步确认。

首先,消费者需根据生活常识来审查商品是否属于《消费者权益保护法》第 25 条规定的定作、鲜活易腐、在线下载或者消费者拆封的音像制品、计算机软件等数字化商品或交付的报纸、期刊。

其次,消费者需审查商品是否属于 2020 年施行的《网络购买商品七日无理由退货暂行办法》第 7 条规定的拆封后易影响人身安全或者生命健康的商品、拆封后易导致商品品质发生改变的商品、一经激活或者试用后价值贬损较大的商品、销售时已明示的临近保质期的商品、有瑕疵的商品。

最后,消费者还需审查商品是否系其他根据商品性质并经消费者在购买时确认不宜退货的商品。

(二) 检查商品,及时确认是否行使反悔权

收到商品后,消费者应第一时间检查商品,以及确认自己是否行使反悔权。

首先,消费者应根据商品特质来判断撕毁该商品的包装是否会影响反悔权的行使。市面上不少月饼、粽子、草莓、矿泉水等包装成本巨大,有些包装成本甚至超过商品本身价值。司法实践中,不排除因消费者撕毁包装,导致影响经营者的二次售卖或是导致经营者产生高额的包装成本经济损失,这时,若消费者通过诉讼维权方式行使反悔权,面临着败诉风险,或是人民法院虽支持了消费者反悔权的行使,但消费者需额外赔偿经营者的包装

成本。

其次，消费者应注意收到的商品上是否有标签警示，该商品及警示标签是否会影响反悔权行使。如部分经营者会在出售的服装上挂塑料标签，标签上注明"拆下不退换"，经营者的上述操作，主要是防止部分消费者的不当目的，即不但满足了自己购买需求还无需花费相应价款，如不少消费者购买晚礼服，在特定场合使用后进行退货处理，又如不少网红购买服装进行拍摄短视频或艺术照片后进行退货处理，上述消费者对服装的使用时限在反悔权法定时限七日内，若经营者在显眼的地方挂上塑料标签注明，使得消费者无法在公共场合正常穿着服装，只能进行试穿，便大大降低了上述风险，进一步促进交易真正完成。还有部分经营者会在化妆品外包装贴上贴纸并注明"正品防调包，撕毁不退换"，该贴纸只要撕下便会变色，经营者的上述操作，主要是防止消费者在收到货后进行调包处理，将正品据为己有或另行销售，再将假货退给经营者，不少新闻频频爆出的某官方旗舰店出售假货也是由于这个原因，虽然撕毁标签不会影响二次销售，但确实有不少恶意消费者做出假货调包的违法行为，进而损害经营者的合法权益和信誉。上述举例的服装和化妆品经营者的操作，虽不符合《消费者权益保护法》第25条和《网络购买商品七日无理由退货暂行办法》第6、7条规定的例外情形，但经营者担忧的情况确实存在，法律规定应进一步细化，不但要保护消费群体，也不能忽视经营者的利益诉求。

（三）一次性采购大量同一商品的前期沟通

若消费者需一次性采购大量同一商品，为避免收到货后商品不符合心理预期，可在购买前与经营者进行沟通确认，或可先采购一份商品，若该商品符合消费者心理期望，再进行大批量采购，后续大批量采购的商品若非出于商品质量、交货期等问题，消费者不得再行使网购反悔权。

四、结语

从早期的传统电商模式到如今的兴趣电商模式，经营者采用网络渠道销售已有20余年，《消费者权益保护法》第25条关于消费者反悔权的规定确实解决了许多网购合同纠纷，但其中关于"七日内"期限、"自收到商品之日起"起算时间、除外商品的规定并不能完全解决网络乱象，仅仅依靠《消费者权益保护法》第25条和《网络购买商品七日无理由退货暂行办法》第6、

7条规定确实无法完全维持网购行业的健康发展。法学界普遍认为消费者系交易过程中的弱势群体，所以赋予其网购反悔权，但是消费者的义务应更加细致和明确，适当提高行使反悔权的伴随义务门槛，减少网购乱象，有利于网购行业健康发展，促进社会经济稳定发展。

论我国夫妻约定财产制度

王 敏*

(中国政法大学 北京 100088)

摘 要：夫妻关系涉及人身关系和财产关系。长期以来，夫妻间的财产关系一直是婚姻关系的重要组成部分。随着中国社会市场经济的建立和快速发展，人们的私有财产在不断增加。同时，由于人们观念的变化，社会上的婚姻制度和婚姻行为也发生了重大而深刻的变化，人们开始向往更加个性化和自由化的价值观。结婚数量的减少和离婚数量的增加使得我们有必要重申婚姻制度的重要性，并提高财产制度的适用标准。

关键词：夫妻 夫妻财产 约定财产制

一、夫妻财产制度的概念、渊源及特征

夫妻财产制度又称婚姻财产制度，指的是婚姻关系存续期间的规定婚姻财产制度的法律体系。从更广泛的意义上来说，它是指关于婚前和婚后获得的婚姻财产的所有权、管理、使用、收入和处置，家庭生活费用的划分，婚姻债务的解决，以及婚姻结束后财产的清算和分配的法律体系。从狭义上讲，是指有关夫妻财产所有权的制度。[1]

二、夫妻约定财产制的法条内容与意义

我国《民法典》第1065条规定，夫妻可以约定婚姻关系存续期间所得的

---

* 作者简介：王敏（1996年-），女，汉族，北京人，中国政法大学同等学力研修班2022级学员，研究方向为民商法学。

[1] 参见王续颖："我国夫妻约定财产制研究"，山东大学2018年硕士学位论文。

财产以及婚前财产归各自所有、共同所有或部分各自所有、部分共同所有。约定应当采用书面形式。没有约定或约定不明确的，适用本法第1062条、第1063条的规定。夫妻婚姻关系存续期间所得的财产以及婚前财产的约定，对双方具有约束力。夫妻约定婚姻关系存续期间所得的财产归各自所有的，夫或妻一方对外所负的债务，相对人知道该约定的，以夫或妻一方所有的财产清偿。夫妻约定财产制度是在平等和自愿的基础上缔结的财产协议，它能真正反映婚姻关系双方的意愿，简化婚姻制度，减少配偶之间在财产问题上的不一致和争议，弥补夫妻共同财产制和个人财产制的不足，尊重配偶的个人权利，满足社会的不同需求。

三、夫妻约定财产制度的不足

虽然《民法典》引入了更全面的夫妻财产制，在一定程度上完善了中国的夫妻财产制，但现行的夫妻财产制仍存在一些缺陷和不足。

第一，夫妻财产约定制度赋予当事人自由约定财产归属的权利，但没有明确规定具体数额。然而，在承认这一权利的同时，法律并没有对约定的内容和范围提供详细的指导。

第二，法律没有规定夫妻的财产合同是否可以修改或撤销。在一些国家，法律规定夫妻一旦签订了财产合同，就不能修改或撤销。相比之下，我国对婚姻财产协议的修改和取消问题采取了回避的态度。因此，没有明确的法律依据来及时解决缔结婚姻约定财产后出现的问题。

第三，缺乏财产合同的公示制度。《民法典》只要求婚姻双方以书面形式签订约定协议，并没有规定对善意的第三方进行任何形式的公示。对外效力上，法律规定，同意采用单独财产制度的夫妻有义务在外部经济活动中告知对方，承担对第三方的举证责任，并以其他方式将其债务作为共同债务进行清算。但这侵犯了另一方的合法财产权，也无法保护第三方的权利。

四、夫妻约定财产制度的完善

当前，夫妻约定财产制已经发展为许多夫妻可以自由选择和适用的财产制度。但是，必须承认，相关法律还不完善，这导致实践中出现了许多纠纷和问题。笔者认为，以下建议可以完善婚姻财产制度。

首先，应完善各类婚姻财产协议的目的、内容、范围和有效期。《民法典》规定，夫妻财产约定的对象是夫妻双方，即通过法定方式予以确认的夫妻。然而，社会中许多拟缔结婚姻关系的男女在婚前就已经对财产问题达成协议。必须要注意的是，缔约双方必须具有完全的民事行为能力，且授权代理制度不适用。夫妻财产协议涉及的是主体的实质性利益，必须有完全的行为能力，未达到法定年龄及精神智力存在缺陷的限制民事行为能力人自始至终都无法订立夫妻财产约定。[1]尽管在学术界和实践中，对于应该存在何种类型的婚姻财产约定，即是开放的还是封闭的仍有争议，但笔者认为，借鉴更成熟的外国立法模式是可行方式。比如，对约定的财产制类型可以采取开放式约定，约定只要不违反法律强制性规定，不违反公序良俗即可生效。

其次，需要制定关于更改或撤销财产协议的规定。各国对可否撤销或修改先前的婚姻财产协议有不同看法。一些国家规定，一旦夫妻双方就财产问题达成一致，在符合特定条件和程序的情况下，可以修改或撤销原来的协议。在其他国家，夫妻进行财产约定后，一旦达成就不能更改或撤销。我们的社会在不断变化，婚姻关系也不是一成不变的。如果以前的财产协议不合理或不再适用，则须根据当事人的需要和真实意愿进行修改或撤销。然而，在对财产约定进行修改或撤销时，双方必须按照严格的程序商定。如果双方对财产协议有异议，要求修改或撤销的一方可以向法院起诉，请求实现修改或撤销原财产约定。

最后，建立婚姻财产制度的公示制度。关于婚姻财产制度的具体公示方式一共有两种。一种是公证，如德国和法国规定，婚约由主管公证处公证，公证文件由公证处保存。另一种方式是登记，比如日本、韩国等国家，要求夫妻约定财产协议应于婚姻申报时登记，婚后约定财产的，应到原婚姻登记机关登记、备案。登记后，配偶双方随结婚证各持一份，婚姻登记处也会保留一份复印件。[2]《日本民法典》第758条规定，婚姻财产制度在婚姻登记后不得改变。然而，笔者认为婚姻财产安排具有契约性质，本应可以变更或撤销，但要符合一定的条件和程序。中国婚姻法没有规定夫妻双方约定财产的公示制度。在中国，公证机关和婚姻登记处属于不同的系统，若由其作为夫妻财产约定的公示机关，则需重建婚姻当事人档案。在这方面，中国可以参

---

[1] 参见王续颖："我国夫妻约定财产制研究"，山东大学2018年硕士学位论文。
[2] 姚智博："论我国当代夫妻财产制的发展与完善"，载《经济研究导刊》2008年第6期。

照国外的规定，完善国内的夫妻财产协议公示制度。

五、结语

夫妻财产制是时代的产物，夫妻财产约定制的发展和演变体现了时代在进步。婚姻伴侣在选择财产协议时应深思熟虑。特别是婚姻当事人在选择夫妻约定财产时，应同时慎重考虑两个问题：首先，财产约定不是普遍适用的，要结合自身情况考虑是否有必要签订夫妻财产约定协议；其次，在选择财产约定制度时，对于公证处有较高要求。公证处应确保根据适用法律，以最佳和最适当的方式对当事人的财产权利进行法律保护。这意味着公证员必须增强责任感，不断提高法律水平，更加深刻地理解婚姻财产合同法的精神，提高法律服务的专业技能。

夫妻共同债务研究

校甜甜*

（中国政法大学 北京 100088）

摘 要：当下，离婚率节节攀升，在处理离婚案件纠纷的过程中，分割夫妻共同财产日趋成为争议焦点。针对夫妻共同财产重要组成部分的夫妻共同债务问题，自1993年至今，法律条文和相关司法解释在不同程度、范围规定了"夫妻共同债务"，对于夫妻共同债务的认定标准与清偿规则也愈加明确。如何认定共同债务及清偿，不仅影响夫妻之间的利益关系，更会影响案外第三人利益，因此对夫妻共同债务的研究具有客观与实际意义。

关键词：夫妻共同债务 立法沿革 认定标准

一、夫妻共同债务立法沿革

各国对夫妻共同债务的认定均有自己的立法依据，本文重点探讨我国的立法沿革。

我国法律规定，夫妻双方应共同偿还其在婚内所形成的共同债务，离婚后形成的则属于个人债务。于是实践中出现了夫妻双方通过"假离婚"来逃避清偿的乱象。为整治这一乱象，2003年，最高人民法院《关于适用〈中华人民共和国婚姻法〉若干问题的解释（二）》第24条增加了债务人配偶的举证责任。"推定规则"的前提是只要在夫妻婚姻关系存续期间所产生的债务一律推定为夫妻共同债务，而现实中依然存在一些不是举债方却要承担巨大债务的情况。2017年，最高人民法院《关于适用〈中华人民共和国婚姻法〉若

---

* 作者简介：校甜甜（1989年-），女，汉族，江苏泰州人，中国政法大学同等学力研修班2022级学员，研究方向为民商法学。

干问题的解释（二）的补充规定》第 24 条就虚假债务以及非法债务等情形进行了规定。2018 年最高人民法院《关于审理涉及夫妻债务纠纷案件适用法律有关问题的解释》就"共债共签""家庭日常生活""举证责任分配"等情形进行了明确说明。[1]

《民法典》第 1064 条第 1 款就夫妻共同债务进行了规定："夫妻双方共同签名或者夫妻一方事后追认等共同意思表示所负的债务，以及夫妻一方在婚姻关系存续期间以个人名义为家庭日常生活需要所负的债务，属于夫妻共同债务。"该项规定明确了什么是夫妻之间共同债务，同时也从法律上为认定夫妻共同债务提供了行之有效的认定标准。

综上，关于共同债务的认定随着立法的进步与发展，概念逐步完善、明确，但在实际审判案件的过程中，夫妻共同债务认定依然存在某些概念范围界定不清晰、清偿不明确的问题，法律适用也存在分歧。

二、夫妻共同债务认定标准

在某案件中，梁某和黄某是夫妻，梁某向第三人谭某借款，签订了借据。后因经济不景气，梁某失业且丧失了经济来源无法偿还借款，谭某以夫妻共同债务起诉梁某和黄某，要求双方共同偿还借款。

对于该债务是否属于夫妻共同债务，《民法典》明确了"夫妻双方共同签名或者夫妻一方事后追认等共同意思表示所负的债务"属于共同债务。如果黄某在借据上签字，或者即使黄某没有签字，但事后向谭某表明愿意共同偿还此笔债务，则应认定为夫妻共同债务。为了家庭日常生活，夫妻双方中的任何一方在婚内所花费的财物，不论是否以个人名义，皆应视为夫妻共同债务，若该笔债务超出该范围，原则上可不认定为夫妻共同债务，但是如果能证明该笔债务是为了夫妻之间共同生活、生产经营或者双方共同认同的也应认定为夫妻共同债务。如果梁某以个人名义借款用于家庭日常生活，即使黄某没有在借据上签字，不知道该笔借款，仍属于夫妻共同债务。但若梁某将借款用于赌博、吸毒等违法犯罪活动，则应当被认定为个人债务，黄某无需对该笔债务承担共同清偿的责任。如果债权人谭某提交的证据能够证明这笔借款是梁某和黄某为了家庭共同承担、同舟共济或共同经营打拼的，则可认

---

[1] 参见李丽丽："夫妻共同债务认定研究"，吉林大学 2022 年硕士学位论文。

定为夫妻共同债务。

夫妻共同债务认定大致可以通过以下三个方面:

(一) 夫妻共同意思表示

"夫妻共同意思表示"所产生的债务,不管夫妻是否共同享有该笔债务所带来的利益与好处,均视为夫妻共同债务,这也提醒债权人为了方便后期举证,尽量要求夫妻双方共同签字。

(二) 家庭日常生活

"家庭日常生活"即夫妻一方在婚姻关系存续期间以个人名义为家庭日常生活需要所负的债务,[1]主要包括衣、食、住、行、教育文化、医药保健及其他消费,如何衡量和判断日常家事,并没有固定的标准,要重点考虑普通百姓的社会观念和普罗大众的生活习惯。[2]

(三) 夫妻共同生活, 共同经营

夫妻双方为了共同生活所购置的生活用品;购买或装修的不动产;双方或一方看病所支付的医疗费;双方或一方为教育、培训或文化等丰富精神建设的活动所支付的费用;赡养老人、抚养子女的花费;开展正当的社交活动产生的费用;成为夫妻共同财产的婚前产生的个人债务或者个人用于双方共同消费支配的债务,以及其他为夫妻共同生活所产生的债务等均应作为夫妻共同债务。

夫妻双方为了生产或经营共同决定所产生的债务,包括但不限于共同从事工商业,购买生产资料所产生的支出;共同为了金融活动或投资所花的费用等则应视为夫妻双方为共同经营所负的债务。需要从夫妻双方的地位作用、经营活动的性质、从事商业活动的目的等来判断是否属于该笔债务,夫妻一方从事生产经营活动,但是该经营活动所产生的收入用于家庭生活或者另一方也享受该笔收入带来的收益,即使只有一方认定,所产生的债务也应视为共同债务。

在实际操作过程中,依然存在有些债权人无法举证该笔债务是否用于夫妻共同生活或经营,但是依然向法院请求以夫妻共同债务的形式来执行夫妻

---

[1] 参见"居民消费支出分类(2013)",载 http://www.gov.cn/zwgk/2013-03/18/content_2356851.htm,最后访问日期:2022年1月18日。

[2] 参见冉克平:"论因'家庭日常生活需要'引起的夫妻共同债务",载《汉江论坛》2018年第7期。

共同财产的现象,如果法院按照夫妻共同债务来执行,则会损害夫妻共有财产;若作为个人债务来执行,则又可能会导致另一方逃避债务。

三、夫妻共同债务清偿规则

《民法典》第1089条规定,离婚时,夫妻共同债务应当由夫妻双方共同偿还。如果财产归夫妻双方各自所有或者夫妻共同财产不能清偿债务的,夫妻双方可通过协商方式确定共同清偿协议;存在争议或无法达成共识的,可请人民法院裁决。若该笔债务是在夫妻双方婚姻关系存续期间产生的,则双方对该笔债务均有共同清偿的责任;夫妻双方离婚分割共同财产时,应先将共同债务从共同财产中进行剥离,待共同债务清偿后,再由夫妻双方通过协商的方式就余额进行分割。若共同财产不足以清偿共同债务的,则夫妻双方需在离婚时确定各自就共同债务所承担的责任,并就该责任进行清偿,若无法达成共识,也可诉请人民法院进行裁决。

《民法典》第1065条第3款规定,夫妻在婚姻关系存续期间所得的财产约定归各自所有,夫妻一方对外所负的债务,第三人知道该约定的,以夫或妻一方所有的财产清偿。夫妻共同偿还的责任是"连带责任",有学者在坚持连带责任的同时,也主张以举债方名义对于超出家庭日常生活需要以及为了家庭共同利益而构成的夫妻共同债务,应由举债方以共同财产及其个人财产独自承担清偿责任,但这和普通的个人债务有所区别。[1]不管是不是在婚姻关系存续期间,都应当就共同债务以共同财产或个人财产来进行清偿,但在承担连带清偿责任后,权利人有权根据法院生效判决或离婚协议书向另一方主张权利。最高人民法院《关于审理涉及夫妻债务纠纷案件适用法律有关问题的解释》(已失效)公布后,对夫妻共同债务的界定有了新的规则,不过有些实际司法案例超前运用了未举债一方以共有财产为限承担有限清偿规则,有法院在界定为夫妻共同债务后,以上述理由判决,一审、二审均予支持。[2]

---

[1] 参见刘征峰:"夫妻债务规范的层次互动体系——以连带债务方案为中心",载《法学》2019年第6期。

[2] 参见江苏省常州市中级人民法院[2018]苏04民终2740号民事判决书。

四、结语

时代的发展使得法律不断地完善，司法解释的出现也为实践审判提供了法律依据。夫妻共同债务的认定及清偿除了在固有的法律释义的基础上进行认定，还需要充分考虑实际情况。夫妻共同债务的认定对夫妻双方的婚姻、家庭会产生一定的影响，常会涉及第三人利益。基于这一现象，夫妻共同债务认定时不仅需要从内容上进行认定，还需要结合债务的形成原因进行认定，避免法律适用错误。

房产税征收的立法化研究

杨 帆[*]

（中国政法大学 北京 100088）

摘 要： 房产税收有筹集财政收入、调节贫富差距、调控宏观经济等功能，制定房产税相关法律是税收法定原则的基本要求，同时也是调控房价、为楼市降温的现实性需求。目前我国房产税征收的法律依据不足，为了加快改革进路，我们应将房产税上升到立法层面。

关键词： 房产税 税收法定原则 立法

一、问题的提出

房产税改革试点，在当下中国房价高企，收入差距拉大，地方财政吃紧的情势下，其现实价值和长远意义不言而喻。[1]住房问题与每个人的生活息息相关，房价的过快增长加大了人们生活的压力，社会反应强烈，对此政府需要加快改革的步伐，将房价控制在一定范围内，否则过高的房价会降低政府的公信力。因而房产税改革的一个重要目的就是调控房价，让房价回归到一个合理的水平，减轻人们生活的压力，从而提高生活质量。2010年"限购令"在全国40余个城市落实，这一手段可谓雷厉风行。"限购令"简单易行，抑制投机行为，因而达到了为楼市降温的效果，但是，这一效果并未长久维持，如今房价进一步回升。2011年1月，上海、重庆两大房产税改革试点启动，相关资料显示，两地改革的成效并不大，房产税并未增加地方财政也没有抑制房价，没有达到政府和百姓预期的目标，原因在于这些措施无法从根

---

[*] 作者简介：杨帆（1991年-），女，汉族，河北定兴人，中国政法大学同等学力研修班2022级学员，研究方向为民商法学。

[1] 参见刘长春："从税收法定原则谈我国房产税改革"，载《产业与科技论坛》2011年第6期。

本上缓解市场压力，发挥的作用具有短暂性、应急性等特征。因而需要建立长效机制，从长期性、持续性的制度化建设中寻求出路，这才是改革的根本路径，在推进依法治国的进程中，加快房产税立法，是税收法定原则的要求，也是调控房地产市场的现实要求。

二、房产税立法的现实需要

近几年来出台的房价调控措施多种多样，但收效甚微，根源在于缺乏长效机制。房地产市场有以下几大特点。其一，购置房屋具有普遍性且关系重大。众多的人口使得房地产市场潜在需求巨大，尤其受我国传统观念的影响，人们普遍认为拥有自己的房子才更有归属感和稳定感，大多愿意购买属于自己的房子而不愿意租房子。此外，房产是一个家庭财产的重要组成部分，对家庭有重要意义，因而其具有普遍性且关系重大。其二，涉及多元利益主体。房地产市场涉及普通购买者、投资者、房地产商、政府这四大类主体，如何协调这四类主体的关系至关重要。除此之外，与房地产业发展息息相关的行业极其广泛，也体现着这一行业的重要性。其三，持久存续。房地产业不是新兴产业，其历史悠久，而且在我们可以预期到的未来，这一行业也不会衰落，因而其具有持久存续的特性。

长期采取限购政策与市场配置资源的原则相悖，应该更多地运用税收手段调节。[1]我国发展社会主义市场经济应尽量减少行政手段对经济的干预，充分发挥税收的调节功能，把社会生产的各个环节纳入税收调节的范围。房地产业利润巨大，投机者往往出于对利润的追逐纷纷投入炒房行列，将房价推高，使得房屋作为居住场所的本质被淡化，普通民众承受的住房压力增大。对保有环节进行征税将增加投机行为的成本，从而起到抑制投机的作用。因此征收房产税在一定程度上可以使过热的房地产业降温，从而达到对经济的宏观调控。

同时，房产税还应发挥筹集财政收入、缩小贫富差距、健全税制的功能。当前我国地方政府缺乏稳定的财政收入，在房地分离的境地下，政府以土地作为财政收入来源，但是土地资源是有限的，在土地资源开发殆尽后，地方财政便没有了支撑。而房产税具有税源稳定和易于征收的特点，可增加财政

---

〔1〕 王萍："住房信息系统完善后将取消限购"，载《北京晨报》2011年10月28日。

收入，为地方的市政建设筹集资金。我国社会贫富差距呈扩大的趋势，而税收在调节贫富差距层面发挥着作用，当前我国公民缴纳的税种主要为所得税类，而对财产征税的再调节将进一步促进社会公平。"解决贫富差距悬殊的问题要多管齐下，但房产税的推行是不可或缺的一环。"[1]对以居住为主要目的的社会大众少征税甚至是不征税，而对于以房产交易为投资手段的人群则征收较高的税，这便实现了"差别对待"，有利于缩小贫富差距。我国财产税的建设步伐相对滞后，还未形成统一、完善的税收体系。所以，房产税作为重要的财产税，对其进行立法将有利于我国税制的完善和健全。

三、税收法定原则的要求

任何一项税种的开征都面临立法权的问题，房产税也不例外。2011年沪渝两大房产税改革试点设立时便引发了关于设立权限的广泛讨论。坚持依法治国基本原则是我国建设法治国家的根本之路，税收法定原则是依法治国的重要体现，因而在调整国家与公民关系的税收征收工作中坚持税收法定是我国建设法治国家的必然要求。

税收法定是指"税法主体的权利义务必须由法律加以规定，税法的各类构成要素皆必须且只能由法律予以明确规定；征纳主体的权利义务只以法律规定为依据，没有法律依据，任何主体不得征税或减免税收"。[2]其内容主要包括课税要素法定、课税要素明确、程序法定三个方面。所有课税要素都要纳入法律规定之中。纳税要素明确要求征纳主体双方的权利义务关系明确，征纳的范围及规则都必须明确，不能产生歧义。

有些学者基于对我国立法现状的考察对税收法定原则作出了扩大性的解释，认为这里的"法"除了狭义的法律，还包括行政法规和部门规章。我们不否认这一看法在我国的现实性，但是从立法原意和建立法治国家的根本目标来看，这是不合理的。我国《宪法》第56条"中华人民共和国公民有依照法律纳税的义务"，是对公民依法纳税义务的明确规定，但同时公民仅依照"法律"纳税也表明国家仅依法征税，这也是对国家权力的限制性规定，体现着税收法定原则。

---

[1] 胡艳："房产税改革相关问题与对策研究"，载《牡丹江大学学报》2013年第5期。

[2] 张守文："论税收法定主义"，载《法学研究》1996年第6期。

《立法法》第 11 条规定："下列事项只能制定法律……（六）税种的设立、税率的确定和税收征收管理等税收基本制度……"。《税收征收管理法》第 3 条规定："税收的开征、停征以及减税、免税、退税、补税，依照法律的规定执行；法律授权国务院规定的，依照国务院制定的行政法规的规定执行。任何机关、单位和个人不得违反法律、行政法规的规定，擅自作出税收开征、停征以及减税、免税、退税、补税和其他同税收法律、行政法规相抵触的决定。"依据《立法法》的相关规定，立法权由全国人民代表大会及其常务委员会行使，全国人民代表大会可以制定基本法律，全国人大常务委员会可以制定基本法律以外的其他法律，而税收作为法律明确规定的基本制度应当并且只能法律加以规定。《税收征收管理法》第 3 条是对税收征收的法定性作出的最全面也是最直接的程序性规定，国家有关征税的任何行为都要严格受到法律的调整，不得违反法定程序。

税收是调整国家与公民利益关系的最基本的途径，把税收的地位提高到与其发挥的重大作用相匹配的高度，更能体现其重要性。如同把某人放置在一个职位上发挥统揽全局的作用，就要给予这一职位相对应的权力，否则其话语或称命令没有威慑力，便不能有效发挥作用。房产税作为税收制度的一种也应当遵循这一理念。在房产税改革进程中，要加快房产税征收的立法，从而充分发挥其筹集财政资金、调节贫富差距、宏观调控和健全税制等功能，就要进一步提升房产税的法律地位，使其地位与功能发挥的程度相匹配。

四、结论

房地产税制改革是大势所趋，当前改革已经艰难地跨出一步，应该加快立法进程，把房产税的征收提高到法律层面，这是税收法定基本原则的要求，是进行房地产市场宏观调控的现实性必然选择，也将是房地产市场回归理性的有效途径。但是需要注意的是立法要循序渐进，认真考察外部环境，确立合理的房产税征收范围，制定科学、合理的计税方法，最终促进房地产市场的合理发展。

虚拟财产的法律保护

杨 帅[*]

(中国政法大学 北京 100088)

摘 要:自智能手机问世之后,移动支付开始推广与普及,全民进入快速网络时代,且在近几年疫情大环境下,线下娱乐场所封闭,老百姓更多地依赖网络方式娱乐。网络娱乐方式的多元化使得虚拟财产已经不再是个别人的特权,微信号、QQ 号等社交账号,全民抖音直播带货背景下的各种大 v 粉丝账号,以及非同质化通证(NFT)等,都属于虚拟财产。在法律层面,虚拟财产的性质以及价值该如何认定,法律该怎么保护被侵害人的虚拟财产是本文要讨论的问题。

关键词:网络娱乐 虚拟财产 性质及价值认定 法律保护

一、引言

2022 年 2 月 25 日,中国互联网络信息中心(CNNIC)在京发布第 49 次《中国互联网络发展状况统计报告》。报告显示,截至 2021 年 12 月,我国网民规模达 10.32 亿,较 2020 年 12 月增长 4296 万,互联网普及率达 73%[1]。中国网民人均每周上网时长达到 28.5 个小时,较 2020 年 12 月提升 2.3 个小时[2]。随着互联网普及率的快速提高,互联网涉及的虚拟财产问题也日益显露。以

---

[*] 作者简介:杨帅(1991 年-),男,汉族,山东济南人,中国政法大学同等学力研修班 2022 级学员,研究方向为民商法学。

[1] "第 49 次《中国互联网络发展状况统计报告》发布 我国网民规模达 10.32 亿",载 http://jiajpngsu.sina.com.cn/news/general/2022-02-25/detail-imcwipih5349271.shtml,最后访问日期:2022 年 2 月 25 日。

[2] "第 49 次《中国互联网络发展状况统计报告》发布 我国网民规模达 10.32 亿",载 http://jiangsu.sina.com.cn/news/general/2022-02-25/detail-imcwipih5349271.shtml,最后访问日期:2022 年 2 月 25 日。

游戏为例,随着游戏产业的迅速发展,用户为了获取更优质的游戏体验,会在游戏账号内投入大量的时间与金钱,账号内的角色知识产权(IP)、稀有装备、稀有服装以及皮肤等权益的价值随着用户的投入日益增长,因游戏虚拟财产在游戏内部或者第三方平台交易、虚拟财产归属权等引发的相关法律问题也与日俱增。在当前我国的法律适用情形下,游戏虚拟财产的所属范围、权利归属、权利行使等问题仍是空白,实践中,大家对运营商应采取何种措施保护玩家的虚拟财产有着很多争议。

虚拟财产是一种在网络上具有价值的数据资源,是一种网络虚拟物。网络游戏虚拟财产是虚拟财产的一个种类,是指在游戏运营商所运营的网络游戏空间环境中,玩家自身所能独立支配的游戏资源,包括但不限于游戏道具、虚拟货币、虚拟角色、游戏账号等,其具有经济价值和可交易性。网络游戏虚拟财产被限定在网络游戏中,是特殊的虚拟财产。首先,它具有较高的交易价值。网络游戏虚拟财产大多可以灵活交易,有巨大的市场潜力和经济价值,玩家通过线下或社交平台以及游戏中介平台等第三方就可以进行交易,在交易过程中,买方玩家和卖方玩家也会签订交易合同。玩家所获得的游戏道具、游戏点卡、游戏金币、虚拟角色等本身可能是以现实货币从网络运营商处购得,也可能是游戏过程中,玩家花费了大量的时间与精力打造出来的,若被同游戏服务器中的玩家所认可,可用于交易。其次,网络游戏虚拟财产具有稀缺性。许多玩家耗费大量时间成本,也就是玩家的"劳动时间",投入精力打造游戏装备、提升角色等级。网络游戏中的用户名、角色、装备等虽都是单独的代码生成,但也集成了玩家的心血,即使是同样的设备或角色,其源代码也是不同的,并且无法被轻易复制。网络游戏中的虚拟财产是游戏运营商设计开发的产物。

二、游戏虚拟财产的权利归属

学界针对网络虚拟财产法律性质进行了多角度研究,并演化出了"债权说""物权说""虚拟财产权说"等多种学说。一种观点认为,游戏虚拟财产是游戏开发商经过产品方案指定、开发人员角色绘制、代码开发等多方工作研发出的产品,游戏的知识产权应属于开发商,开发商再将游戏和运营商合作,运营商拥有游戏的运营权,玩家仅依据与游戏运营商签订游戏服务合同对游戏虚拟财产享有一定程度的使用权[1]。另一种观点认为，游戏中虚拟财产是游戏玩家付出了精力、时间等劳动性投入或是直接通过货币购买取得，这种取得属于原始取得或者继受取得，并具有排他性，符合物权属性，自然享有对该角色 IP 或者账号的所有权，应对玩家的游戏账号或者角色 IP 内的数据类似于物权的权利并加以保护[2]。但不论何种观点，学者在玩家是否对游戏虚拟财产享有合法权益的问题上没有争议，主要争议点是玩家应当对游戏虚拟财产享有何种性质的权益。

笔者认为，网络游戏是一种综合性作品，网络游戏中的角色、装备、皮肤均为作品的构成元素。在游戏研发过程中，开发者需要经过产品策划、美术设计、参数测算和代码开发等阶段才能创作完成一款游戏，只有在游戏完成创作并发行运营后，玩家才可以通过游戏获取相应的角色、装备的使用权。游戏虚拟财产依附于游戏程序而存在，玩家在游戏内使用游戏所产生的数据，无法独立运行，必须依托运营商所运维的游戏环境，玩家花费的精力与时间，自身对游戏的理解，也会打造出独一无二的角色 IP。基于玩家与开发者签署的许可使用合同，玩家仅在特定期限和条件下享有游戏许可使用权，这是开发者提供的服务内容的一部分。但是玩家在使用游戏时付出了时间、精力或者金钱，使其账号下面产生的代码数据是独一无二的。以暴雪公司和网易公司解约一事为例，暴雪公司是游戏开发商，网易公司是游戏的运营商，在合同解除前，暴雪公司通知游戏玩家将游戏内的数据保存在自己的电脑上，在找到合适的运营商之后，再将用户的游戏账号数据进行上传。因此，游戏玩家的虚拟财产虽是不可独立运行的数据，但是该数据也是由玩家创造的，该数据在游戏运营商环境展示出的账号、角色 IP 内的装备、皮肤的权利属于玩家。

三、网络游戏虚拟财产遭受侵害玩家与运营商的责任划分

网络游戏玩家如果遇到了账号密码盗用、充值诈骗，除了报警，也可以选择起诉运营商要求恢复其账号使用、赔偿损失等途径。对于玩家网络游戏虚拟财产遭受侵害引起的民事纠纷，法院依据虚拟财产丢失的实际原因来确

---

[1] 林旭霞：“论虚拟财产权”，福建师范大学 2007 年博士学位论文，第 79 页。
[2] 林旭霞：“论虚拟财产之取得与丧失”，载《法律适用》2008 年底第 3 期。

定各方的责任。

四、法律应给虚拟财产怎样的保护

通过各类裁判文书可以归纳出,法律实务中对于虚拟财产的认定基本可以归纳为两种观点:第一种认为虚拟财产具有财产属性属于财物,第二种则认为虚拟财产属于计算机数据类并不是财物。将虚拟财产认定为财物的理由有以下几点:①认为虚拟财产由网络运营商创造,并被玩家赋予独特的价值属性,是玩家享有的财产权益,可以成为侵财犯罪的对象;②虚拟财产具有价值属性,可以进行交易,属于刑法中财物的范围;③认为虚拟财产由劳动产生,是附加了"劳动者"的精力,能够被管理、处置并具有价值的"无形物",虽是"无形"但又实际存在,并且能使用,只不过需要特殊的环境去展现,所以认定为公民私人所有的财产;④虚拟财产具有可以自由交易的市场,具有交换价值和使用价值,并且可以由所有权人独立支配,具有物权的排他性;⑤在如今的互联网中,虚拟财产交易越来越普遍,将虚拟财产解释为财物能被普遍接受;⑥《民法典》已经明确了虚拟财产的法律属性,所有权人可以对虚拟财产进行占有、使用、收益和处分,基于该种学说,非法盗窃、侵害他人虚拟财产的行为可以依据刑法定罪量刑,被侵权人也可以依据该学说向侵权人主张赔偿或者返还。

认为虚拟财产只是计算机数据,不具有财物属性的主要理由有以下几点:①虚拟财产的客观存在形式是计算机数据,不具备价值属性;②虚拟财产由一串串代码构成,可以复制,不具有稀缺性,不能认定为财物;③虚拟财产交易方式存在局限性,不能被普遍认可,不具有交换属性;④虚拟财产的价值存在不确定性和不稳定性,很难在市场上出现普遍认可的价值尺度,不能轻易认定为财物。正是虚拟财产价值的不确定导致侵犯虚拟财产的行为在刑法很难被定罪量刑。

笔者比较认可第一种观点,因为如果将虚拟财产统一认定为计算机数据的话会出现尴尬场面,在量刑层面无从考量,难以保护被害人的合法权益。另外"数据说"还存在一个很大的问题,即我国《刑法》规定,只有行为人侵入计算机信息系统或者采用其他技术手段获取计算机信息系统中存储、处理或者传输的数据,才能构成非法获取计算机信息系统数据罪,而现实情况中存在大量未侵入被害人计算机系统而用欺骗、胁迫或者职务之便非法获取了虚拟财产的情况，倘若不对虚拟财产赋予财物属性，那对于这样的行为便无法定罪量刑。

互联网的应用涉及生活工作的各个方面，我们应当明确网络中虚拟财物的属性，对现行法律进行更进一步的解释，有问题的地方及时补正，这样才能更好地保护公私财产，适应社会的发展。

论后疫情时期公民个人信息的法律保护

张蕾蕾*

(中国政法大学 北京 100088)

摘 要：2020年初新冠疫情凶猛袭来，随着疫情形势的日益严峻，国内各地的防疫措施不断升级，从亮码通行到扫描场所码通行，不断升级的出行政策对公民个人信息安全形成了新的挑战，虽然这些措施能准确获取公民的个人行踪信息，从而形成流调信息实现精准防疫，但政府收集个人行踪信息就是在收集个人信息，对确诊病例行踪的公布就是在披露个人隐私信息。在疫情结束后，如何对已被采集公布的个人隐私和敏感信息进行封存保护，是值得深刻关注和认真探讨的法律问题。

关键词：信息泄露 个人信息保护 后疫情时期 公共卫生体系

得益于互联网信息时代的飞速发展，公民的生活质量和工作便利度得到了快速提升，但也随之浮现更多的个人信息泄露事件，看似普通的网络信息行为背后，往往隐藏着潜在的个人信息泄露危机。稍不留意，公民就会面临个人信息泄露的风险。个人信息的泄露已不只是隐私的问题，它还可能被犯罪分子利用从事违法犯罪活动，从而危及公民的生命财产安全，影响其日常生活。

伴随涉疫信息的网络公开化，公民个人信息的公开披露也给其生活造成了巨大的影响，卫生健康部门对阳性病例信息及其行程轨迹的公布，使得部分公民的个人隐私信息暴露于公共视野。公民从行动自由人转变为不敢随意走动的信息透明人，相比于对疫情的忌惮，公民更惧怕的是个人隐私被公之

---

* 作者简介：张蕾蕾（1988年-），女，汉族，广东深圳人，中国政法大学同等学力研修班2022级学员，研究方向为民商法学。

于众。以北上广深为首的大城市曾面临和疫情的多次决战,其中上海更是历经了长达两个多月的封城期。流调人员争分夺秒地采集核酸异常人员行程信息,隔离核酸异常人员被验证是阻断疫情进一步扩散最有效的手段。

在有关部门公布感染确诊病例详细信息时,首先应当明确所公布信息与控制疫情直接相关,其次要采取对个人权益影响最小的方式,最后还要对公布的信息进行匿名化和脱敏处理,不得过度收集个人敏感信息。2022年12月,随着国家对疫情政策的调整和管控措施的进一步放开,针对疫情防控期间被采集的公民信息和已被公开的公民个人隐私信息,有关部门需要做好删除、封存及保护措施。如果发现自己的个人信息泄露,公民个人也应该运用法律赋予的权利维护合法权益。

一、个人信息的法律定义及有权采集个人信息的政府部门

《网络安全法》第76条明确了个人信息,是指"以电子或者其他方式记录的能够单独或者与其他信息结合识别自然人个人身份的各种信息"。《民法典》第1034条规定个人信息包括自然人的住址、健康信息、行踪信息等。以上法规明确了个人信息与公民个人直接相关,能够反映公民局部或整体的特点,也释明了行踪信息属于个人信息的范畴,应当受到法律保护。

《突发事件应对法》第37条第2款规定,县级以上地方各级人民政府应当建立统一的突发事件信息系统。第38条第1款规定,县级以上人民政府及其有关部门应当收集突发事件信息。《突发公共卫生事件应急条例》第40条规定,传染病暴发、流行时,街道、乡镇以及居民委员会、村民委员会应做好疫情信息的收集和报告、人员的分散隔离、公共卫生措施的落实工作,向居民、村民宣传传染病防治的相关知识。根据该条例,像小区的物业、商场商管这类主体不可以直接向个人采集信息,而街道、乡镇以及居民委员会、村民委员会有权协助有关部门采集信息,但不能直接采集信息,只有县级以上人民政府及其有关部门可以收集突发事件信息。

二、疫情防控下对采集个人信息的法律要求

(一)个人信息采集的知情同意权

《个人信息保护法》第44条规定公民有权限制或者拒绝他人对其个人信息进行处理。"知情同意"作为个人信息数据保护的重要原则之一,在个人信

息数据保护中扮演重要的角色。一方面，从个人角度，个人享有知情权；另一方面，从信息收集者的角度，公民"知情同意"是其合规收集信息的实质要件。

《突发公共卫生事件应急条例》第 51 条规定，在突发事件应急处理工作中，有关单位和个人隐瞒、缓报或者谎报，阻碍突发事件应急处理，拒绝或者不配合调查、采样、技术分析和检验的，对有关责任人员依法给予行政处分或者纪律处分。可见，在信息采集过程中，个人信息处理者首先应当向信息所有者示明收集、处理和利用个人信息的目的，遵循透明化原则、目的明确原则、目的限制原则、选择原则或收集限制原则、利用限制原则、信息最小化原则、安全原则、问责原则等。[1] 其次，在满足收集处理目的合理的情况下，还需要遵循正当、必要、诚信等原则。

（二）合理披露个人信息的法定程序

《民法典》第 111 条规定，自然人的个人信息受法律保护，禁止任何组织个人非法收集或者使用公民个人信息，同时规定不得非法买卖、提供或公开公民个人信息。

《个人信息保护法》第 13 条规定了为应对突发公共卫生事件，或者紧急情况下为保护自然人的生命健康和财产安全所需，为公共利益实施的新闻报道监督等行为，个人信息处理者可以在合理的范围内收集处理个人信息而无需取得个人同意。

在《个人信息保护法》的背景下，为了疫情防控需要，向信息主体采集个人信息的，被采集人不得拒绝。国务院、省一级政府的卫生行政部门和县级以上人民政府有权为公共利益需要对外发布、公开合理信息。如被采集人不配合，引起疫情传播或者传染病传播危险的，可能涉嫌违反《刑法》中关于妨害传染病防治罪的规定。

三、后疫情时期的公共卫生服务体系

我国已逐渐步入后疫情阶段，突发公共卫生事件在影响公民日常生活和身心健康的同时，也威胁到了社会和谐和经济稳定。此次防疫中，社区工作

---

[1] 王齐齐、曹利民："论隐私、个人信息和数据的三重民法保护"，载《政法学刊》2021 年第 5 期。

者和社会义工起到了极大的作用,在党的领导下,他们积极配合防疫工作,为疫情传播的早日阻断和社区和谐秩序的维护作出了重大贡献。

防控疫情不仅要对病人及时救治、及时隔离、斩断疫情的传播,更要重视社区秩序的维护,做好特殊人群的心理疏导和情绪支持。这次公共事件中社会义工起到了不可或缺的作用,新冠肺炎突发事件后,我们希望社会义工可以成为固定的角色,被纳入公共卫生服务体系和公共卫生的应急管理中。这个期望是后疫情时期我们努力的方向,沿着这个方向前进将使我国的公共卫生社会工作更加完善健全。

四、后疫情时期,针对个人隐私信息泄露的保护救济

中央网络安全和信息化委员办公室发布的《关于做好个人信息保护利用大数据支撑联防联控工作的通知》明确要求,因新冠疫情防控而被收集的个人信息,不得另用他途。公开被收集者个人信息需要经过被收集者同意,同时需要采取严格的管理和技术防护措施,防止其被窃取、被泄露。《个人信息保护法》第 28 条第 2 款规定,只有在具有特定的目的和充分的必要性的情况下,个人信息处理者方可对敏感个人信息进行处理。第 29 条规定,个人信息处理者应当取得个人的单独同意或书面同意后方可处理敏感信息。

后疫情时期,各级行政管理部门和参与疫情防控的企事业单位,作为敏感信息处理者,应当遵守对公民个人隐私信息的封存保护义务。个人信息处理者应该充分考虑可能存在的潜在的信息泄露风险,采取有效措施确保处理个人信息处理活动符合相关法律和行政法规的规定,并防止未经授权的访问以及个人信息泄露、篡改、丢失。一旦信息泄露或者被滥用,会导致极为严重的后果,信息泄露者也将面临刑事责任、民事责任、行政责任三种处罚。[1]

2022 年 12 月 13 日,因防疫需要而生的"通信行程卡"服务下线,各大运营商纷纷表态将同步删除用户行程相关数据,依法保障个人信息安全。这充分体现了,在国家法律制度日趋完善和行政部门监管机制不断改进的共同推动下,公民个人信息保护机制在不断地完善。《个人信息保护法》的通过,

---

〔1〕 张毅:"JT& 观点 | 浅析个人信息数据保护",载 https://mp.weixin.qq.com/s/piujcPx3ZCjXg7vuntUaAg,最后访问日期:2023 年 2 月 1 日。

是我国建设中国特色社会主义法治体系的又一个里程碑，国家在个人信息保护方面为公民提供了更加有力的保障，为社会和谐发展营造出了良好的信息保护氛围，为大数据时代保护个人信息安全夯实了法治根基。

诉讼时效适用研究
——普通破产债权案

张 栖*

(中国政法大学 北京 100088)

摘 要：诉讼时效对破产债权的确认有着重要的影响，诉讼时效期间如何界定、时效何时起算等往往成为案件争议的焦点。我国已有诉讼时效的相关规定，但是如何适用、如何准确理解存在差异。本文借普通破产债权案件对诉讼时效同案不同判的问题，对债权能否被确认诉讼时效期间、起算点如何界定作出分析。

关键词：诉讼时效 起算 未定期债权

一、问题的提出

诉讼时效对于破产债权的确认有重要影响，法律对"躺在权利上睡觉"的权利人不再进行保护。司法实践中，超过诉讼时效提起的诉讼会被驳回诉讼请求。

在某破产债权确认纠纷案[1]中，原告对被告的债权形成于1995年至2002年。双方无股权隶属、直接控股关系，但被同一母公司控制，均是全资子公司。被告于2018年3月27日在原告发出的《企业询证函》上盖章确认对原告负有640万元债务。2019年9月11日，被告被法院裁定破产。原告于2020年4月23日向管理人申报债权，管理人以债权过诉讼时效为由不予确

---

* 作者简介：张栖（1982年-），女，汉族，重庆人，中国政法大学同等学力研修班2022级学员，研究方向为民商法学。

[1] 广州市天河区人民法院 [2021] 粤0106民初9872号。

认。原告提起诉讼请求确认 640 万元普通破产债权。一审法院认为，依照《民法典》第 188 条第 2 款、192 条第 1 款的规定，案涉债权已超过 20 年诉讼时效，判决驳回原告全部诉讼请求，原告败诉。本文即以此案为例对普通破产债权的诉讼时效进行研究。

二、法律规定

我国诉讼时效制度规定在《民法典》第 188 条："向人民法院请求保护民事权利的诉讼时效期间为三年，法律另有规定的，依照其规定。诉讼时效期间自权利人知道或者应当知道权利受到损害以及义务人之日起计算。法律另有规定的，依照其规定。但是，自权利受到损害之日起超过二十年的，人民法院不予保护，有特殊情况的，人民法院可以根据权利人的申请决定延长。"

有学者认为，第 188 条第 2 款第 1 句应解释为"主客观相结合的认定标准"[1]。由此，从客观上看，关键点包括：①权利人知道或应知道权利受损、义务人；②期限为 3 年；③最长期限为 20 年。而诉讼时效起算时间，在实务中存在很多主观判定因素。

三、诉讼时效类型

（一）清偿期限明确的诉讼时效

如果债权债务双方通过合同、补充协议或交易习惯等明确约定了清偿期限，那么约定清偿期限届满日被视为权利受损之日，以此为起算点计算诉讼时效，主客观结合认定均很清晰，争议少。

（二）未定期债权的诉讼时效

债权债务双方未约定明确履行期限，起算点不易界定，债权人于什么时间点知道权利受损害不易判定，相关法规不明确，这种情况下诉讼时效常成为案件争点。

四、适用差异导致结果差异

（一）诉讼时效适用的研究必要性

诉讼时效对债权能否被确认有根本影响，债务人提起诉讼时效抗辩一旦

---

[1] 参见张雪楳：《诉讼时效审判实务与疑难问题解析——以〈民法总则〉诉讼时效制度及司法解释为核心》，人民法院出版社 2019 年版，第 174 页。

被法院支持，债权人主张债权的诉讼请求就有被驳回的风险，尤其是破产债权涉及的债权构成复杂，而"知道或者应当知道权利受到损害"这一规定很含糊，债权人"知道或者应当知道权利受到损害"的时间点并不清晰，这就会导致理解差异、类案不同判等问题。由此，债权能否被确认，诉讼时效期间、起算点如何界定十分必要。

（二）理论争议

最高人民法院《关于审理民事案件适用诉讼时效制度若干问题的规定》第 4 条对未定期限债权合同的诉讼时效有具体规定。理论界依然存在"债权人请求时"和"债权成立时"两种观点，总结诉讼时效起算有以下几种方式：其一，以债权人权利产生时为起点；其二，以债权人主张权利时为起点；其三，以债权人知道或应知道权利时为起点。

（三）实务争议

以上提到的未约定明确履行期限的普通破产债权案例，诉讼时效期间、起算点等界定方式不同会导致不同结果。

1. 从客观看，采纳"债权人请求时"观点，将债权人主张权利时起算

第一，未约定明确履行期限，债权人主张权利时（债务人明确拒绝），被认定为权利受损害日及诉讼时效起算点。本案被告已进入破产程序，债权人申报债权时，破产管理人明确表示不予确认 640 万破产债权，应视为债务人明确拒绝履行还款义务之日，即原告权利受损害日，此为诉讼时效起算点，则原告提起诉讼时，未逾 3 年法定诉讼时效，被告不能提起诉讼时效抗辩，原告就有机会胜诉。

第二，未约定明确履行期限，债权人可要求随时履行。本案原被告未约定明确履行期限，此情况下债权人可要求随时履行，在债权人未向债务人主张权利前，诉讼时效并未开始起算，则原告提起诉讼时不存在逾 3 年法定诉讼时效问题。据《民法典》第 511 条第 4 项的规定，债权人可随时请求债务人履行债务。只有债权人明确主张债务人清偿债务而债务人拒不清偿时，债权人的权利才受到损害，应以此为诉讼时效起算点，此时原告有机会胜诉。

尤其双方有持续多年业务交易事实，从 1995 年至 2002 年 4 月有多笔货款、代付款、代缴款、往来款，均属正常业务交易的往来款项（仅账面显示收支差额形成于 2000 年 4 月之前），应视为双方业务交易存续未结束，且未约定具体时间做债权债务最终汇总结算，即无双方约定或行为实施的最终汇

总结算时间点,不能认定为法律规定的债权人"知道或者应当知道权利受到损害",债务人也未获得合理的信赖,所以诉讼时效也并未开始起算。

全国人大常委会法工委曾指出,在诉讼时效期间届满前,义务人通过与权利人协商,营造其将履行义务的假象至时效完成后,立即援引时效抗辩拒绝履行义务。这种行为违反诚实信用,构成时效抗辩权的滥用,不受保护。[1]该观点表明需判断债务人是否获得合理的信赖,即使形式要件成立,还需审查实质,即债权债务双方存在持续性交易时,应也视为"义务人通过与权利人协商,营造其将履行义务的假象至时效完成后"[2],可推定债务人未获得合理的信赖,法院不应支持债务人的时效抗辩。

第三,未约定明确履行期限,且起诉前债权债务双方都怠于行使权利和义务的,则债权人的权利一直未被侵害。如果此时债权人启动诉讼程序,向法院提起诉讼,也被可视为债权人请求,将此认定为诉讼时效起算点,则原告提起诉讼时未逾3年法定诉讼时效,有机会胜诉。

2. 从客观看,采纳"债权成立时"观点,以债权人权利产生时为诉讼时效起算点

以债权成立之日为原告权利受损害之日,则原告败诉。本案一审法院认为大部分往来款出现在1995年至1998年1月,2000年4月至2002年4月期间无收支差额,账面显示收支差额形成于2000年4月之前;被告观点及判决书均采纳以债权成立之日即债权发生之日作为原告权利被侵害之日,且以此为诉讼时效起算点,按照这个起算点原告超过20年最长诉讼时效,所以判决结果为原告败诉。

3. 从主观看,以债权人知道其权利时起算为诉讼时效起算点

以本案为例,原被告双方共同的母公司批复同意被告(子公司之一)清算之日,可以作为原告(子公司之一)权利被侵害之日,也可以视为债权人"知道或者应当知道权利受到损害"。只因本案被告拟清算时,未告知原告实际情况,且被告被法院受理破产申请时,也未及时通知原告申报破产债权;此两个时间节点,在本案例中均不成立诉讼时效起算点。但如果能以此为诉讼时效起算点,原告逾3年诉讼时效,也大概率败诉。

---

[1] 李适时主编:《中华人民共和国民法总则释义》,法律出版社2017年版,第608页。
[2] 李适时主编:《中华人民共和国民法总则释义》,法律出版社2017年版,第608页。

五、诉讼时效制度的完善

诉讼时效制度是以"有利于促使权利人及时行使权利"[1],"有利于保护权利人利益"[2],"权利人与义务人利益平衡"[3]等功能,达到维护社会债权信用体系的目的。

在后续法律规范完善中,更应充分考虑:是否以客观或主观,或主客观结合,认定债权人权利受损害之日;若有几种诉讼时效起算可能性,如何排序;不同债权种类,是否需区别对待,适用不同起算方式;若破产债权涉及复杂债权结构,是否制定特别法;是否能减少因适用、理解差异造成的同案不同判;是否能避免司法实务与法律逻辑相背离的局面;以及诉讼时效滥用导致损害债权人合法利益等情况。如此,才能更好地平衡权利人与义务人利益,维护司法公正、公信力。

---

[1] 参见陈甦主编:《民法总则评注》(下册),法律出版社2017年版,第1353页。
[2] 参见王利明:《民法总则研究》(第3版),中国人民大学出版社2018年版,第781页。
[3] 参见朱晓喆:"诉讼时效制度的价值基础与规范表达《民法总则》第九章评释",载《中外法学》2017年第3期。

电子公证相关问题研究

袁 月*

(中国政法大学 北京 100088)

摘 要: 近年来,电子公证作为一种新兴公证方式,开始逐步走进大众的视野并成为普遍趋势,这个过程中难免会出现种种问题,如果不能确保电子公证的主体身份和意思表示真实,将会出现虚假公证,从而引发一系列风险。我们需要认清其中存在的风险并积极寻求解决办法,为电子公证的未来铺路奠基。

关键词: 电子公证 主体身份 主体失实 审查核实义务

一、电子公证的必要性及现状

(一)电子公证的必要性

公证作为一种法律服务于大众而言并不陌生,如今距 1982 年颁行《公证暂行条例》已经有 40 余年,距 2005 年正式颁布《公证法》也已经有十几个年头。在科技高速发展和网络高度发达的今天,各行各业都自发进入互联网领域开始探索新的道路、寻求新的发展,公证行业也在时代的推动下开启了新的篇章。近年来,在党中央和国务院"放管服"改革方针的指引下,司法部持续推进"互联网+公证"服务,公证行业在摸索中开始逐步推广运用在线公证服务模式——电子公证。

电子公证突破了传统公证业务当事人必须亲自到公证处办理公证的限制,实现了当事人线上申办、签署、缴费,公证人员线上受理、审核、出证、送

---

* 作者简介:袁月(1996 年-),女,汉族,四川崇州人,中国政法大学同等学力研修班 2022 级学员,研究方向为民商法学。

达，化繁为简，打破了时间和空间的限制，极大地提高了办证效率，拓宽了办证范围，也给予了当事人更好的办证体验。未来办证方式一定会从传统走向现代，线上办证、行业存证、区块链公证等将会成为主流。[1]

（二）电子公证的现状

电子公证依托身份证件识别系统、人像比对系统、网上办证系统、数据存管系统、当事人信息警示系统等一系列电子信息化系统，实现了对当事人的身份及证件真实性进行审查核验、当事人警示信息互联互通、永久存储及便于查找核实证据材料等。目前，电子公证业务涉及的领域逐渐增加、种类逐渐增多，高频公证服务事项也已被基本囊括在内，在实践中已经出现了大量的电子公证业务，涉外电子公证书也已经被送往多个国家进行使用。

当前，电子公证还处于摸索阶段，这一新事物想要站稳脚跟、发展壮大，需要公证人充分发挥主观能动性，结合以往办证经验，不断加强相关系统知识的学习与研究，持续推进公证机构与各个用证部门之间的信息共建共享，提升数据的准确性、完整性与及时性，为数据的共享和在线查询核验提供更有力的技术支撑。

二、电子公证主要风险——主体身份和意思表示真实

在实践中，电子公证的主要风险之一是主体身份与意思表示不真实。主体身份真实是电子公证能够合法开展的基础，主体的所有意思表示是否有效都基于其本身的身份是真实的，如果主体失实，那么这个公证不仅会面临被撤销的风险，公证处与公证人员也会承担相应的法律责任，更严重的甚至会面临刑事处罚。

传统业务中，公证人员审核当事人的主体身份往往是依靠长期与当事人面对面接触的经验，通过观察当事人神态动作、进行询问并判断是否符合常理等方法，来确定当事人是否为本人，以及当事人申办公证是不是基于自愿的意思表示。而由于电子公证的特殊性，当事人无需再亲自上门办证，公证人员无法再通过与当事人亲自接触获得的即时反应来作出判断，因此电子公证在主体身份审查方面受到了很大的限制。

---

[1] 袁野、向东春："区块链线上公证的应用及其对公证文书的影响"，载《中国公证》2020年第12期。

实务中也出现过"假人假证"的案例。比如甲乙系母子，乙通过电子公证平台申请办理房产抵押贷款委托公证，并私自提供了甲的所有相关材料，意图将自己母亲甲的一套别墅抵押给银行以获取大额贷款，甲对此毫不知情。在电子公证必经的实人核验阶段，需要申请人录制一小段本人朗读数字的视频，乙不知通过何种方法，让甲本人录制了该核验视频，并通过了核验。后乙又私自找了一个长相与甲十分相似的陌生人丙与公证员进行远程视频连线核验，视频过程中当事人频频躲开镜头，公证员虽有疑惑，但以为是对方年龄大了不会用手机，并未深究，后出具了公证书，乙成功拿到了银行的贷款。

在这个案例中，公证员确实严格按照流程操作，实人核验的视频也确实是权利人本人所录，而在远程视频审核中，对方虽然不是本人，但是长相极为相似，仅仅依靠隔着屏幕的肉眼观察确实无法判断。但是，频频躲开镜头这个反常行为，公证员虽有疑惑，但并未产生怀疑，单纯认为是对方使用手机不熟练造成的。如果公证员当时相信自己的判断，有针对性地继续深入询问，或是事后再要求其提供其他材料进行印证，很可能就会发现破绽，从而避免假证的产生。

三、电子公证风险防范及具体措施

电子公证到底应该怎样预防主体失实？公证书作为一种用于证明法律行为、有法律意义的事实和文书真实、合法的具有法律效力的文书，在出具前公证员应当对主体及材料尽到审查核实责任。对于在全国一体化政务服务平台和国家数据共享交换平台上能够查询到的人口基本信息如婚姻、收养、不动产登记、房产开发、房屋交易、住房租赁、住房公积金、企业登记等方面[1]的基础材料，可以只进行程序性审查，但是对于处分财产等重要法律行为的意思表示，则应进行实质性审查。例如询问当事人办证的意图、原因、动机，并判断是否符合常理，以有效规避主体身份失实及意思表示不真实的风险。那么什么时候应该进行实质性审查，什么时候只需进行程序性审查，则需要公证人员在办证过程中依靠自身经验并结合以往案例，同时充分发挥主观能动性，结合具体情况而定。

根据最高人民法院《关于审理涉及公证活动相关民事案件的若干规定》

---

[1] 司法部《关于优化公证服务更好利企便民的意见》。

第 5 条,"公证机构依法尽到审查、核实义务的,不承担赔偿责任"。因此对于公证处而言,防范风险最重要的就是对当事人身份及提交材料的真实性进行审查。目前实践中尚未存在电子公证损害赔偿的判例,但是电子公证完全可以参考传统业务中因公证处存在过错导致需要承担赔偿责任的例子,以规避同类型风险。在张某某与吉林省长春市忠诚公证处公证损害责任纠纷一案中,公证员严重失职,没有审查当事人身份和材料便随意出具虚假公证书,造成权利人的合法房产被出售,侵害了权利人的合法权益。最后导致公证处赔偿权利人 180 余万元,涉案公证员也因出具证明文件重大失实罪被判处有期徒刑 1 年 6 个月,并处罚金人民币一万元。最高人民法院对此案件做出的[2020] 最高法民申 389 号裁定书也认可了此裁判结果。相反的,在徐某某、乔某与武汉市中星公证处公证损害责任纠纷一案中,因为公证员严格按照公证规定和程序办证,尽到了证据材料的审查核实义务,保证了程序正义,即使公证书内容出现了当事人名字打印错误这种瑕疵,也能够避免担责。当事人申请再审后,最高人民法院做出的[2019] 最高法民申 2926 号裁定书也支持了一审判决结果。

那么,电子公证怎样确保尽到审查核实义务?在实务操作规范方面,首先,应当要求当事人在每次操作之前必须通过人像比对系统进行人证核实,并且在公证员与当事人进行远程视频核验之前也需要通过人像比对才能进入视频连线,以确保公证申请人主体真实。其次,为了预防电子公证文书内容被篡改,在当事人对文书内容进行了确认并完成签名以后,就要将已经签名的文件固定,不能再对其内容进行任何修改。若要修改,则需要当事人重新操作并签名认可。另外,对于实务中因为被证内容简单而很容易被轻视从而引发一系列问题的声明类电子公证,不仅要审核当事人身份主体真实性,还要审核声明内容的真实性,例如证明离异的单身声明公证,需要对离婚证或是法院裁判文书的真实性进行核实。

四、结语

值得确信的是,未来电子公证的重要性不容小觑。对于公证人员来说,严守职业操守、坚守职业道德依然是最为基本的要求。除了沿用以往优秀的传统办证经验及方法、注重当事人身份及证据材料的审核,还要提高对信息技术及网络大数据等新事物的敏锐度,积极探索创新,力求以更加规范有效的电子公证方式为当今这个信息化社会提供专业的公证法律服务。同时我们也期待未来会出台专门的电子公证法律法规，为电子公证提供更有力的指引与保障。

反家庭暴力法律制度研究

李灵玉*

(中国政法大学 北京 100088)

摘 要：每年 11 月 25 日是联合国确立的"国际消除家庭暴力日"。2016 年 3 月 1 日正式实施的《反家庭暴力法》，表明了我国禁止任何形式家庭暴力的鲜明态度。家庭暴力案件中的受害群体大多为妇女、老人、儿童，他们遭受的家暴不仅包括身体暴力，还包括精神暴力。告诫书及人身安全保护令，是反家庭暴力法中制止家庭暴力行为的两种非常重要的手段。反家庭暴力是整个社会、国家和家庭的共同责任。

关键词：家庭暴力　告诫书　人身安全保护令

影视作品让更多的人关注到了家暴，现实生活中，家暴事件屡见不鲜，国家出台了相关法律预防和规制立法行为，但是法律在施行过程中面临实践困境。如何做好家庭暴力预防和处置，使受害者得到有效的保护成为学界关注的问题。

一、反家庭暴力法律制度沿革

《反家庭暴力法》施行前，我国有关家庭暴力的法律规定散见于《婚姻法》及其司法解释、《治安管理处罚法》《刑法》中。

2015 年 12 月 27 日，第十二届全国人大常委会第十八次会议表决通过《反家庭暴力法》，我国第一部反家庭暴力法诞生，其中第 2 条规定："本法所称家庭暴力，是指家庭成员之间以殴打、捆绑、残害、限制人身自由以及经

---

* 作者简介：李灵玉（1989 年－），女，汉族，河北保定人，中国政法大学同等学力研修班 2022 级学员，研究方向为民商法学。

常性谩骂、恐吓等方式实施的身体、精神等侵害行为。"2021年实施的《民法典》第1042条第3款规定："禁止家庭暴力。禁止家庭成员间的虐待和遗弃。"将其作为婚姻家庭的禁止性规定。2022年，最高人民法院、全国妇女联合会、教育部、公安部、民政部、司法部、国家卫生健康委员会共同发布《关于加强人身安全保护令制度贯彻实施的意见》，进一步做好预防和制止家庭暴力工作，提高对家庭暴力受害人保护力度和水平。2022年，最高人民法院《关于办理人身安全保护令案件适用法律若干问题的规定》增加了家庭暴力的行为类型，逐一写明了可用于证明的具体证据种类，规定了拒不执行人民法院的人身安全保护令，将构成"拒不执行判决、裁定罪"，精准对标家庭暴力受害者寻求司法救助时面临的急难愁盼。《妇女权益保障法》第29条规定："禁止以恋爱、交友为由或者在终止恋爱关系、离婚之后，纠缠、骚扰妇女，泄露、传播妇女隐私和个人信息。妇女遭受上述侵害或者面临上述侵害现实危险的，可以向人民法院申请人身安全保护令。"

二、家庭暴力的概念、特征

根据《反家庭暴力法》第2条的规定，[1]家庭暴力行为，不仅包括殴打、捆绑、残害、限制人身自由、冻饿等身体暴力，还包括精神暴力，比如侮辱、谩骂、诽谤、宣扬隐私、无端指责、人格贬损、恐吓、威胁、跟踪、骚扰等。第37条规定的"家庭成员以外共同生活的人之间实施的暴力行为，参照本法规定执行"说明无论家庭成员还是同居关系同样适用。

家庭暴力具有突发性、隐秘性、危害严重性的特点。家庭暴力多发生在家中，外人很难知晓，"家"犹如一块遮羞布，遭受家庭暴力的人多选择以沉默的方式解决，许多人"家丑不可外扬"思想严重，这些思想阻碍了家暴受害者求助。家暴行为使受害者遭受身体和精神的双重打击，甚至威胁生命，严重侵害了家庭和谐与社会稳定。

三、我国家庭暴力受害者救济途径及制度实施过程中面临的问题

我国家庭暴力救济措施的主要手段分为民事和刑事两方面，刑事手段主

---

[1]《反家庭暴力法》第2条规定："本法所称家庭暴力，是指家庭成员之间以殴打、捆绑、残害、限制人身自由以及经常性谩骂、恐吓等方式实施的身体、精神等侵害行为。"

要由《刑法》规定，民事救济措施以《反家庭暴力法》为主，包括人身安全保护令、告诫书等方式。[1]但这些制度在司法实践中不可避免地存在适用困境。

（一）受害者救济途径

1. 人身安全保护令

受害者遭受家庭暴力或尚未真正发生家庭暴力时，可向人民法院申请人身安全保护令。人身安全保护令可单独申请，无需先提起离婚诉讼；违反人身安全保护令者在离婚纠纷中会被要求损害赔偿；违反人身安全保护令者可能会面临拒不执行判决、裁定罪的刑法处罚。上述对施暴行为加大了打击力度，鼓励了受害人申请动力。

随着反家庭暴力相关法律日益完善，人身安全保护令的数量逐年上升，比如湖南省长沙市岳麓区人民法院发出全省首份由妇联代为申请且单独立案的人身安全保护令、全国首份以男性为保护对象的人身安全保护令，四川省崇州市人民法院作出全国首份"保障妇女隐私和个人信息"人身安全保护令等。人身安全保护令的作出，为家庭暴力的受害者提供了强有力的维权武器。

2. 家庭暴力告诫书

告诫书是公安机关针对依法不予行政处罚的轻微家庭暴力或不宜直接作出行政处罚的行为出具的法律文书，目的是通过这种非强制措施的方式来督促加害人，使其不再实施家庭暴力。

建议受害人在遭遇家庭暴力后及时报警，让公安机关出具告诫书。告诫书可以对加害人起到批评教育、警告和震慑作用，及时纠正不法行为，防范暴力升级，还能为家暴受害人将来提起诉讼提供证据。

（二）制度实施过程中存在的痛点

第一，受害人举证困难、证据有效性不足。根据"谁主张，谁举证"原则，家庭暴力案件应由受害人举证但是家庭暴力多发生在家庭内部，十分隐蔽，受害人多为妇女、老人、儿童，作为弱势群体长期遭受伤害，加之存在"家丑不可外扬"思想，受害人不敢或不会收集证据。收集的证据中占比较高的伤情照片、医院证明往往证明力较低，公安出具的出警记录往往因为记述不清楚或仅记"家庭纠纷"而无法对家庭暴力予以认定，无法达到"高度盖

---

[1] 参见聂星明："论我国夫妻之间家庭暴力受害者救济措施"，青岛大学2017年硕士学位论文。

然性"的证明标准。

第二,法院对家庭暴力认定标准过高。不同法院对家庭暴力认定标准存在不同理解,法律后果的裁量尺度各不统一。北京市第二中级人民法院2016年至2021年审理的854个家庭暴力案件中,被法院认定为家庭暴力的仅有38.29%;有31%的案件被法院认定为"家庭暴力证据不足";有5.6%的案件被认定为互殴;3%的案件中法院认可被申请人对申请人进行了殴打,但没有认定为家庭暴力。在少量案件中,法官对是否构成家庭暴力情况并未进行任何回应,或只是提到双方曾因"家庭琐事"发生矛盾,相当于变相地驳回或否认了家庭暴力。[1]

第三,惩戒措施规定不完善。《反家庭暴力法》第34条规定:"被申请人违反人身安全保护令,构成犯罪的,依法追究刑事责任;尚不构成犯罪的,人民法院应当给予训诫,可以根据情节轻重处以一千元以下罚款、十五日以下拘留。"但1000元罚款数额过低,且夫妻之间存款多为共同财产,无法使加害人感到畏惧。杨立新教授提出,家庭暴力属于侵权行为,故要求家庭暴力加害人承担民事责任实质就是要求其承担侵权责任,而损害赔偿无疑是保护受害者最重要的方法。所以针对此问题,应从立法层面补充规定实施家庭暴力所引发的民事侵权问题,以此追究施暴者的侵权损害赔偿责任不失为一个较为中肯的解决方案。[2]

四、反家庭暴力法律制度应进一步完善

首先,家庭暴力举证责任方面,受害人的举证责任应予以降低,在受害人举证了侵害行为、损害后果,未完全证明因果关系时,应适用举证责任倒置原则,由加害人证明自己没有实施家庭暴力,维护受害人合法权益。

其次,立法应增加对受害一方的侵权损害赔偿等民事责任,加大对违法人身安全保护令行为的惩戒力度。公安部应尽快出台关于公安机关办理家庭暴力案件工作规定的部门规章,落实出警操作规程、固定证据、告诫书处置方式、跟进执行进度等问题。

---

[1] 密云法院课题组:"司法调研 | 关于人身安全保护令制度运行的实践检视",载 https://mp.weixin.qq.com/s/aJS3aQhWoS5lYUuRFJtMPQ,最后访问日期:2023年2月3日。

[2] 陈禹凤:"论我国《反家庭暴力法》的不足及完善",载 https://mp.weixin.qq.com/s/9IKpif9xqlUlF8kMcyuxrQ,最后访问日期:2023年2月1日。

再次，整合人民法院、公安机关、民政部门、教育部门、卫生部门、妇女联合会等单位力量，共同参与建立"一站式人身安全保护令申请工作机制"，线上线下并行，将人身安全保护令申请工作前移到基层派出所和妇女联合会。[1]

最后，加强对人身安全保护令制度的宣传力度，对社会大众进行法律宣传。公安机关、妇女联合会、居委会等单位设置专职人员负责家庭暴力案件处理时，及时记录家暴伤情情况、做好伤情鉴定，事后对接家庭走访，对其进行心理疏导。

---

[1] 孙航："司法护航　让'爱'回家——人民法院深入实施人身安全保护令制度反对家庭暴力综述"，载 https://new.qq.com/rain/a/20221125A04EZJ00.html，最后访问日期：2023年1月15日。

疫情背景下无理由退货制度的再思考

石 现*

（中国政法大学 北京 100088）

摘 要：疫情背景下，无理由退货制度在实践中遭遇了极大的挑战。本文将从问题的提出、无理由退货制度的现状与缺陷、无理由退货制度的完善三个部分，对现有制度如何适应现阶段的消费环境提出方案。

关键词：无理由退货制度　缺陷　完善

一、问题的提出

2020年，新冠肺炎疫情极大影响了人们生活，减少外出、居家隔离成了常态，进一步推动了网络购物消费的发展，但同时也为无理由退货带来了更大挑战。根据2022年"3.15晚会"的调查结果，超过60%的消费者遇到过退货困难问题，可见问题普遍。经分析，具体问题主要在如下几个方面。

（一）直播带货，冲动消费

疫情防控期间直播带货异常火爆，甚至风靡全国，各大平台、各类明星纷纷开展带货业务，在"买买买"的声音、节节攀升的营业额背后，是无数的冲动消费和反悔退货，然而退货却是充满坎坷的，如存在经营者不正当限制退货等问题。据报道，某消费者在某博主直播间受引导而购买衣物，但在收到衣服后因试穿效果不好选择了退货，过了十几天仍未收到退款，同时收到通知称"购买的商品已经超过了7天无理由退货的时限"，消费者短期内无法退货。

---

* 作者简介：石现（1996年–），男，汉族，黑龙江哈尔滨人，中国政法大学同等学力研修班2022级学员，研究方向为经济法学。

(二)线下购物,逾期不退

疫情防控期间,人们的出行受到限制,线下购物后,可能逾期无法退货。如某消费者在商场购买了一件外套,回家后发现并不合适,但因疫情影响被迫居家无法外出,超过退货期限。居家结束后,返回商场与店家协商,但因超过7天且无质量问题而无法退货。

(三)线上购物,发货太慢

疫情防控期间,在快递物流受到严重影响的情况下,许多商品无法按期发货、运送,退货、退款也受到严重影响。据报道,某消费者在某电商平台购买一只陶瓷碗,但受疫情影响,快递无法运输,至超过1个月后仍无法送到消费者手中,于是选择退款。发起退款后,电商平台未及时响应,且前后分别有四位客服联系消费者,最终耗时半个月方完成退款。

二、无理由退货制度的现状与缺陷

(一)现状

无理由退货制度,又称反悔权制度,目前相关法律制度已经被世界各国确立下来,该制度的目的在于保护消费者,允许消费者在一定期限内,无须任何理由而进行退货、退款。在国内消费相关法律法规体系日趋完善的今天,《消费者权益保护法》同样明确规定了消费者无理由退货的权利,以进一步加强对消费者的保护,确保消费者的合法权益不受侵犯。[1]

《消费者权益保护法》第25条第1款、第2款规定,经营者采用网络、电视、电话、邮购等方式销售商品,消费者有权自收到商品之日起7日内退货,且无需说明理由,但以下商品除外:消费者定作的、鲜活易腐的商品,在线下载或者消费者拆封的音像制品、计算机软件等数字化商品,交付的报纸、期刊。其他根据商品性质并经消费者在购买时确认不宜退货的商品,不适用无理由退货。这是无理由退货制度最直接法律的规定,采用正面概括与反向列举相结合的方式,尽可能地周延制度内涵。

此外,该条第3款还规定,消费者退货的商品应当完好。退回商品的运费由消费者承担;经营者和消费者另有约定的,按照约定。可以认为,该款

---

[1] 参见易楚:"对当前网络购物领域无理由退货制度之思考",载《广东外语外贸大学学报》2018年第5期。

规定为消费者享受无理由退货权利的同时所应当承担的义务，原则上由消费者承担运费，在一定程度上可以视为消费者的违约责任。

（二）制度缺陷

虽然《消费者权益保护法》明确了无理由退货制度及其制度要求，但是仍存在如下缺陷：

1. 只规定了线上途径

2022年第30届中国市场商品销售统计结果发布会公开显示，2021年全年社会消费品零售总额为44.1万亿元，其中实物商品网上销售额为10.8万亿元、线下实体店销售额为33.3万亿元。可以看出，线下实体店销售总额依旧超过了总销售额的70%。这也就意味着，大多数的商品购买还是在线下发生的，而目前只规定了线上的无理由退货途径，对于线下购买的商品什么情况能退货、退货时限是多少、能否无理由退货法律都未作出相关规定，具体退货标准大多数仍旧是由厂商自行决定，口头通知消费者。消费者在购买商品后发现无法满足需求，甚至商品存在质量问题时都退货困难，尤其是疫情环境下，人们出行便利性减低，无法便捷地到访实体店，退货退款活动存在实质障碍。[1]

2. 未明确解释"商品应当完好"

"商品应当完好"的概念较为模糊：商品处于什么样的状态才算完好？《网络购买商品七日无理由退货暂行办法》第8条第2款、第3款规定："商品能够保持原有品质、功能，商品本身、配件、商标标识齐全的，视为商品完好。消费者基于查验需要而打开商品包装，或者为确认商品的品质、功能而进行合理的调试不影响商品的完好。"这看似充分考虑了各方面可能影响商品完好的因素，但实际遗漏了物流可能导致的对商品完好性的损伤可能。因运输导致的商品包装损坏，经常成为商品无理由退货被拒绝的原因。另外，针对不同的商品，法律缺乏具体要求。对于特殊类商品，如电子产品，不进行注册就无法使用完整功能时，那么注册行为是否可以认定为"为确认商品的品质、功能而进行合理的调试"。以上现实问题导致消费者难以确定是否能无理由退货，实际中通常由商家单方面决定。

---

[1] 徐伟："重估网络购物中的消费者撤回权"，载《法学》2016年第3期。

3. 疫情下七日的权利行使时间过短

七日的反悔时间过短，在极端情况下消费者没有充分使用或没有使用商品，便超过了退货期限，无法退货。如消费者购买商品后，需集中隔离，或购买某些需特定环境使用的商品，因疫情因素无法使用。这些情况下，消费者都没有办法在时限内及时行使无理由退货权。

4. 运费承担是否合理

目前《消费者权益保护法》规定退货的商品运费默认由消费者承担，但是疫情条件下的无理由退货并非消费者的本意，可能因疫情等因素导致商品需要退款，这属于突发情况，消费者无法与商家提前进行约定，这时运费由消费者承担，难免让消费者觉得"冤枉"。

5. 疫情下期限类商品无法使用

疫情防控期间快递运输也受到较大影响，部分地区快递停送而导致货物滞留数月的情况屡见不鲜。在这种背景下，许多生鲜类商品、报纸、期刊等短保质期、高时效性的商品极有可能尚未到达用户手中，就已经腐坏变质或超过使用期限。运抵之后，已经超过7日无法再进行无理由退货，甚至在7日后有的货物还在运输过程中，不能进行无理由退货，以致消费者买了商品"等也等不到，用也不好用"。

三、无理由退货制度的完善

针对以上的缺陷，笔者提出如下改进措施：

（一）扩大无理由退货制度的适用范围

将原仅适用于线上消费的无理由退货制度，扩大到线下购物，允许消费者在线下购买商品后一定时间内能够进行无理由退款。线下购买商品不涉及疫情影响导致运抵过晚的情况，那无理由退货更应注意商品种类与时间限制，如食品等时限高的商品，线下购买后只允许在极短时间内退货或不允许退货，服装类商品可适当延长退货期限。

（二）明确"商品应当完好"概念

在商品外观无破损的前提下，分门别类规定"商品应当完好"的概念。对于服装鞋帽、日用百货、文体用品、箱包等商品，应保持商品品貌完整。对于家用电器、电脑通信、数码产品等电子制品类商品，应保持商品功能完整，且不留存消费者的个性化设置。对于食品、保健品、化妆品及美容商品应保持外包装不损坏。对于书籍、音像制品应保持书本不污染、音像制品无划痕等。

（三）灵活调整期限

根据现实情况，灵活调整行权期限，将原有的 7 天无理由退货期限延长，并对不同商品种类，根据实际需求进行调整，确保充分的试用商品的时间。

（四）调整运费承担方式

应从法律法规层面进行要求，规定商家与消费者在交易前确认退货运费承担方，并建议在疫情发生、交通不畅等特殊情况时运费由卖家承担。

（五）扩大线上退货商品范围

目前鲜活易腐的商品，在线下载或者消费者拆封的音像制品、计算机软件等数字化商品，交付的报纸、期刊等时效性商品是无法满足无理由退款要求的，但不符合特殊情况。因此建议对于这些期限性、有时效性商品增加："因疫情或其他不可抗力因素，导致商品运输时间过长或商品无法运抵时，消费者可申请无理由退款"的规定。

（六）关于制度的落实

在制度进一步完善的同时，更应该注重制度的落实，据此提出如下几点建议：一是加大市场监管力度，可通过走访调查、按期巡检等形式督促各商家落实无理由退款制度，将线上线下市场一并纳入管控范畴；二是进一步拓宽消费者反映渠道，要求各大电商平台均开设退货投诉渠道，并要求平台答复明确、反馈及时，降低官方投诉门槛，及时响应消费者提出的问题并调查回复；三是加大处罚力度，对于确实不履行无理由退货制度的商家加大处罚力度，责令向消费者退款的同时，执行罚款处罚，对于屡次不改的可提高罚款金额；四是扩大无理由退货制度影响范围，提高法规宣传的力度与频次，要求商家入驻线上平台或线下买卖商品时注明可进行无理由退款、退货范畴及投诉渠道，让消费者能够及时了解自己的权利，行使自己的权利。[1]

四、结语

结合疫情形势，通过对无理由退款制度中的途径、时间、商品范围、退货准则、运费承担等方面的思考，笔者提出上述改进措施，以及进一步加强

---

[1] 孙良国："消费者撤回权中的利益衡量与规则设计"，载《浙江社会科学》2012 年第 7 期。

无理由退货制度落实的建议，希望能够切实帮助消费者更好地进行无理由退货，在不损害商家利益的同时，保障消费者的权利。后续希望制度能够与时俱进，及时调整，保护人民的生命与财产安全。

居住权在公证领域的探索

蔡一帆[*]

（中国政法大学 北京 100088）

摘　要：2021年的1月1日，我国《民法典》正式确立了居住权制度。居住权的提出为推动解决差异化居住需求、房价上涨、经济保障不足、家事纠纷等诸多社会矛盾提供了新的法律保障及选择。公证具备真实客观、公正中立的特性，将公证与居住权制度相结合，能够更好地预防或减少居住权纠纷，保护居住权人合法权益，也能对发挥居住权制度的法律价值、社会意义起到独特作用。本文旨在公证领域范围内，探索居住权与公证的衔接、居住权公证的主要形式以及公证实务中需要注意的一些问题，以期为我国居住权的理论和实践提供部分有益参考。

关键词：居住权　公证实务　民法典

一、公证与居住权制度

虽然法律未对居住权的设立是否需经过公证这一问题作出强制性规定，但在居住权设立过程中引入公证程序，有助于发挥公证的专业化法律服务优势，公证的客观、公正原则也能够更好地实现创设居住权制度的初衷。

（一）公证能为居住权的设立提供专业的法律服务

公证人立足于现行法律、相关法规，通过专业的分析，从真实性、合理性、合法性、完整性等角度对设立居住权的条款、合同或协议展开审查与规整。公证人可以根据不同当事人的意愿、需求提供有针对性的法律意见，明

---

[*] 作者简介：蔡一帆（1992年-），女，汉族，浙江瑞安人，中国政法大学同等学力研修班2022级学员，研究方向为民商法学。

晰当事人对居住权设立所产生的相应的法律后果以及法律意义,为当事人设计、拟定、添加合适的居住权协议、合同、条款,抑或是在发现协议、合同或条款中存在不足、不合理等情况下,及时与当事人沟通,提出意见和建议,明确其中的"痛点",在与当事人沟通与协商后对原有协议、合同或条款进行相应的优化。

(二) 公证能与不动产登记部门协同作业实现分流

以浙江省为例,目前浙江的各个公证机构都已经开始尝试与当地不动产登记部门建立起协调工作等机制。虽然法律并未强制要求设立居住权必须采用公证的方式,但公证机构具有较高的社会公信力,且兼具丰富的审查经验和专业的法律素养,能够与不动产登记部门打好"组合拳",横向整合、纵向联动。公证机构提前介入居住权登记流程,能够协同完成居住权登记的前置性工作,起到分流作用,有利于实现"不动产登记+公证"的业务局面,还能够在一定程度上提高登记质量,化解或减轻登记风险,更好地维护申请人的合法权益,减轻群众负担。

(三) 公证能预防或减少居住权纠纷

公证的独特性质决定了公证员在居住权公证实务工作中,需秉持客观的立场、中立的态度,依照严谨的程序流程,兼顾多方当事人的合法权益,为当事人提供优质的法律服务,保障居住权依法设立。公证员还需具有较高的甄别能力与审查能力,在办理居住权公证的过程中可利用其自身所具备的专业的法律素养和丰富的工作经验,探寻当事人申请设立居住权的真实意图,将不真实、不合法的不良因子剔除,制止违法行为,从而保障居住权设立的真实性、合法性、有效性和完善性。

二、公证实务中保障居住权的主要形式

(一) 合同公证形式

有关居住权的合同公证类型大致有如下几种:

(1) 专门设立居住权的合同。居住权合同公证可实现居住权和所有权分离,如A企业为了员工与自身的发展、稳定,同时解决一些员工的住房问题,与符合此类条件的员工约定在其在职期间有权居住在企业为其提供的企业房产中,由此签订合同。

(2) 含有居住权条款的合资购房合同。如由于种种原因,双方当事人欲

共同出资购买某处房屋,但出现所购房屋仅可登记一方名下的情况,另一方当事人为保障自身所享有的合法权益,可与登记房屋所有权的一方当事人签订含有居住权条款的购房合同,保障各方当事人的所有权、居住权。

(3) 含有居住权条款的房屋买卖合同。如出卖人出售自有房屋,买受人购买出卖人所出售的该房屋,同时买受人为出卖人或出卖人指定的第三人在此房屋上设立居住权,可视为附条件的买卖合同。

(4) 含有居住权条款的赠与合同。如父母将名下所有房屋或父母出资所购买的房屋赠与子女,可在赠予合同中增设居住权条款,约定房屋所有权归子女所有,但父母生前享有在该房屋中居住的权利,维护为子女购房的父母的基本权益。[1]

(5) 含有居住权条款的夫妻婚前协议。如夫妻双方婚前自愿签订含有居住权条款的夫妻婚前协议,即约定一方婚前所有房屋另一方在婚后享有居住权等类似条款,只要签订该协议的双方当事人具有民事行为能力,自愿签订,协议内容也不违反法律与国家强制性禁止规定、公序良俗,则该协议具有法律效力。

(6) 含有居住权条款的离婚协议。如男女双方离婚时,房屋归一方所有,另一方无住房,陷入无房可居的境地时,依据《民法典》第1090条,有能力的一方应当为另一方给予生活上或经济上的适当帮助或提供居住条件,双方可在离婚协议中约定相关居住权条款,保障弱势方的居住需要。

(二) 遗嘱公证形式

有关居住权的遗嘱公证类型大致有如下几种:

(1) 遗嘱指定由子女继承房屋,为配偶设立居住权。如立遗嘱人与其配偶是再婚夫妻,所以在立遗嘱时既希望是由自己的亲生子女继承自己的遗产,又考虑在其离世后若无住房,配偶的生活或成问题,因此在遗嘱中指定由子女继承房屋,有条件地为其配偶设立居住权。

(2) 遗嘱指定由子女继承房屋,为父母设立居住权。如考虑到若把房产全部留给子女继承,可能会被子女挥霍抑或是出现其他情况,到时立遗嘱人的年老父母无房养老,其居住利益无法保障,此时可通过遗嘱公证的方式,一边

---

[1] 马文静:"'解释论'语境下的居住权适用——兼评《民法典》物权编第十四章",载《新疆财经大学学报》2021年第1期。

将房产的所有权归给自己的子女，另一边为父母设立"特留份"，即将该房屋的居住权保留给自己的父母。这既确保了财富的传承，又尽到了赡养上辈的义务。

（3）遗嘱指定某一位或某几位继承人继承房屋，为未继承房屋的其他继承人设立居住权。如虽然成年子女不必然有父母房屋的居住权，立遗嘱人出于对部分子女的担忧，为保障其他未继承房屋的继承人居有定所，可在所立遗嘱为这部分继承人增加设立终身或非终身的居住权，从而平衡继承发生时各个家庭关系人之间的利益，预防因发生继承而产生的纠葛拉扯，维系家庭和谐。

随着今后法律的发展和延伸，公证实务中确认的居住权的形式种类也将越来越丰富。

三、公证实务中需要注意的事项

（一）审查当事人的主体资格

根据相关法律法规可知，居住权人仅限于自然人，而可设立居住权的主体有自然人、法人和非法人组织，所以在办理相关居住权公证时，不仅要对当事人身份真实性进行审查，还需对申办公证的当事人主体是否适格进行审查。

（二）核查房屋状态

设立居住权后可能会降低房屋的价值，甚至可能影响抵押价值的实现，导致相关权利人的利益受损。因此办理有关居住权公证时，公证人应全面核查房屋状态是否存在出租、查封或负有其他权利负担的情况。通过查询不动产登记情况，询问不动产所有权人或其近亲属、法定继承人，查询生效法律文书等途径查明不动产之上是否还设有其他居住权。

（三）探求当事人真意

公证员在进行公证工作时，应当通过与当事人深度交流和从有关证据材料中发现端倪、线索等方式来辅助确认当事人的意愿，警惕其设立行为是否违反效力性、强制性规定或违背公序良俗，谨慎对待诸如有偿设立居住权的公证案件。如申请人之间对申请公证事项出现争议，公证员应当详细了解有关情况，掌握双方分歧点，尽量提供有效建议，使双方达成一致意见。[1]

（四）审查并协助当事人完善居住权的具体条款

在办理居住权公证的过程中，公证人应根据当事人的授权，为当事人提

---

[1] 吴国平："论后位继承制度的适用价值与立法构建"，载《重庆工商大学学报（社会科学版）》2022年第1期。

供法律工具，对当事人草拟的合同或遗嘱等文书进行合法性与合理性审查，并对合同或者遗嘱内容进行完善修改，重点审查合同或遗嘱中的"当事人的姓名或者名称和住所、住宅的位置、居住的条件和要求、居住权期限及解决争议的方法"等重要内容，[1]从而协助当事人完善相关文书中的居住权条款，最大限度地确保公证达成当事人设立居住权的意愿。[2]

（五）告知设立居住权必须进行登记

居住权是一种对世权，所以公证员在办理居住权公证时，应多向当事人提示法律行为履行中可能面临的风险处罚，充分告知当事人未向登记机构办理居住权登记的法律后果，提醒当事人办结居住权公证后及时到有关机构办理居住权登记，或是居住权消灭后，及时到有关机构办理注销登记。

四、结语

法与时转则治，法与世宜则有功。在公证领域内引入居住权，反映出我国公证行业一如既往地积极适应新形势新变化，更新司法理念，不断满足人民群众对美好生活的期待和对社会公平正义的新期盼，体现了社会主义核心价值观中的平等、公正。新兴法律概念的提出、修正后法律条文的施行，公证行业根据不断发展的形势、日新月异的时代课题，用与时俱进的品格在理论和实践层面上推动公证工作勇立潮头、不断向前，向人民群众提供更为优质、高效的公证法律服务。

---

[1] 江梅："民法典中的居住权公证"，载《中国公证》2020年第12期。
[2] 张颖："公证保障居住权之实务浅析"，载《法制与社会》2021年第11期。

中央企业首席合规官制度浅析

蔡闻一*

(中国政法大学 北京 100088)

摘 要：面对日益复杂多变的内外部发展环境，中央企业强化合规管理是实现经济健康持续发展的必然要求，也是全面推进依法治企，提升依法治理能力现代化的内在要求。国资委发布《中央企业合规管理办法》，首次提出设立首席合规官，这对于中央企业强化合规管理，建立健全合规管理体系，在新形势下实现高质量发展具有重要意义。

关键词：中央企业 合规管理 首席合规官 发展建议

2022年8月23日，国务院国有资产监督管理委员会印发《中央企业合规管理办法》（以下简称《办法》），并于2022年10月1日正式施行。该文件提出，中央企业应当结合自身实际设立首席合规官，作为加强企业合规管理工作的一项重要举措，这对首席合规官的专业能力和履职能力提出了更高要求。在今后中央企业合规管理工作中，首席合规官将扮演重要角色，发挥积极作用，产生深远影响。

一、中央企业设立首席合规官的背景和意义

《办法》是国务院国资委在加强对中央企业合规管理的持续探索和不断推动中形成的重要部门规章，相较2018年印发的《中央企业合规管理指引（试行）》，更加突出刚性约束，内容更为全面系统，要求更为严格细致，措施更为具体，也更加适应当前的司法实践现状，对于进一步规范我国中央企业合

---

* 作者简介：蔡闻一（1984年-），女，汉族，山东菏泽人，中国政法大学同等学力研修班2022级学员，研究方向为经济法学。

规经营和合规管理，全面推进依法治国具有重要意义。

（一）部门规章的出台背景

合规管理是企业管理的重要支柱之一，是企业内控的核心内容，也是企业切实有效防范经营风险的关键制度性措施。加强合规审查是企业规范经营行为、防范违规风险的第一道关口，合规审查如果能够确保做到位，就能从源头上防范化解大部分的合规风险。中央企业在国民经济各行业和领域中处于龙头领先地位，具有突出的影响力，更应当在合规经营和合规管理工作中主动发挥表率作用。

从近年中央企业的实践情况来看，中央企业合规管理工作在一定程度上取得了积极进展。通过发挥法律合规人员的作用，强化合规管理，不少中央企业有效降低了经营风险，得到了合作伙伴和外部监管机构的认可，但也存在一定的问题不足，如对合规管理工作不够重视[1]、内部问责机制不够完善、合规管理机构设置不够健全[2]、合规管理制度流程不完备等。在此背景下，国务院国资委加强顶层设计和统筹，首次针对合规管理工作制定了《办法》，作为中央企业和地方国有企业开展合规管理工作的纲领性文件，这对于加快构建具有中国特色现代企业合规治理体系，着力打造世界一流企业具有重要的推动作用。

（二）设立首席合规官的重要意义

《办法》强调中央企业应当结合实际设立首席合规官，着力抓好"五个关键"，确保"五个到位"，其中包括：将首席合规官作为关键人物，全面参与重大决策，确保管理职责到位。从国际范围内的大型企业实践来看，设立首席合规官是世界一流企业的普遍做法，首席合规官作为企业核心管理层成员，对全面领导企业合规管理体系建设与运行，发挥了积极作用。2021年，国际标准化组织印发的《合规管理体系要求及使用指南》（ISO 37301：2021）明确，应当指定一人对合规管理体系运行负有职责、享有权限。世界银行、经济合作与发展组织等国际组织，均鼓励企业设立首席合规官，并将其作为评估合规管理水平的重要指标。

---

[1] 邱霓霓："构建国有企业合规管理机制探索"，载《管理观察》2020年第6期。
[2] 杨斌："新形势下国有企业合规管理体系建设研究"，载《江西师范大学学报（哲学社会科学版）》2020年第4期。

设立首席合规官，是国资委对中央企业首次提出的全新职位要求，体现出国资委把中央企业依法合规精神提到了全局高度和战略高度。在中央企业设立首席合规官，既有利于进一步明确合规管理职责、落实责任，统筹各方资源力量，更好地推动合规管理工作，也体现出中央企业对强化合规管理的高度重视和积极态度，对于推动各类企业依法合规经营具有重要的示范和带动作用。

二、当前中央企业首席合规官制度存在的问题和不足

《办法》贴合当前我国中央企业合规管理的实践，具有针对性和实务性，是推动我国中央企业全面合规管理的重要跨步，对于中央企业建立健全合规管理组织架构具有重要意义。但是，作为新制定的顶层纲领性文件，针对首席合规官的具体职责事项、过程实施以及追责问责等还有待进一步研究细化。

（一）首席合规官与总法律顾问的履职差异有待明确

《办法》第12条规定，中央企业应当结合实际设立首席合规官，并明确规定不新增领导岗位和职数，首席合规官由总法律顾问兼任。中央企业总法律顾问实际上是增加了首席合规官这一职务，这导致了其职权范围的扩大。《办法》第21条、第22条等条款，提出了首席合规官的履责要求，明确了首席合规官对企业经营中重大决策事项进行审查，对合规制度和合规流程建立进行合规性指导，受理职责范围内的违规举报，组织或参与违规事项的调查等。权力是引发合规风险的重要因素，权力扩大的同时也要承担更多的责任，但是《办法》却规定由总法律顾问兼任首席合规官。因此，在首席合规官履职过程中，应尽快厘清合法与合规的职责边界，明确总法律顾问与首席合规官的履职区别和重点。

（二）首席合规官的职权事项和履职程序不够细化

目前我国中央企业设立首席合规官的制度刚刚建立，《办法》对首席合规官的设立要求和职责等作出了首创性规定，明确将首席合规官的职责嵌入企业合规体系全流程，一是"事前防范"，企业所有重大决策事项，须由首席合规官签字提出意见；二是"事后处理"，对于企业违规发生的重大刑事、民事、行政等合规事件，须由首席合规官牵头妥善处理后报国资委；三是"体系搭建"，首席合规官须领导合规管理部门组织开展相关工作，指导所属单位加强合规管理，形成动态的合规体系搭建模式。但全文中仅单独提及"首席

合规官"三次,分别为第 12 条、第 21 条、第 22 条。在企业实际运行中,仍需要针对首席合规官的履职流程、行权要求及职权事项落地等进行进一步细化。

(三)首席合规官履职过程的追责和免责有待完善

结合国有企业股权结构和治理结构的特殊属性,国家是中央企业的出资者,国家授权委托国资委作为中央企业的监管者[1],治理主体较为抽象,没有将实际的监管责任落实到个人。这也导致在具体实践中,国有企业的董事会和高级管理人员成为企业实际控制人,随之出现管理层贪污腐败和玩忽职守的现象。《办法》虽然强调了不同主体的职责,但尚未针对首席合规官这一职务,明确规定和设置其相应的监管义务和罚则责任。

三、中央企业首席合规官制度完善的建议

目前,《办法》对于首席合规官职务的设置和相关表述尚处于起步阶段,结合上述初步分析发现存在的不足,建议后续通过制定实施细则、配套制度文件等方式,进一步明确首席合规官与总法律顾问的履职侧重点,细化首席合规官的职权事项清单和履职程序,完善首席合规官在履职过程中的追责与免责管理。

(一)明确首席合规官与总法律顾问的履职差异

按照《办法》的规定,中央企业在设立首席合规官后,在首席合规官由总法律顾问兼任的情况下,应进一步明确首席合规官和总法律顾问的权利和职能的区别,明确两个岗位之间的职责要求,明晰法律与合规的职责边界。首席合规官应在自身职责范围内,根据企业特征进行有针对性的合规管理,必须与具体业务紧密结合,实现合规职能多权而不越权。例如金融行业合规风险一般是反洗钱法律,医疗行业合规风险一般是违反国家反商业贿赂法律,新型科技公司合规风险在于违反国家数据安全和信息隐私保护的法律。

(二)细化首席合规官的职责事项和履职程序

首席合规官领导合规管理部门开展相关工作,将有助于强化合规管理部门的协同配合,更高效地推进工作落实。可探索建立职权事项清单制度,编

---

[1] 李维安、郝臣编著:《公司治理手册》,清华大学出版社 2015 年版,第 374 页。

制岗位业务工作手册等操作指南[1], 保障首席合规官有效履职。清单采用可视化方式，明晰首席合规官职权事项，明确岗位权责边界，实现各项职权的制度化、模块化、规范化，同时利用信息化和数字化技术手段，结合不同主体的职权范围，结合企业运行实际，编制合规管理体系运行流程图，搭建流程共享平台，提升合规管理效率，确保企业各项工作顺利开展。

（三）完善首席合规官的履职追责与免责管理

如马克思所言："没有无义务的权利，也没有无权利的义务。"[2]中央企业设立首席合规官也有自身的权利和义务。首席合规官应当在职权范围内独立、勤勉地履行职责，如果企业出现合规问题，首席合规官应当作为责任人承担相应的法律责任。结合我国国情，首席合规官承担的责任限度应为积极责任，即首席合规官主动帮助企业开展不合规行为调查。而对于消极责任，即首席合规官未主动查明或组织企业合规的，通过行政问责机制予以处罚，甚至追究法律责任。

四、结论

中央企业坚持依法合规治企、坚持高质量发展，规范经营活动，加强合规管理，保障企业依法合规经营，履行政治责任、经济责任和社会责任，是立足新发展阶段、贯彻新发展理念、构建新发展格局的必然要求。《办法》是国资委成立以来首次针对合规管理发布的部门规章，也将作为地方国有企业开展合规工作的纲领性文件。《办法》对首席合规官的多职权、多职责、专业能力以及预判能力等各个方面均提出了更高的要求。中央企业应充分结合自身实际，积极探索制定行之有效的措施方法，将首席合规官嵌入本企业合规体系全流程，促进和保障首席合规官切实发挥履职实效。

---

[1] 张栋良："国有企业合规管理策略"，载《中国外资》2021年第12期。

[2] 《马克思恩格斯全集》，人民出版社1964年版，第16页。

论民法典视角下的未成年人保护

李京林*

(中国政法大学 北京 100088)

摘 要：由于未成年人在法律行为能力、权利实现等方面具有特殊性，针对未成年人群的保护一直是全社会所关注的问题。本文首先从对未成年人成长过程中面临的合法权益受损问题与预防未成年人犯罪两方面展开，确定研究方向。其次通过实际案例与法律规定相结合的方式，有针对性地列举对于未成年人保护的重点与方式，解读民法典与未成年人保护之间的联系。最后结合未成年人成长中遇到的问题与现行法律对未成年人的保护规定，对加强未成年人权益保护提出了建议。

关键词：民法典 未成年人 保护

2021年1月1日，《民法典》正式施行，其实施与颁布是中国新时代与新发展背景下依法治国的必然要求。民法典的问世也意味着我国在全面依法治国的道路上是保持着可持续、灵活适应时代发展的方向的，而在此背景下，未成年人这一特殊且值得全社会重视人群的保护问题也得到了广泛关注，本文即站在民法典视角下去分析与探讨如何加强对未成年人的保护。

一、未成年人在成长过程中可能面临的两类问题

本文从法律实务角度将未成年人成长过程中的问题具体归纳为两方面，一是未成年人在日常学习生活中的合法权益受损问题；二是预防未成年人犯

---

* 李京林（1996年-），男，汉族，北京人，中国政法大学同等学力研修班2022级学员，研究方向为经济法学。

罪问题，避免未成年人因民事行为能力不足以及心智尚未成熟涉及刑事犯罪案件中。

(一) 未成年人学习生活中面临的合法权益受损保护问题

《民法典》第 17 条明确地将不满 18 周岁的自然人定义为未成年人，未成年人在法律行为能力、权利行为实现、合法权益保护等方面是具有特殊性的，自我保护能力不足、权利受损是必然结果。笔者将未成年人权利实现与保护的范围局限在家庭生活与学习生活中。

而未成年人在家庭与学校两种主要环境下，成长中遇到的常见问题有：家庭中父母亲人的监护能力不足甚至伤害未成年人；校园学习中未成年人权益受损等。未成年人在家庭生活与学习生活中往往依赖家长和老师，大多情况下自身生活模式与发展都受他们的限制，所以受到来自家庭与校园的行为或心理伤害是未成年人的常见问题。有些伤害是由于家属的不尽责产生，而有些伤害甚至是直接来自家庭[1]。

(二) 预防未成年人犯罪问题

我国《刑法》第 17 条明确规定，已满 16 周岁的人犯罪，应当负刑事责任，同时也分别对已满 14 周岁不满 16 周岁、已满 12 周岁不满 14 周岁的人犯特定罪时的情况作出了区分入罪的规定。随着社会的不断发展，未成年人犯罪问题越发不可忽视，在罪刑区分清晰严明的情况下，犯罪年龄降低，未成年人犯罪率变化等实际情况意味着，保护未成年人成长应包括预防未成年人犯罪等方面。以下将从两个案例分析未成年人犯罪的特征。

案例一是湖南 12 岁小学生李某（化姓）弑母案，李某是一个留守儿童，父母自其年幼就外出打工，一日李某在家为了抽烟与其母产生争执，随即到厨房拿菜刀砍了母亲二十几刀，直至母亲身亡。当晚其以母亲口吻在微信中向班主任以生病为理由请假，第二天邻居发现其母被杀报警，整个过程中李某全程坦然，毫无恐惧与愧色。

案例二是河北四名均未满 18 周岁的未成年人引发的刑事案件。四人因琐事与张某产生矛盾，自此便伺机报复张某。某日四人以共同打扑克为理由将张某骗至某小区天台殴打，最后勒死焚尸。据了解，其中有三人都是家庭离

---

[1] 参见信越："中小学校园霸凌问题的法律分析"，黑龙江大学 2022 年硕士学位论文。

异,初中就已经辍学在家[1]。

从上述两个案例可以发现,未成年人犯罪的案件中,父母离异或去世、过早的辍学、留守儿童等情况多有出现。分析可得,犯罪不是一朝一夕形成的,往往是因为未成年人缺少良性教育和心理健康指导,在这样的环境下从不良行为逐渐走向违法犯罪道路。

二、民法典与未成年人权益保护的解读

民法典视角下,通过分析未成年人在监护制度下监护人身份的缺失及未成年人利益实现的障碍问题,探讨如何加强对未成年人的权益保护。

(一) 对监护人履行监护责任的规定

《民法典》第27条明确规定了监护制度。以父母监护人为主分析,父母作为子女的监护人,有教育、保护照料、关爱未成年人的职责,这既是道德要求也是法定义务。《民法典》中明确了未成年人的监护人规则,确定监护人应遵循最有利于被监护人的原则,同时监护人也要履行监护责任。

第35条明确规定了监护人履行监护责任的原则:监护人除为维护被监护人的利益外,不得处分被监护人的财产。在履行监护职责时,作出涉及与被监护人利益有关的决定时,还应当根据其年龄智力情况,尊重被监护人的真实意愿。可以说,民法典对于监护人履行监护责任原则的确定,实质上是为了实现对未成年人利益的保护。监护人的所有与被监护人有关的行为、决定都不能损害被监护人的权益,应当依据对被监护人有利的原则行事。在此规定下,未成年人在尚未成熟且不具有完全自主行为能力时,才能在最有利于自己的环境中健康成长。

(二) 对于监护人不能履行职责时撤销监护人资格的规定

监护人在履行监护职责过程中往往扮演着对于被监护人全部权利"代管者"的角色,可以说监护人首先是被监护人的权利人,其次才是责任人。监护人在实际代为行使权利的过程中当出现与己利益冲突的情况下如果选择有利于己而不利于被监护人的行为,那么被监护人因为年龄限制诉权受限,往往合法权益受到损害而难以弥补。此外在履行监护责任过程中,被监护人的生长环境健康、良好与否取决于监护人是否有能力创造的,那么当监护人不

---

[1] 朱艳霞:"浅谈中小学校在学生伤害事故中的侵权责任",载《法制与社会》2010年第2期。

称职，不具有监护能力甚至有损害被监护未成年人时，变更监护人对于被监护人而言就是必要且紧迫的[1]。

民法典对于申请撤销监护人的条件作出了明确规定。人民法院在有关个人或组织的申请下，是可以撤销监护人的监护资格同时安排必要的临时监护措施的，最终可按照最有利于监护人的原则依法确定监护人。换言之，为了最大限度地保护被监护人的权益，可以依法撤销监护人的监护资格。而该条规定的适用前提是监护干预等措施已无法行之有效地帮助被监护人摆脱困境，这是在被监护人面临极端困境时采取的特殊手段。因此使用该规定时需要谨慎、理性、严谨，要最大限度保障被监护人的权益，例如出现监护人严重损害被监护人的身心健康时；在被监护人怠于履行职责致使被监护人处于危困状态下[2]。

三、对于加强保护未成年人权益的建议分析

《民法典》中有关对未成年的监护制度的理念可总结归纳为：体现了家庭监护主责，突出了国家兜底保障责任的重要性。其中以家庭监护为主要方式是未成年人在成长中是在家庭为主的环境中这一实际情况决定的，而对监护予以支持的同时又加以监督和必要的干预则是全面保障未成年人的重要举措。

由于未成年人行为能力不足、权利实现方式不充分，其权益的保障必须以家庭监护为主责，由家庭提供良好的成长生活环境，同时为了避免家庭监管下能力不足或权益损害的特殊情况的出现，国家应承担起兜底保障责任的最后一道防线，通过法定程序进行监管，最大限度地保障未成年人的合法权益。

同时在未成年人生活和学习过程中，除对于其权益保护外，还应重视对其心理健康的引导，避免未成年人因年龄心智不成熟而实施不良行为最终触犯法律，因此预防未成年人不良行为、预防未成年人犯罪也是保护未成年人权益的重要核心。在双重保障下，仍需坚持以家庭监护职责为主，国家兜底

---

[1] 汪全胜、王新鹏："论我国未成年人委托照护制度的立法缺陷及其完善"，载《云南师范大学学报（哲学社会科学版）》2021年第4期。

[2] 孙露："民法典时代提高基层社会治理法治化水平的路径探析"，载《领导科学论坛》2022年第5期。

保障责任为辅，时刻紧密围绕未成年人的成长过程为其提供保障。

四、结论

未成年人作为特殊的人群，需要全社会共同关注并提供帮助。而随着时代的更迭，社会生活方式与思想认知在不断改变，针对未成年人的保护措施也应当适应社会发展，不断完善更新，与之对应的法律更应因地制宜，坚持从未成年人权益保护的角度出发不断更新、不断完善，最终实现未成年人保护制度的完善。

经营者刷单行为的竞争法规制

吴仕亮[*]

(中国政法大学 北京 100088)

摘 要：刷单行为不仅损害了消费者的知情权和交易权、其他经营者的公平竞争权，更扰乱了市场正常的交易秩序和信用体系。《反不正当竞争法》对网络刷单行为进行了统一规定，但仍存在遗漏违法主体、处罚力度较小、平台缺乏自律监管等问题，因此亟须制定更完善的竞争法规制，增加规制对象、细化责任规定、加大处罚力度等方式，与网络交易平台协同监管经营者的刷单行为，发挥出竞争法的真正作用。

关键词：刷单行为 竞争法规制 不正当竞争

一、刷单行为产生背景

网络购物因具备种类丰富、方便快捷等优势，现如今已成为大众离不开的交易方式。消费者在网购时由于无法亲身接触实物商品或服务（以下统称"商品"），只能通过经营者提供的商品图片、视频和已购买者发布的评价来辨别商品质量，比较后作出购买决定。因此，商品的销量高低及评价好坏对经营者的经营状况起着决定性的作用，竞争者为争取更大效益，便会采取刷单行为吸引流量，增加"权重"。各大电商平台内的经营者除了会在平台专门的付费渠道进行推广，还会找到专业刷单组织刷评价，这俨然已成为行业内潜规则。

---

[*] 作者简介：吴仕亮（1980年-），男，汉族，福建福州人，中国政法大学同等学力研修班2022级学员，研究方向为民商法学。

诚信经营是市场经济稳定发展的根本因素，公平的市场竞争秩序应是前提。[1] 如今，除了电商领域，在外卖软件、出行应用等互联网系统里发生的刷单行为也屡见不鲜，经营者的刷单行为不仅违背了诚实信用原则，扰乱了市场秩序，还给消费者、平台等带来了极大危害，亟须加强竞争法领域规制。

二、刷单行为的界定及表现形式

刷单行为是指经营者通过身边亲友或在刷单微信群、平台上雇佣专业刷手购买自家商品，虚假交易之后专业刷手伪装成消费者对该商品提交虚假好评，以提升销量和店铺信誉；对同类竞争经营者进行虚假差评或是大量明显虚假好评，致其店铺信誉度降低的一种互联网领域的不正当竞争行为。[2]

从效果上来看，刷单行为可分为正向网络刷单行为和反向网络刷单行为。前者是指经营者自己或雇佣他人假扮消费者购买自己的商品并给予虚假好评，从而提高店铺的销量和信誉的行为；后者是指经营者自己或他人购买同业竞争者的商品并故意给予差评（恶意差评），或者故意给予明显虚假好评，制造同业竞争者自己刷单的假象，当电商平台监测出经营者数据的波动异常时，其会被平台认定为从事虚假交易而受到信誉降级等处罚的行为。[3]

正向网络刷单行为中经营者与刷单者实际上是以虚假交易的手段进行虚假宣传，从而谋取竞争优势，同时利用网络交易的虚拟性和信息差，使消费者对商品质量产生误解，作出购买决策，这种行为损害的是消费者的知情权和公平交易权。而反向刷单行为更是直接侵害了同业竞争者的名誉、公平参与竞争的权利以及平台的正常交易秩序，这两种行为在行业内十分常见，均属经营者实施的不正当竞争行为。

三、我国竞争法领域规制刷单行为的立法现状及不足之处

《反不正当竞争法》第8条[4]针对正向网络刷单行为作了最直接的规定，

---

[1] 沈弈秋："论刷单的《反不正当竞争法》规制"，载《经济研究导刊》2022年第10期。
[2] 参见王姝娴："刷单炒信行为的法律规制"，河北经贸大学2022年硕士学位论文。
[3] 叶良芳："刷单炒信行为的规范分析及其治理路径"，载《法学》2018年第3期。
[4] 《反不正当竞争法》第8条："经营者不得对其商品的性能、功能、质量、销售状况、用户评价、曾获荣誉等作虚假或者引人误解的商业宣传，欺骗、误导消费者。经营者不得通过组织虚假交易等方式，帮助其他经营者进行虚假或者引人误解的商业宣传。"

禁止经营者对其商品的各种情况进行虚假宣传，从而误导消费者；第 11 条[1]主要针对反向刷单损害同业竞争者商誉行为进行了一定程度上的规制，第 12 条第 2 款第 4 项[2]则可作为刷单行为的兜底条款。还有针对上述违法行为制定的法律责任具体体现在第 20、23 和 24 条中。

然而，在规制经营者刷单行为方面虽不至于存在完全意义上的立法空白，但以上法律规定的不足之处也很明显，可操作性较差，实际的约束效果不好。

（一）未将刷单行为牵涉的全部违法主体纳入规制范畴

从《反不正当竞争法》第 2 条的规定可以看出，该法主要针对的是从事不正当竞争行为的经营者本身，但参与整个刷单活动的主体不只有经营者，还包括刷单平台、刷手和物流经营者，这些即便不是直接违法者，也可以被视为违法的帮助者。而该法第 20 条和第 23 条也仅对经营者刷单的法律责任作出了规定。事实上，缺少任何一个主体，刷单行为都不可能完成，因此为了营造健康的市场交易环境和保护消费者的合法权益，刷单平台、刷手和物流经营者都需要被纳入竞争法规制范畴。

（二）处罚力度不足且缺乏量化标准

《反不正当竞争法》第 20 条和第 23 条明确规定了刷单行为一般情节和严重情节的罚款金额，但一方面由于法条中并未列举"情节严重"的情况有哪些，也无其他解释和说明，容易造成执法者的自由裁量权过于宽泛，而且实践中也很少能按顶格标准判罚；另一方面，经营者刷一单的成本只有几元却往往能获益数倍，可该法规定的罚款金额远低于其所获利益，面对极其可观的利润，绝大部分经营者还是愿意选择铤而走险实施刷单。

此外，根据该法第 17 条的规定，因反向刷单受损害的经营者的赔偿数额以实际损失确定，难以计算的以侵权人所获利益确定，适用的是补偿性赔偿制度。但实践中因为很难确定有多少消费者受到反向刷单的影响从而不购买该商品，所以被害经营者在实际损失的举证方面存在一定困难，侵权人所获

---

[1]《反不正当竞争法》第 11 条："经营者不得编造、传播虚假信息或者误导性信息，损害竞争对手的商业信誉、商品声誉。"

[2]《反不正当竞争法》第 12 条："经营者利用网络从事生产经营活动，应当遵守本法的各项规定。经营者不得利用技术手段，通过影响用户选择或者其他方式，实施下列妨碍、破坏其他经营者合法提供的网络产品或者服务正常运行的行为……（四）其他妨碍、破坏其他经营者合法提供的网络产品或者服务正常运行的行为。"

利益也同样难以确定，更难适用情节严重的标准处罚。因此，现行《反不正当竞争法》的规定缺乏对违法者的威慑力度，难以制止市场中的刷单乱象。

（三）网络交易平台缺乏自律

实际上，经营者刷单行为从某种程度上来说甚至是经营者为网络交易平台负担了吸引一定流量的成本，平台的监管意愿自然是不够强的，对刷单行为的处罚也无异于隔靴搔痒，通常仅限于扣减店铺信用评价积分、下架某件商品等方式，经营者可通过再开新店、再上架商品来补救。虽然网络交易平台各方面权限范围有限，不能对经营者刷单行为做全面彻底的审查，但也并未尽到妥善管理的义务，任由刷单行为泛滥。[1]许多平台在配合有关单位监管查证时也不够积极，加上管理人员普遍缺乏法律责任意识，给监管工作带来了很大阻碍。

四、完善经营者刷单行为的竞争法规制建议

（一）扩大刷单行为的规制对象范围

首先，必须增加对刷单组织的处罚条款。刷单组织和刷手作为经营者刷单行为的重要辅助者，不管是以软件平台形式还是以真人形式接单刷单，为了获得利益甘愿实施违法行为，本就是对法律的漠视，对其实施针对性的规制也能遏制刷单行为的肆虐。因此可在《反不正当竞争法》对正向刷单和反向刷单的第20条和第23条规定后分别加上"帮助经营者实施违反本法第八条、第十一条规定行为的，处以……"的规定，就能让执法机关有可评判的依据，协同刷单的组织和个人能够受到法律的应有制裁，从而遏制经营者的刷单行为。

其次，必须将物流经营者也纳入规制对象。物流运输作为刷单行为的关键一环，平台人员虽无法获悉货物具体为何，但可从外观上判断出是否与面单上的货物名称一致，更何况大多数情况下经营者寄出的是餐巾纸这类明显无价值的东西，物流人员一看就知道是经营者在实施刷单，却心照不宣地直接录入虚假物流信息，帮助经营者完成刷单行为。因此，要想从根本上规制刷单行为，物流经营者也必须牢牢把关，尽到基本的审查义务，一旦识别出是经营者在实行刷单就立即向市场监管部门上报相关情况，让有执法权的部

---

[1] 参见王婉："网络刷单的反不正当竞争法规制研究"，甘肃政法大学2021年硕士学位论文。

门进行追踪、搜集证据。若是物流经营者故意参与串通谋利,则属于共同实施违法行为,可以规定"没收违法所得,并处高额罚款"。

唯有对刷单利益链上的每一个违法主体进行规制,才能迅速打开突破口,从源头上减少刷单行为的发生。

(二) 细化刷单行为的处罚标准并加大处罚力度

由于刷单获得收益的情况比较复杂,调查有一定难度,有时可以借助大数据算法等技术手段来研究,确定经营者刷单的次数、取得的收益,再根据情节的严重程度制定各梯度的罚款基准,加强竞争法的可操作性。例如,为数额"较大""巨大"或"特别巨大"划定标准,还可制定一个最低处罚标准来兜底,给执法者提供可量化的法律依据的同时能限制其过分扩大的自由裁量权,避免出现同案不同判的情况。

除了细化处罚标准外,还可以参照《反不正当竞争法》对于实施商业混淆行为和侵犯商业秘密行为的处罚规定,增加惩罚性赔偿条款,例如对经营者实施了刷单行为的"处违法所得一倍以上五倍以下的罚款"或在现行罚款金额的基础上增加"没收违法所得"的处罚规定。[1]只有让刷单经营者的违法成本大于其所获利益,才能真正对其产生威慑作用。

(三) 加强网络交易平台监管刷单行为的责任意识

对网络交易平台来说,良好的信誉即是核心竞争力,只有消费者信赖的平台才能实现可持续发展,只满足于一时的流量增长和虚假繁荣实为一种短视行为,若网络交易平台持续放任刷单行为的发生,失去了消费者的信任,最终还是会被市场淘汰。因此一方面,网络交易平台可根据后台数据追踪分析哪些经营者实施了刷单行为,一旦锁定即可根据其行为的严重程度采取相应处罚措施,情节轻影响小可采用下架商品、降低权重、关闭店铺的方式处罚,情节严重影响恶劣则可在平台首页公示失信经营者名单,并处以一定数额的罚款。另一方面,平台必须加强培育管理人员的法律责任意识,并积极配合执法部门对刷单行为的监管,只有共同维护好营商环境,才能实现良好市场秩序的长远发展。

---

[1] 参见冯裕:"网购不正当信用评价行为的竞争法规制研究",山东财经大学2022年硕士学位论文。

五、结语

互联网的极速发展给大众的生活带来诸多便利的同时也引发了一些市场乱象,法律天然的滞后性注定难以适时应对所有的现实情形。经营者刷单行为损害的是消费者的合法权益、平台的信誉和市场的正常竞争秩序,唯有加强竞争法的规制,各方共同监督,才能协同共建风清气正的市场交易环境,实现互利共赢。

破产程序中社保债权清偿问题的探究

班潇月[*]

(中国政法大学 北京 100088)

摘 要：参加社会保险是我国对公民的一种保障，法律规定企业为职工缴纳社会保险，保障职工权益是企业的义务。但在企业已出现破产事由、无力承担债务时，所欠的社会保险费用该如何在破产程序中进行合法、公平解决，是实务中仍存在的问题。法律部门之间的衔接漏洞、操作过程中的系统问题，都是处理职工社保债权的障碍，目前亟须完善相应的法律制度。

关键词：社会保险 职工债权 企业破产 清偿顺序 破产法

一、问题的提出

在企业破产程序中，如何保障职工正当权益一直都是管理人工作的核心问题，极大程度影响着整个破产程序的顺利推进。职工社会保险债权相对于其他破产债权，具有特殊性，带有劳动债权的属性，然而在破产理论及清偿顺序方面并未引起足够的重视。[1]《企业破产法》第113条规定，在优先清偿破产费用和共益债务后，破产人应当优先偿付欠缴的职工个人账户的基本养老保险、基本医疗保险费用，并置于与员工工资等职工债权相同的清偿顺位；破产人欠缴的除前项规定以外的社会保险费用和破产人所欠税款次之。但实务中缺少对理论依据与制度设置合理性的讨论。由此笔者提出进一步讨论社会保险债权在破产财产的清偿顺序中应当考虑的因素。具体而言，即社

---

[*] 班潇月（1981年-），女，壮族，广西巴马人，中国政法大学同等学力研修班2022级学员，研究方向为民商法学。

[1] 王欣新：“论职工债权在破产清偿中的优先顺序问题”，载《法学杂志》2005年第4期。

保债权与职工债权的清偿顺位是否应当有差异,如何确定不同社保债权各自的清偿顺位问题。

二、社保债权性质概述

(一) 定义

社保债权,是指根据相关法律,企业应该为职工缴纳而没有缴纳,在法院受理破产申请日前所欠的社会保险费用。根据《社会保险法》的规定,我国的社会保险分为基本养老保险、基本医疗保险、工伤保险、失业保险、生育保险五种。其中,养老、医疗和失业三种险种是由用人单位与职工个人共同按比例缴纳的,工伤和生育险则是全部由用人单位缴纳。

(二) 范围

根据社保缴纳情况,在破产程序中往往社保征缴部门向管理人申报的社保欠缴费用包含了单位应缴部分、职工个人应缴部分、单位缴纳后应纳入职工个人账户的部分以及因欠缴产生的滞纳金四种。这些并非均为社保债权,但又必须都以企业的名义或企业代扣代缴的形式进行缴纳,因此管理人在认定债权时必须先行区分。

1. 单位应缴部分

单位应缴部分是由单位直接作为缴费义务主体向国家征缴机构直接缴纳的,具体包括养老保险、医疗保险、失业保险的单位应缴部分,以及工伤保险和生育保险五方面,其申报主体为社保征缴部门,应当属于《企业破产法》规定的第 113 条第 1 款第 1 项规定的社保债权。

2. 职工个人应缴部分

职工个人应缴部分是由用人单位直接从职工个人的工资薪金中扣除后代向征缴机构缴纳的,该项费用的义务主体为职工个人,征缴对象不是破产企业,原则上不属于社保债权。在破产程序中,如果存在企业欠缴社保的情形,该部分费用也是欠缴状态的,通常由征缴机构一同作为破产债权向管理人申报,管理人统一清偿后从职工个人补偿金中予以扣除。

3. 单位缴纳后应纳入职工个人账户的部分

《企业破产法》第 48 条规定的所欠的应当划入职工个人账户的基本养老保险、基本医疗保险费用,从文义理解,并结合社会保险相关法律法规,指由用人单位缴纳但依据《社会保险法》规定应当从单位缴纳的费用中划入职工个人账户的金额，应属于职工债权范畴，不必申报，由管理人核实后作为职工债权处理。

4. 滞纳金

社保滞纳金，是指用人单位因未按时足额缴纳社会保险费所产生的费用。实务中申报债权的滞纳金计算截止日为法院受理破产申请日。《社会保险法》第 86 条规定："……自欠缴之日起，按日加收万分之五的滞纳金；逾期仍不缴纳的，由有关行政部门处欠缴数额一倍以上三倍以下的罚款。"滞纳金是一种罚金，在破产程序中是否属于社保债权，目前社会上还存在多种观点，没有明确的相关法律予以规定。

三、社保债权的清偿顺位

（一）以破产财产清偿的正当性

破产程序旨在保护全体债权人在破产人有限的财产中公平受偿，社会保险作为保障职工的一项债权，企业为职工交纳社保是国家对企业的一项强制性规定义务，在破产程序中，以破产财产进行清偿是合乎情理、合法的。

（二）清偿的优先顺位

1. 一般规定

社保债权，在以破产财产清偿的顺位上，由于社保债权内容包含的属性和义务不同，在破产财产不足以清偿全部债权的情况下，应分不同情况顺位清偿。《企业破产法》第 113 条第 1 款规定："破产财产在优先清偿破产费用和共益债务后，依照下列顺序清偿：（一）破产人所欠职工的工资和医疗、伤残补助、抚恤费用，所欠的应当划入职工个人账户的基本养老保险、基本医疗保险费用，以及法律、行政法规规定应当支付给职工的补偿金；（二）破产人欠缴的除前项规定以外的社会保险费用和破产人所欠税款；（三）普通破产债权。"

为此，企业所欠的应当划入职工个人账户的基本养老保险、基本医疗保险费用部分与职工其他债权一起由管理人根据社保征缴部门申报的材料予以核查并公示，列为第一顺位优先清偿。由企业缴纳直接进入国家统筹账户的部分应与欠税一起按第二顺位进行清偿；滞纳金问题，从产生的意义来看，社保滞纳金是带有惩罚性的一种行政处罚。针对破产企业征收，如用破产财产清偿，实际受惩罚的变成了全体债权人，这有违该措施的本意和破产法公平保护全体债权人的精神。从行政的角度出发，当用人单位欠缴费用并形成一定规模时，说明相关社会保险行政部门未尽监管职责，任由费用欠缴的负外部性在用人单位破产时蔓延，此为政府部门将监管成本转嫁为职工承担企业破产的风险成本，让职工及全体债权人为政府的不作为"买单"，也是有违立法目的的。[1]这与最高人民法院《关于审理企业破产案件若干问题的规定》第61条第1款第2项、最高人民法院《关于适用〈中华人民共和国企业破产法〉若干问题的规定（三）》第3条的精神是一致的。故目前实务中多是不认定滞纳金为破产债权，即使认定为债权也是作为劣后债权处理，尤其在破产清算情况下，几乎无法实现滞纳金清偿。

2. 社保债权在职工债权内的清偿顺序

根据《企业破产法》的规定，显然，法律将应当划入职工个人账户的基本养老保险、基本医疗保险费用这两种特殊的社保债权视为职工债权并赋予较高的清偿顺位。原因在于，法律将前者视作保障公民生存权的重要组成部分。[2]正如2018年最高人民法院《全国法院破产审判工作会议纪要》第27条规定的"依法保护职工生存权"。同样如此的还有住房公积金债权按照职工工资性质清偿。因此，当社保债权被视为保障公民生存权的重要债权时，其清偿顺位应当优先于其他社保债权。那么，同是保障公民生存权的第一顺位职工债权，当破产财产无法完全清偿同一顺位债权时，社保债权与其他职工债权又如何公平清偿呢？目前，法律上并未明晰应当划入职工个人账户的基本养老保险、基本医疗保险费用这两项社保债权的重要性，因此通常只能按比例进行清偿。笔者认为，对于不同的职工而言，基本养老保险和基本医疗保险的重要性存在差别。可以根据职工的需求，管理人在进行分配时征求职工意见，由职工自由选择清偿的优先顺序或者按比例清偿，只要在能真正实现利于保障职工生存立法目的的构架内，追求实现职工更急需的意愿，均是可行的。

四、结语

由于我国社会保险结构的复杂性，以及征缴系统的机械性，实务中基本

---

[1] 参见陈科林："企业破产中职工社会保险债权的清偿问题研究"，载《法律适用》2022年第7期。

[2] 参见范围："社会保险债权破产清偿顺序的重构"，载《法学》2022年第9期。

无法根据理论属性分别进行缴纳。尤其在破产程序中,征缴部门都是按照系统查询出来的全部欠费数据统一向管理人申报债权,即使根据显示的数据能区分出各部分的金额,也无法拆分清偿,系统根本没办法部分征收,都是按正常营业企业的方式要求统一缴纳,这在破产财产无法完全清偿的状态下就是解不开的结。从保障职工的生存权及社会维稳角度出发,也只能尽可能地在第二顺位的欠税债权与社保债权中,衡量优先解决社保债权,这实属不易。

另外,对于区分滞纳金缴纳社保费的问题,因为征缴系统不能直接作出区分,在不缴纳滞纳金的情况下,根本缴不进社保本金,于是只能通过法院裁定等司法程序认定为依据后,社保部门才给予缴纳,无疑严重影响着破产程序的快速推进,久搁不结就会出现职工问题得不到及时解决而引发社会稳定的问题。随着破产事务的不断产生,亟需《企业破产法》《社会保险法》等相关法律的进一步良好衔接。

制造型企业融资担保的类型研究

王 赫*

(中国政法大学 北京 100088)

摘 要：为进一步规范实务中关于担保融资的措施，2021年1月1日施行的《民法典》及相关司法解释对抵押、质押等担保措施的成立、生效、公示等条件做出了进一步的细化和调整。本文旨在结合《民法典》及相关司法文件梳理解释制造型企业在融资过程中常见的一些担保措施和风险的提示，进而帮助生产企业更好地与金融机构办理相关融资业务并规避双方之间不必要的风险和纠纷，缓解企业的压力。

关键词：企业融资 担保措施

近年来受各类新型行业的冲击和新冠疫情的影响，我国制造行业面临着前所未有的挑战。对于制造行业而言，外部需求量的减少、销量的下降和大量存货的堆积导致了企业供应链的资金出现严重不足等问题，由于企业缺少购置原材料的资金使得生产型企业很难做到"现买现产现销"的理想营运环境。为保证企业资金流的稳定，以企业名下资产向银行等金融机构担保融资从而获得流动资金成了制造型企业救济的关键途径。

一、常见的担保形式

(一) 公司法定代表人、实控人提供保证

根据《民法典》第686条[1]的规定，保证的方式包括一般保证和连带责

---

* 作者简介：王赫（1996年-），男，汉族，山东威海人，中国政法大学同等学力研修班2022级学员，研究方向为民商法学。

[1]《民法典》第686条：保证的方式包括一般保证和连带责任保证。当事人在保证合同中对保证方式没有约定或者约定不明确的，按照一般保证承担保证责任。

任保证。基于合规和风险的考虑，金融机构在与企业办理相关融资业务的过程中往往要求其法定代表人、实际控制人作为该笔业务的保证人，进而保障即使融资期限届满企业无力还债，也可追加相关自然人财产来保障该笔债权的实现。

（二）保证金/存单质押

为该笔融资业务提供一定比例的保证金/存单也是企业融资的一种常见手段，实务操作过程中不同品种的融资业务根据风险系数不同，保证金/存单的存放比例也有所不同。

例如国际信用证业务项下由于金融机构控制着货物的提单，即使业务到期且来单后企业无法向金融机构清偿垫款的债务，根据最高人民法院《关于适用〈中华人民共和国民法典〉有关担保制度的解释》第60条[1]的规定，金融机构依然可以对货物拍卖的、变卖的价款优先受偿，所以往往仅需要10%融资本金的保证金；而银行承兑汇票业务，鉴于金融机构缺少相关的担保措施手段，且根据《票据法》第44条[2]的规定，金融机构一旦承兑后原则上汇票到期后需无条件对外垫款，鉴于该类业务的风险系数较高，往往需要企业在办理该笔业务时就提供高额比例的保证金/存单。

就保证金/存单质押的成立条件及效力，根据最高人民法院《关于适用〈中华人民共和国民法典〉有关担保制度的解释》第70条[3]的规定，设立

---

[1] 最高人民法院《关于适用〈中华人民共和国民法典〉有关担保制度的解释》第60条规定：在跟单信用证交易中，开证行与开证申请人之间约定以提单作为担保的，人民法院应当依照民法典关于质权的有关规定处理。在跟单信用证交易中，开证行依据其与开证申请人之间的约定或者跟单信用证的惯例持有提单，开证申请人未按照约定付款赎单，开证行主张对提单项下货物优先受偿的，人民法院应予支持；开证行主张对提单项下货物享有所有权的，人民法院不予支持。在跟单信用证交易中，开证行依据其与开证申请人之间的约定或者跟单信用证的惯例，通过转让提单或者提单项下货物取得价款，开证申请人请求返还超出债权部分的，人民法院应予支持。前三款规定不影响合法持有提单的开证行以提单持有人身份主张运输合同项下的权利。

[2] 《票据法》第44条规定："付款人承兑汇票后，应当承担到期付款的责任。"

[3] 最高人民法院《关于适用〈中华人民共和国民法典〉有关担保制度的解释》第70条规定：债务人或者第三人为担保债务的履行，设立专门的保证金账户并由债权人实际控制，或者将其资金存入债权人设立的保证金账户，债权人主张就账户内的款项优先受偿的，人民法院应予支持。当事人以保证金账户内的款项浮动为由，主张实际控制该账户的债权人对账户内的款项不享有优先受偿权的，人民法院不予支持。在银行账户下设立的保证金分户，参照前款规定处理。当事人约定的保证金并非为担保债务的履行设立，或者不符合前两款规定的情形，债权人主张就保证金优先受偿的，人民法院不予支持，但是不影响当事人依照法律的规定或者按照当事人的约定主张权利。

保证金质押需要满足两个条件，首先需要设立专门的保证金账户并由债权人实际控制；其次解除了之前设立保证金质权账户内资金不得浮动的限制，但浮动的原因需要与担保的主债务有关。在满足上述两个条件后担保权人可就保证金账户内的资金优先受偿。

（三）机器设备抵押

生产型企业最常见的资产类型就是设备和存货，为了最大限度地利用相关资产，企业往往会用设备和存货抵押给金融机构贷出流动资金。根据《民法典》第403条[1]的规定，动产抵押自抵押合同生效时设立，但为了保障其对抗善意第三方的效力，往往会在签订抵押合同的几日内在征信中心办理抵押登记，进而确保在未来发生相关争议（如重复抵押或抵押物出售给第三人）的情况下就标的物拍卖价款优先受偿的主动权和优先地位。

（四）存货质押

仓单质押、仓储物质押作为存货融资的手段，是企业与金融机构办理贷款业务时担保的常见类型。关于仓单质押设立的条件，根据《民法典》第441条[2]的规定，仓单质押在有权利凭证的情况下，以交付时设立；没有权力凭证的，以登记时设立。在实务过程中，仓单往往以纸质版和电子版的形式出现，纸质版仓单以交付为质权设立的要件；电子版的仓单以登记为生效要件，关于登记的平台目前实务中众说纷纭，但笔者认为征信中心应当为权利质权登记的唯一平台。

实务过程中往往出现同一批货物签发多份仓单并全部设立质押，或一批货物的仓单设立质押后又对仓单项下的仓储物进行二轮质押的情况，关于该类争议，最高人民法院《关于适用〈中华人民共和国民法典〉有关担保制度的解释》第59条[3]也给予了明确的答复，按照公示的先后确定优先清偿的

---

[1]《民法典》第403条规定："以动产抵押的，抵押权自抵押合同生效时设立；未经登记，不得对抗善意第三人。"

[2]《民法典》第441条规定："以汇票、本票、支票、债券、存款单、仓单、提单出质的，质权自权利凭证交付质权人时设立；没有权利凭证的，质权自办理出质登记时设立。法律另有规定的，依照其规定。"

[3] 最高人民法院《关于适用〈中华人民共和国民法典〉有关担保制度的解释》第59条第2、3款规定："出质人既以仓单出质，又以仓储物设立担保，按照公示的先后确定清偿顺序；难以确定先后的，按照债权比例清偿。保管人为同一货物签发多份仓单，出质人在多份仓单上设立多个质权，按照公示的先后确定清偿顺序；难以确定先后的，按照债权比例受偿。"

顺位，如难以确定先后则按照债权的比例予以分配。

（五）融资租赁

近年来"售后回租"模式下的融资租赁业务广受各大融资租赁公司和生产型企业的青睐，对于企业而言该模式下的融资租赁业务既满足了缓解资金压力的需要，还可将设备控制在企业的管理模式下继续用于生产运营。

而对于融资租赁公司、金融机构而言，该笔业务法律关系较为清晰且有相关的法律依据保证其债权优先清偿的地位。最高人民法院《关于适用〈中华人民共和国民法典〉有关担保制度的解释》第57条，首先确认了融资租赁模式下抵押权人对租赁物享有优先受偿权；其次还规定了若出租人在交付租赁物后10日内办理抵押登记，其公示的优先效力甚至可以"插队"形式对抗先前已登记的动产浮动抵押权人。其以"低风险，高顺位"的业务优势，逐渐成了生产型业务与各金融机构、融资租赁公司的主流业务。

（六）非典型担保

笔者在处理若干制造型企业与金融机构的融资业务的过程中，发现在实务过程中经常遇到一些并非规定在《民法典》担保物权编下的典型的担保形式，如抵押、质押、留置，但是其担保的效果与典型担保的效果一致，故笔者在本文内称之为非典型担保。

关于非典型担保的类型，实务过程中最常见的为"让与担保"的形式。例如生产企业为了向金融机构办理融资业务，将公司名下的设备、房产转让给金融机构，并完成了动产的交付和不动产的登记，完成了法定意义上的权利转移，并约定到期后如企业无法还清该笔业务项下的债务，则设备、房产的所有权归金融机构所有。

关于非典型担保的效力，在有关担保制度的司法解释颁布之前一直没有明确的法律依据，仅有相关法院的判例予以支持。目前根据最高人民法院《关于适用〈中华人民共和国民法典〉有关担保制度的解释》第68条的规定，当事人之间如完成相关财产权利的公示，到期后债务人无法还清债务，债权人可就转让的财产拍卖、变卖的价款优先受偿，但请求享有转让财产的所有权，人民法院不予支持。从上述规定可以看出，关于"流质""留押"的条款是不受到法律保护的，但是让与担保权人就转让财产拍卖价款优先受偿的效力在司法解释中得到了肯定。

对于国际信用证业务项下的信托收据，笔者认为其也属于"让与担保"

的非典型担保形式。该笔业务的背景是在企业与银行等金融机构开立国际信用证申请书后,卖方将符合买卖合同标的物质量的货物发出后提醒到单,开证行和议付行审核单证无误后会按期对外垫款并接收卖方提单,这个时候企业(买方)不能按期向银行还清垫款但又想从银行处拿到该笔货物的提单,往往会与银行办理展期的业务即"进口押汇"业务。但是银行等金融机构办理展期业务释放提单意味着丧失了对质物的占有,所以基于业务风险的考虑会在办理进口押汇业务、释放提单的同时与企业签订一份《信托收据》,声明将提单下的货物所有权转移至银行所有。该条款与"让与担保"中"留质"的条款有着异曲同工之妙,故关于信托收据的效力也仅仅保证银行对提单下货物享有优先受偿权,而并非真正意义上享有提单下货物的所有权。

二、结语

关于上文提及的担保措施,企业与金融机构的融资业务虽然业务类型繁多,但是法律关系却有异曲同工之妙,大部分融资业务都以借贷关系为基础展开,设立不同的担保方式保障金融机构的优先受偿权。由此可以看出,企业应定期梳理内部的资产类型和抵押次数,在合规的情况下"活用"企业内相关资产,与金融机构办理相关的融资业务进而缓解企业资金周转的压力。

论绿色信贷指引下我国商业银行的社会责任及外部监管

李 昕[*]

（中国政法大学 北京 100088）

摘 要：为贯彻落实国家宏观调控政策，以及监管政策与产业政策相结合的要求，推动银行业金融机构以绿色信贷为抓手，积极调整信贷结构，有效防范环境与社会风险，更好地服务实体经济，促进经济发展方式转变和经济结构调整，银监会于2012年发布了《关于印发绿色信贷指引的通知》。本文综合分析我国商业银行绿色信贷存在的四个主要问题，针对性地提出推动我国商业银行践行绿色信贷的建议。

关键词：绿色信贷 商业银行社会责任 外部监管

一、背景介绍

绿色信贷常被称为可持续融资或环境融资，是为了遏制高耗能、高污染企业的盲目扩张的一项信贷政策。绿色信贷的目标之一是帮助和促使企业降低能耗、节约资源，将生态环境要素纳入金融业的核算和决策之中，扭转企业污染环境、浪费资源的粗放经营模式，避免陷入先污染后治理、再污染再治理的恶性循环。绿色信贷的推出，提高了企业贷款的门槛，在信贷活动中，符合环境检测标准、污染治理效果和生态保护是信贷审批的前提。《关于印发绿色信贷指引的通知》（以下简称《绿色信贷指引》）第3条明确了银行业

---

[*] 李昕（1996年-），女，汉族，甘肃西和人，中国政法大学同等学力研修班2022级学员，研究方向为经济法学。

金融机构应当从战略高度推进绿色信贷，加大对绿色经济、低碳经济、循环经济的支持，防范环境和社会风险，提升自身的环境和社会表现，并以此优化信贷结构，提高服务水平，促进发展方式转变。[1]

二、我国商业银行绿色信贷存在的问题

（一）政策执行缺乏积极性

商业银行是通过存款、贷款、汇兑、储蓄等业务承担信用中介的金融机构，具有一般企业的最基础目标"盈利"。在商业银行营业收入中，商业银行向企业单位以及个人放出的各类贷款按照规定利率收取的利息以及办理贴现业务的贴现利息收入占据了营业收入的大部分比重。在我国，商业银行利息收入通常占总收入的70%，在贷款审批中，越严格执行指引要求，那么放款越少，商业银行取得的利息收入越少，而指引中仅针对商业银行提出了要求，却并无配套的激励机制，故导致政策执行缺乏积极性。[2]

（二）政策实施存在盲目性

《绿色信贷指引》的出发点和切入点是商业银行日常业务，以此从源头上杜绝向高污染高耗能的行业提供资金支持，继而减少环境污染，达到保护环境的目的。但是，该文件属于引导性文件，引导性大于规范性，导致商业银行在实操中仍然处于盲人摸象阶段，依旧存在各个地区由于环境、资源的不同而产业结构和产业分布都略有不同的情况，所以在执行中还有很多细节问题需要解决。

（三）监管混乱

由于不同监管部门的监管方向和侧重点不同，就会出现一些监管部门有业务重合或者业务疏漏的情况，双方互相推诿，出现"踢皮球"现象，这是不利于我国商业银行践行社会责任的。

（四）执行不到位

商业银行在年报中为了保障投资者以及其他利益相关者的合法权益，接受社会监督，会按照相关法律法规将自身的财务变化、经营状况等信息向监

---

[1] 田国双、杨茗："绿色信贷与商业银行企业社会责任披露相关性研究"，载《财务与会计》2018年第11期。

[2] "融和科技发布《2021中国银行业价值经营指数报告》"，载 http://www.ronhe.com.cn/news/gsnews/2021-07-12/668.html，最后访问日期：2021年12月21日。

管部门以及社会公开或者公告,以便投资者充分了解相关情况。那么为了证明企业合法合规经营,获得投资者以及监管部门的信任,在信息披露时,就有可能存在公布信息被美化的情况,常见的包括发布信息的时间混乱、披露的信息不全面等问题。

三、推动我国商业银行践行绿色信贷的建议

(一) 建立配套的激励制度

企业社会责任属于自愿行动,有具体的奖惩措施才能提高企业积极性,才能让《绿色信贷指引》被更好地执行。比如国家可以完善《企业所得税法》,增加优惠条款,激励商业银行履行社会责任。目前针对绿色信贷税收减免比例过低,致使商业银行严格遵循指引的积极性不高的情况,人民银行可以考虑降低执行较好的商业银行存款准备金比例、再贴现利率以及再贷款利率等,让其获得更多可支配现金,去更好地操作市场投资,提升企业营业收入,提高其积极性。《环境保护法》可以增加奖励机制,对一些对法规执行到位的商业银行加大政策倾斜力度,比如可以向公众公开表扬提升企业声誉,对新的分支机构开业审核时提供最便捷的渠道和方式、优先处理等。[1]

(二) 进一步明确商业银行应承担的社会责任

商业银行企业社会责任是商业银行在保障利益相关者基本利益前提下承担的责任,需要明确商业银行在这个过程中主要肩负哪些社会责任才能使其更好地去承担。一般来说,商业银行主要承担起的社会责任包括职工责任、政府责任以及环境责任。

国家的货币政策的目标是稳定物价、经济增长、充分就业、平衡国际收支,这充分体现了商业银行承担好职工责任的重要性。企业可以考虑采取多种渠道保护工作环境,提供一定的假期并且能够落实、做好管理工作,给员工充分的关心,构建健全的奖励机制,给予组织奖励,提升员工积极性,增加就业岗位等。商业银行有稳定市场经济秩序的义务,应该遵循国家政策要求,多方面落实社会责任,比如提供便捷的助学贷款产品,严格执行《反洗钱法》的要求开立账户、管理账户,开展反洗钱法知识宣讲等。在办理资产

---

[1] 陈涛、徐珊珊:"绿色信贷对我国商业银行盈利性的影响研究",载《长春金融高等专科学校学报》2021年第6期。

业务时，严格审核信贷企业资质，对于信贷企业提供的资料仔细核对，对于超过商业银行可评估范围的企业可以考虑聘请第三方专业机构评测，严格执行审慎性要求，必要情况下必须上门核实实际情况。

（三）政府及相关单位需加强对商业银行社会责任履行情况的监管

首先，政府单位应该出台相关文件，有法可依的情况下才能够违法必究，需要承担违法后果，被监管单位才会严格执行法律规定。其次，我国公共管理部门监督时可以考虑多种手段并用的方式，比如视察与调查，质询询问制度、审批制度等，监管手段到位才能有效监管，才能正确发挥引导的作用。最后，要细化好不同监管单位的不同职责，明确各自应承担的监管范围，才可以避免浪费资源，实现高效率监管。

（四）充分发挥社会组织、舆论和社会大众的监督作用

商业银行开展各项业务活动，社会大众是最直接的反馈者，在网络和多媒体越来越发达的今天，信息传播的速度越来越快，要充分利用这一监督途径。社会大众可以通过各种网络平台针对商业银行出现的问题进行反馈，表达想法和意见，注重声誉的商业银行对大众舆论会快速反应并进行有效处理。推动银行业协会等社会组织，发挥行业自治的作用，监督商业银行的业务执行情况，针对平时客户的申诉等事项根据数量、严重程度等做出处理。

四、结论

绿色信贷提高了企业贷款门槛，在信贷活动中，需把符合环境监测标准、污染治理效果和生态保护作为信贷审核的重要前提。这样可以使污染在事前得到治理，而不是以前惯用的事后治理，这是行政手段所无法实现的目标，甚至可以避免事后监管导致的事前损失，降低潜在的环境成本。同时，绿色信贷提高了银行控制风险的能力，创造条件积极推行绿色信贷，有利于摆脱过去的贷款"呆账""坏账"的阴影，从而提升商业银行的经营绩效。但当前商业银行在日前发展中更加注重财务报表中亮眼的数据，导致了该执行的政策执行不到位，该公布的信息半遮半掩，该承担的责任变成了面子工程。所以，绿色信贷的路还有很长一段道路要走。但是在当前各种法律法规更加规范化、信息更加公开化的时代，绿色信贷将是商业银行主动追求的常态。

企业破产原因研究

徐 芳*

（中国政法大学 北京 100088）

摘 要：随着市场经济的发展，社会经济活动愈发活跃，各类企业在激烈的竞争中优胜劣汰，经营不善的企业走向破产，将市场让位给更具有竞争力的企业。一定程度上，破产制度促进了社会经济良性发展。企业满足破产条件，满足破产原因，即可申请破产，本文结合案例对破产条件中的破产原因进行进一步思考和探讨。

关键词：价值 破产原因 破产申请人

破产原因是对债务人申请破产的界定条件和因素，用来判断债务人是否达到破产申请的要求，可通过判断企业的资产价值、持续经营能力等条件综合判断其是否具备破产原因。满足破产条件的企业欲进入破产程序需通过债权人或者债务人向法院提交申请，再由法院审查提交资料及各方异议后裁定并启动破产程序。

一、破产原因概述

（一）企业破产的意义

从企业面临的外部环境看，技术的更迭、市场的需求、自然灾害等都可能会造成企业市场地位降低、销售困难、资金难以回笼，从而影响生产，导致经营困难而破产。从企业自身情况看，经营管理效率低下，流动资金不足，同样也会造成企业难以正常运转。此外，企业决策上，对市场情况了解不充

---

* 作者简介：徐芳（1974年-），女，汉族，四川大竹人，中国政法大学同等学力研修班2022级学员，研究方向为民商法学。

分造成判断失误,没有切合市场规律扩大了生产规模,企业经营消耗资源过多但收回的资源少等都会造成企业破产。实际上,破产是债务人迫不得已的选择,是一种企业经营失败的结果,但同时,破产也是对企业尤其是对公司股东的一种保护。一方面可以及时处理债务人的债权债务关系,另一方面可以保护债权人的利益,避免公司陷入破产债务纠纷。除此以外,破产还具有如下重大意义:

其一,完善市场经济的竞争机制。在市场经济中,企业都遵循着优胜劣汰的基本规律,破产制度可以保障淘汰企业的正常退出,有利于市场竞争机制的正常运行,维护市场经济的正常发展。其二,维护市场经济的正常竞争。企业债务的正常清偿是市场经济信用体系的重要保证。通过破产制度,可以及时有效地发现问题企业,完成对问题企业的清退、重整、治理等,可以及时避免不良债务的扩大,使得债务能够得到有效清偿。其三,保护债权人的利益。破产制度对债务人清偿债务有一定促进作用,遏制经济生活中各种逃债的行为,建立良好的信用机制。其四,有利于资产的合理利益,提高资产利用效率,实现资源的优化配置。对于符合破产的问题企业,若不及时处理,放任其继续经营,问题可能进一步恶化,造成更大的亏损,产生更多债务而不能偿还,带来较大的经济风险。对于停止经营的企业,不破产则会使资产无法使用,导致资源浪费。其五,破产制度并不是仅让企业完全停止经营并且变卖优良资产,对于还有希望的企业,可以通过合理的重整、和解流程,与债权人积极协调和磋商,在既有条件下优化资源配置,使企业获得复苏的机会,进而实现企业与债权人之间的双赢,以避免社会资源的浪费。

(二) 企业破产原因

企业破产原因是指在法律上导致启动破产程序的原因,我国《企业破产法》规定的破产原因包括两种情况:一是债务人不能清偿到期债务,并且资产不足以清偿全部债务;二是债务人不能清偿到期债务,并且明显缺乏清偿能力。[1]

此外,破产原因还是债务人或债权人认定债务人丧失清偿能力并提出破

---

[1] 易仁涛:"论我国破产原因之完善",载《河南省政法管理干部学院学报》2011年第4期。

产申请，法院据以启动破产程序的法律事实。[1]

破产程序启动后，破产清算将债务人启动破产程序时账面有限的资产在债权人之间进行公平的分配和清偿。在以上前提下，破产重整则可能会带来其他一些积极效应，如帮助企业进行融资，促进企业改善管理、改善经营状况，甚至可以促进企业发现经营问题等，从而可能使得企业恢复正常生产经营，所以破产程序不只是对经营亏损企业的取缔措施。但在破产程序启动前，应当通过破产原因来判断企业是否满足破产条件。在债务人或债权人提出破产申请时，根据相关企业是否存在的破产原因，提交相关资料，同时法院根据调查结果受理破产案件，最终裁定是否启动破产程序。法律规定对破产原因把控，是因为破产原因会影响问题企业本身存亡，如果企业规模较大且在行业中存在一定地位，甚至影响到整个行业，影响到社会就业，对整个社会经济造成一定的影响。

二、破产原因构成要件分析

（一）债务人不能清偿到期债务

不能清偿到期债务，即指债务人没有能力支付到期债务，通常包括货款、借款等债务，同时也没有办法提供证据，证明有能力偿还全部债务，且没有主动申请延期偿还请求。对于没有到期的债务以及已经申请成功延期偿还的，不认定为不能清偿的债务。[2]其他状况，如企业债务在还未到期的时候申请了延期处理，或者企业通过其他渠道进行融资偿还现有到期债务，都不能作为债务人不能清偿到期债务的认定依据。

（二）资产不足以清偿全部债务

一般参考资产负债表，资产总额低于负债总额时，一般认定为资不抵债，单以这种原因，认定企业破产存在较大偏差，如：①企业在短期亏损出现资不抵债后盈利，资产总额出现增加导致资产总额大于负债；②对于无法识别的资产，没有办法纳入资产总额的范围，如商誉等无形资产；③部分资产仅通过财务报表账面值无法准确反映资产的真实价值，比如土地房产增值，专

---

[1] 陈学辉："我国破产原因解释的类型化进路"，载《西南交通大学学报（社会科学版）》2018年第3期。

[2] 肖俊杰、陆晓燕："资不抵债不是破产清算的必要条件"，载《人民司法》2011年第2期。

有设备因为技术更新出现的贬值,固定资产折旧年限远小于经济寿命年限等。另外,企业如果已停产,未来也没有复产的可能,企业的实物资产一般都会随着时间流逝出现经济性贬值或者功能性贬值,那么资产价值伴随时间逐渐减少。这种情况,即便资产大于负债,但最终会出现资不抵债的情况,同时也是对资源极大的浪费。

(三) 明显缺乏清偿能力

不能清偿到期债务并不能准确判断企业的经营状况,同时需要补充其他条件,如是否明显缺乏清偿能力,即企业在出现未能清偿到期债务时,后期能否通过经营或者其他合法合规的方式对债务进行偿还。因此,两个条件应该结合使用,使得破产原因完整、合理。对于如何判断企业是否明显缺乏清偿能力,可以通过如企业是否能够持续产生现金流、企业产品市场变现能力是否较快、造成企业出现不能清偿到期债务的原因是短期因素或个别因素等进行判断。但根据企业已停产,或者生产的产品已经长时间无法销售出去,未来也很难有新的客户,也可以判断出该企业缺乏明显清偿能力。

三、破产原因的案例分析

(一) 基本案情

2022年,申请人A公司以B公司不能清偿到期债务,且于2021年就已停止生产经营,目前也不具备任何盈利能力,没有清偿能力为由,向法院申请对B公司进行破产清算。被申请人在法定期限内未提出异议,同意进行破产清算。

被申请人股东C公司认为,被申请人的资产总额大于负债总额,不符合破产原因,理由包括:①被申请人2021年底的审计报告显示,其资产远大于负债,被申请人名下有工业用地及厂房,未经过评估,并且申请人的债权,未经法院判决确认或经过执行,因此,被申请人既非不能清偿到期债务,其资产也大于负债。②被申请人在2018年9月停产,但是被申请人有良好的厂房和设备,也适合转产,能够盈利。

(二) 事实依据

破产程序启动前,有生效裁判判决B公司支付C公司代偿款及利息,且申请人A公司与被申请人B公司曾签订两份《外债合同》,现在A公司无力清偿上述债务。此外,B公司自2018年停止生产,审查中A公司提供的B公司 2022 年 8 月资产负债表显示，净资产为负；提供的利润表显示，本期及本年累计营业收入为零。评估公司受 B 公司委托对房屋建筑物类资产、设备类资产、土地使用权资产进行评估，评估结论为上述资产出现减值。因此，结合 B 公司财务报表来看，其资不抵债。

（三）破产原因分析

B 公司现有实物资产已经处于贬值状态，由于企业已停止生产经营，虽账面上无法反映所有无形资产的价值，但通过判断其是否存在市场、潜在客户，结合企业的专利等可识别的无形资产价值，可以做到比较准确地判断企业资不抵债。

《企业破产法》第 7 条第 2 款规定，债务人有不能清偿债务到期的情形，债权人即可向人民法院提出对债务人破产清算的申请。从查明的事实来看，B 公司现已因不能清偿到期债务被债权人暨股东诉至法院并已有生效判决确认，且现仍未能清偿债务，故债权人有权对其提起破产申请。

债务人出现不能清偿债务到期的情形并非认定企业具备破产原因的唯一考虑因素，应结合其他因素共同进行判断。本案例中 B 公司已停产且长期无营业收入，银行账户及其他资产亦被债权人保全，资金严重不足，其核心资产价值已明显贬损，可以认定其明显缺乏清偿能力。

通过以上三点，B 公司资不抵债且资产持续贬值，已出现不能清偿到期债务，同时 B 公司已停产，其主要客户已经不再合作，已明显缺乏清偿能力，构成了完整的破产原因，也满足破产法的相关规定，因此法院最终也受理破产清算申请。

（四）破产原因的进一步思考

上述案例的破产原因在法律实践中是完全符合要求的，但同时也存在几个值得思考的地方。

第一，对于能够持续、独立、稳定地产生经营性现金流的企业资产识别难度较大，如果处于短期经营亏损，也可能出现资不抵债，不能清偿到期债务，此时判断是否明显缺乏清偿能力难度很大。

第二，部分如商誉、技术类无形资产不能在财务报表中体现，在实际操作中，往往很容易被忽略。其中已经停产的企业，可能存在比较先进的专利技术等无形资产，需要进一步识别判断。对于尚未停产的企业，对其市场渠道、人力资源以及不能识别的商誉等无形资产应该予以关注，并且纳入资进行价值判断。

第三,对于账面资产大于负债但停止生产经营的企业,即使实际部分资产如房屋建筑物、定制设备等已出现贬值,也不符合资不抵债的情形,不能够进行破产清算,但账面资产持续折旧,不进行破产属于浪费资源。

对于上述问题,如果法律工作者本身无法判断或者难以判断,可以结合专业人员的技术手段,综合考虑后作出判断,对于是否符合法律破产原因,结合相关的经营风险,可以做到保护债务人以及债权人的合法权益,减少各方经济损失。

从民法典视角探讨网络虚拟财产保护

赵智荣*

(中国政法大学 北京 100088)

摘 要：目前，学界对网络虚拟财产的法律属性仍存在多种学说，尚未形成统一的学术观点。本文以物权说、债权说、新型财产说、无形财产说为例对其各自优缺点进行对比，认为物权说更加符合网络虚拟财产的本质属性，也更能保护网络虚拟财产的价值利益。有必要冲破"物必有体"的传统物权观念，将网络虚拟财产作为一种物权看待更为妥当。司法实践中已出现网络虚拟财产保护的相关案例，游戏财产、比特币因具有价值利益可以作为网络虚拟财产得到法律的保护。本文通过对网络虚拟财产的探讨，以期在虚拟财产的价值估算与财产分割方面提出具有理论价值与实践意义的建议。

关键词：民法典 网络虚拟财产 法律属性

当今世界经济的发展日新月异，互联网行业随着世界经济的发展，产生的与虚拟财产保护相关的一系列社会问题亟待解决。2021年1月1日实施的《民法典》解决了很多悬而未决的法治难题，尤其是新增了保护网络虚拟财产的规定。但是《民法典》第127条[1]在性质上属于转致条款，对虚拟财产保护作了模糊化规定，并未就虚拟财产的法律属性形成确信。[2]学术界也存在多种学说，尚未形成通说。因此，探讨如何发挥民法典对网络虚拟财产的法律保障作用是社会的迫切需要。

---

* 作者简介：赵智荣（1994年-），男，汉族，广东广州人，中国政法大学同等学力研修班2022级学员，研究方向为民商法学。

[1]《民法典》第127条规定："法律对数据、网络虚拟财产的保护有规定，依照其规定。"

[2] 李富民："民法典背景下虚拟财产的规制路径"，载《中州学刊》2021年第10期。

一、网络虚拟财产的法律属性

(一) 学术界的各种学说争议

虚拟财产是一种人工创造物,一般是指在互联网环境下,模拟现实事物以电子数据形式存在,具有独特性、虚拟性、经济价值、可人为控制等特点的财产利益,因其形态依赖于网络而存在,故又被称为"网络虚拟财产"。《民法典》明确了网络虚拟财产的财产属性,但是学界对于网络虚拟财产属于哪一种财产形式存在争议。

目前,学界对网络虚拟财产的法律性质存在物权说、债权说、新型财产说、无形财产说等多种学说。物权说认为,虚拟财产是物权的客体。[1]债权说基于用户与服务商之间的服务合同关系,认为虚拟财产是一种债权,游戏道具、账号等虚拟财产是用户接受商家服务的债权凭证。[2]新型财产说基于虚拟财产无法纳入现有财产权类型的实际情况,认为其是一种新型财产权。[3]无形财产说认为,虚拟财产尽管表现为储存在网络服务器上的一串字符信息或电子数据,但具有商品的一般属性,应当作为无形财产受到法律保护。[4]

(二) 物权说:有必要冲破"物必有体"的传统物权观念

本文认为对网络虚拟财产的法律性质应采取物权说,将网络虚拟财产权利作为一种物权看待更为妥当。虽然网络虚拟财产是一种无形物,但是网络虚拟财产的权利人可以对其网络虚拟财产享有占有、使用、收益、处分的权利,这种权利具有排他性,证明网络虚拟财产的权利人可以通过持有的方式直接支配该权利,存在物权的基本特征。物权是一种具有排他性的绝对权利,可以对任何人主张。在法律上有必要打破"物必有体"的传统物权观念,而将网络虚拟财产纳入物权体系之中,使网络虚拟财产与动产、不动产、他物权、用益物权一样得到物权的法律保护。债权说只关注到了用户与服务商之间基于服务合同关系所产生的债权债务关系,却忽略了权利人对网络虚拟财

---

[1] 杨立新:"民法总则规定网络虚拟财产的含义及重要价值",载《东方法学》2017年第3期。
[2] 王雷:"网络虚拟财产权债权说之坚持——兼论网络虚拟财产在我国民法典中的体系位置",载《江汉论坛》2017年第1期。
[3] 梅夏英:"虚拟财产的范畴界定和民法保护模式",载《华东政法大学学报》2017年第5期。
[4] 吴汉东:《无形财产权基本问题研究》(第4版),中国人民大学出版社2020年版,第46~62页。

产具有排他性的支配处分权利，这是一种对世权。而债权是一种相对权，只能对权利相对人主张，显然债权不符合网络虚拟财产的基本特征，也无法像物权一样从本质上保护网络虚拟财产的合法权益。新型财产说是在网络虚拟财产无法纳入现有财产权的情况下产生的一种学说。综上物权说分析，网络虚拟财产具备物权的基本特征，只是囿于"物必有体"的传统法律观念影响，而对网络虚拟财产纳入物权体系存在争议。随着时代的发展，人们的社会观念正在逐渐发生改变，法律观念也应该与时俱进，有必要打破"物必有体"的传统物权观念，认定网络虚拟财产只是物权的一种新形式，没必要将其视为新型财产。

二、网络虚拟财产的司法判例

网络虚拟财产纠纷在司法实践中对虚拟财产法律性质的判断多数采取回避态度，裁判思路一般为：将《民法典》总则编第127条作为网络虚拟财产受法律保护的依据，承认网络虚拟财产的经济价值，进而通过侵权责任编或合同编的思路进行救济。[1]在日常审判工作中，审判机关并不关注网络虚拟财产的法律属性，理论界对网络虚拟财产法律属性的划分没有被实务界实际接纳。[2]

（一）游戏财产可作为网络虚拟财产依法予以保护

成某是某网络游戏的玩家，共向该游戏充值约20万元。随后，该游戏停止运营，成某将游戏运营商诉至法院，要求游戏运营商退还尚未使用的游戏虚拟货币32 093.6元及利息损失，赔偿升级损失、尚未失效的游戏损失、精神损害抚慰金折合100万余元。法院认为，成某的游戏财产具有财产利益的属性，可作为网络虚拟财产依法予以保护。游戏运营商在处分玩家的虚拟财产时，既没有法定的权利，也没有成某的同意，应当承担赔偿损失等侵权责任。最终，法院判决游戏运营商赔偿成某3万余元及利息，驳回其他诉讼请求。[3]

对于游戏停止运营时剩余的游戏货币，由于其系由法定货币直接购买获

---

[1] 高郦梅："网络虚拟财产保护的解释路径"，载《清华法学》2021年第3期。
[2] 高郦梅："网络虚拟财产保护的解释路径"，载《清华法学》2021年第3期。
[3] 参见成某诉天津云畅科技有限公司案，[2020]京0491民初5335号。

得，在没有兑换成游戏道具前，玩家没有获得对应的服务，游戏运营商应当赔偿相应的法定货币。对于游戏停止运营时剩余的游戏道具，或者玩家在游戏中具有财产利益属性的游戏道具，属于应当获得法律保护的网络虚拟财产。由于玩家在游戏期间已经接受了一定期限的游戏服务，并享受了相应的游戏乐趣，法院可以根据玩家充值的全部金额、游戏时间等酌情确定游戏道具灭失的赔偿金额。

（二）比特币具有虚拟商品属性，交易比特币"挖矿机"买卖合同合法有效

陈某通过网络向浙江某科技公司购买比特币"挖矿机"，而《关于防范代币发行融资风险的公告》发布后，要求停止比特币等各类代币发行融资活动。陈某认为专门用来运算生成比特币的"挖矿机"已无价值，主张交易违法导致合同无效，并要求退还合同款项。法院认为，比特币不具有法偿性与强制性等货币属性，不能作为货币在市场上流通使用，但其系合法劳动取得，具有可支配性、可交换性和排他性，具有虚拟商品属性。故交易专门用来运算生成比特币的"挖矿机"不违反法律、行政法规的强制性规定，买卖合同有效，驳回陈某的全部诉讼请求。[1]

该案的典型意义在于，买卖"专用于运算生成比特币的算力设施"合同是否有效，本质问题是判断比特币等网络虚拟财产的法律地位，但法律对此并无明文规定。本案裁判是对《民法典》第127条数据和网络虚拟财产法律保护原则性的具体应用，为"挖矿机"等算力产业留在国内提供了制度空间，体现了司法对待数字经济新业态的包容审慎态度。

三、常见网络虚拟财产的法律保护建议

网络虚拟财产是指以电子数据形式存在特定网络空间，具有一定经济价值、能够满足人们需求，具备一定的合法性，能够为人所支配，在一定条件下可以进行交易的财产。为了保障《民法典》第127条得到有效实施，本文提出如下建议：

（一）虚拟财产的价值估算

以游戏道具类网络虚拟财产为例，可以根据获取来源的不同，分为充值类虚拟财产和非充值类虚拟财产。

---

[1] 参见陈某诉浙江某科技有限公司案，[2018]浙0192民初2641号。

充值类虚拟财产是玩家用法定货币通过充值的方式直接获取、兑换尚未使用的游戏虚拟货币或者游戏道具。对于充值类虚拟财产，如果游戏运营商在停止游戏运营服务时，玩家尚未享受该财产所带来的回报，则游戏运营商有义务将该虚拟财产所对应的充值金额予以返还。

非充值类虚拟财产是指玩家在游戏的过程中付出时间和精力，通过玩家自己的努力"劳动"获得而尚未使用的游戏币、游戏道具等虚拟财产。对于非充值类的虚拟财产，在判断玩家的虚拟财产损失时，应当结合该虚拟财产从游戏中的获取来源、难度、玩家在游戏中获得的乐趣、游戏时间长短等因素综合考虑，酌情确定虚拟财产的价值。

(二) 虚拟财产的分割

对于账号类虚拟财产分割，夫妻双方可以在离婚时或者离婚后对虚拟财产进行分割，以抖音、微信公众号等账号类虚拟财产为例，夫妻一方婚前注册的账号，婚后账号的收益及增值部分属于夫妻共同财产；婚后注册的账号，应考虑双方经营参与度以及注册在谁名下来决定账号经营权的归属，未取得经营权的一方可以取得一些经济补偿。

根据《民法典》及相关司法解释的规定，对属于夫妻共同财产的房屋、企业破产股份等财产的价值与归属无法达成协议时，可以采取竞价、评估、拍卖等方式处理。对账号类虚拟财产的分割也可以参照此规定处理。

在当前法律规范尚不完整的情况下，建议在经营网络账号前或在结婚前即就虚拟财产的权属、虚拟财产带来的收益分配等重要内容达成一致意见并签署相应协议，以避免出现离婚时无法解决争议的情况。

商业秘密保护在企业实务中的研究

文佳琪[*]

(中国政法大学 北京 100088)

摘 要：市场经济的发展完善以及多领域业务的融合创新，促进了企业经营范围的多样化。随之产生了各类技术信息、经营信息，这些具有秘密性、商业价值性且经商业秘密权益持有人采取了相应保密措施的技术信息、经营信息等商业信息已然成为企业商业秘密的重要组成部分，对其进行积极管理与保护，有利于企业牢牢掌控自身经济命脉，维持自身长久发展。

关键词：商业秘密 秘密性 损失数额认定

现阶段，有关商业秘密保护的立法、司法研究虽然成果显著，但与专利权、著作权等知识产权领域的成文法发展相比，商业秘密领域仍缺乏成熟完善的立法体系。部分企业关于商业秘密保护的意识虽已觉醒，但企业自身仍处于混沌之中。对于在实务操作中如何深入理解现行法律法规及司法解释、如何建立有效的商业秘密管理制度等问题缺少真切的认识与思考，故因商业秘密侵权导致的合同纠纷在民事案件中仍占有重要位置。因此，加强对商业秘密保护在企业实务中的研究有利于引导企业建立有序、有效的商业秘密管理制度，增强抵御风险的能力。

一、商业秘密法律制度保护的客体

企业在探寻如何建立有效商业秘密保护制度的过程中，首先应明确何为商业秘密法律制度保护的客体，企业建立商业秘密保护制度适用的对象应具

---

[*] 作者简介：文佳琪（1994年-），女，汉族，辽宁锦州人，中国政法大学同等学力研修班2022级学员，研究方向为民商法学。

有哪些特征。《反不正当竞争法》第9条第4款规定："本法所称的商业秘密，是指不为公众所知悉、具有商业价值并经权利人采取相应保密措施的技术信息、经营信息等商业信息。"部分企业基于此条款，自然而然地将技术信息、经营信息等商业信息视为商业秘密法律制度保护的客体，体现在企业实务中，便是保密协议中长篇累牍的"商业秘密"或"保密信息"狭义定义；实际上，"技术信息、经营信息等商业信息"仅为商业秘密法律制度保护的客体所表现出的显性形式，真正的客体应为信息背后隐藏的秘密性以及该秘密性给商业秘密权益持有人带来的竞争优势。[1] 明确了这一点，企业便可以从更深层次定义商业秘密，对内规范商业秘密的定密程序，化繁为简；对外合理签订保密协议，为企业经营与业务拓展保驾护航。

二、秘密性对商业秘密保护的影响

秘密性是商业秘密的核心特征。根据《反不正当竞争法》、最高人民法院《关于审理侵犯商业秘密民事案件适用法律若干问题的规定》的有关规定，秘密性可被概括为"不为公众所知悉"，即权利人（或称"商业秘密权益持有人"）请求保护的信息在被诉侵权行为发生时不为所属领域的相关人员普遍知悉和容易获得，这一点在《与贸易有关的知识产权协议》中亦有体现，该协议第39条规定，该信息作为整体或就其各部分的精确排列和组合而言，并非通常从事有关该信息工作之领域的人们所普遍了解或容易获得的。[2]

秘密性是商业秘密保护的必要条件。保护商业秘密的秘密性，则由秘密性所带来的行业内的竞争优势得以被保护，包括处于非公知状态下的商业信息中所蕴含的商业价值，均因为该种秘密状态未被打破而得以延续。那么，将企业自身所有的不为公众所知且具有商业价值的商业信息都牢牢限制在保密信息范畴内是否就一定是正确的呢？对于企业自身而言，这种"一刀切"的做法似乎是有道理的，企业追求将一切可实现、增强自身商业价值的生产要素据为己有，是对自身优势的保护；但实际上，对商业秘密过于宽泛的定义会禁锢与束缚信息的传播与发展，[3] 缺乏信息有效传播的市场难以激发经

---

[1] 徐卓斌："商业秘密权益的客体与侵权判定"，载《中国应用法学》2022年第5期。

[2] 徐卓斌、张钟月："商业秘密侵权案件审理中的若干基本问题"，载《人民司法》2022年第34期。

[3] 崔国斌："大数据有限排他权的基础理论"，载《法学研究》2019年第5期。

济主体之间的竞争，最终逐渐形成行业垄断与市场垄断。长此以往，将对我国努力打造良好的营商环境这一目标产生消极影响。

综上，从社会整体利益角度出发，保护信息的秘密性与保护信息的传播性具有同等重要的意义，法律则是平衡其中利弊的杠杆。当企业自身的商业秘密保护措施明显超出经营发展需要，在形成行业垄断或严重影响市场经济良性发展之前，法律必然要发挥其调整民事法律关系的作用。并非所有受保密措施保护的商业信息都是商业秘密法律保护的对象，对于企业而言，技术措施与合同约束是企业破局当下的两柄"利剑"。

三、商业秘密保护在企业实务中的研究

笔者以"判决书""商业秘密""民事案由"为关键词在中国裁判文书网检索的结果显示，[1]以2019年为转折点，此类案件呈现出两种截然不同的发展态势：2019年之前数量逐步上升并于2019年达到峰值；2019年后，数量呈现逐步下降趋势。其中2019年共有903件、2020年共有933件、2021年共有789件、2022年共有398件，这种发展态势的转变离不开《反不正当竞争法》在2017年与2019年先后对商业秘密相关内容的修改。由此可见我国相关法律规定的修订与完善在发展方向上为企业经营合规提供了积极影响。但在对上述数据及案件进行阅览和审视后，亦不难发现，企业在商业秘密保护的实务过程中仍存在认识不足，管理、保护方式的欠缺，使得商业秘密侵权纠纷发生时，企业在主张自身权益时存在困难。普遍情况下，商业秘密保护在企业实务中存在如下三方面的问题。

（一）缺乏对商业秘密的规范管理

随着营商环境的规范化和企业合规相关研究的深入，不仅是学术与司法领域，企业也在逐步加强自身经营的合规性，以避免自身陷入犯罪或侵权纠纷。[2]但受企业管理者认识局限性的限制，企业在制定商业秘密管理措施时缺乏规范性，如定密时对商业秘密的权益、保密要点、保密理由、保密范围和保密期等要件约定不完全，导致对商业秘密的保护存在漏洞；或对企业内部已认定为商业秘密的信息未明确"保密标识"，当商业秘密侵权纠纷发生

---

[1] 最后访问时间：2023年1月15日。

[2] 马明亮："作为犯罪治理方式的企业合规"，载《政法论坛》2020年第3期。

时，权利人在履行告知、警告或主张权益、举证过程中陷入商业秘密认定的困境等。

(二) 协议（条款）内容设置缺乏合理性

《民法典》第 123 条明确规定商业秘密属于知识产权客体，《刑法》第 219 条也规定了"侵犯商业秘密罪"，但是否存在"商业秘密权"这种类型的财产权，至今仍存在不同的观点。其中一种观点认为，商业秘密权益持有人可以排除他人对其合法控制信息的不正当披露、获得或使用，并不是因为商业秘密权益持有人对此拥有财产权，而是基于双方之间的诚信义务，即当另一方违反合同义务、滥用信任或以其他不正当的手段获得商业秘密时应依法承担相应责任。这一点使得商业秘密的"秘密性"得以被保护，故而，商业秘密接受方是否对商业秘密权益持有人负有保密义务，是理解和解决商业秘密侵权纠纷案件的一个重要审理点。[1] 值得肯定的是，企业在业务往来过程中越来越重视保密协议以及保密条款的签订，已意识到应通过合同来约束将要接触到本企业商业秘密的另一方，使其承担保密义务。但保密协议以及保密条款签订的合理性仍有待加强，不合乎理性表现在两个地方，一方面是权利与义务条款的设置不合理，另一方面则是违约条款的设置不合理。

1. 权利与义务条款

一般情况下，企业签订的保密协议或保密条款均采用已拟定好的模板，为了避免发生纠纷时被主张为格式合同或格式条款以减轻对义务人的约束力，故在保密主体、保密客体、保密期限三要素固定的情况下，可以结合项目实际情况，在与合作方协商达成合意后就权利与义务条款进行调整。但在实务操作环节，由于企业缺乏对商业秘密的重视和引导，业务负责人往往看轻保密协议与保密条款，以促进业务合同签订为由直接忽略对保密协议或保密条款的审核与修改，这与加强商业秘密保护的初衷相违背，且不利于企业在商业秘密侵权纠纷中主张自身权利。

2. 违约条款设置缺乏合理性

违约条款一般是对双方违反保密义务时应承担何种违约责任作出的约定，通常包括违约行为的认定与由此引发的赔偿数额的认定。商业秘密因其"秘密性"而具有行业内的竞争优势，这种"秘密性"一旦被打破将无法恢复原

---

[1] 崔国斌: "大数据有限排他权的基础理论"，载《法学研究》2019 年第 5 期。

状,故而对商业秘密权益持有人而言,这种损失是不可逆的。因此在保密协议或保密条款中,企业更重视对违约条款尤其是违约条款中赔偿数额的设置,这极易导致一种结果,即保密协议中对违约赔偿数额的约定过高且高出相关法律法规所认可的最高限额,达不到企业想要通过约定违约赔偿数额来弥补因商业秘密泄露给自身造成的损失的目的。[1]

四、结论

不可否认的是,商业秘密在学术、司法领域以及企业实务中被重视的程度在逐渐加大,与此相关的研究从未停止。但无论是学术研究抑或是司法应用,对于企业实务的引导与影响始终是来自外界的规束。对于企业而言,亦应自身加强对商业秘密的保护,切实加深对商业秘密的认识,合理制定商业秘密保护措施,在维护自身商业秘密权益与促进企业业务发展之间寻找良好的平衡点,实现良性经营,促进长远发展。

---

[1] 李锐:"商业秘密侵权纠纷案件实证研究",载《人民司法》2022年第34期。

论连带责任的追偿机制

李晓娣[*]

(中国政法大学 北京 100088)

摘 要：目前针对连带责任的法律规定还有些简单，特别是对侵权产生的连带责任求偿追偿还很难实际操作，需要法律条款更细化，同时还需要国家、政府、银行进行相应的制度和机制建设，让相关责任人有条件承担责任。本文以房地产行业债务追偿为研究方向，从连带责任的概述讨论和房地产行业债务产生的原因与责任分析入手，探讨建立债务连带责任追偿机制的可能性。

关键词：房地产 债务 连带责任 追偿机制

近几年房地产公司产生大量无法偿还的债务，众多房地产公司破产，大量的现房以及期房分期付款购房户无法得到他们原本应该得到的产权，而且还背上了沉重的债务。造成该现象的原因是多方面的，既有房地产公司和与房地产公司相关的上下游债务人（或债权人）等主体的责任，也有政府、银行等的责任。本文将从上述责任主体出发，论述房地产公司产生大量债务的原因与责任，并从法律层面提出解决途径——建立连带责任追偿机制的可行性。

一、连带责任的起源与理论概述

连带责任的概念最初产生于古罗马时代，并作为法律制度规定在罗马法的体系中，之后演化为普通法并进入我国法律。连带责任制度发展到今天，

---

[*] 作者简介：李晓娣（1990年-），女，汉族，河南郑州人，中国政法大学同等学力研修班2022级学员，研究方向为民商法学。

两大法系，尤其是德国和日本等国的民法典，对连带责任制度都有严密详细的规定。我国现行的民法典，对连带责任也作了较严谨的规定。[1]民法上的连带责任，是指在法律规定或当事人约定范围内，由两个以上的当事人中的一人或数人对其他人的民事责任承担、分担或顺序承担。承担这种责任的人叫连带责任人。连带责任人承担的可能是全部责任，也可能是其他当事人承担不下的剩余部分责任。[2]连带责任是一种补充性的特殊财产责任，它是因连带责任人与主债债务人在法律上的牵连而形成的间接财产责任。连带责任毕竟不是主债的构成部分，它既从属于主债，又独立于主债。可以说，没有主债务人的直接责任，也不可能有连带责任。然而，反过来说，连带责任人恰恰又是由于其过错造成了主债务人的债务之果（虽然未必是唯一的因）。

连带责任的设定为充分受偿提供了法律保证，但目前我国在连带责任的追偿机制方面仍有不足之处，还需要改进。在连带责任中，任何一义务人无力清偿责任则转归其他义务人。但这主要是针对债务主体内部，对外部原因造成的债务责任方面缺少追偿机制。[3]其实，法律制定的目的主要是保护人民的合法权益以便使受害人得到相应的补偿和惩治惩罚犯罪或伤害人民的利益以增进社会生活与生产的秩序。因而，制定的法律应尽量避免对道德法律无过错者的伤害或惩罚（而当前的有些法律条款却对无过错者采取一些连带责任惩罚），应尽可能地对造成对人民利益损失的原因（源头行为过错）施力，来减少社会不良行为的产生。就当今中国房地产企业债务状况而言，造成债务的原因比较复杂，有必要专门探讨。

二、房地产公司的债务现状及债务产生的原因与责任分析

在房地产行业，连带责任对于维护整个行业的稳定发展具有重要意义。近几年，全国房地产开发企业资产负债率呈逐年上升趋势，众多的房地产公司负担巨额债务甚至破产。与此同时，受经济不景气以及新冠疫情等不可抗力因素的影响，现在的分期付款购房户以及潜在的购房户的消费能力不断下降，众多的分期付款购房户因无法按期偿还银行的分期贷款而被没收房产，

---

[1] 参见李永军：“论连带责任的性质”，载《中国政法大学学报》2011年第2期。
[2] 参见寇孟良：“论《民法通则》中的连带责任”，载《中国法学》1988年第2期。
[3] 参见王竹：“论连带责任分摊请求权——兼论不具有分摊能力连带责任人份额的再分配方案”，载《法律科学（西北政法大学学报）》2010年第3期。

而采用银行贷款、房地产公司抵押担保的期房购房户,因房地产公司破产,还需要偿还银行的分期贷款,背上了沉重的债务,这些更加剧了整个房地产市场的疲软。

(一)房地产开发企业的债务原因与责任分析

房地产企业是以开发建设房地产项目为主的企业。在开发建设项目中,涉及的项目关联者很多,任一方或几方都能导致企业项目运作失败或出现资金断链、拖欠贷款,甚至是企业倒闭等问题。从外部因素看,地方政府及其诸多部门、银行、投资公司、合作(联合开发)企业、建设施工单位、材料供应商、拆迁户等,都有可能成为企业开发建设失败的因素。从内部因素看,企业内部股东、合伙人、法人、高管、技术骨干、企业员工的合作管理和状态等也都有可能成为企业项目运作失败的原因。但本文重点讨论外部关联因素造成的企业债务困局。

政府原因与责任:许多地方政府领导为了突出政绩和面子工程常常让地产商垫资建设项目,但是财政力量不足或专项资金被领导擅自挪用导致项目资金不能及时支付,久久拖欠资金造成许多房地产企业倒闭或欠下大量银行等金融机构的款项。凡是与开发建设企业有合同又已形成合同违约的政府,应该承担银行与房地产企业贷款拖欠债务的责任——作为直接债务人(项目开发建设者)的连带责任人。当然,政府事先允诺的相关手续迟迟不能办理也是许多房地产企业项目开发失败的重要原因。政府侵权或渎职类行为造成的房地产企业倒闭或大量贷款无法偿还,是否也应承担责任,是否可以成为连带责任人还需要探讨并寻找解决途径。

银行原因与责任:银行一旦对项目企业贷款,就不可随意抽贷、断贷、延迟放贷,否则可能会导致整个项目瘫痪,出现烂尾楼,造成坏账死账或企业倒闭。从法律上讲,若是银行不履行合同突然撤资,应承担相应的责任,成为连带责任人。另外,银行对项目资金是有资金监管责任的,首先是项目企业资金条件是否具备和真实,其次是保证项目资金专用而不被挪用或抽逃,银行由于自身管理问题造成了项目资金断链、项目搁浅也是应该承担相应责任的。

施工企业和材料供应企业原因与责任:房地产项目企业的下游企业违约可直接导致项目开发的失败,造成房地产开发企业的贷款资金无法正常还款。《民法典》第 577 条规定,不履行合同义务不符合约定的应当承担继续履行、采取补救措施或者赔偿损失等违约责任。因而下游企业也可以作为连带责任人。

(二) 房产购买者的债务原因与责任分析

房产公司和政府、银行刺激消费、鼓励民众购买房产,给房产购买者提供了按揭贷款资金,因此很多房产购买者背负了较大的债务。通常情况下,房产购买者是可以正常还贷的,但由于大环境变化和不可抗拒的因素(如新冠疫情),很多人无法按原来的贷款合同履约。很多银行便采取了强制措施,强行低价拍卖按揭房产用于还贷,使买房者赔了夫人又折兵,很多人一夜回到解放前,负债累累,惨不忍睹。这些人并不是老赖和不诚信,也未必将来就不能还款,只是银行把大家的灾难或贷款资金的风险全部都压在了按揭贷款人身上。它应该由国家、政府、银行和购房贷款人共同承担才对。在灾难下,银行更不应该不顾百姓生活而只确保自己的高额利润。因为在按揭贷款中很多银行赚取了双份利息,用较少的资金和风险获取了高额回报。一般来说,按揭贷款需要购房者交给房产企业30%(销售价值)的首付资金,首付资金虽然交给了房企,但很多房企需要滚动开发,继续向银行借款。有些银行会要求房企拿购房户交的30%首付金作保证金,再贷款70%。也就是说银行仅用40%的资金,获取了房企70%和购房户70%,共计房产销售额140%的资金的利息和债权。银行的真实风险只是房产拍卖出原价40%以下时的差额风险,况且房企和按揭户任何一方都有还清这笔资金的可能性。双方都还清了借贷资金后,银行将获取140%-40%-30% = 70%的净资金收益和140%贷款资金的利息收益。可见,解决购房者债务问题有必要调整金融政策和建立追偿制度。

三、连带责任的法律基础与追偿补偿机制的建立

在我国,连带责任已经有相应的法律基础。民法典中已经有20多条法律条款涉及连带责任,对连带责任人的内部求偿权予以了法律上的认可。从上述法律条款上已可理解,连带责任指依照法律规定或者当事人的约定,由两名或两名以上当事人对共同产生的不履行民事义务的民事责任承担全部的责任,并引起债务关系的一种民事责任。它的成立可能是基于合同产生或者是

侵权等行为产生。[1]再回头看我们对房地产企业的债务与责任的分析，房地产企业通过同一个项目的开发建设，以贷款、合作、买卖、施工等各个合同的方式把不同的行为主体关联到了同一事件或项目中，从而有了可以产生连带责任的法律基础与依据。当房地产企业成为直接债务人时，其他（关联到同一项目的）合同违约便可产生出连带责任人，或者是由侵权产生出连带责任人。因而，同一事件（项目）中的债权人也就有了追偿求偿的可能性。

---

[1] 陈鸣："连带责任中几个问题的探讨"，载《现代法学》1995年第3期，第69~70页。

民事欺诈与刑事诈骗的界分

韩佳慧*

(中国政法大学 北京 100088)

摘 要：民事欺诈是民事领域当中的不法行为，而刑事诈骗则属于刑事领域的犯罪行为。就理论而言，两者之间存在重大区别。然而，在我国司法实践中，民事欺诈与刑事欺诈却一直较难区分。就民事欺诈和刑事诈骗而言，二者可从非法占有的目的、履行合同的能力、是否非法占有他人财物以及获取财物后的处置情况四个方面加以区分。

关键词：民事欺诈 刑事诈骗 非法占有 财产处置情况

一、案例的引入

2017年12月至2018年8月，原审被告人聂某，为弥补经营亏损、偿还高利借贷等，采取租赁他人车辆后，伪造该车辆归其所有的虚假机动车登记证书、行车证等车辆权属证书，骗取他人信任，以民间借贷的方式，骗取多人钱财。聂某共作案八起，骗得被害人106.14万元人民币，至案发前，聂某已归还部分本息，被害人自认金额为15.73万元人民币。本案经一审审理认定被告人聂某犯合同诈骗罪；聂某不服一审判决，认为其系民事欺诈，提起上诉；二审法院维持一审法院刑事判决的量刑部分，撤销刑事判决，被告人聂某犯合同诈骗罪；判决聂某为诈骗罪。本案主要争议在于聂某的行为是民间借贷的欺诈行为还是诈骗犯罪。在法律上区分借贷方式的诈骗犯罪与正常的民间借贷，主要看行为人实施行为时是否存在非法占有他人财物的目的。

---

* 作者简介：韩佳慧（1992年－），女，汉族，辽宁海城人，中国政法大学同等学力研修班2021级学员，研究方向为民商法。

在本案中认定聂某主观上是否具有非法占有的目的，可结合其主客观因素予以综合分析。

聂某通过伪造车辆归其所有的虚假机动车登记证、行车证等车辆权属证书和房产证等手段，以其没有所有权的车辆、房屋做担保，骗取债权人的信任符合诈骗的客观条件，虚构事实使债权人作出错误的判断将钱借出。聂某借款后没有能力履行合同约定，主观上有非法占有的故意，符合合同诈骗的构成要件，但其借款并无对价交换，其虚构的归其所有的车辆、房产均不存在，使被害人遭受财产损失且无对价交换，符合诈骗罪的构成要件。

二、民事欺诈与刑事诈骗的构成要件

《民法典》第148条规定：一方以欺诈手段，使对方在违背真实意思表示的情况下实施的民事法律行为，受欺诈方有权请求人民法院或者仲裁机构予以撤销。在我国的民事法律关系中，民事欺诈的构成要件主要包括四个方面：一是行为人在主观上有欺诈对方的故意；二是行为人在客观上必须实施了欺诈的行为；三是受欺诈人因为行为人的欺诈行为而陷入了错误判断，作出意思表示。我国《刑法》第266条规定了"诈骗公私财物，数额较大的，处三年以下有期徒刑、拘役或者管制，并处或者单处罚金"，可见，刑法没有明确列出刑事诈骗的构成要件，然而在我国的理论以及司法实践中，通常认为刑事诈骗的构成要件包括四个方面：一是客观上行为人实施了虚构客观事实或者隐瞒真相而欺骗他人的行为；二是该虚构客观事实或者隐瞒真相的行为使受害人产生错误的认识；三是受害人因为该行为而做出行为，在主观上自愿将财物处分给行为人；四是行为人因为虚构客观事实或者隐瞒真相的行为取得被害人的财产，而被害人亦因此遭受财产损失。刑法中的诈骗是指以非法占有的目的，采用虚构的事实或隐瞒真相的方法，骗取数额较大公私财物的行为。

笔者认为综合构成要件的内容，民事欺诈主观上有虚构的故意，行为人虚构、编造或夸大一个事实，使相对人产生错误的认识，相信行为人与其签订了合同或达成了某种交易，这是以"以次充好""以假乱真"的方式欺骗相对人；刑事诈骗通俗来讲即"空手套白狼"，行为人在实施欺诈前就已经有了非法占有的目的，其实施的一系列虚假的行为都是为诈骗做铺垫，使被害人遭受财产损失，无等价物的交换行为。当在司法实践中不能准确加以区分时，应重点关注行为人在实施欺诈行为时主观故意是否具有非法占有的目的，若是以欺诈为前提促成合同的履行则应认定其是民事欺诈，进而获得更多不当利益，而并非非法占有他人财物的故意[1]；若实施欺诈行为时目的在于摆脱受害人的所有，将所有权转移至行为人，则应是刑事诈骗。

三、民事欺诈与刑事诈骗的区分

民事欺诈在履行合同前虚构事实使相对人基于错误认识作出判断，相对人虽然会有一定的财产损失，但是会获得相应的财物。而刑事诈骗是行为人故意虚构虚假事实，使被害人做出自愿处置财产的行为，遭受财产损失，因此被害人的财产损失与行为人的欺诈行为有直接的因果关系。其主观目的不同，民事欺诈是通过欺诈的行为使相对人陷入错误意识从而达到自己的目的，并不需要受欺诈人客观上遭受损失。但刑事欺诈的行为人一开始就是以非法占有为目的欺骗被害人，使被害人遭受财产损失，无对价交换。民事欺诈与刑事欺诈行为人所承受的后果不同。民事欺诈相对人可以通过诉讼或仲裁的方式请求人民法院或仲裁机构撤销合同，而刑事诈骗行为人将受到法律的制裁。具体从如下几点结合上述案例分析：

（一）行为人是否有履行合同的能力

如上述案情所述，聂某已债台高筑，为债主所逼不得不继续"借款"来维持，所谓拆东墙补西墙，陷入恶性循坏，已丧失继续履行的能力，即为刑事诈骗。反之笔者认为，若行为人有履行合同的能力，只是通过虚构、编造的事实促成合同的签订及履行，则应认定为民事欺诈。

（二）行为人是否以非法占有他人财物为目的

根据刑法的规定，民事欺诈与刑事欺诈区分的关键在于行为人主观上对于财物是否具有非法占有的目的[2]。

笔者认为非法占有的目的重点在于"非法"二字，是指脱离权利人的占有，将他人所有的财物作为自己所有的财物进行支配与利用的意思。对于非

---

[1] 参见胡肖肖："刑事诈骗与民事欺诈的界限标准再认定"，载《唐山师范学院学报》2023年第2期，第124页。

[2] 参见虞伟华："如何认定诈骗罪的非法占有目的"，载中华人民共和国最高人民法院刑事审判第一、二、三、四、五庭主办：《刑事审判参考》（总第114集），法律出版社2019年版，第257页。

法占有目的的认定，在司法实践中很难举证，因为非法占有是人心理层面的想法，需要结合客观事实来综合判断。行为人通过其不法行为获得财物也不能充分证明其就是非法占有他人财物，如果行为人是以虚构的事实促成合同签订，之后积极履行了合同取得对财产的占有不能被认定为非法占有，但是其取得财物所有权后，并不想与对方通过等价交换的方式履行合同，而是摆脱权利人的所有权，转为自己所有，则可能被认定为不法占有。行为人在实施犯罪行为时被认定为具有非法占有的目的，则其占有被害人的财物自然是非法占有。

上述案情中聂某通过虚构事实，伪造行车证房产证的行为构成伪造、买卖国家机关证件罪，其伪造、买卖国家机关证件的主观目的是骗取他人财物，是实施诈骗罪的预备行为，以上行为属于以不法方式获取被害人财物，而且其获得财物后又有关闭手机的逃匿行为，则可认定其有非法占有的目的。

（三）获取财物后的财产处置情况

笔者认为，如行为人取得财产后，给对方相应价值的货物或者款项，积极履行合同，则不能认定其隐匿财产，反之，如果行为人得到财物后，选择失联、消失、逃避，则应认定其隐匿财产，符合刑事诈骗的条件，上述案情中聂某借款后将借来的资金用于归还高利贷及生活，在获取资金后不能及时归还，关闭手机使被害人不能通过正常沟通催要借款的行为系逃匿的行为。

四、结语

综上所述，我国在司法实践中对于民事欺诈与刑事诈骗的界定极易被混淆，因此在界定是民事欺诈还是刑事诈骗时应结合行为人的主观心理及客观事实综合区分。本文引用的案例行为人聂某辩称自己无非法占有的目的，构成民事欺诈，系违约行为，但审判者综合案发时聂某的主观想法以及客观事实判定其构成诈骗罪。不论出于什么目的，都给被害人造成了重大损失，应受到相应的惩罚。

人工智能发明专利保护研究

周舫群*

(中国政法大学 北京 100088)

摘 要：随着人工智能的学习能力不断加强，其作用已经远不止于帮助人类解决较为简单的程序性问题了。人工智能生成物作为一种新型的科技创新成果，将给科学技术的发展带来强大动力。鉴于此，人工智能生成物是否能够受到专利保护，以及如何对人工智能生成物进行有效的保护，已经成为当前专利法所必须面对的问题。目前，人工智能生成物在寻求专利保护的过程中还存在诸多障碍，对于人工智能生成物能否获得专利，仍存在较大争议。本文旨在分析论证人工智能生成物获得专利保护的必要性，并围绕给予人工智能生成物专利保护的相关对策进行讨论，以期对学术研究提供参考。

关键词：人工智能 专利法

一、人工智能生成物的概念

在展开论述之前，首先明确本文所讨论的人工智能生成物的概念。根据人工智能在发明过程中所起的作用，学者认为可以将人工智能发明成果分为三类：第一类，辅助类发明成果，是指人工智能仅发挥其工具的作用，完全按照人输入的指令辅助完成发明创造，与传统的计算机性质相似。第二类，合作发明成果，是指人工智能还未独立完成发明，以人类为主导、人工智能做出实质性贡献的合作型创作，即在人类介入较少的情况下，主要依靠人工智能生成的创新成果，人工智能担任"发明者"角色。第三类，机器独立发

---

* 作者简介：周舫群（1992年-），女，汉族，内蒙古巴彦淖尔人，中国政法大学同等学力研修班2021级学员，研究方向为知识产权法。

明成果,是指人工智能具有自我意识以及独立思考的能力,发明过程没有人的参与。[1]其中,第一类发明成果人工智能仅发挥工具价值,第三类发明成果则有赖于"超人工智能"时代的到来,因此本文以第二类人机合作产生的发明成果为基础展开论述。

二、保护人工智能生成物的必要性

有观点认为,人工智能并不具备人的意识,因此赋予人工智能发明人的地位无法发挥激励作用,反而会产生制度成本的浪费,实则不然,对人工智能生成物给予专利保护,将产生诸多积极效果。

首先,尽管人工智能不需要激励,但其使用者、研发者仍需要激励。对于人工智能的使用者而言,将人工智能发明物给予专利保护,可以对使用人员产生激励作用,从而进一步调动其创新的积极性;对于人工智能的研发者而言,将人工智能生成物给予专利保护,能够激励其继续对人工智能技术的升级优化,从而进一步降低科研成本、提升科研效率。其次,给予人工智能生成发明物专利保护,可以鼓励申请专利者积极披露更多科技信息,信息公开透明有利于保证公平竞争,更有利于推动科技进步与社会发展。此外,当前情况下,人工智能技术已经成为国际竞争中的重要组成部分,部分发达国家已经将人工智能上升至国家战略的位置。因此,我国更应当抓住技术革命良机,专利法也应当为人工智能生成物保留一定空间。

三、人工智能生成发明的专利法保护困境

目前,人工智能生成物尚无法与专利制度顺利对接,人工智能生成物在寻求专利法保护时面临着诸多障碍。

(一)法律未承认人工智能发明人的法律地位

目前,专利法中认定的发明人只能为自然人,并不包括人工智能。有观点认为,人工智能所完成的工作仅是对代码的执行与遵守,其性质并不符合专利法所要求的发明人身份。对此,笔者认为,专利法将发明人和专利权人给予区分,发明人为对发明创造具体实质性特点作出突出贡献的人,专利权人为专利权的所有人和持有人,可见,将人工智能作为专利的发明人并不违

---

[1] 吴汉东:"人工智能生成发明的专利法之问",载《当代法学》2019年第4期,第25页。

背专利法的立法初衷,并未打破其法律构架,并且人工智能的发明人地位明示在专利申请书上,可以起到必要的提醒和信息公示的作用。[1]

(二)人工智能生成物是否属于专利权客体范围尚未明确

人工智能生成物要想获得专利法保护,需要满足专利法对于权利客体的相关要求。《专利法》第 2 条第 2 款将"发明"定义为"对产品、方法或者其改进所提出的新的技术方案",对于人工智能生成物而言,尽管其技术方案是机器执行一定命令所生成的,并非由人类直接发明制造而成,但针对"发明"的相关法律条文中并未出现对人类智力创造活动的要求,可见,从专利制度本身来看,只要客观上能够符合发明的形式要求,就没有理由将其排除在专利权客体之外。人工智能生成物本质上与判断人类发明创造并无不同,客观上满足专利法中"发明"的属性。

(三)人工智能生成发明的权属不清

多个主体的共同投入实现了人工智能发明创造,包括人工智能开发者、投资者、使用者等,各个主体均在人工智能生成发明的过程中发挥作用。然而,人工智能生成物的专利权归属于何方,目前还尚未明确。

(四)人工智能生成发明的审查标准尚不明确

人工智能发明创造的过程包含大量的数据收集、处理、分析,并且其多领域的检索、分析、创新能力远超该领域技术人员的水平,因此,现有的审查标准无法满足人工智能生成发明的审查要求,人工智能生成物给审查标准的确定带来了较大挑战。

四、人工智能生成物的专利保护建议

(一)人工智能生成物的权属应归其使用者

对于人工智能生成发明的权属问题,笔者认为,人工智能发明的专利权应当授予最便于实现专利价值并且贡献最大的主体,将人工智能生成物的专利权授予其使用者最为恰当。首先,使用者对人工智能生成发明创造的实质性贡献最为直接。从人工智能运行的全流程来看,使用者需要在启动阶段向人工智能输入执行指令并提供原始数据,据此人工智能才能开始运行,在运

---

[1] 刘友华、魏远山:"人工智能生成技术方案的可专利性及权利归属",载《湘潭大学学报(哲学社会科学版)》2019 年第 4 期,第 88~89 页。

行过程中，使用者需要根据需求对人工智能生成物进行实时检测与调整，在结果输出后，使用者需要对其结果进行充分的验证，确保相关发明创造能够切实服务实际需要。[1]可见，人工智能发明创造的各个阶段均需要使用者的深度参与。其次，使用者与人工智能生成物的联系最为紧密，更便于实现其价值。从时间角度来看，人工智能完成发明创造后，最先接触到的是其使用者，因此使用者最方面也最有可能进行后续的专利申请工作。从经济效益角度来看，使用者更加明晰人工智能生成物的运用场景，更容易将获取的专利权转化为经济价值，所以将人工智能生成物专利权授予其使用者，将更加有利于实现利益最大化。

（二）适当调整人工智能生成物的新颖性、创造性判断标准

在实用性审查方面，笔者认为，人工智能生成物在实用性方面的审查标准与普通的发明专利审查并无太大的差异，实用性标准在人工智能生成物审查中并不存在适用上的障碍。

在新颖性审查方面，人工智能具有人力所不能及的数据收集与分析能力，可以充分规避现有技术，审查员在进行审查时，其检索能力与人工智能的数据收集能力存在较大差距。可见，对新颖性的判断的不适用性主要体现在审查员与人工智能在检索能力上的差距，解决这一问题，可以将人工智能检索作为辅助审查工具，使其在审查过程中发挥作用，弥补人工检索的不足。

在创造性审查方面，发明是否具备创造性，应当以该领域技术人员的知识和能力为基础，评估技术方案具有非显而易见性。由于人工智能具有强大的运算、分析、整合能力，其生成物的"非显而易见"较为明显，而用目前该领域技术人员的标准去判断人工智能生成物，将会降低该领域专利审查创造性标准。因此，需要适当调整人工智能生成物的创造判断性标准，重新认定"该领域技术人员"的概念。跨领域的学习与借鉴对于人工智能而言相对容易，因此，在判断人工智能生成发明的创造性时，其所属领域技术人员能力与水平的标准应高于其他技术领域，其所属领域技术人员不仅应该具备该领域的普通技术知识，而且需要具备利用人工智能工具来辅助发明创造的能力，以此拟制相应的"该领域技术人员"。

---

[1] 王正中："论人工智能生成发明创造的权利归属——立足于推动发明创造的应用"，载《电子知识产权》2019年第2期，第28页。

五、结语

随着人工智能技术升级发展与应用范围的不断扩大,人工智能在科技创新中所起的作用日益凸显,而人工智能生成物给专利制度带来了巨大挑战。专利制度应在保持自身法律体系相对稳定的同时,结合人工智能发明的特殊性质予以适当明确和变通,适当调整专利审查相关标准,从而实现合理保护智力投资,促进人工智能技术的发展,使其为社会发展与科技进步提供更多助力。